U0517270

中央文史研究馆馆员文丛

陈祖武 著

学 步 录

中华书局

图书在版编目（CIP）数据

学步录/陈祖武著. —北京:中华书局,2021.3
（中央文史研究馆馆员文丛）
ISBN 978-7-101-15075-9

Ⅰ.学… Ⅱ.陈… Ⅲ.学术思想-思想史-中国-清代-文集
Ⅳ.B249.05-53

中国版本图书馆 CIP 数据核字（2021）第 030507 号

书　　　名	学步录
著　　　者	陈祖武
丛 书 名	中央文史研究馆馆员文丛
责任编辑	俞国林　白爱虎
出版发行	中华书局
	（北京市丰台区太平桥西里 38 号　100073）
	http://www.zhbc.com.cn
	E-mail:zhbc@zhbc.com.cn
印　　　刷	北京瑞古冠中印刷厂
版　　　次	2021 年 3 月北京第 1 版
	2021 年 3 月北京第 1 次印刷
规　　　格	开本/920×1250 毫米　1/32
	印张 16　插页 2　字数 400 千字
印　　　数	1-2000 册
国际书号	ISBN 978-7-101-15075-9
定　　　价	88.00 元

目　录

二、学人、学派与文献研究

三、史学传统与中华文化

自　序

　　犹记童稚之年，在故乡贵阳正谊小学校念书，承谢志坚先生开导，萌生读史喜好。稍长，先后入贵阳二中、贵阳一中初高中部，又蒙张宗秀、谭科模诸位先生悉心教诲，笃嗜文史，偏好尤挚。二十世纪五十年代末、六十年代初，家境陡然生变，入大学深造之想几成泡影。所幸贵州大学历史系不弃，始得问学姚公书、张振珮、曾昭毅教授等诸位师长，粗识读史门径。1965年大学毕业，甫登讲台未及一年，即遭十年浩劫，斯文扫地，不堪回首。四凶既除，春回大地，感谢郑老天挺先生指引，遂远离云贵，负笈京城，考入中国社会科学院历史研究所，追随先师杨向奎先生问清儒学术。1981年修业期满，留所供职，从此忝为史学工作者队伍之一员。

　　光阴荏苒，逝者如斯，转瞬已届桑榆晚境。欣逢中央文史研究馆敬老崇文，编纂出版《馆员文丛》，谨拜托林存阳、朱曦林二位贤弟，费心搜集整理，而成此《学步录》一帙。生也有涯，学无止境。回首一生读史，皆在艰难的学步之中。学步云云，并非虚语，乃实录也。如蒙方家大雅赐教，无任感激。

陈祖武　谨识

二〇二〇年一月十八日

一、清代学术之演进

论清初学术

有清一代,顺治、康熙二朝(1644—1722)是一个创辟规模、奠定国基的关键时期。从一代学术的发展着眼,清初的八十年,也是一个承先启后、开拓路径的重要阶段。因此,对于清初学术的研究,素为治国学和明清史的前哲、时贤所重视。如今,从事研究的人越来越多,成绩自然也就越来越可观。在这方面,高雄中山大学的诸位先进,贡献尤多,令人敬佩。以下,拟就清初学术史研究中的几个问题,谈一些思考。倘若能够得到各位的指教,则不胜荣幸。

一、明清更迭与清初学术

讨论清初学术,首先有一个出发点的问题。也就是说,应当弄清楚由顺治到康熙的八十年间,学术发展所依托的社会环境究竟是一个什么状况。关于这个问题,我在几年前所发表的《清初学术思辨录》中,曾经做过一些讨论。借此机会,请允许我扼要地向各位做一个禀报。如果用一句话来归纳,我的禀报可以说就是:清初学术是明清更迭的历史产物。

十七世纪中叶的明亡清兴,作为中国古代的最后一次王朝更迭,一方面为中国传统的社会、经济、政治、文化诸方面因素的制约,它同既往的历史有若干相似之处;另一方面,因为时代和环境的变迁,这场社会动荡又显示出它独特的历史个性。正确认识明清更迭及其给尔后中国社会和中国学术带来的深刻影响,对于我们探讨清初学术,恐怕是一个不当忽视的问题。

　　什么是明清更迭?从广义上说,它并不仅仅是指崇祯十七年(1644)三月十九日朱明王朝统治的结束,以及同年五月清军的入踞北京和四个月后清世祖颁诏天下,"定鼎燕京"①。它实际上是一个历史过程,这一过程长达一个世纪的时间。其上限可以一直追溯到明万历十一年(1583),清太祖努尔哈赤以七大恨告天兴兵;其下限则迄于清康熙二十二年(1683),清廷最终清除亡明残余,统一台湾。在这一百年中,其前半段,即明朝末叶,同朱明王朝的江河日下形成鲜明对照,农民起义军的摧枯拉朽,满洲贵族所建后金及清政权的迅速崛起,两者交相夹攻,最后埋葬了朱明王朝。入清以后的四十年,历史较之先前更其复杂。清朝作为一个全国性的统治政权,自顺治元年(1644)建立,迄于康熙二十二年统一台湾,经历了整整四十年的动乱。正是在这四十年间,满洲贵族凭借其强大的军事力量,确立和巩固了对全国的统治地位。也正是在这四十年间,数千年历史积累的文化格局和满汉文化的形态差异,尤其是满洲贵族所推行的民族高压政策,形成了中国历史上前所未有的满汉鸿沟。

　　康熙二十三年以后,清王朝确立了对全国的有效统治。从此,清廷采取多种有力措施,使业已恢复的经济迅速发展,清初社会遂由乱而治。在康熙二十三年(1684)至六十一年(1722)的近四十年间,虽然由于旷日时久的储位之争,引起了政治上的许多麻烦,为维护国家的统一,清廷还曾两度在西北和西藏采取大规模的军事行动,而且局部的农民抗争等也偶有发生。但是就全国范围而言,大体上可以说是政通人和,百废俱兴,出现了一个由安定趋向繁荣的局面。

　　在我国古代社会晚期的历史上,由康熙中叶开始出现的安定和

---

①《清世祖实录》卷九,"顺治元年十月甲子"条。

繁荣局面,是自明代仁宣之治以后,二百余年来所未曾有过的。它为其后雍正、乾隆年间国力的鼎盛,奠定了雄厚的基础。清初学术,就是以这样一个社会环境为依托,形成和展开的。

作为观念形态的学术文化,它总是一定时期经济基础的客观反映。十七世纪的中国,古老的传统社会虽然已经危机重重,但是它并没有走到尽头,还具有使根深蒂固的自然经济复苏的活力。千疮百孔的帝王专制政治体制,经过明清更迭的调整,依然显示出它维系社会的力量。在当时的中国大地上,新的生产方式,尚深藏于地平线之下。因此,清初的中国社会远未翻开近代历史的篇章,它仍旧处在古代社会阶段,只是业已江河日下而步入其晚期而已。这样的社会性质,就从根本上规定了清初学术的历史属性。它并不是近代意义上的学术,而是中国古代传统儒学的一个重要发展阶段。

唯其如此,所以曾经为某些论者盛称的黄宗羲的反传统思想,如果我们撇弃对《明夷待访录》寻章摘句式的研究方法,将全书作为一个整体去考察,尤其是把它同先前的《留书》和之后的《破邪论》作为黄宗羲政治思想发展的全过程来研究,结论就很可能会不一致的。其实黄宗羲并不是要否定专制政治体制本身,他无非希望以"三代之治"为蓝图对其进行改善而已,其现实的目的则是要为代清而兴者说法。同样的道理,在《潜书》中高呼"凡为帝王者皆贼也"①的唐甄,也毫无否定君主专制政治之意,他只是要通过明确"尊卑之分",来抑制专制帝王的独裁,所以他说:"人君唯能下,故天下之善归之,是乃所以为尊也。"②而顾炎武的主张"众治",归根结底也是为了使百官"分天子之权以各治其事,而天子之权乃益尊"③。即使是最具批判精神

①唐甄:《潜书》下篇下《室语》。
②唐甄:《潜书》上篇下《抑尊》。
③顾炎武:《日知录》卷九《守令》。

的颜李学派,他们虽全面否定宋明理学,但推尊周孔,讲求六艺,依然没有逾越传统儒学藩篱。所以,康熙三十年颜元南游中州,与理学名儒张沐论学。临别,张沐率门人远送,即表示了对颜学的如下基本评价:"向以为出脱先儒藩篱,不知仍在其窠中也。"①

事实上,无论是黄宗羲的《明夷待访录》也好,唐甄的《潜书》也好,还是顾炎武的《日知录》和王夫之的《黄书》、《噩梦》也好,乃至颜元的《四存编》也好,其间都存在一个根本的共性,那就是对明亡的沉痛历史反思。所以,我才这样说,清初学术是明清更迭促使学术界进行历史反思的产物。因此,当明清更迭的历史过程于康熙中叶结束之后,基于其上的历史反思也就随之而完成自己的历史使命。于是随着时间的推移,经济、政治、军事、文化诸方面实际问题的探讨,逐渐让位于经史诸学的笃实讲求。以康熙后期朱子学独尊格局的确立和对儒家经学的表彰为标志,一代学术终于翻过了清初的一页。

二、清初学术与宋明学术

中国古代学术源远流长,明亡清兴的王朝更迭,并没有使学术发展中断,清初学术依然循着先前学术演进的趋势,带着历史赋予它的时代特征,合乎逻辑地走下去。清人历来鄙夷明学,"空疏不学"几乎众口一词。其实这样的指责是不公正的。清代学术并非无源之水从天而降,它既有其远源,也有其近承,清儒表彰贾、马、许、郑可,而菲薄宋明学术则不可。因此,我服膺钱宾四先生的一个著名论断,即"不识宋学即无以识近代"。今年五月,香港中文大学新亚书院召开纪念钱宾四先生百年冥诞学术研讨会,会上,我曾以此作为一个论题,就钱先生对清初学术史研究的贡献谈了一些想法。今天,请允许

①李塨:《颜习斋先生年谱》卷下,五十七岁条。

我借用中山大学的讲坛,对钱宾四先生的卓见再做一次表彰。

　　经历明清更迭的社会动荡之后,清初学术突破宋明旧辙,走向"以经学济理学之穷"的路径。对明清之际中国学术的这一演进应当作何解释? 清末,章太炎先生著《訄书》,于此率先论及。他说:

> 　　清世,理学之言竭而无余华,多忌故歌诗文史楛,愚民故经世先王之志衰。家有智慧,大凑于说经,亦以纾死,而其术近工眇踔善矣。①

章先生的这段话,虽有"理学之言竭而无余华"之论,但又说"多忌",说"愚民",说"纾死",着眼点显然更多地在于对清廷政治专制的憎恶。时值太炎先生反清思想正炽,论学而不能忘情于政治,亦在情理之中。因此,章先生触及问题而并没有能够加以解决。

　　清亡,梁任公先生循太炎先生足迹而进,则力倡"宋明理学之反动"说。他先是撰《清代学术概论》,提出"清学之出发点,在对于宋明理学一大反动"②的主张。稍后著《中国近三百年学术史》,则更辟《反动与先驱》为首章。他重申前说,宣称:"本讲义所讲的时代,是从它前头的时代反动出来。"③何谓"宋明理学之反动"? 梁先生于此有过如下解释:

> 　　夫宋明理学何为而招反动耶? 学派上之主智与主意,唯物与唯心,实验与冥证,每迭为循环。大抵甲派至全盛时必有流弊,有流弊斯有反动。而乙派之代兴。乙派之由盛而弊,而反

---

①章太炎:《訄书》第十二《清儒》。
②梁启超:《清代学术概论》三。
③梁启超:《中国近三百年学术史》一《反动与先驱》。

动,亦然。然每经一度之反动再兴,则其派之内容必革新焉,而有以异乎其前。人类德慧智术之所以进化,胥恃此也。此在欧洲三千年学术史中,其大势最著明,我国亦不能违此公例。而明清之交,则其嬗代之迹之尤易见者也。①

将学术发展的外在原因同内在逻辑区分开来,着力地去揭示其内在逻辑,这无疑是梁先生较之章先生更有见地之处。然而,梁先生为陈旧的因果循环论障蔽视野,误把繁复的历史问题简单化,以致欲揭示学术演进内在逻辑而不能。其结果,一如章太炎先生,梁任公先生依然没有能够解决问题。

章、梁二位先生所留下的困惑,是由钱宾四先生来解决的。1931年秋,钱先生始任教于北京大学,讲授近三百年学术史。历时五年,遂成专著《中国近三百年学术史》。全书开宗明义,即在《自序》中对章、梁二家所探讨的上述问题发表意见。钱先生说:"窃谓近代学者每分汉宋疆域,不知宋学,则亦不能知汉学,更无以评汉宋之是非。"又说:"明清之际,诸家治学,尚多东林遗绪。梨洲嗣轨阳明,船山接迹横渠,亭林于心性不喜深谈,习斋则兼斥宋明,然皆有闻于宋明之绪论者也。"②据此,宾四先生以《引论》为首章,对清代学术的渊源进行了详尽的梳理。

根据钱先生的研究,清代学术之与宋明学术,乃为一体,不可分割,其间存在一个必然的内在逻辑。这个逻辑,在宋明时代,钱先生称之为"宋学精神"。他认为这个精神主要包括两个方面,一是革新政令,二是创通经义。前者至王安石变法而彰显无余,后者则以朱子学的崛起而集其大成。此种精神以书院为依托,在两宋数百年间迭

①梁启超:《清代学术概论》三。
②钱穆:《中国近三百年学术史》卷首《自序》。

经消长,影响迄于明末而不绝。东林学派之本经义而议政事,实与两宋学术精神一脉相承。

由宋明学术向清初学术的演进,其间的内在逻辑,钱先生则归结为"东林学风"。何谓东林学风?钱先生指出:"东林讲学大体,约而述之,厥有两端,一在矫挽王学之末流,一在抨弹政治之现状。"①前者集中于三个方面,一是辨王门四句教之"无善无恶心之体",二是辨本体与工夫之虚实,三是辨气质之性与义理之性。而东林之清议,其大要亦不出三者。第一为明是非,立纲纪;第二为斥乡愿,进狂狷;第三为提倡节义。合东林诸儒之论学与议政为一体,则成为明清之际主盟学坛的东林学风。

东林学风上承两宋遗脉,下启清学新路,实为明清间学术递嬗之一大关键。钱先生于此有甚多精辟论述。他说:"东林学派,本自阳明来……而东林讲学,颇欲挽救王学末流之弊,乃不期然而有自王反朱之倾向。稍后,刘蕺山讲学山阴,独标慎独宗旨,论其大体,亦欲兼采朱王,与东林无甚别也。清初学者,如太仓陆桴亭、容城孙夏峰,虽各有偏倚,而斟酌调停,去短集长,仍是东林以来旧辙。"又说:"清初,如顾亭林之耿介,李二曲之坚卓,其人格之峻,操持之高,皆东林之嗣响也。"因此,钱先生断言:"即谓清初学风尽出东林,亦无不可。"

至此,清初学术同宋明学术的关系昭然若揭。于是钱宾四先生既摒除章太炎先生过多强调政治影响的偏颇于不取,又修正了梁任公先生以"反动"说将繁复历史问题简单化的倾向,从而提出了"不识宋学,即无以识近代"的卓越见解。他说:

> 治近代学术者当自何始?曰必始于宋。何以当始于宋?曰近世揭橥汉学之名,以与宋学敌,不知宋学,则无以平汉宋之是

---

①钱穆:《中国近三百年学术史》第一章《引论·晚明东林学派》。

非。且言汉学渊源者,必溯诸晚明诸遗老。然其时如夏峰、梨洲、二曲、船山、桴亭、亭林、蒿庵、习斋,一世魁儒耆硕,靡不寝馈于宋学。继此而降,如恕谷、望溪、穆堂、谢山,乃至慎修诸人,皆于宋学有甚深契诣。而于时已及乾隆,汉学之名始稍稍起。而汉学诸家之高下浅深,亦往往视其所得于宋学之高下浅深以为判。道咸以下,则汉宋兼采之说渐盛,抑且多尊宋贬汉,对乾嘉为平反者。故不识宋学,即无以识近代也。①

应当指出,钱宾四先生讨论学术变迁而揭示的内在逻辑,并非脱离社会历史的孤立论究,相反,正是立足于具体历史环境来把握学术消息的。在这方面,钱先生同样提出了十分卓越的见解。他说:

> 自乾嘉上溯康雍,以及于明末诸遗老。自诸遗老上溯东林,以及于阳明。更自阳明上溯朱、陆,以及北宋之诸儒。求其学术之迁变,而考合之于世事,则承先启后,如绳秩然,自有条贯。

将学术变迁与社会历史的演进作为一个整体进行考察,从而发现其间秩然有序的条贯,或者说是规律,这便是为钱宾四先生所揭示的一个基本为学方法论。

与之相一致,钱先生还从阐明东林学派同阳明学的关系入手,就研究学术史的宏观着眼点,发表过很重要的意见。他说:

> 余谓东林言是非好恶,其实即阳明良知、立诚、知行合一之教耳。惟环境既变,意趣自别,激于世缘,遂成异彩。若推究根柢,则东林气节,与王门良知,实本一途。东林所以挽王学末流

①钱穆:《中国近三百年学术史》第一章《引论·两宋学术》。

之敝，而亦颇得王学初义之精，东林之渊源于王学，正犹阳明之启途于考亭也。……东林在宗国未倾之前，故得以忠义自励。清初则处大命灭绝之余，转期以经济待后。学术流变，与时消息，亦不得不尔也。①

"环境既变，意趣自别，激于世缘，遂成异彩"；"学术流变，与时消息"；以及前述"求其学术之迁变，而考合之于世事"等等，钱宾四先生的此类卓见，其意义皆已远远溢出明清间学术递嬗的论究。凡此，与"不识宋学，即无以识近代"相辅相成，两位一体，为研究清初学术，乃至整个清代学术史，昭示了一条正确的努力途径。

三、清初学术的独特历史个性

清初学术，上承晚明学术开启的路径，带着激剧动荡的时代色彩，呈现出既有别于先前的宋明理学，又不同于尔后的乾嘉汉学的历史特征。这些特征主要可归纳为如下四个方面。

第一，博大恢弘。

晚近著名学者王国维先生论清学，曾将清初学术归纳为一个"大"字。他说："国初之学大，乾嘉之学精，而道咸以来之学新。"②顺康二朝的八十年，就一时知识界的为学领域而论，确乎博大。举凡经学、史学、文学、先秦子学、性理天道、音韵乐律、天文历算、地理沿革，乃至释道经籍，诸多学术领域，无不为一时学者所广为涉足。其间，既有博赡通贯如顾炎武、黄宗羲、王夫之诸学术大师，亦有或兼通经史诗文，或以专学名家的众多学者，还有成就斐然的若干文学艺术宗

①钱穆：《中国近三百年学术史》第一章《引论·晚明东林学派》。
②王国维：《观堂集林》卷二十三《沈乙庵先生七十寿序》。

匠。他们的繁富著述,博及经史子集,包罗万象,应有尽有。其中,诸如顾炎武的《日知录》、《音学五书》,黄宗羲的《明儒学案》、《明夷待访录》,王夫之的《读通鉴论》,陆世仪的《思辨录》,费密的《弘道书》,谈迁的《国榷》,顾祖禹的《读史方舆纪要》,以及蒲松龄的《聊斋志异》,洪昇的《长生殿》,孔尚任的《桃花扇》,等等,无一不是一代学术文化史上的不朽杰作。清初诸儒以其学术实践,为有清一代学者对我国传统学术的全面整理和总结,奠定了雄厚的根基。

　　清初学术之博大,不唯在于治学领域的广泛,而且还在于气度的恢弘。顾、黄、王诸大师以高屋建瓴之势,对宋明学风的大张挞伐和一代健实学风的开启;傅山、钱澄之等人对先秦子学的表彰;毛奇龄、胡渭诸儒对宋儒经说的批判,万斯同、谈迁等之潜心史学;顾祖禹、梁份、刘献廷之专意地理沿革;梅文鼎、王锡阐等人的钻研天文历算等等,实事求是,无所依傍,若千川万流之齐归东海,奔腾咆哮,汇为弘大的学术潮流。而费密、颜元、李塨对既往学术积弊的摧陷廓清,则更是空前绝唱。李塨以"古之学一,今之学梦。古之学实,今之学虚。古之学有用,今之学无用"①的鲜明比照,呼唤六艺实学的兴起。颜元高唱"正其谊以谋其利,明其道而计其功",谴责"不思习行圣道,不去经世济民"者为"孔门罪人",断言:"通五百年学术成一大谎。"②费密则力斥宋儒学术之非,认为宋明理学的风行,导致"圣门大旨尽失",倡言:"'即物穷理'、'致良知',有何补于救世,岂古经之定旨哉!"③如此恢弘的气度,震古烁今,磅礴于世,其转移风气的巨大力量是无与伦比的。

　　第二,经世致用。

①冯辰等:《李恕谷先生年谱》卷二,三十一岁条。
②颜元:《习斋记余》卷六《阅张氏王学质疑评》。
③费密:《弘道书》卷上《文武臣表》。

　　如果说博大恢弘只是清初学术的外在表现，那么为学以经世致用，则是其深刻的历史本质。明末以来的社会动荡，至明清更迭而达于极点。农民军的摧枯拉朽，明王朝的土崩瓦解，清王朝的入主中原，顷刻之间，接踵而至。历史的急剧变迁，以及伴随而来的战乱频仍，经济凋敝，使整个社会陷入空前的危机之中。于是自明万历末叶兴起的经世思潮，至清顺治、康熙间而空前高涨。一时知识界中人为时代所呼唤，纷然而起，为完成挽救社会危机的历史课题，去呐喊，去奋争，迸发出"天下兴亡，匹夫有责"的时代最强音。明亡之初，南北诸大儒若孙奇逢、傅山、顾炎武、黄宗羲、王夫之等，或铤而走险，组织义勇起而抗清；或暗通声气，出没抗清营垒，从事秘密反清活动。当他们投笔从戎的壮举被清兵的铁骑无情否定之后，严酷的现实驱使南北知识界转而走向用著述救世，以期"明学术，正人心"的历史道路。立足于"神州荡覆，宗社丘墟"的现实，清初的广大学者和思想家进行了沉痛的历史反思。他们或猛烈抨击脱离实际的空疏学风，痛斥"天崩地解，落然无与吾事"①的恶劣积习。或对明末以来的社会积弊痛下针砭，发出"法不变不可以救今"②的呐喊，甚至把批判的锋芒直指高度集中的皇权，敢于道出"自秦以来，凡为帝王者皆贼也"③。或以"匡扶社稷"为"天下之公"④，力主讲求"当世之务"的经世实学。或以历代兴亡为借鉴，具体地去探讨国家政治制度、文教设施、赋役财政、军制兵法、"夷夏之防"等等，以历史教训而"引古筹今"，规划出他们所憧憬的社会蓝图。总而言之，学以经世的倡导，此伏彼起，并时而鸣，已成为知识界的共识，从而构成清初学术的主干。

①黄宗羲：《南雷文定》卷一《留别海昌同学序》。
②顾炎武：《亭林文集》卷六《军制论》。
③唐甄：《潜书》下篇下《室语》。
④王夫之：《读通鉴论》卷五《成帝四》。

第三,批判理学。

明清之际,理学作为曾经盛行数百年的学术形态,已经趋于没落。社会的大动荡和学术发展的内在逻辑,客观地提出了对理学进行批判和总结的历史课题。承晚明学者的倡导实学之后,清初知识界为学术的去虚就实,进行了积极的探索。论究"性与天道"的理学,以虚学而成为知识界重新审视的对象。积数十年的努力,举国上下讲求实学蔚成风气。实学的用语,不仅广泛见诸一时学者著述,而且深入庙堂,成为君臣间问对的学术语汇。固然,在中国学术史上,并不存在以"实学"命名的专门学术体系,但是,明清之际的学术界,去虚就实,学以经世,则已成为一时学者的共同追求,这却也是客观的历史事实。因此,有关研究者以"实学"来概括这一时期的学术潮流,展开学术研究,这就如同以往用"启蒙思潮"、"经世思潮"和"反理学思潮"等来界定明清之际的学术潮流一样,言之成理,无可厚非。一部中国学术史,本来就姿态万千,不同的历史时代,不同的人们,对既往历史现象的认识,也往往是各不相同的。对学术研究,我们不可企求划一,实际上也划一不了,还是百花齐放,殊途同归好。

清初知识界对理学的批判和总结,角度各异,取径不一。顾炎武、王夫之等人,走的是对王阳明心学进行不妥协批判的道路。而黄宗羲则是以学术史的编纂,通过对数百年理学发展史的总结,去彰明学术递嬗轨迹。孙奇逢、李颙、汤斌等人,却又选取了合会朱陆学术的途径,试图以调停折衷去谋求学术发展的新路。钱谦益、毛奇龄、胡渭等人,则侧重于对宋儒经说的否定和汉唐注疏的表彰,而与理学分道扬镳。独有颜元、李塨、费密等人,对程朱陆王之学概予排击,别辟蹊径,溯源周孔,以六艺实学的讲求而充分体现清初学术的批判理学精神。因此,就宏观而论,清初诸儒的学术实践,殊途同归,从不同的侧面不期然而然地集中到同一个时代课题上来,这就是对理学进行批判和总结。清初的批判理学思潮,这是一个客观存在,不管我们对理学在学术史上的地位作何评价,也不管我们对明清之际的理学发展水平作何估计,它都是不能够抹杀的。

第四,倡导经学。

伴随着理学的衰微,自明中叶以后,"以经学济理学之穷"的学术潮流,已经在中国传统儒学的母体内孕育。清初,承明人的经学倡导,知识界在摒弃"性与天道"的论究之后,不约而同地趋向以经学去取代理学的选择。

清初的经学倡导,肇始于江南学者钱谦益。入清以后,钱谦益发展了他先前"以汉人为宗主"的经学主张,进而把经学与史学相结合,高唱"六经之中皆有史"①。继钱谦益之后,顾炎武、黄宗羲、王夫之、李颙、费密等南北学者唱为同调。他们或响亮地提出"理学,经学也"的命题,认为:"古之所谓理学,经学也。……今之所谓理学,禅学也。"②或主张融理学于传统儒学之中,重申:"道学即儒学也,非于儒学之外别有所谓道学也。"③或表彰儒家经典,强调:"圣人之道,惟经存之,舍经无所谓圣人之道。"④他们把经学倡导同学以经世的时代呼声相结合,从而形成通经致用的新学风。阎若璩、胡渭、毛奇龄继之而起,以"一物不知,以为深耻"⑤为座右铭,把清算"经祸",还业已"晦蚀"的儒家经籍旧貌视为"经世大业"⑥,皆以精研经学而名家。在治经的实践中,他们沿着顾炎武"读九经自考文始,考文自知音始"⑦的研经路径,一改宋明义理解经积习,原原本本,穷经考古,走

①钱谦益:《有学集》卷三十八《再答杜苍略书》。
②顾炎武:《亭林文集》卷三《与施愚山书》。
③李颙:《二曲集》卷十四《鳌峰答问》。
④费密:《弘道书》卷上《道脉谱论》。
⑤《清史列传》卷六十八《儒林传下·阎若璩》。
⑥毛奇龄:《大学知本图说》。
⑦顾炎武:《亭林文集》卷四《答李子德书》。

上了博稽经史的为学道路。

康熙一朝，"以经学济理学之穷"的学术潮流不唯充溢南北学术界，而且借助儒臣而深入宫廷。还在康熙二十一年（1682）八月，清圣祖便通过与日讲官的论学问对，接受了"道学即在经学中"①的观点。此后，"立政之要，必本经学"②，成为清廷文化决策的一个重要思想依据，深刻地作用于一时学术文化的发展。直到康熙末叶，清圣祖依然重申："治天下以人心风俗为本，欲正人心、厚风俗，必崇尚经学。"③上有所好，下必甚焉。康熙后期，朴实穷经，风气已成，即使是昔日理学营垒中人，亦纷纷以穷经考古而名世。李光地之于《周易》和音韵乐律，李光地、光坡兄弟之于"三礼"，方苞之于《春秋》、《周礼》，无不体现了这一学术特征。

明清之际，深刻的社会危机和通经致用的学术潮流，把中国古代学术推向对理学的批判和总结。明清更迭的历史进程表明，要在陈旧的自然经济基础之上，建立较之理学更为完善的学术形态，已经是不可能的事情。因此，清初知识界为历史局限障蔽视野，无从看到学术发展的前景，只好回过头去，到传统的经学中寻找依据。这样，在向儒家经典回归的大趋势中，中国古代学术遂翻过清初一页，步入进行全面整理和总结的乾嘉汉学时代。

如果说乾嘉汉学是中国古代学术通向近代学术的桥梁，那么清初学术则是由宋明理学向乾嘉汉学转换的一个不可或缺的中间环节。清初学者"以经学济理学之穷"的倡导，实事求是的为学风尚的示范，诸多学术门径的开启，"读九经自考文始，考文自知音始"的训诂治经方法论的提出，都为乾嘉汉学的兴起奠定了基础。八十年间，

①《康熙起居注》二十一年八月初八日。
②《清圣祖实录》卷一百一十三，"康熙二十二年十二月乙卯"条。
③《清圣祖实录》卷二百五十八，"康熙五十三年四月乙亥"条。

学术界对理学的深刻批判和对既往学术积弊的摧陷廓清,则从总体上为向乾嘉汉学的过渡铺平了道路。

（原载《第四届清代学术研讨会论文集》,台湾中山大学中国文学系编印,1995 年 11 月版）

论清初的朱子学

清代初叶的顺治、康熙二朝，是一个创立规模、奠定国基的关键时期。作为一代学术思想的发展，清初的八十年，也是一个承先启后、开辟路径的重要阶段。其间，经历明清更迭的历史大动荡，承晚明阳明学衰微之后，朱子学始而若涓涓细流，浸润朝野，继之汇为大川，复盛于世，最终则以清廷的崇奖而再定一尊，以官方哲学的形态显示了它重要的历史作用。

一、清初的理学界

顺治及康熙初叶的二三十年间，就理学营垒而言，主持一时学术坛坫风会者，依然是王学大儒。这就是以孙奇逢为代表的北学和以李颙为代表的关学，以及以黄宗羲为代表的南学。然而置身急剧动荡的社会现实，面对自身学派的深刻危机，尤其是铺天盖地而来的"阳儒阴释"一类的谴责，要固守昔日旧学壁垒，已经成为不可能的事情。于是孙奇逢、李颙不约而同，趋向合会朱、王学术的道路。为此，孙奇逢撰《理学宗传》一部，用以确立阳明学承接朱子学的正统地位。他说："盖仲尼殁，至是且二千年，由濂洛而来，且五百有余岁矣，则姚江岂非紫阳之贞乎！"①孙奇逢认为："文成之良知，紫阳之格物，原非

①孙奇逢：《理学宗传》卷首《自序》。

有异。"①他断言:"陆、王乃紫阳之益友、忠臣,有相成而无相悖。"主张合朱、王于一堂,"各从自心、自性上打起全副精神,随各人之时势身分,做得满足无遗憾,方无愧紫阳与阳明"②。李颙则比朱、王学术于一车的左右二轮,认为:"学术之有程朱,有陆王,犹车之有左轮,有右轮,缺一不可。尊一辟一,皆偏也。"③他力倡:"学问两相资则两相成,两相辟则两相病"④。黄宗羲虽俨若王学干城,著《明儒学案》以彰显王学大宗地位,但终以其博大的为学领域和务实学风,不期而然,摆脱王学羁绊,与博大务实的朱子学合流。

在这样的学术背景之下,明末自顾宪成、高攀龙发端的"由王返朱"声浪,同"明学术、正心术"的学术反思合流,在清初演为对阳明学的猛烈抨击,从而成为朱子学复盛的先导。当时,无论是在河南、河北、陕西、山西,还是素以人文渊薮著称的江南、闽、浙,"由王返朱"之风或疾或徐都在积极酝酿。其中,尤以浙江最为突出。黄宗羲所在的浙东,固然王学壁垒森严,而他所试图插足的浙西,王学则遇到了空前尖锐的挑战。首倡"尊朱黜王"论者便是张履祥。

张履祥(1611—1674),字考夫,号念芝,学者尊为杨园先生,浙江桐乡人。他早年服膺王守仁、王畿之说,也是王学垒中人。崇祯十七年二月,师从刘宗周,讲求"慎独"之学,依然未脱王学藩篱。经历明清更迭的大动荡,严酷的现实迫使张履祥去进行反省。于是他从读朱熹所辑《小学》《近思录》入手,自顺治七年以后,修正师说,进而向阳明学反戈一击。刘宗周之学以"慎独"为宗旨,鉴于阳明学末流的狂禅习气,他力倡"学以诚意为极则",课徒授业始终"以诚意为

---

① 孙奇逢:《四书近指》卷一《大学之道章》。
② 孙奇逢:《夏峰集》卷七《复魏莲陆》。
③ 李颙:《四书反身录》卷七《孟子》。
④ 李颙:《二曲集》卷十五《富平答问》。

教"。张履祥则认为:"诚意二字,意字不必讲,只当讲诚字。"①他说:"己丑、庚寅(顺治六、七年——引者)之间,友人有谓予忠信者。颜雪癯恶我者也,应之曰:'不明乎善,不诚乎身,忠信安得而称之!'季心爱我者也,规予曰:'欲诚其意,先致其知,当努力于格物功夫。'予思之,深中予病,并佩服之。"②从此,他深信"《大学》之道,格物而已矣"③,由刘宗周的"慎独"、"诚意",转向了朱子的"格物穷理"。为了表彰朱子学,张履祥向阳明学发起猛攻,他说:"姚江以异端害正道,正有朱紫苗莠之别,其弊至于荡灭礼教。今日之祸,盖其烈也。"④他还将阳明学与禅学并提,断言:"姚江之教,较之释氏,又所谓弥近理而大乱真也。"⑤到他晚年应聘执教于同郡吕留良家塾,遂以恪守朱子学而深刻影响吕氏父子。

吕留良(1629—1683),初名光轮,字用晦,又字庄生,号晚村,暮年削发为僧,名耐可,字不昧,号何求老人,浙江崇德(今桐乡)人。他接受张履祥学术的影响,高揭"尊朱黜王"之幡,成为清初表彰朱子学的一个重要学者。

吕留良宣称:"凡天下辩理道,阐绝学,而有一不会于朱子者,则不惜辞而辟之耳。"⑥他直斥阳明学为禅学,主张:"今日辟邪,当先正姚江之非。从出处、去就、辞受交接处画定界限,扎定脚跟,而后讲致知、主敬工夫,乃足破良知之黠术,穷陆派之狐禅。"⑦吕留良何以要憎恨阳明学? 他曾经就此解释说:"正、嘉以来,邪说横流,生心害政,

①张履祥:《杨园先生全集》卷二十《书某友心意十问后》。
②张履祥:《杨园先生全集》卷三十九《备忘录一》。
③张履祥:《杨园先生全集》卷三十七《初学备忘下》。
④张履祥:《杨园先生全集》卷四《答沈德孚》。
⑤张履祥:《杨园先生全集》卷三十九《备忘录一》。
⑥吕留良:《吕晚村先生文集》卷一《答吴晴岩书》。
⑦吕留良:《吕晚村先生文集》卷一《复高汇旃书》。

至于陆沉。此生民祸乱之原,非仅争儒林之门户也。"①可见吕留良的辟斥阳明学,是从对明亡的历史反思出发的。同样,他的尊崇朱子学,也是从属于其经世目的的学术手段。唯其如此,所以吕留良对朱子学的传衍提出了新的认识,他认为:"从来尊信朱子者,徒以其名而未得其真。"对于南宋末朱门后学许衡、吴澄在元初的出仕,他更诋为"辱身枉己",采取断然否定的态度,指出:"紫阳之学,自吴、许以下已失其传,不足为法。"②因此吕留良在其晚年,倾注全力表彰朱子学,刊行朱子遗著。他借助时文评选的形式,阐发朱子《四书集注》的政治学说,尤其是关于"夷夏之防"的思想。他说:"君臣之伦,域中第一事,人伦之至大。若此节一失,虽有勋业作为,无足以赎其罪者。"同时进而指出:"看微管仲句,一部《春秋》大义,尤有大于君臣之伦,为域中第一事者,故管仲可以不死耳。"③

康熙中叶以后,吕留良的学术主张及其政治思想,随同他的"天盖楼"时文选本风行海内。陆陇其得其形似,以卫道之勇而于身后获致从祀孔庙的殊荣。戴名世则继吕留良未竟之业,续选康熙十四年至三十九年间乡会试时文,刊布于世。他认为,吕留良"为学者分别邪正,讲求指归,由俗儒之讲章而推而溯之,至于程朱之所论著;由制义而上之,至于古文之波澜意度",建树了"摧陷廓清"之功。戴名世还说:"二十余年以来,家诵程朱之书,人知伪体之辨,实自吕氏倡之。"④唯有曾静独发挥吕留良的政治思想,高唱"一部《春秋》也只是尊周攘夷"以从事反清宣传。结果竟然使文字冤狱殃及枯骨,故世已四十余年的吕留良,因之而于雍正十年惨遭戮尸枭首,被清世宗诬指

---

① 吕留良:《吕晚村先生文集》卷一《复高汇旃书》。
② 吕留良:《吕晚村先生文集》卷一《复高汇旃书》。
③ 吕留良:《四书讲义》卷十七。
④ 戴名世:《戴名世集》卷四《九科大题文序》。

为"狎侮圣儒之教,败坏士人之心,真名教中之罪魁也"①。近二百年的沉冤,直到清亡始得昭雪。

清初理学界,以表彰朱子学而足以同阳明学大儒相颉颃者,无疑当推陆世仪。

陆世仪(1611—1672),字道威,号刚斋,明亡改号桴亭,学者尊为桴亭先生,江苏太仓人。鉴于明末王门后学的狂禅习气,陆世仪为学之始,即承东林遗风,以修正阳明学为职志。他一生为学志存经世,不标宗旨,不立门户,以朱子倡导的"居敬穷理"之教为入手工夫,躬行践履,孜孜以求,博及天文、地理、河渠、兵法,号召一方,卓然大儒。所著有《思辨录》、《论学酬答》及诗文杂著等四十余种、一百余卷。其中,尤以《思辨录》最为著名,是他一生为学精粹之所在。无论是对明清之际诸多社会问题的积极探讨,还是对君主专制政治体制积弊的揭露;无论是讲求"切于用世"的六艺实学的倡导,还是对晚明"处士横议"之风的抨击;不唯在他那个时代足称惊世高调,而且还先唱于黄宗羲、顾炎武、王夫之,为稍后的颜李学派开了先河。其创始之功,实不可没。

清代理学营垒中人谈清初朱子学,每以江东二陆并举。所谓"二陆",其一为陆世仪,其二便是陆陇其。陆陇其(1630—1692),初名龙其,字稼书,浙江平湖人。康熙九年(1670)进士,历任嘉定、灵寿知县,官至监察御史。后以不称职罢官,课徒授业,终老乡里。他一生虽在仕途迭经颠踬,但为官清廉,鲠直不阿,在贪贿成风的旧官场,确属严于律己,实心为民的佼佼者。加以他中年以后恪守朱子学门户,斥阳明学为异端最力,所以故世后以卫道之勇而声名大起。雍正初,被清世宗作为钳制思想界的工具,成为有清一代第一个从祀孔庙的理学名臣。乾隆初,高宗再加表彰,亲撰碑文,赐谥清献,追赠内阁学

---

①清世宗:《大义觉迷录》。

士兼礼部侍郎。从此,陆陇其便以钦定的"洙泗干城"、"程朱嫡派",俨若一代理学正统宗师。其实,陆陇其之学,执拗偏狭,深陷门户泥淖而不能自拔,比之于陆世仪为学的博大通达、志存经世,相去简直不可以道里计。将二人并称,实是不伦。近代著名学者梁启超曾对陆陇其的门户勃谿作过批评,指出:"他是要把朱子做成思想界的专制君主,凡和朱学稍持异同的认为叛逆。"①

一如前述,清初"尊朱黜王"论的首倡者并非陆陇其。据私淑于他的吴光酉所辑《陆稼书先生年谱定本》载,直到四十岁前后,陆陇其尚在朱、王学术间徘徊。后来于康熙十一、十二年他四十三四岁时,结识吕留良,受吕氏学术影响,才最终成为朱学笃信者。关于这一点,陆陇其本人也并不讳言。康熙二十二年十月,当他在京中获悉吕留良去世的噩耗,曾撰文祭奠。据称:"陇其不敏,四十以前,以尝反复程朱之书,粗知其梗概。继而纵观诸家语录,糠秕杂陈,瑉玖并列,反生淆惑。壬子、癸丑(康熙十一、十二年——引者),始遇先生,从容指示,我志始坚,不可复变。"可见吕留良对陆陇其学术趋向影响之大。文中还就吕氏对王学的"破其藩,拔其根"倍加推崇,指出:"先生之学,已见大意。辟除榛莽,扫去云雾。一时学者,获睹天日。如游坦途,功亦巨矣。"②

在清初理学界,由陆世仪、张履祥首倡,经吕留良大张其帜,浙西朱子学便与浙东阳明学形同敌国,双峰峙立。后又借陆陇其出仕而在庙堂激起反响,再由熊赐履、李光地等以之同帝王好尚相沟通,最终才使朱子学衰而复盛,直到取得作为官方哲学的统治地位。

---

①梁启超:《中国近三百年学术史》九《程朱学派及其依附者》。
②陆陇其:《三鱼堂文集》卷十二《祭吕晚村先生文》。

二、清廷的文化政策

清初朱子学的复兴,同清廷的文化政策密切相关,可谓两位一体,相辅相成。一方面,作为清廷制订文化政策的思想依据,朱子学随着清初历史的演进而日益显示其重要影响。另一方面,借助清廷文化政策的制约,朱子学则以"正学"的地位掩阳明学而上,终于结束明中叶以后的一度沉寂,由附庸而蔚为大国。

顺治一朝,戎马倥偬,未遑文治,有关文化政策草创未备,基本上是一个沿袭明代旧制的格局。康熙初叶,南明残余扫荡殆尽,清廷统治趋于巩固。圣祖亲政之后,随着经济的逐渐恢复,文化建设亦相应加强,各种基本政策随之确定下来。

第一,民族高压政策的确定。

作为上层建筑的文化政策,一方面它必然要受所由此形成的经济基础的制约,从而打上鲜明的时代烙印。另一方面各种具体政策的制订,其根本目的首先就在于维护现政权的统治,其次才谈得上推动文化事业的发展。满洲贵族所建立的清王朝,虽然形式上是所谓"满汉一体"的政权体制,但是以满洲贵族为核心才是这一政权的实质所在。这样的政权实质,就决定了满洲贵族对广袤国土上的众多汉民族和其他少数民族的强制统治。反映在文化政策上,便是民族高压政策的施行。由顺治初叶开始,以武力为后盾,渐次向全国推行的剃发易服,构成了民族高压政策的基本内容。这一政策的强制推行,其结果一是直接导发江南人民可歌可泣的反剃发斗争,促成明末农民起义军余部同南明政权的联合,并以之为主力,与清廷展开长达十余年的大规模军事对抗。其二,则是它在民族心理上造成的隔阂,历二百数十年而不能平复,从而在一代历史中时隐时显,成为长期潜在的一个严重不稳定因素。

与民族高压政策相一致,顺治十六年(1659),清廷开焚书恶劣先例。以"畔道驳注"为名,于当年十一月下令,将民间流传的《四书辨》、《大全辨》等书焚毁,严饬各省学臣"校士务遵经传,不得崇尚异说"①。翌年一月,又明令士子"不得妄立社名,纠众盟会"②。接着便于康熙初叶的四大臣辅政期间,制造了清代历史上的第一次大规模文字冤狱——庄廷鑨明史案。在这样的政治气氛之下,盛倡不必以孔子之是非为是非的阳明学,显然由于其异端色彩而失去了发展的可能。虽然朱门后学以"夷夏之防"而进行的反清宣传同样为朝廷所顾忌,但朱子学因主张以儒家经典为依归,毕竟获得了重振的有利条件。

第二,科举取士制度的恢复。

明末,战乱频仍,科举考试无法正常举行。顺治元年(1644),清廷入主中原,十月,世祖颁即位诏于天下,明令仍前朝旧制,"会试,定于辰、戌、丑、未年;各直省乡试,定于子、午、卯、酉年",从而恢复了一度中断的科举取士制度。顺治二年五月,南明弘光政权灭亡,江南乡试恢复。翌年二月,首届会试在北京举行。与之同时,清廷还修复明北监为太学,广收生徒,入监肄业。旋即又改明南监为江宁府学,各省府、州、县学也随着清廷统治地域的扩展而渐次恢复。同学校教育相辅而行,各省书院亦陆续重建。

恢复科举取士制度之初,清廷即对考试命题、答卷标准作了明文规定。《四书》主朱子《集注》,《周易》主程颐《易传》、朱子《周易本义》,《尚书》主蔡沈《书集传》,《诗经》主朱子《诗集传》,《春秋》主胡安国《春秋传》,《礼记》主陈皓《礼记集说》。朝廷功令所在,士子趋之若鹜,于是凭借清廷的提倡,朱子学不胫而走。

①《清世祖实录》卷一百三十,"顺治十六年十一月甲申"条。
②《清世祖实录》卷一百三十一,"顺治十七年正月辛巳"条。

第三,"博学鸿儒"特科的举行。

历代王朝为延揽人才而增辟特科,载诸史册,屡见不鲜,亦不自清初始。然而如同康熙间的"博学鸿儒"科得人之盛,则不多见。自顺治初年以后,在连年的科举考试中,虽然一时知识界中人纷纷入彀,但是若干学有专长的文化人,或心存正闰,不愿合作;或疑虑难释,徘徊观望,终不能为清廷所用。既出于"振兴文教"的需要,又为争取知识界的广泛合作以巩固其统治,清圣祖在平定三藩之乱胜利在即的情况下,即不失时机地向知识界大开仕进之门。康熙十七年(1678),清圣祖责令内外官员:"凡有学行兼优、文词卓越之人,不论已仕未仕,令在京三品以上及科道官员,在外督抚布按,各举所知,朕将亲试录用。其余内外各官,果有真知灼见,在内开送吏部,在外开报督抚,代为题荐。务令虚公延访,期得真才,以副朕求贤右文之意。"①

命令既下,列名荐牍者或为"旷世盛典"歆动而出,或为地方大吏驱迫就道,历时一年,陆续云集京城。十八年三月初一日,清廷以《璿玑玉衡赋》和《省耕诗五言排律二十韵》为题,集应荐的143人于体仁阁考试。榜发,录取一等20人,二等30人,俱入翰林院供职。后来,上述50人虽在官场角逐中各有沉浮,其佼佼者最终亦多遭倾轧而去职,但是"博学鸿儒"科的举行,则显示了清廷崇奖儒学的格局已定,为尔后学术文化事业的繁荣作出了一个良好的开端。并由于对有代表性的汉族知识界中人的成功笼络,终于对满汉文化的合流产生深远影响,从而为巩固清廷的统治提供了文化心理上的保证。

①《清圣祖实录》卷七十一,"康熙十七年正月乙未"条。

三、尊崇朱子学的历史选择

儒学在我国历史发展的不同时期,具有外在表现各异的时代风貌。自北宋以后,儒学进入理学时代,因而元、明诸朝,尊孔崇儒同表彰理学,两位一体,不可分割。明清更迭,社会动荡,理学营垒分化,朱、王学术之争愈演愈烈。清初统治者要表彰理学,就面临一个究竟是尊朱还是尊王的问题。顺治时期,国内战争频繁,无暇顾及这一抉择。康熙中叶,三藩乱平、台湾回归之后,这样的抉择已经不可回避。康熙四十年,圣祖以"御纂"的名义,下令汇编朱子论学精义为《朱子全书》,并委托理学名臣熊赐履、李光地主持纂修事宜。五十一年正月,他又明确指出:"孔孟之后,有裨斯文者,朱子之功最为弘巨。"①并颁谕将朱子从祀孔庙的地位,由东庑先贤之列升至大成殿十哲之次。以朱子从祀孔庙地位的升格为标志,清初统治者完成了尊崇朱子学的历史选择,从而为一代王朝的"崇儒重道"最终确立了基本格局。

清初统治者崇奖朱子学的历史选择,经历了一个了解朱子学,熟悉朱子学,直到将朱子学归结为伦理道德学说的过程。在这一过程的早期,对其影响最深的是儒臣熊赐履。

熊赐履笃信朱子学,自康熙十年二月至十四年三月间,一直充任日讲官。他始而隔日进讲,继之每日入宫,向清圣祖讲"读书切要之法",讲"天理人欲之分",讲"俯仰上下,只是一理",讲"本然之性与气质之性",讲"辟异端,崇正学",讲朱子的"格物致知",斥王阳明的"知行合一"。既博及致治之理,又广涉用人之道,为清圣祖勾勒了朱子学的大致轮廓。

---

① 《清圣祖实录》卷二四九,"康熙五十一年正月丁巳"条。

　　康熙二十二年前后,清圣祖超越儒臣影响,通过理学真伪的辨析,通过对朱子学提出的新认识,这年十月,他就此作了首次表述:"日用常行,无非此理。自有理学名目,彼此辩论,朕见言行不相符者甚多。终日讲理学,而所行之事全与其言悖谬,岂可谓之理学? 若口虽不讲,而行事皆与道理吻合,此即真理学也。"①这段话包含有三层意思,第一层是说理学有真假之分;第二层是说理并非玄虚的幻境,无非就是规范人们言行的道理;第三层是说言行是否如一,是检验理学真伪的试金石,凡行事与道理符合,就是真理学。圣祖之所以会形成这样的认识,究其根源,则始于与翰林院学士崔蔚林就理学基本范畴进行的辩论。

　　崔蔚林是当时朝臣中阳明学的信奉者,他撰有《大学格物诚意辨》讲章一篇。圣祖闻讯,于十八年十月十六日将他召至宫中,读罢讲章,君臣间就格物、诚意诸范畴进行了罕见的直率问答。在对"格物"范畴的阐释中,崔蔚林依据阳明学,主张:"格物是格物之本,乃穷吾心之理也。"并且对朱子学提出质疑,认为:"朱子解作天下之事物,未免太泛,于圣学不切。"圣祖转而论"诚意",指出"朱子解'意'字亦不差",崔仍然固守阳明学,表明不能赞成,声称:"朱子以意为心之所发,有善有恶。臣以意为心之大神明,大主宰,至善无恶。"这场短兵相接,圣祖似不占上风,但亦不以崔说为然,所以就用"性理深微,俟再细看"八个字,暂时中断了问答。经过周密准备,十天之后,清圣祖依据朱子说对崔氏主张进行反驳,他说:"天命谓性,性即是理。人性本善,但意是心之所发,有善有恶,若不用存诚工夫,岂能一蹴而就? 行远自迩,登高自卑,学问原无躐等,蔚林所言太易。"同时,他还就理学分野判定崔氏属于阳明学系统,指出:"蔚林所见,与守仁相近。"②

---

①《清圣祖实录》卷一一二,"康熙二十二年九月辛酉"条。
②《康熙起居注》十八年十月二十六日。

　　在帝王面前,崔蔚林阐述其阳明学主张,是那样的无所顾忌,这本来就为圣祖所不悦。加以崔言不顾行,居乡颇招物议,因之更激起圣祖反感。于是二十一年六月,在与内阁近臣议及崔蔚林的职任时,圣祖的反感开始流露,他说:"朕观其为人不甚优。伊以道学自居,然所谓道学未必是实,闻其居乡亦不甚好。"一年之后,他便提出前述辨析理学真伪的那段讲话。从此,"假道学"、"冒名道学"等,也就成为清圣祖指斥言行不一的理学诸臣的习惯用语。然而事情并未就此了结,二十三年二月,崔蔚林自知在朝中已无立足之地,疏请告病还乡。清圣祖借题发挥,示意内阁近臣对崔氏进行惩治。

　　在惩治崔蔚林十年之后,康熙三十三年闰五月初四日,清圣祖集合翰林院全体官员于瀛台,以《理学真伪论》命题考试。试毕,对理学诸臣的"挟仇怀恨";"务虚名而事干渎";"在人主之前作一等语,退后又别作一等语"等丑恶行径进行痛斥。在历数假道学言行不一的诸多劣迹的同时,清圣祖为理学诸臣明确规定了立身处世的准则,这就是:"果系道学之人,惟当以忠诚为本。"①至此,旷日持久的理学真伪辨析宣告结束,清廷将朱子学归结为伦理道德学说的认识过程亦得以完成。

　　清廷崇奖朱子学的历史选择,也是一个提倡经学,融朱子学与传统经学于一体的过程。还在康熙二十一年八月,清圣祖在与日讲官牛钮、陈廷敬的论学问对中,就接受了"道学即在经学中"的观点。当时,牛、陈二人认为:"自汉、唐儒者专用力于经学,以为立身致用之本,而道学即在其中。"圣祖对此表示完全赞同。一年后,《日讲易经解义》纂成,在为该书撰写的序言中,他重申"帝王立政之要,必本经学",还提出了"以经学为治法"的主张。圣祖一生始终提倡把"明理"同"通经"相结合,他说:"凡圣贤经书,一言一事,俱有至理,读书

_____

①《清圣祖实录》卷一六三,"康熙三十三年四月癸酉"条。

时便宜留心体会。此可以为我法，此可以为我戒。"①因此他认为："不通五经、四书，如何能讲性理！"②他还进而断言："治天下以人心风俗为本，欲正人心、厚风俗，必崇尚经学。"③

　　清初统治者的崇奖朱子学，将朱子学确立为官方哲学，视朱子学为伦理道德学说，融朱子学与传统经学于一体，这就是清初统治者尊崇朱子学的历史选择。这样的选择，既把朱子个人偶像化，又把博大精深的朱子学体系简单化，同时还付出了抹煞阳明学理论思维光辉的沉重代价。因而它无疑是学术上的一种严重短视，不仅不利于学术思想的健康发展，而且也妨碍了对朱子学的深入研究。其间的历史教训，是值得认真记取的。然而，在当时的历史条件下，这样的选择，顺应了经历长期社会动荡之后，人心思定、国家求治的客观需要。正是因为有朱子学来统一全国官民，尤其是广大知识界的认识，所以才能从思想深层确保尔后持续数十年的社会稳定和发展，形成足以同早先的"文景之治"、"贞观之治"后先媲美的"康乾盛世"。同时，清廷也正是通过对朱子学的崇奖，把当时的中国知识界导向对传统学术的全面整理和总结，从而为乾嘉时代的汉学发展揭开了学术史的新篇章。

（原载《朱子学新论——纪念朱熹诞辰
860 周年国际学术会议论文集》，
上海三联书店 1991 年 12 月版）

---

①《康熙御制文集·庭训格言》。
②《康熙起居注》五十四年十二月初一日。
③《清圣祖实录》卷二五八，"康熙五十三年正月乙亥"条。

从清初的反理学思潮看乾嘉学派的形成

一、问题的提出

清代乾嘉之世，无论是经学、史学、文字、音韵、训诂学，还是金石考古、天文历算、地理等学，几乎整个知识界均为汉代经师所倡导的朴实考据之风所笼罩。高踞廊庙的程朱"正学"，形同枯槁。于是，拔宋帜而立汉帜，在中国学术史上形成了与先前的周秦子学、两汉经学、魏晋玄学、隋唐佛学以及宋明理学后先媲美的清代汉学。治学术史者遂将以考据为学的清代汉学称为乾嘉学派。

研究清代学术史，不可避免地会碰到这样一个问题，那就是为什么清朝初年，封建统治者一再崇奖宋明理学中的程朱之学，可是理学却始终发展不起来，倒是与义理之学迥异其趣的考据学不胫而走，以致在乾隆、嘉庆之世风靡朝野，而有乾嘉学派之谓。如何去解释这样的历史现象，应当说，迄今依然是一个悬而未决的问题。

最近，读到几篇谈乾嘉学派成因的文章，不为前人成说所囿，清新可喜。但是，掩卷而思，总觉言犹未尽，似还可作进一步的商量。历来谈乾嘉学派成因者，多归之于如下两个方面，即第一，清廷统治的趋于稳定；第二，频繁兴起的文字狱。近者，一些同志排除了上述第二方面的因素，认为"乾嘉学派的形成与文字狱并无必然联系"，而把这一学派的成因归结为"康乾盛世的产物"。①

　　我们以为,在这个问题上,无论是传统的看法,还是最近一些同志所作出的有意义的修正,严格地说来,都还只是停留于形成乾嘉学派的外在原因的探讨,却忽略了中国古代社会理论思维本身发展的内在逻辑的认识。要解释前述的历史现象,与其局限于外在原因的探究而可否不一,倒不如从中国儒家学说自身发展的矛盾运动中去把握它的本质,或许更有助于问题的解决。因此,本文准备以后者为论述重点,并从二者的结合上去进行一些探讨。

二、理学在明清之际的瓦解

　　中国封建社会经历了漫长的演进过程,基于这一过程之上的中国儒家学说,亦沿着同一方向蹒跚向前。

　　北宋以后,中国封建社会自其高峰跌落下来,逐渐步入晚期。社会的发展给理论思维提出了新的历史课题,即对封建制度的合理进行理论论证。于是,封建的文人学士,竞相假经学以谈玄理,传统的经学遂衍为以"性与天道"为论究对象的理学。理学在 11 世纪以后的中国社会的出现,既是封建地主阶级挽救其统治危机的需要,也是传统儒学吸取外来的佛教和中国自身的道家、道教的思想而进行哲学化的结果。儒家学说本来就具有浓厚的伦理道德色彩,11 世纪以后的儒学哲学化,把传统的伦理道德学说膨胀为其核心,并使之披上了炫目的哲学外衣。理学家们试图通过把封建伦理道德本体化为"天理"的理论论证途径,确立"存天理,灭人欲"的社会准则,从而去完成封建制度永恒的理论论证。

------

①王俊义:《清代的乾嘉学派》,载《文史知识》1983 年第 3 期。周维衍:《乾嘉学派的产生与文字狱并无因果关系》,载《学术月刊》1983 年第 2 期。

　　这个理论论证过程的完成,在中国封建社会晚期足足经历了五个世纪的时间。从北宋中叶的理学家周敦颐、邵雍开始,中经张载、程颢、程颐,直到南宋时的陆九渊、朱熹告一段落,封建伦理道德的"天理"地位,已经用理论规范的形式固定下来。然而,先验的、至高无上的"天理",又是如何同世俗的人结合在一起,从而成为人世间的主宰? 这样一个问题,直到集理学之大成的朱熹并没有得到完满的解决。尔后,又经历了近三百年的时间,才由明代中叶崛起的王守仁,以其"致良知"学说,用"吾心之良知,即所谓天理也"①的主观唯心主义论证,最终完成了这样一个理论论证过程。

　　王守仁的"致良知"学说,标志着宋明理学对其历史课题的最终完成。王学既是对宋明理学的发展,同时,也正是王学本身,把整个宋明理学导向了瓦解。

　　宋明理学将封建伦理道德本体化的过程,本来就是以蒙昧主义为前提的。朱熹的"圣贤千言万语,只是教人明天理,灭人欲"②,其基本特征就是笃守孔孟以来的封建伦理道德信条。然而,到了王守仁这里,他却将神圣不可侵犯的"天理",纳入人"心"之中。王学中的最高哲学范畴"心",同朱学中的最高哲学范畴"理"一样,都是一个玄虚的精神实体,它们同样具有先验的性质。所不同的,只是朱熹的"理",是以六经、孔孟为论究依据,具有鲜明的儒学正统色彩;而王守仁的"心",以及这个"心"所固有的"良知",则并无一个确定的是非标准可循,因之使它带上了招致正统派经学家、理学家攻诘的异端色彩。王守仁自己就这么说过:"学贵得之心。求之于心而非也,虽其言之出于孔子,不敢以为是也,而况其未及孔子者乎;求之于心而

①王守仁:《传习录》中。
②朱熹:《朱子语类》卷十二。

是也,虽其言之出于庸常,不敢以为非也,而况其出于孔子者乎。"①
他还认为:"良知只是个是非之心,是非只是个好恶,只好恶就尽了是
非,只是非就尽了万事万变。"②于是乎"天理"便脱离了孔子以来的
是非标准,而成为游移不定、可以随人解释的东西。这就为王学,乃
至整个宋明理学从理论上的崩解,打开了一个致命的、无法弥合的
缺口。

　　风行于明朝万历中叶以后的泰州学派,正是沿着王守仁"致良
知"说的逻辑程序走下去,"乃掀翻天地,非名教之所能羁络"③,一直
走到了王学,乃至整个宋明理学的反面。尔后,在明亡前的四五十年
间,虽然有顾宪成、高攀龙等人重倡朱学的努力,也还有刘宗周等对
王学的修正,但是,无论他们当中的任何一个人,都没有也不可能提
出新的理论论题,来为理学赋予新的生命力。

　　明朝末叶,在日益加剧的社会危机面前,理学已经无能为力。理
学家尽可以把"存天理,灭人欲"的说教喊得震天价响,然而在他们的
"理"、"心"或者"良知"之中,却永远悟不出挽救社会危机的途径来。
以论证封建伦理道德永恒为宗旨的宋明理学,发展到明朝末年,已经
同这样的宗旨严重背离,甚至走到其反面,而构成一股对封建社会的
离心力。这就说明,宋明理学作为一种哲学形态,它不仅在理论上已
经走到了尽头,而且在实际上也丧失了生机。

　　剖析一下清初理学界的状况,那我们对这个问题就看得更清
楚了。

　　清初的理学界,具有同先前的宋明时代不一样的历史特征。愈
演愈烈的朱、王学之争,成为这一时期理学界的突出特色。在清初历

---

①王守仁:《传习录》中《答罗整庵少宰书》。
②王守仁:《传习录》下。
③黄宗羲:《明儒学案》卷三十二《泰州学案》。

史的演进过程中,这种毫无意义的门户纷争,与理学的最终崩解相终始,而为汉学的崛起铺平了道路。

清初,王学已是强弩之末,盛极而衰。虽然也还有孙奇逢、李颙、黄宗羲这样的号称鼎足三大儒的王门健将撑持门面,但是王学崩解已成定局,不可逆转。面对着明清更迭而至的社会大动荡,此时整个思想界也正经历着一场前所未有的、沉痛的反省。"王学空谈误国",成为一时社会舆论的主流所在。于是,对王学的抨击也随之铺天盖地而来。紧迫的危机感,使孙奇逢、李颙、黄宗羲等人起而为王学呐喊。孙奇逢编就《理学宗传》,黄宗羲撰成《明儒学案》,以之来维护王学在封建儒学中的正统地位。但是,就是在这样一个过程中,孙奇逢、李颙同样以调停朱、陆学而对王学作出了修正。孙奇逢认为:"文成之良知,紫阳之格物,原非有异。"①李颙也认为,"陆之教人,一洗支离锢蔽之陋,在儒中最为儆切";"朱之教人,循循有序","中正平实,极便初学"。② 而黄宗羲则更是力倡"心无本体,工夫所至即其本体",以强调去从事具有实践意义的"工夫",而逾越了王学的藩篱。③黄宗羲既以撰写《明儒学案》、《宋元学案》,而对明代王学以及整个宋明理学作出了总结,同时也以其对社会现实的强烈关注和敏锐洞察,还以其在史学和天文历算诸学术领域的卓越实践,使之否定了王学的羁绊而站到了当时学术思想界的前列。雍正、乾隆之际,江西临川学者李绂以继承陆、王遗绪自任,对清初以来的朱、王学纷争进行平实的评议,试图以"躬行实践"来修正王学,以使之复兴。④ 但是时过境迁,孤掌难鸣,实在是徒劳无益。

①孙奇逢:《四书近指》(晚年批定本)卷一《大学之道章》。
②李颙:《二曲全集》卷四《靖江语要》。
③黄宗羲:《南雷文定四集》卷一《明儒学案序》。
④李绂:《穆堂初稿》卷十八《心体无善恶说》。

　　在王学崩解的同时,清初的理学界出现了喧嚣一时的"由王返朱"的声浪。此风由张履祥、吕留良诸人开其端,经陆陇其辈而渐入庙堂,至熊赐履、李光地以朱学获官卿相而推波助澜,遂有康熙朝日渐隆盛的崇奖朱学之举。康熙五十一年(1712)清圣祖特别颁谕,朱熹由孔庙两庑升祀大成殿十哲之次。① 如果说在明清之际空前深重的社会危机面前,张履祥、吕留良这样的朱学家,还是志存经世,试图以朱熹所论定的封建伦理道德来重振日益颓靡的世风,那么步其后尘的陆陇其、魏象枢,尤其是熊赐履、李光地辈,真叫数典忘祖,不过是以朱学而仰承朝廷意旨,邀宠斗胜。因而,无论是他们的太极论、理气论,还是河图洛书说等等,都只是在掇拾宋明朱学家的牙慧,烦琐复述,毫无新意。无休止的朱王学门户纷争,构成了清初理学界"由王返朱"声浪的全部内容。为清廷所一再推许,在清代第一个获从祀孔庙的所谓"理学名臣"陆陇其,可为此一声浪的典型代表。他竭力鼓吹:"朱子之学,孔孟之门户也。学孔孟而不由朱子,是入室而不由户也。"②甚至极端霸道地主张:"继孔子而明六艺者,朱子也。非孔子之道者皆当绝,则非朱子之道者皆当绝。"③而那个被康熙帝称为"知光地者莫如朕,知朕者亦莫光地若也"④的李光地,则更是青出于蓝而胜于蓝。他公然不加掩饰地说道:"今天子衡量道术,一以朱子为宗,圣人有作,万世论定矣。在学者诚宜禀皇极之彝训,奉一先生之言,以讲以思,以服以行,庶几沿河入海,而无断潢绝港之差也。"⑤同时,他又假论清初"道统"与"治统"的合而为一,阿谀谄媚,以取悦于清圣祖,恬不知耻地比附道:"自孔子后五百年而至建武,建

①《清圣祖实录》卷二百四十九,"康熙五十一年二月丁巳"条。

②陆陇其:《三鱼堂文集》卷五《答嘉善李子乔书》。

③陆陇其:《三鱼堂文集》卷八《四书集义序》。

④章炳麟:《检论》卷四《许二魏汤李别录》。

⑤李光地:《榕村全集》卷十四《重建鹅湖书院记》。

武五百年而至贞观,贞观五百年而至南渡。""朱子之在南渡,天盖付以斯道,而时不逢,此道与治之出于二者也。自朱子而来,至我皇上又五百岁,应王者之期,躬圣贤之学,天其殆将复启尧舜之运,而道与治之统复合。"①

清初理学界的状况,更进一步地说明了北宋以来的理学,迄于明清之际,已入穷途末路,它正面临着必然崩解的厄运。当然,我们在这里所说的理学的崩解,并不意味着几个世纪以来,为理学家所不断论证的封建伦理道德,已经失去了制约社会的力量。我们认为,封建伦理道德本身,同论证其合理、永恒的理学,这两者是不同的范畴。因为入清以后,中国社会的基本经济形态仍然是顽固而落后的自给自足的封建自然经济,所以,与之相适应的封建伦理道德,就还有其存在的牢固依据。然而,作为论证其合理性的理学,既已完成其历史使命而不能再向前发展,自然就失去生命力了。至于康雍之际,扬州学者王懋竑发愿改作《朱子年谱》,以精治朱学名世,他对朱熹及其学说的平实评议,一方面既可以视为对朱学的总结,另一方面,亦无异于在为朱学唱挽歌。因为王氏本人的为学领域已经溢出理学的拘囿,广涉博览,考订精核,不复昔日义理之学者之所为了。后世乾嘉考据学者王鸣盛推重他,原因也正在于此。②

因此,尽管尔后嘉庆、道光年间,有过方东树等人倡宋学以反汉学的鼓噪,也有过咸丰、同治年间曾国藩等人所导演的"理学中兴"的历史丑剧,乃至迄于清亡,朱熹的偶像依然高踞庙堂。但是,清代的理学已经失去了宋明时代理学的哲学思辨色彩,不过就是封建伦理道德信条的别称。正是出于这样一个基本的历史估计,所以,我们赞成已故著名思想史家杜国庠先生的卓越见解,即迄于清初,理学已经

①李光地:《榕村全集》卷十《进读书笔录及论说序记杂文序》。
②王鸣盛:《十七史商榷》卷九十一《李德裕主议杀郭谊》。

终结。①

中国封建社会发展到清朝初叶，作为儒家学说发展的一个阶段的理学，已经走完了自己的路。但是，产生儒家学说的社会环境却并没有失去其存在的依据。因而，伴随着中国晚期封建社会的缓慢发展，儒家学说也必然要作出相应的反应。这就是经历整个康熙时期，延及雍正一朝，理学的崩解过程结束之后，汉学即考据学的崛起。考据学的勃兴，以致最终取代理学的地位，并不是一个偶然的历史现象，它是多方面的、错综复杂的历史因素交互作用的结果。从理论思维发展的内在逻辑来看，清初的反理学思潮，则是一个产生了重大影响的历史因素。

三、反理学思潮的兴起及其历史特征

在对清初理学崩解以及考据学兴起的历史考察中，反理学思潮是一个不可或缺的环节。因为脱离了这样一个环节的探讨，我们就无从从理论和实际的结合上去说明理学向考据学转化的历史必然性。如果不是这样去做，而是把清代汉学即乾嘉学派的成因仅仅归结为文字狱，或者是康乾盛世，那么就会由此而产生一系列难以解答的问题。

先拿文字狱来说，作为一种巩固封建专制统治的政治措施，它并不自清代始。众所周知，清代之前的明代，在太祖朱元璋时期，文字狱就曾令人不寒而栗，吴下诗坛四杰之一的高启，即在文字狱中罹难。② 然而，明初的文字狱却并没有引出考据学来，相反，倒是牢固地确立了朱熹之学在理学中的正统地位，而使之成为一代封建统治

---

①杜国庠：《杜国庠文集》，北京：人民出版社，1962 年，第 377—403 页。
②《明史》卷二百八十五《高启传》。

的正宗思想。同样是文字狱,它在明清两代,于理论思维的形式所产生的影响却很不一致。从这个意义上说,我们肯定"乾嘉学派的产生与文字狱并无必然联系"的见解,认为它是对传统看法的有意义的修正。

再就所谓"康乾盛世"而言,在中国古代史上,堪与清代康乾时期并称的"盛世"并不乏见。唐代的贞观之治,北宋初叶的太平兴国时期以及明成祖永乐之世等等,都是为封建史家所讴歌的升平治世。这些古代"盛世"所提供的安定的社会环境,对封建学术文化的发展,无疑产生了良好的作用,它们最终规定和制约着这样一个发展过程。但是,封建学术文化的发展,同在这样一个发展过程中,理论思维领域所形成的具有个性的学术流派,不应该也不能够等同起来;对形成某种学派的社会背景的考察,也不能代替对这一学派的形成所反映的理论思维自身发展规律的探讨。同样是中国古代的"盛世",康乾之前的任何一个时期,都没有能够成为考据学独盛的先导,唯独康乾"盛世"则能产生如此的历史结果。之所以会出现这样的歧异,显然是仅仅用"盛世"本身所不能答复的。因此,我们以为,把清代考据学的风靡朝野归结为"康乾盛世",实际上并没有对乾嘉学派的成因作出解释。

有鉴于此,本文接下去准备对清初的反理学思潮做一些探讨,试图以之来进一步说明中国封建社会晚期宋学即理学向汉学即考据学转化的历史必然性。

清朝初叶,在理学瓦解的过程中,理论思维领域逐渐酝酿起同传统的理学无论在内容上、方法上都不尽一致的新思潮。这一思潮发端自明末以来的实学思潮,以朴实考经证史为方法,以经世致用为宗旨,以求达到挽救社会危机的目的。因此,在思想史上,习惯地把这一思潮称为经世致用思潮或实学思潮。从理论思维发展的矛盾运动看,因为这一思潮是伴随着理学的瓦解而出现,具有愈益鲜明的以经学取代理学的色彩,并最终成为乾嘉汉学的先导,所以,又把它称为反理学思潮。

清初的反理学思潮之所以能够成为乾嘉汉学的先导,这是为其自身的内容及其所反映的历史特征所决定的。

首先,这是一个以经世致用为宗旨的思潮。

明末以来的社会动荡,至明清更迭达于极点。政局的动乱,战火的频仍,使清初的经济凋敝异常,久久不能复苏。这一局面一直延续到康熙二十年以后。正如当时的"理学名臣"陆陇其所承认的,康熙二十年(1681)以后,"海内始有起色"①。因而,挽救社会危机,就成为清初思想界迫在眉睫的现实课题。

这种挽救社会危机的努力,用当时思想家们的话来说,就叫作经世致用。而清初的经世致用思想,又正是同对理学的批判和总结联系在一起的。明亡之后,流亡日本的著名思想家朱之瑜,一生以"经邦弘化,康济艰难"②为治学宗旨。当他从理论思维的角度去总结明清更迭的历史教训时,曾借阐发孔子之道,来反对"说玄说妙"、"骛高骛远"的"道学",即宋明理学。他认为:"颜渊及其问仁也,夫子……曰:'非礼勿视,非礼勿听,非礼勿言,非礼勿动。'夫视、听、言、动者,耳目口体之常事;礼与非礼者,中智之衡量;而勿者,下学之持守。岂夫子不能说玄说妙,言高言远哉?抑颜渊之才,不能为玄为妙,骛高骛远哉?……其所以授受者,止于日用之能事,下学之工夫……故知道之至极者,在此而不在彼也。"③朱舜水将理学比之于能工巧匠的雕虫之技,认为其弊病就在于"屋下架屋"而"无益于世

---

① 陆陇其:《论直隶兴除事宜书》,贺长龄辑:《清经世文编》卷二十八《户政》三。
② 朱之瑜:《朱舜水集》卷十一《问答三·答林春信问》,北京:中华书局,1981年,第383页。
③ 朱之瑜:《朱舜水集》卷十六《勿斋记》,第484页。

用"。他在致其门人安东约的书札中写道:"昔有良工,能于棘端刻沐猴,耳目口鼻宛然,毛发咸具,此天下古今之巧匠也。若使不佞……得此,则必抵之为砂砾……何也? 工虽巧,无益于世用也。""宋儒辨析毫厘,终不曾做得一事,况又于其屋下架屋哉?"①由于志存经世,因而朱之瑜自然要引宋代讲求事功的学者陈亮为同调,对朱熹攻击陈亮的做法大不以为然,甚至斥之为"拾人残唾"。他说:"晦翁先生以陈同甫为异端,恐不免过当。"②又说:"晦庵先生力诋陈同甫,议论未必尽然,况彼拾人残唾,亦步亦趋者,岂能有当乎?"③他进而针锋相对地主张:"为学之道,在于近里著己,有益天下国家,不在乎纯弄虚脾,捕风捉影。"④

如果说朱之瑜是赍志而殁,客死异邦,其思想尚不足以直接影响清初的思想界,因之还不具代表性的话,那么,与之同时而足迹遍于南北的著名学者顾炎武,他于清初思想界的影响,则是当时及后世都公认的。考察顾炎武的思想,我们会看到,在朱之瑜所涉及的上述问题上,他们之间竟是那样地相似。顾炎武也是一个始终如一的经世致用学者。他一生以"明学术,正人心,拨乱世以兴太平之事"⑤为己任,执着地去探求"国家治乱之源,生民根本之计"⑥。直到逝世前夕,其志在天下的襟怀,依然没有丝毫的消沉和颓丧,他犹大声疾呼:"天生豪杰,必有所任。……今日者,拯斯人于涂炭,为万世开太平,

---

① 朱之瑜:《朱舜水集》卷七《书简四·与安东守约书十》,第 160 页。
② 朱之瑜:《朱舜水集》卷十一《问答三·答野节问》,第 386 页。
③ 朱之瑜:《朱舜水集》卷八《书简五·答奥村庸礼书十一》。
④ 朱之瑜:《朱舜水集》卷八《书简五·答奥村庸礼书十一》。
⑤ 顾炎武:《亭林文集》卷二《初刻日知录自序》。
⑥ 顾炎武:《与黄太冲书》,《顾亭林诗文集·亭林佚文辑补》,北京:中华书局,1959 年,第 246 页。

此吾辈之任也。仁以为己任，死而后已。"①同朱之瑜一样，顾炎武的
经世致用思想，也是与反理学思想联系在一起的。当他追溯明末"神
州荡覆，宗社丘墟"的历史教训时，也把祸根归之于理学家的"清谈"
（至于是否妥当，还当别论）。他认为理学家把孔孟视为清谈对象，
"不习六艺之文，不考百王之典，不综当代之务"，"以明心见性之空
言，代修己治人之实学"，因而才酿成了"股肱惰而万事荒，爪牙亡而
四国乱"的严重后果。②

"性与天道"，这是宋明理学家往复辩难的中心问题，而顾炎武却
大不以为然。在他看来，"性与天道"的论究，既不合于"六经之指"，
更不切于"当世之务"，断非孔孟的儒学正统。③ 他甚至直接斥之为
禅学，认为："终日言性与天道，而不自知其堕于禅学也。"④因此，顾
炎武一生为学，"非六经之指，当世之务，一切不为"。⑤ 在朱熹与陈
亮、叶适的分歧上，顾炎武如同朱之瑜一般，也是站在事功学派一边
的。所不同者，只是方法问题，朱舜水是采取正面的评议，而顾亭林
则是以在自己的著述中称引叶、陈见解的方式来加以肯定。譬如顾
氏在《日知录》中就这么写道："宋叶适言，法令日繁，治具日密，禁防
束缚至不可动，而人之智虑自不能出于绳约之内，故人材亦以
不振。"⑥

顾炎武与朱之瑜思想的不谋而合，决非历史的偶然，它正说明
大势所趋，潮流所在，有什么样的社会存在，必然就会产生什么样
的社会思想。明清之际，封建国家在经济、政治诸方面日益深重的

---

①顾炎武：《亭林文集》卷三《病起与蓟门当事书》。
②顾炎武：《日知录》卷七《夫子之言性与天道》。
③顾炎武：《亭林文集》卷三《与友人论学书》。
④顾炎武：《日知录》卷七《夫子之言性与天道》。
⑤顾炎武：《亭林文集》卷四《与人书四》。
⑥顾炎武：《日知录》卷九《人材》。

危机,以及这一危机在理论思维领域反映出的理学瓦解,都是客观存在的社会现实,因而,试图挽救社会危机的经世致用思潮,也就必然要以批判理学的姿态出现。即使是理学门户中人,当他们投身到经世致用潮流中去的时候,也会不期然而然地走向理学的反面。我们前面所说的黄宗羲虽欲护卫王学,结果其学术和思想实践,却突破王学旧规而走向反理学的途径,就是一个十分典型的例子。所以,我们说清初的反理学思潮,首先是一个以经世致用为宗旨的思潮。

其次,这一思潮还是一个以朴实考经证史为方法,试图以经学去取代理学的思潮。

清朝初叶,理学在理论和实际上的瓦解,既是封建社会深刻危机的折射,也是中国古代儒家学说自身危机的尖锐反映。为了挽救这两方面的危机,在理论思维领域,客观上提出了以新的理论形态去取代理学的课题。清初的那些卓越的思想家们,为此进行了痛苦的,然而也是大胆的理论摸索。但是,由于封建的自然经济的陈旧、牢固,建立在这一基础之上并为其辩护的封建儒学亦极端保守。因而,明中叶以来所出现的资本主义萌芽,不过如同汪洋大海中的一叶扁舟而已,它既不能摆脱封建的自然经济的桎梏,更经受不住封建专制政治所掀起的风浪的冲击。明清之际,资本主义萌芽遭到严重摧残而奄奄一息,这就决定了它在意识形态领域的反映必然是极其微弱的,远远不能成为思想界的主流。同时,在明末以耶稣会士为媒介的中西文化交流中,所传入的那些有限的西方自然科学知识,虽然对明清之际的学术文化产生了有益的影响,但是,它却无法动摇,更不能改变当时整个中国知识界的状况。

历史和阶级的局限,严重地障蔽了清初思想家的视野。尽管黄宗羲、顾炎武、王夫之、唐甄等思想家,他们能够大胆地去揭露和抨击明末以来的社会积弊,发出了"法不变不可以救今"①的呐喊,甚至把批判的锋芒直指高度集中的皇权,认为:"为天下之大害者,君而已矣。"②可是,他们的理论摸索,终究不能逾越封建的藩篱。因此,面临以什么理论形态去取代理学的抉择,他们可以借鉴的思想材料,只能是封建儒家学说中较之理学更为古老的经学。于是,在摒弃了性与天道的论究之后,为了探求与国计民生有关的实学,清初的学者们自然就会不约而同地趋向于以经学去取代理学的道路。

事实上,以经学取代理学的努力,从明末就已经开始了。清初江南的著名学者钱谦益,在其于明亡前所结撰的《初学集》中,即已提出过这一问题。他直言不讳地指出,宋明以来的道学即理学并非儒学正统,而是犹如八股时文般的"俗学"。他说:"自唐宋以来……为古学之蠹者有两端焉,曰制科之习比于俚,道学之习比于腐。斯二者皆俗学也。"③因此,钱谦益反对"离经而讲道",认为:"汉儒谓之讲经,而今世谓之讲道。圣人之经,即圣人之道也。离经而讲道,贤者高自标目,务胜前人;而不肖者汪洋自恣,莫可穷诘。"④他主张应当"以汉人为宗主"去研治经学。在《初学集》中,他写道:"学者之治经也,必以汉人为宗主。……汉不足,求之于唐,唐不足,求之于宋,唐宋皆不足,然后求之近代。"⑤入清以后,钱谦益又在《有学集》中进一步论述了经学与史学的宗属关系,提出了"六经之中皆有史"的主张。他说:"六经,史之宗统也。六经之中皆有史,不独《春秋》三传也。"⑥

钱牧斋的上述主张,对清初学者,尤其是江南地区的学者,其影

---

①顾炎武:《亭林文集》卷六《军制论》。
②黄宗羲:《明夷待访录·原君》。
③钱谦益:《初学集》卷七十九《答唐汝谔论文书》。
④钱谦益:《初学集》卷二十八《新刻十三经注疏序》。
⑤钱谦益:《初学集》卷七十九《与卓去病论经学书》。
⑥钱谦益:《有学集》卷三十八《再答杜苍略书》。

响是很大的。与之同时的顾炎武、黄宗羲、朱鹤龄、万斯同、万斯大、费密等人，正是发展了他的不能"离经以讲道"和"六经之中皆有史"的主张，演成了清初以经学取代理学的巨流。而在转变一时风气中堪称领袖的，当首推顾炎武。他斩钉截铁般的提出"理学，经学也"的命题，高高地扬起了经学之幡。他说："愚独以为，理学之名自宋人始有之。古之所谓理学，经学也，非数十年不能通也。故曰，君子之于《春秋》，没身而已矣。今之所谓理学，禅学也，不取之五经而但资之语录，较诸帖括之文而尤易也。"①同钱谦益一样，顾炎武也提出了治经复汉的主张，他说："经学自有源流，自汉而六朝而唐而宋，必一一考究，而后及于近儒之所著，然后可以知其异同离合之指。"②他在引述《孟子》关于《春秋》"其文则史"之说时，也认为："不独《春秋》也，虽六经皆然。"③

　　治经复汉的主张，在清初不仅见于儒林大家如钱牧斋、顾亭林、黄梨洲、王船山辈，就是学术造诣稍逊一筹的其他学者，也都发出过共鸣。江苏吴江的经学家朱鹤龄就提出了治经"信古"的主张，认为："六经之学，汉兴之，唐衍之，宋大明之，至今而衰。"④他说："经学之荒也，荒于执一先生之言，而不求其是。苟求其是，必自信古始。"⑤常熟学者冯班也说过："经学盛于汉，至宋而疾汉如仇；玄学盛于晋，至宋而诋为异端。注疏仅存，讹缺淆乱，今之学者，至不能举其首题。"⑥清初流寓扬州的四川新繁学者费密，更把这一主张提得格外明确，他说："'即物穷理'、'格物致知'，有何补于救世，岂古经之定

①顾炎武：《亭林文集》卷三《与施愚山书》。

②顾炎武：《亭林文集》卷四《与人书四》。

③顾炎武：《日知录》卷三《鲁颂商颂》。

④朱鹤龄：《愚庵小集》卷十《寄徐太史健庵论经学书》。

⑤朱鹤龄：《愚庵小集》卷七《毛诗稽古编序》。

⑥冯班：《钝吟文稿·经典释文跋》。

旨哉？"①认为理学家所探讨的"无极而太极"诸命题，皆属"性理浮说"，为"圣门所无，源于二氏"。②他对宋明理学家的"道统"说深致不满，斥为"杜撰私议"③。主张："学者必根源圣门，专守古经，从实志道。"④年近五十，千里投师于孙奇逢门下，奇逢赞为"汉儒知己"⑤。

　　清初治经学而回复到汉代，已是一时大势所趋。但是，汉代经学并不是一个统一体，自西汉以来，即有以阐发经文微言大义为特色的今文经学和以对经文进行朴实考据训诂为特色的古文经学之分。至魏晋之际，日趋谶纬化的今文经学，已不能适应封建社会发展的需要，遂为历史的潮流卷至地底而潜沉千年。到唐初，孔颖达等撰成《五经正义》，于是更以经典的形式，确立了古文经学在经学史上的正统地位。宋明之世，经学虽为理学所掩而呈衰落之势，但是理学家用作论究依据的，仍然是古文经学派作过传注的经籍。所以，清初复兴的汉学，乃是朴实考据训诂的古文经学。这种经学学说及其方法论，在清初民族压迫十分严重的历史条件下，日益成为思想家们探求与国计民生有关的实学的手段。因而，汉代经学的考据训诂为学方法，至清初便逐渐取代了宋学的阐发义理的为学方法。正因为如此，所以顾炎武将其"读九经自考文始，考文自知音始"⑥的为学方法论登高一呼，便回声四起，宛若水到渠成。这样，就使清初的反理学思潮在为学方法上逐渐向博稽经史一路走去，形成了有别于宋明理学的朴实考经证史的历史特征。

　　站在清初反理学思潮前列而独树一帜的，还有两个著名的学者，

---

①费密：《弘道书》卷上《弼辅录论》。
②费密：《弘道书》卷上《古经旨论》。
③费密：《弘道书》卷上《统典论》。
④费密：《弘道书》卷中，《圣门传道述》。
⑤《费燕峰先生年谱》，国家图书馆藏抄本。
⑥顾炎武：《亭林文集》卷四《答李子德书》。

一个是湖南衡阳的王夫之,另一个是直隶博野(今河北博野县)的颜元。王夫之接过理学家的论题,充实进新的历史内容而高唱"六经责我开生面"①。他博稽载籍以阐发其深湛之思,对理学进行了系统的批判性的总结,从而走向了理学的反面。但是,在清初他长期地寡居僻处,不与世接,则使其思想直至身后百余年方才产生回响。颜元是一个毫不妥协的理学批判家。他既不同于顾炎武、王夫之的保留尊朱外貌,也不同于黄宗羲的留连王学余技,而是以"少抑后二千年周、程、朱、陆、薛、王诸先生之学,而伸前二千年尧、舜、禹、汤、文、武、周、孔、孟诸先圣之道"②自任。他把孔孟以来的儒家学说统统目为"惑世诬民"③而概行否定。甚至痛斥程、朱之学道:"去一分程、朱,方见一分孔、孟。不然,则终此乾坤,圣道不明,苍生无命矣。程、朱之道不熄,周、孔之道不著。圣人复起,不易吾言。"④颜元以其具有实践意义的实行、实习之学,在传统儒学中独辟蹊径,成为清初反理学思潮的突起异军。然而,因其主张过于激切,以致将封建朝廷所崇奖的程朱之学亦予以否定,这就决定了其学在当时的历史条件下,不可能传之久远。

四、封建文化专制与反理学思潮的蜕变

以上,我们从理论思维的角度,对中国封建社会晚期儒家学说发展的内在逻辑进行了探讨,从而说明了明清之际宋学向汉学转化的历史必然性。然而,在人类历史的演进过程中,这种历史必然性并不

---

①王敔:《姜斋公行述》,王夫之:《船山遗书》附。
②颜元:《存学编》卷一《明亲》。
③颜元:《习斋记余》卷三《寄桐乡钱生晓城》。
④颜元:《习斋记余》卷一《未坠集序》。

是自发地发生作用,它往往是通过若干偶然的历史因素来显示其不可抗拒的逻辑力量。在清初的历史条件下,宋学向汉学的转化,正是借助于清廷的封建文化专制,导致反理学思潮的蜕变,来最终演为历史实际的。

清初反理学思潮的经世致用宗旨,是决定这一思潮的性质及其历史价值的基本方面,也是使它既有别于之前的宋明理学,又不同于其后的乾嘉考据学的根本原因所在。至于朴实考经证史,则只是这一思潮的为学方法论,并不是决定其性质的主要方面。但是,随着清初历史的发展,尤其是清廷封建文化专制的加剧,反理学思潮的上述两方面的历史特征,却发生了地位的转换,朴实考经证史,愈益成为这一思潮的主要方面。以致到乾隆初叶,经世致用的宗旨丧失殆尽,反理学思潮遂蜕变为一个自考据始迄考据终的复古学派,即乾嘉学派。因此,在乾嘉学派的形成过程中,清初的封建文化专制,就是一个不可忽视的外在因素。

清初的封建文化专制,集中体现为康、雍、乾三朝愈演愈烈的文字狱。封建时代,士大夫和其他人们因诗书文字触犯朝廷禁忌,而被滥施刑律,史称"文字狱"。一如前述,作为一种巩固封建专制统治的政治措施,文字狱并不自清代始。但是,像清代前期文字冤狱如此地频繁,如此地严酷,却是空前的。在康、雍、乾三朝的百余年间,文字狱多达上百起,而且愈演愈烈,以致从乾隆三十九年(1774)到四十八年(1783)的十年中,无年不有。文字狱在清代前期的泛滥,有其深刻的历史原因。清先世曾臣服于明朝,受官袭爵,闻命即从。入主中原之后,清廷对此段史事讳莫如深。因此,不仅将有关史籍刊削、禁毁,而且对凡继续编写乃至收藏者,动辄以"大逆"之罪,滥加诛戮。此为原因之一。康熙二年(1663)的庄廷鑨《明史》案,即属此类之最典型者。死难者,多达七十余人。庄氏虽案发前已然故世,犹被剖棺戮尸。原因之二则在于,清初的反清斗争,虽经四十年的武力镇压趋于沉寂,然而反清思想却久久不能消弭。汉族士大夫眷恋故明,宣扬"夷夏之防"一类的封建正统思想和狭隘民族意识,对清廷巩固其统治,尤为不利。为了强化满洲贵族的封建统治,对反清思想势必就要用暴力去加以打击。康熙五十年(1711)的戴名世《南山集》案、雍正六年(1728)的吕留良、曾静案,都可视作出于此类需要而制造文字狱的典型事例。第三,康雍之际,清皇族中权力之争空前激化,史称夺嫡之争。清世宗即位之后,为了巩固既已取得的胜利,除戕杀夺嫡诸王外,亦借助于文字狱来打击党附诸王的势力。雍正四年(1726)的汪景祺《西征随笔》案,以及同年的查嗣庭"维民所止"案,雍正七年的谢济世注《大学》案、陆生楠《通鉴论》案等等,尽管所加罪名不一,但借以打击异己这一目的,则是前后一致的。至乾隆朝,朋党积习不绝如缕,清高宗也效法乃父,以文字狱来惩治朋党,整饬吏治。

在滥兴文字狱的同时,清廷又根据经济、政治局势的转变,不时调整其文化政策,以笼络封建士大夫。康熙十二年(1673)颁谕荐举山林隐逸,十七年(1678)兴博学鸿儒科,十八年(1679)开明史馆,都是这种政策调整的反映。康熙三十八年(1699)以后,又开始了大规模的经籍传注的纂辑。自康熙年间起纂,迄于雍正三年成书的《古今图书集成》,尤其是乾隆中叶以后《四库全书》的编就,更是康熙以来文化政策的成功继续。

文字狱的高压与笼络策略的并施,腰斩了清初的经世致用思想,造成了思想界万马齐喑的沉闷局面。通过探讨明清之际史事来"引古筹今"已经成为不可能,借助阐发"夷夏之防"来宣扬反清思想更是非法,甚至眼前的国计民生利弊,也无人敢于问津。于是,清廷人为地留给知识界的就只有一条狭路,这便是朴实的经学考据。

清初反理学思潮的这种悲剧性结局,当其领袖们的晚年,即已见其端倪。顾炎武的代表著述《日知录》,虽以经世致用为全书主旨,但是他认为在当时已无从实现其理想,因而只好寄希望于代清而兴的后起王者。① 黄宗羲的晚年,与其康熙初叶撰写《明夷待访录》之时,已判若两人。他局促于浙江余姚故里,不敢越钱塘江一步,实在是一个以著述终老的学者。王夫之虽然在三藩之乱中频繁四出,欲有所为,但是当吴三桂败局已定,他便依然遁入湘西石船山下,以著述来终其余生。就是十分激进的颜元,他的经世致用思想也随其所主讲的肥乡漳南书院为洪水淹没而悄然不传。颜氏的得意门生李塨,虽欲传颜元学而交游南北,结果却不自觉地修订师说,趋向考据营垒。他认为:"天地之道,极则必返。实之极必趋于虚,虚之极必归于实。当其实之盛而将衰也,江淮迤北,圣贤接踵,而老聃、列御寇之流已潜毓其间,为空虚之祖。今之虚学可谓盛矣,盛极将衰,则转而返之实。"②李塨在这里所说的"实学",亦如尔后乾嘉学派大师戴震之"实学",即经学的考据。戴震在称述乾隆初叶的文化政策时就曾经这么写道:"值上方崇奖实学,命大臣举经术之儒。"③这与清初思想家们倡导的经世致用的实学,已经有了质的区别。颜李学风的分手不啻清初反理学思潮蜕变的一个极好注脚。

在清初诸反理学大师之后,率先步入考据狭路的,是阎若璩、胡渭、毛奇龄等人。他们都撇开了经世致用的宗旨,徒然以考据名世。这一点,乾嘉汉学家看得很清楚。所以,戴震赞许:"阎百诗善读书。百诗读一句书,能识其正面背面。"④江藩撰《汉学师承记》,也将阎若璩、胡渭列于卷首,而把顾炎武、黄宗羲附录于卷末。俨若汉学护法神的阮元,更极力推崇毛奇龄,视之为乾嘉汉学开山。他说:"检讨……以经学自任,大声疾呼,而一时之实学顿起。……迄今……大

---

①顾炎武:《亭林文集》卷四《与人书二十五》。
②李塨:《恕谷后集》卷一《送黄宗夏南归序》。
③戴震:《戴东原集》卷十二《江慎修先生事略状》。
④段玉裁:《戴东原先生年谱》。

江南北著书授徒之家数十,视检讨而精核者固多,谓非检讨开始之功则不可。"①

　　迄于乾隆初叶的江苏学者惠栋,潜心经术,专宗汉儒,独以汉学相尚,认为:"汉经师之说,立于学官,与经并行。五经出于屋壁,多古字古言,非经师不能辨。经之义存乎训诂,识字审音,乃知其意。是故古训不可改也,经师不可废也。"②至此,以汉学标榜的乾嘉学派,遂以系统而娴熟的考据学,登上了清中叶以后的学术舞台。正如乾嘉时期的考据大师钱大昕评述惠氏学术时所论:"汉学之绝者千有五百余年,至是而粲然复章矣。"③

五、简短的结论

　　明清之际,社会的急剧动荡,及其在理论思维领域所反映出的理学瓦解,形成了清初的反理学思潮。这是一个具有两重性的思潮,一方面,它以经世致用为宗旨,对理学进行了批判和总结。这对于打破几个世纪以来理学对思想界的束缚,无疑是具有历史积极意义的。因此,这是一个进步性的思潮。另一方面,清初的反理学思潮又是一个具有复古倾向的思潮。它用以批判理学的思想武器,并不是也不可能是建立在新的经济因素之上的理论形态,而是较之理学更为古老的经学。这种复古倾向,导致清初知识界在方法论上逐渐撇弃宋明理学的哲学思辨,走向了朴实考经证史的途径。从而,为尔后乾嘉学派的形成,在理论思维上提供了内在的逻辑依据。乾嘉学派的形成,是清初反理学思潮蜕变的直接结果。在清初经济的恢复发展过

①阮元:《揅经室二集》卷七《毛西河检讨全集后序》。
②惠栋:《松崖文钞》卷一《九经古义述首》。
③钱大昕:《潜研堂文集》卷三十九《惠先生栋传》。

程中,随着封建文化专制的加强,反理学思潮的经世致用宗旨遭到阉割,蜕变为一个进行朴实的经学考据的复古思潮。清初封建政治、经济的发展既促成了理论思维的这样一个蜕变,封建统治者又及时地利用了这样一个蜕变来为其服务,这便是康熙中叶以后,清廷在崇奖理学的同时,亦提倡经学,使之在维护封建统治中,成为与理学相辅为用的思想工具。经历康熙、雍正两朝,迄于乾隆初叶,清廷给封建知识界安排的,就只是朴实的经学考据这一条狭路。而封建国家经济状况的逐步好转,社会的相对安定,也为知识界的经籍整理提供了良好的物质环境。于是,上述诸种历史因素交互作用的结果,到乾隆中叶,考据之学遂风靡朝野,最终形成了中国封建社会晚期继宋明理学之后的又一个主要学术流派——清代汉学,即乾嘉学派。

(原载《清史论丛》第六辑,中华书局 1985 年 6 月版)

从经筵讲论看乾隆时期的朱子学

前　言

　　有清一代的朱子学,自康熙后期取得主导地位之后,尽管朝廷悬为功令,帝王提倡,士子讲习,然而却久久发展不起来。倒是与性理之学迥异其趣的经学考据,不胫而走,蔚为大国。因此,乾隆初,清高宗已喟叹:"近来留意词章之学者,尚不乏人,而究心理学者盖鲜。"①至乾隆中叶以后,遂有戴东原《孟子字义疏证》出,凛然别张一军,"欲夺朱子之席"②。迄于乾隆末、嘉庆初,就在朱子故里的徽歙之间,竟然出现"自命通经服古之流,不薄朱子则不得为通人"的局面。③ 这样一种局面何以会形成? 探讨其间的原因,对于梳理朱子学之演进源流,抑或有所裨益。以下,拟从清高宗经筵讲论内容的变迁入手,就乾隆一朝朱子学不振的原因,试作一些讨论。唯所论未必允当,尚祈各位赐教。

---

① 《清高宗实录》卷一二八,"乾隆五年十月己酉"条。
② 王国维:《观堂集林》卷十二《聚珍本戴校水经注跋》,北京:中华书局,1959 年,第 580 页。
③ 章学诚:《文史通义》内篇二《朱陆》附《书朱陆篇后》,见《章学诚遗书》,北京:文物出版社,1985 年,第 16 页。

一、高宗初政与朱子学的提倡

清高宗在位六十年,自乾隆三年首举经筵,至乾隆六十年逊位,经筵讲学凡举五十一次。高宗初政,一遵其父祖旧规,经筵讲学皆于每年春秋各举一次,以示崇儒重道,孜孜向学。自乾隆十二年以后,除十八年举经筵于仲秋,其他各年皆于仲春举行。

乾隆元年正月,高宗改元伊始,即面临御史谢济世著《学庸注疏》,以立异朱子一事。据议政之诸王、大臣称:"谢济世进自著《学庸注疏》,于经义未窥毫末。其称明初尊朱之令,以同乡同姓之故,名为表彰圣贤,实则推尊本朝。尤属谬妄无稽,甚为学术人心之害。"疏上,高宗采纳诸王、大臣议,将谢氏所著之书"严饬发还"①。二月,他又就谢济世著述和另一御史李徽奏请将《孝经》与《四书》并列事颁谕,严词指斥。据云:

> 谢济世请用其自注《学庸》,易朱子《章句》,颁行天下。独不自揣己与朱子分量相隔如云泥,而肆口诋毁,狂悖已极。且谓明代以同乡同姓,尊崇朱子之书,则直如爨下老婢,陈说古事,虽乡里小儿,亦将闻而失笑也。李徽欲以《孝经》与《四书》并列为五,立义支离,属辞鄙浅。于宋元大儒所论《孝经》源流离合,曾未寓目,即欲变乱历代论定,列于学官,数百年不易之旧章,亦不自量之甚矣。②

乾隆三年正月,高宗服丧期满,颁谕礼部,筹备举行经筵讲学。他说:

---

① 《清高宗实录》卷十一,"乾隆元年正月乙卯"条。
② 《清高宗实录》卷十三,"乾隆元年二月庚辰"条。

朕惟《四子》、"六经",乃群圣传心之要典,帝王驭世之鸿模。君天下者,将欲以优入圣域,茂登上理,舍是无由。我皇祖圣祖仁皇帝,皇考世宗宪皇帝,时御讲筵,精研至道,圣德光被,比隆唐虞。朕夙承庭训,典学维殷,御极以来,勤思治要,已命翰林科道诸臣,缮进经史,格言正论,无日不陈于前。特以亮阴之中,经筵未御。兹既即吉,亟宜举行。所有典礼,尔部其诹日具仪以闻。①

二月二十四日,首举经筵大典。儒臣先讲《论语·为政》,高宗旋宣讲论;儒臣再讲《尚书·舜典》,高宗再宣讲论。此后,除乾隆五十四年皆讲《论语》之外,先《四书》,后"六经",遂成乾隆一朝经筵讲学之定规。其间,凡讲《论语》二十六次,《孟子》四次,《大学》九次,《中庸》十二次,《周易》二十六次,《尚书》二十四次。

乾隆五年十月,鉴于理学不振,高宗颁发长篇谕旨,提倡读宋儒之书,研精理学。他说:

朕命翰詹科道诸臣,每日进呈经史讲义,原欲探圣贤之精蕴,为致治宁人之本。道统学术,无所不该,亦无往不贯。而两年来,诸臣条举经史,各就所见为说,而未有将宋儒性理诸书,切实敷陈,与儒先相表里者。盖近来留意词章之学者,尚不乏人,而究心理学者盖鲜。即诸臣亦有于讲章中系以箴铭者。古人鉴槃几杖,有箴有铭,其文也,即其道也。今则以词藻相尚,不过为应制之具,是歧道与文而二之矣。总因居恒肄业,未曾于宋儒之书沉潜往复,体之身心,以求圣贤之道。故其见于议论,止于如此。夫治统原于道统,学不正则道不明。有宋周、程、张、朱子,

---

①《清高宗实录》卷六○,"乾隆三年正月癸亥"条。

于天人性命大本大原之所在，与夫用功节目之详，得孔孟之心
传，而于理欲、公私、义利之界，辨之至明。循之则为君子，悖之
则为小人。为国家者，由之则治，失之则乱。实有裨于化民成
俗、修己治人之要。所谓入圣之阶梯，求道之涂辙也。学者精察
而力行之，则蕴之为德行，学皆实学；行之为事业，治皆实功。此
宋儒之书，所以有功后学，不可不讲明而切究之也。今之说经
者，间或援引汉唐笺疏之说。夫典章制度，汉唐诸儒有所传述，
考据固不可废。而经术之精微，必得宋儒参考而阐发之，然后圣
人之微言大义，如揭日月而行也。惟是讲学之人，有诚有伪，诚
者不可多得，而伪者托于道德性命之说，欺世盗名，渐启标榜门
户之害。此朕所深知，亦朕所深恶。然不可以伪托者获罪于名
教，遂置理学于不事，此何异于因噎而废食乎！①

乾隆六年七月，高宗在训饬诸臣公忠体国的谕旨中宣称："朕自幼读
书，研究义理，至今《朱子全书》未尝释手。"②同年九月，外放湖南督
粮道的谢济世于当地刊刻著述，高宗就此颁谕军机大臣，责成湖广总
督孙嘉淦予以销毁。他说：

　　朕闻谢济世将伊所注经书刊刻传播，多系自逞臆见，肆诋程
朱，甚属狂妄。从来读书学道之人，贵乎躬行实践，不在语言文
字之间辨别异同。况古人著述既多，岂无一二可指摘之处？以
后人而议论前人，无论所见未必即当，即云当矣，试问于己之身
心，有何益哉！况我圣祖将朱子升配十哲之列，最为尊崇，天下
士子，莫不奉为准绳。而谢济世辈倡为异说，互相标榜，恐无知

①《清高宗实录》卷一二八，"乾隆五年十月己酉"条。
②《清高宗实录》卷一四六，"乾隆六年七月癸亥"条。

之人,为其所惑,殊非一道同风之义,且足为人心学术之害。朕
从不以语言文字罪人,但此事甚有关系,亦不可置之不问也。尔
等可寄信与湖广总督孙嘉淦,伊到任后,将谢济世所注经书中,
有显与程朱违悖牴牾,或标榜他人之处,令其查明具奏,即行销
毁,毋得存留。①

翌年正月,湖广总督孙嘉淦奏:"遵查谢济世所注经书,立说浅陋固
滞,不足以欺世盗名,无庸逐条指浚。谨将原板查毁,并通饬收毁已
印之本。"高宗于孙氏折批示:"所办甚妥,只可如此而已。"②

乾隆八年二月,高宗以"朱子所辑《小学》一书,始自蒙养为立教
之本,继以明伦为行道之实,终以敬身为自修之要。于世教民心,甚
有裨益",令各省学臣,以《小学》命题,考试士子。③ 九年十月,翰林
院重葺竣工,高宗亲临赐宴,颁谕曰:"翰林之职,虽在文章,要贵因文
见道。尔诸臣当明体此意。"④宴毕,高宗向翰林院赠书,除自著《乐
善堂全集》外,就是其祖当政期间所修《性理精义》。

高宗初政,恪遵其父祖遗规,尊崇朱子,提倡理学。因而从乾隆
三年到十八年,在历年所举行的十九次经筵讲学中,不唯讲官笃守朱
子之教,而且高宗亦步亦趋,阐发朱子学说,君唱臣和,俨然一派尊崇
朱子学气象。

二、在经筵讲论中对朱子学的质疑

经过乾隆十九、二十两年的间断,到二十一年二月再举仲春经

①《清高宗实录》卷一五一,"乾隆六年九月丁亥"条。
②《清高宗实录》卷一五九,"乾隆七年正月庚寅"条。
③《清高宗实录》卷一八五,"乾隆八年二月乙巳"条。
④《清高宗实录》卷二二七,"乾隆九年十月庚午"条。

筵,高宗的讲论却发生了十分引人注目的变化。这便是第一次对朱子的《四书章句集注》提出了质疑。

《中庸》曰:"自诚明谓之性,自明诚谓之教。诚则明矣,明则诚矣。"朱子《中庸章句》注云:"自,由也。德无不实而明无不照者,圣人之德,所性而有者也,天道也。先明乎善而后能实其善者,贤人之学,由教而入者也,人道也。诚则无不明矣,明则可以至于诚矣。"[1]在答门人问《中庸》时,朱子又云:"'自诚明谓之性',此性字便是性之也。'自明诚谓之教',此教字是学之也。此二字却是转一转说,与首章'天命之谓性,修道之谓教'二字义不同。"[2]

乾隆二十一年二月初六日,满汉直讲官分别进讲《中庸》该章,重申朱子解说。讲毕,高宗一改早年对朱子学说的推阐,就《中庸章句》及《朱子语类》提出异议。据云:"德无不实,而所明皆善,性而有之圣人也。先明乎善,而后实其德,教而入之贤人也。诚者理之当然,明者明其所以然。性即理也,教即所以明理,一而二、二而一者也。"于是进而对朱子之说提出质疑云:"是故诚之外无性,明之外无教。圣人浑然天理,无所用其明而明无不照。谓之'所性而有',尚属强名,则何藉乎教!贤人日月至焉,必待先明乎善而后实之,乃复其性。然明即明此理,实亦实此理而已,夫岂别有所谓教哉!"因此,高宗的结论是:"朱子谓与天命谓性、修道谓教二字不同,予以为政无不同耳。"[3]

清高宗讲《中庸》而立异朱子,只是一个偶然之举吗?如果在经筵讲论中出现类似情况仅此一次,抑或可称偶然。可是其后,在迄于

---

[1]朱熹:《四书章句集注》之《中庸章句》第二十一章,北京:中华书局,1983年,第32页。

[2]黎靖德:《朱子语类》卷六十四《中庸》第二十一章,北京:中华书局,1986年,第1566页。

[3]《清高宗实录》卷五〇六,"乾隆二十一年二月甲辰"条。

乾隆六十年的三十二次经筵讲学中,明显地向朱子学提出质疑,竟达十七次之多。显然,这就殊非偶然之举了。兹举数例如后。

乾隆二十三年二月的仲春经筵,以《论语·子张篇》"博学而笃志,切问而近思,仁在其中矣"一条为讲题。朱子《论语集注》于该条注云:"四者皆学问思辨之事耳,未及乎力行而为仁也。然从事于此,则心不外驰,而所存自熟,故曰仁在其中矣。"①高宗不赞成朱子的解说,他驳诘云:"此非四事,盖两事耳。博学而不笃志,则或涉为荒唐;切问而不近思,则或入于无稽。然志也、思也,一心之事耳。仁,人心也,安见笃志近思而心常驰骛于外者哉!故曰仁在其中。朱注以为'未及乎力行而为仁',此或为下学者言。夫笃志近思而不力行,则又安得谓之笃志近思乎?"②

乾隆二十五年二月的仲春经筵,依然以《论语》为题,讲《阳货篇》"四时行焉,百物生焉"二句。朱子《论语集注》于此二句注云:"四时行,百物生,莫非天理发见流行之实,不待言而可见。圣人一动一静,莫非妙道精义之发,亦天而已,岂待言而显哉?此亦开示子贡之切,惜乎其终不喻也。"至于子贡的发问,朱子则认为:"子贡正以言语观圣人者,故疑而问之。"③高宗不同意朱子的解说,别出新解云:"斯言也,盖孔子知命耳顺以后,所以示学者真实至当之理,非因子贡以言语观圣人,徒为是不待言而可见之语,而别有所谓妙道精义也。且四时行、百物生之中,何一非天乎?而四时行、百物生之外,又何别有可以见天者乎?圣人视听言动、昼作夜息之中,何一非妙道精义乎?而圣人视听言动、昼作夜息之外,又何别有所谓妙道精义

---

① 朱熹:《四书章句集注》之《论语集注》卷十《子张》,第 189 页。
② 《清高宗实录》卷五五六,"乾隆二十三年二月己未"条。
③ 朱熹:《四书章句集注》之《论语集注》卷九《阳货》,第 180 页。

者乎？"①

　　乾隆三十二年二月，高宗君臣就《论语·宪问篇》"不逆诈，不亿不信。抑亦先觉者，是贤乎"一节进行讨论。朱子解此节有云："逆，未至而迎之也。亿，未见而意之也。诈，谓人欺己。不信，谓人疑己。抑，反语辞。言虽不逆不亿，而于人之情伪，自然先觉，乃为贤也。"②高宗同样不赞成朱子说解，他驳诘云："此语宜与诚明相参看。盖不逆诈，不亿不信，是诚也。抑亦先觉，是明也。人情变幻莫齐，而可以齐之者莫如诚。使事事皆逆其诈而亿其不信，是己先以不诚待人，人亦将以逆者、亿者应之。此亦一不诚也，彼亦一不诚也，蓼扰虚伪，莫可究诘。虽云淈其泥而扬其波，而己已处污浊之内，欲其先觉，抑亦难矣。"③

　　《论语·雍也篇》记有孔子与樊迟间的如下问对：

　　　　樊迟问知，子曰："务民之义，敬鬼神而远之，可谓知矣。"问仁，曰："仁者先难而后获，可谓仁矣。"

朱子《论语集注》解此节云：

　　　　知、远，皆去声。民，亦人也。获，谓得也。专用力于人道之所宜，而不惑于鬼神之不可知，知者之事也。先其事之所难，而后其效之所得，仁者之心也。此必因樊迟之失而告之。④

────────────

①《清高宗实录》卷六〇六，"乾隆二十五年二月壬午"条。
②朱熹：《四书章句集注》之《论语集注》卷七《宪问》，第156—157页。
③《清高宗实录》卷七七八，"乾隆三十二年二月己亥"条。
④朱熹：《四书章句集注》之《论语集注》卷三《雍也》，第89—90页。

高宗认为,朱子之所解未及孔子告颜渊"克己复礼"语,因而不得要领。于是乾隆三十九年二月的仲春经筵,他就此阐发道:

> 问仁于孔子者多矣,而所对各有不同。然圣门以颜渊为高弟,孔子所对者,则曰克己复礼。以此知克己复礼,实为仁之最切最要,即所对樊迟者,亦岂外于是哉?盖先难者何?克己也。后获者何?复礼也。夫难莫难于克己。仁者天理也,私欲介于中,其能存天理者鲜矣。故《易》曰"大师克相遇",必用大师之力,而后能克其私欲,以全天理。故《易》又曰,"颜氏之子,其殆庶几乎?有不善未尝不知,知之未尝复行也";"不远复,无只悔,元吉",皆克己复礼之谓也。董仲舒正谊明道之论,略为近之。而朱子举以为不求后效,又以为警樊迟有先获之病,未尝申明告颜子之意,余故叙而论之。①

乾隆四十六年二月的仲春经筵,以讲《大学》"此之谓絜矩之道"一句为论题。朱子《大学章句》解"絜矩"云:"絜,度也。矩,所以为方也。"又说:"如不欲上之无礼于我,则必以此度下之心,而亦不敢以此无礼使之。不欲下之不忠于我,则必以此度上之心,而亦不敢以此不忠事之。至于前后左右,无不皆然。"②朱子注分明已得的解,而清高宗却不以为然,他说:

> 曾子闻夫子一贯之心传,其告门人曰:"夫子之道,忠恕而已矣。"故其释治国平天下,以为有絜矩之道。又申之以上下、前后、左右,有所以接之之境,处之之理,而曰"此之谓絜矩之道"。

---

① 《清高宗实录》卷九五二,"乾隆三十九年二月己丑"条。
② 朱熹:《四书章句集注》之《大学章句》第十章,第10页。

盖矩者境也,絜者理也。理也、境也,不外乎一心。境者,心之接;理者,心之处。中心之谓忠,处理之谓也;如心之谓恕,接境之谓也。一以贯之,岂更外于此乎?然非克己复礼,理境相融,其能与于此者鲜矣。仲弓问仁,而夫子示之以敬恕,此物此志也。①

　　乾隆五十四年二月的仲春经筵,高宗君臣两讲《论语》,为乾隆一朝历次经筵所仅见。所讲先为《述而篇》"子在齐闻《韶》,三月不知肉味,曰'不图为乐之至于斯也'"句;次为《八佾篇》"子谓《韶》尽美矣,又尽善也;谓《武》尽美矣,未尽善也"句。朱子《论语集注》,于《述而篇》句注云:

　　《史记》"三月"上,有"学之"二字。不知肉味,盖心一于是而不及乎他也。曰不意舜之作乐至于如此之美,则有以极其情文之备,而不觉其叹息之深也。盖非圣人不足以及此。②

于《八佾篇》句注云:

　　《韶》,舜乐。《武》,武王乐。美者,声容之盛。善者,美之实也。舜绍尧致治,武王伐纣救民,其功一也,故其乐皆尽美。然舜之德,性之也,又以揖逊而有天下。武王之德,反之也,又以征诛而得天下,故其实有不同者。③

---

①《清高宗实录》卷一一二四,"乾隆四十六年二月己酉"条。
②朱熹:《四书章句集注》之《论语集注》卷四《述而》,第96页。
③朱熹:《四书章句集注》之《论语集注》卷二《八佾》,第68页。

而朱子答门人问《述而篇》句，还说："子闻《韶》音，学之三月，不知肉味。学之一节，不知如何。今正好看其忘肉味处，这里便见得圣人之乐如是之美，圣人之心如是之诚。"又说："圣人闻《韶》，须是去学，不解得只恁休了。学之亦须数月方熟。三月，大约只是言其久，不是真个足头九十日，至九十一日便知肉味。"①

对于朱子的说解，清高宗贬抑为"未知乐，且未知夫子"，因之而概予否定。他先是说：

> 咸池六英，有其名而无其乐。非无乐也，无其言，故不传其乐耳。若夫舜之《韶》，则自垂千古。何以故？舜之言垂千古，则乐亦垂千古。夫子在齐，偶闻之耳。必曰在齐始有《韶》，夫子闻之之后而《韶》遂绝，是岂知乐者哉？司马迁增之以"学之"二字，朱子亦随而注之，则胥未知乐，且未知夫子矣。

继之又诋朱子注不得要领云：

> 夫子天纵之圣，何学而不能，而必于《韶》也，学之以三月而后能乎？盖三月为一季，第言其久耳。而朱子且申之以九十一日知味之说，反覆论辨不已。吁，其去之益远矣！

最后则径讥朱子说解为"费辞"道：

> 夫乐者何？律声言志而已。无志则无言，无言则无声，无声必无律。依与永，则行乎其间而不具体者也。是则乐之本在乎

①黎靖德：《朱子语类》卷三十四《子在齐闻韶章》，第878页。

志,知在乎志,则知舜之尽美善,而武之未尽善矣。何必费辞!①

在中国古代,经筵讲学为文治攸关,素为帝王所重。清承明制,顺治九年定每年春秋仲月,各举经筵一次。其后,经康熙、雍正二朝,历时数十年不改,遂成一代定制。② 高宗即位,一如其父祖,崇儒重道,阐学尊经,因而于经筵讲学尤为重视。乾隆五年八月,仲秋经筵讲毕,高宗曾面谕经筵讲官曰:

　　经筵之设,原欲敷宣经旨,以献箴规。朕观近日所进讲章,其间颂扬之辞多,而箴规之义少,殊非责难陈善,君臣咨儆一堂之意。盖人君临御天下,敷政宁人,岂能毫无阙失? 正赖以古证今,献可替否,庶收经筵进讲之益。③

乾隆二十五年正月,御史吉梦熊专折奏议经筵事宜,高宗就此重申:

　　讲官系朕简用大员,经筵讲章本应自行撰拟,期副献纳论思之义。乃故事相沿,竟有由翰林院循例属稿者。朕于讲官呈本时,尚为研讨折衷,著为经、书二论,务在自抒心得。而侍案敷陈者,顾以成言诵习,聊为塞责,可乎? 该御史所奏,实为近理,嗣后将此明著为令。④

---

①《清高宗实录》卷一三二二,"乾隆五十四年二月辛卯"条。
②《清会典事例》卷三〇八礼部十九《经筵》。
③《清高宗实录》卷一二五,"乾隆五年八月甲寅"条。
④《清高宗实录》卷六〇五,"乾隆二十五年正月乙亥"条。

足见,在清高宗的心目之中,经筵讲学断非虚应故事。尽管诚如他之所见,"帝王之学与儒者终异"①,因而对于其经筵讲论,我们就不当如同学者论学般地去评判其是非。然而他在经筵讲坛上的讲论,实无异朝廷学术好尚的宣示。唯其如此,其影响又绝非任何学者之论学可以比拟。乾隆中叶以后,既然在庙堂之上,一国之君论学而屡屡立异朱子,辩难驳诘,唯我独尊,那么朝野官民起而效尤,唱别调于朱子,也就不足为奇了。这就叫作"上有所好,下必甚焉"。

三、从提倡理学到崇奖经学

在乾隆二十一年以后的经筵讲坛之上,清高宗何以会屡屡立异朱子,心裁别出? 这是一个很值得去深入论究的问题。我想,如果从高宗即位,尤其是乾隆五年理学的提倡未见成效之后,其学术好尚所发生的变化来考察,或许能够寻觅出其间的线索来。

如何处理理学与经学的关系? 这是入清以后,伴随社会的由乱而治,朝野共同关注的问题。在日趋高涨的"以经学济理学之穷"的声浪中,清廷于康熙后期的表彰朱子学,就已经显示了融理学于经学之中的发展趋势。所以,清圣祖既说:"朱子注释群经,阐发道理,凡所著作及编纂之书,皆明白精确,归于大中至正。"②又说:"治天下以人心风俗为本,欲正人心、厚风俗,必崇尚经学。"③他明确昭示子孙:"帝王立政之要,必本经学。"提出了"以经学为治法"④的一代家法。

世宗当政,为时过短,崇尚经学的文化举措未及实施,即过早地

---

①《清高宗实录》卷一一〇六,"乾隆四十五年五月戊子"条。
②《清圣祖实录》卷二四九,"康熙五十一年正月丁巳"条。
③《清圣祖实录》卷二五八,"康熙五十三年四月乙亥"条。
④《清圣祖实录》卷一一三,"康熙二十二年十二月乙卯"条。

去世。高宗即位,凭借其父祖奠定的雄厚国基,他所获得的是一个承平安定的江山。经济的富庶,政局的安定,使他得以从容地去实践其父祖的未竟之志。

乾隆元年四月,高宗重申"首重经学"的一代家法,命广布圣祖时期官修诸经解,以经学考试士子。他说:"圣祖仁皇帝四经之纂,实综自汉迄明,二千余年群儒之说而折其中,视前明《大全》之编,仅辑宋元讲解,未免肤杂者,相去悬殊。各省学臣,职在劝课实学,则莫要于宣扬盛教,以立士子之根柢。"①清高宗的谕旨表明,此时清廷所尊崇的经学,绝不仅仅限于宋元理学诸儒的解说,而是要由宋明而远溯汉唐,博采历代经师之长以"立士子之根柢"。

乾隆二年三月,高宗命儒臣每日缮写经史奏疏进呈。三年十月,高宗号召天下士子"究心经学,以为明道经世之本",指出:"学问必有根柢,方为实学。治一经必深一经之蕴,以此发为文辞,自然醇正典雅。若因陋就简,只记诵陈腐时文百余篇,以为弋取科名之具,则士之学已荒,而士之品已卑矣。"②

在清高宗的倡导之下,各地学政闻风而动。四年三月,先是陕西学政嵩寿奏:"请于《四书》经义外,摘录本经四五行,令生童作经义一段,定其优劣。童生中有能背诵'五经',兼通讲贯者,量行取进。"③随后山东学政徐铎又奏:"荐举优拔,贵乎通经致用。请嗣后报优,注明通晓何经,拔贡改试经解。"④同年六月,安徽学政郑江举荐的优生陶敬信,将所著《周礼正义》一书进呈。高宗以"其注解尚属平妥明顺",颁谕嘉奖,"令其在'三礼'馆纂修上行走"。⑤

---

①《清高宗实录》卷十七,"乾隆元年四月辛卯"条。
②《清高宗实录》卷七十九,"乾隆三年十月辛丑"条。
③《清高宗实录》卷八十八,"乾隆四年三月丁未"条。
④《清高宗实录》卷八十八,"乾隆四年三月己酉"条。
⑤《清高宗实录》卷九十五,"乾隆四年六月丙申"条。

乾隆五年,高宗虽颁谕提倡读宋儒书、研精理学,但无奈未著成效。廷臣中以理学而名噪一时者,无论是治朱子学的方苞,还是治陆王学的李绂,皆言不顾行,深令高宗失望。因此,高宗曾颁谕指斥方苞:"假公济私,党同伐异,其不安静之痼习,到老不改。"①又在批驳御史张湄奏疏时,言及"方苞造言生事、欺世盗名之恶习"②。至于李绂,高宗认为,其品行不端,实与方苞为同类,他说:"朕犹记方苞进见后,将朕欲用魏廷珍之意,传述于外,并于魏廷珍未经奉召之前,迁移住屋,以待其来京。此人所共知者。又李绂曾经召对,朕以君不密则失臣,臣不密则失身之义训谕之。伊称臣断不敢不密,但恐左右或有泄露耳。朕谕云,朕从来召见臣工,左右近地,曾无内侍一人,并无听闻,亦何从泄露。如此二人者,则皆此类也。"③而对以理学为门面的湖北巡抚晏斯盛,清高宗则径斥之为"其人乃一假道学者流"④。

一方面是理学的不振和对理学诸臣的失望,另一方面是经学稽古之风的方兴未艾,二者交互作用的结果,遂成清高宗的专意崇奖经学。乾隆十年四月,高宗策试天下贡士于太和殿,指出:"夫政事与学问非二途,稽古与通今乃一致。"他昭示天下士子:"将欲为良臣,舍穷经无他术。"⑤十二年三月,清廷重刻《十三经注疏》成,高宗特为撰序刊行,向学术界发出"笃志研经,敦崇实学"的号召。他说:

> 我朝列祖相承,右文稽古。皇祖圣祖仁皇帝,研精至道,尊崇圣学,五经具有成书,颁布海内。朕披览《十三经注疏》,念其岁月经久,梨枣日就漫漶,爰敕词臣,重加校正。其于经文误字,

①《清高宗实录》卷九十二,"乾隆四年五月戊午"条。
②《清高宗实录》卷九十八,"乾隆四年八月丙子"条。
③《清高宗实录》卷一三九,"乾隆六年三月甲申"条。
④《清高宗实录》卷一八九,"乾隆八年四月癸丑"条。
⑤《清高宗实录》卷二三九,"乾隆十年四月戊辰"条。

以及传注笺疏之未协者，参互以求其是，各为考证，附于卷后，不
紊旧观。刊成善本，匪徒备金匮石室之藏而已。《书》曰"学于
古训乃有获"；《传》曰"经籍者圣哲之能事，其教有适，其用无
穷"。……继自今津逮既正，于以穷道德之闳奥，嘉与海内学者，
笃志研经，敦崇实学。庶几经义明而儒术正，儒术正而人
才昌。①

经过高宗初政十余年的努力，众山朝宗，百川归海，遂汇为荐举
经学的旷典。乾隆十四年十一月，高宗就此颁谕，令内外大臣荐举潜
心经学之士。他说：

圣贤之学，行本也，文末也。而文之中，经术其根柢也，词章
其枝叶也。翰林以文学侍从，近年来，因朕每试以诗赋，颇致力
于词章，而求其沉酣六籍，含英咀华，究经训之闳奥者，不少概
见。岂笃志正学者鲜与？抑有其人而未之闻与？夫穷经不如敦
行，然知务本，则于躬行为近。崇尚经术，良有关于世道人心。
有若故侍郎蔡闻之、宗人府府丞任启运，研究经术，敦朴可嘉。
近者侍郎沈德潜，学有本源，虽未可遽目为巨儒，收明经致用之
效，而视獭祭为工，剪彩为丽者，迥不侔矣。今海宇升平，学士士
夫举得精研本业，其穷年矻矻，宗仰儒先者，当不乏人。奈何令
终老牖下，而词苑中寡经术士也。

于是高宗下令：

内大学士、九卿，外督抚，其公举所知，不拘进士、举人、诸

①《清高宗实录》卷二八六，"乾隆十二年三月丙申"条。

生,以及退休闲废人员,能潜心经学者,慎重遴访。务择老成敦
厚,纯朴淹通之士以应,精选勿滥,称朕意焉。①

　　高宗谕下,廷臣纷然响应,不过短短一月,举荐人员之众,已远出高宗
意料之外。因此,高宗再颁谕旨:"此番大学士、九卿所举,为数亦觉
过多。果有如许淹通经学之士,一时应选,则亦无烦特诏旁求矣。"②
乾隆十五年十二月,吏部遵旨核定内外大臣举荐之经学诸儒四十九
名,检出不合格者八人。保举失当诸臣,皆因之而被罚俸九月。③
　　乾隆十六年正月,清高宗首次南巡。此时的江南,领四方学术风
气之先,穷经考古,汉学复彰。正是有感于江南经学稽古之风的浓
厚,高宗返京,遂在五月于太和殿策试天下贡士时,改变了一年前的
估计,欣然宣称:"经术昌明,无过今日。"④之后,虽经严格审核,最终
为高宗所选定的经学名儒仅得陈祖范、吴鼎、梁锡玙、顾栋高四人,但
此次举措本身,其影响则非同一般。正如当时列名荐牍的江南经师
惠栋所言:"历代选举,朝廷亲试,不涉有司者,谓之制科,又谓之大
科。国家两举制科,犹是词章之选,近乃专及经术,此汉魏六朝、唐宋
以来,所未行之旷典。栋何人斯,猥膺是举?"⑤
　　至此,清高宗以其举荐经学的重大举措,纳理学、词章于经学之
中,既顺应了康熙中叶以后兴复古学的学术演进趋势,又完成了其父
祖融理学于经学之中的夙愿,从而确立了崇奖经学的文化格局。
　　值得指出的是,清高宗确立崇奖经学格局的过程,也正是他将专
制皇权空前强化的过程。高宗初政,鉴于其父为政的刻核寡恩,倡导

① 《清高宗实录》卷三五二,"乾隆十四年十一月己酉"条。
② 《清高宗实录》卷三五五,"乾隆十四年十二月辛卯"条。
③ 《清高宗实录》卷三七九,"乾隆十五年十二月己丑"条。
④ 《清高宗实录》卷三八八,"乾隆十六年五月丙午"条。
⑤ 惠栋:《松崖文钞》卷一《上制军尹元长先生书》(《聚学轩丛书》本)。

广开言路，政尚宽大。然而曾几何时，宽松政局已成过眼云烟。乾隆八年二月，翰林院编修杭世骏试时务策，因议及"内满而外汉"的时弊，惹怒高宗，竟遭革职①。以之为肇始，从乾隆十六年八月至二十一年正月，高宗大张文网，以对伪撰孙嘉淦奏稿案、王肇基献诗案、杨炯昭著书案、刘震宇《治平新策》案、胡中藻《坚磨生诗钞》案、朱思藻辑《四书》成语案等的穷究和严惩，宣告了宽大为政的终结和文化桎梏的形成。正是在这样一个背景之下，清高宗选择崇奖经学、立异朱子的方式，把学术界导向穷经考古的狭路之中。

　　　　（原载《朱子学的开展——东亚篇（朱子学与东亚文明
　　　　　研讨会——纪念朱子逝世八百周年朱子学会议）》，
　　　　　汉学研究中心 2002 年 6 月版）

---

① 《清高宗实录》卷一八四，"乾隆八年二月癸巳"条。

江南中心城市与乾隆初叶的古学复兴

清朝的乾隆初叶,也就是18世纪的30至60年代,在中国学术史上,曾经出现过一个古学复兴的潮流。这个学术潮流由江南中心城市发端,沿大运河由南而北,直入京城,在取得最高统治集团的认可之后,演为清廷的文化政策。于是朝野共鸣,四方流播,最终形成盛极一时的经史考证之学,因此拔宋帜而立汉帜,遂有汉学、朴学之谓。晚近治学术史之前辈诸大家,乃径称之为乾嘉学派。探讨乾隆初叶,古学复兴潮流在江南中心城市的形成过程,对于推进乾嘉学派与乾嘉学术研究的深入,或许不无益处。以下,拟就此将所见文献试做一番梳理,敬请各位批评指正。

一、兴复古学之前驱

明清时期,江苏苏州以富庶的经济、便利的交通和久远而深厚的文化积累,成为包孕吴越的人文渊薮。乾隆初叶的古学复兴潮流,即肇端于此。

当明末季,中国社会步入一个大动荡的历史时期。入清之初,经历明清更迭的天翻地覆,阳明心学乃至整个宋明理学趋于没落,客观地提出了吾国学术何去何从的问题。由于此一时期中国社会、经济、政治、文化诸多方面发展水准的制约,决定了在封建社会的小农经济基础之上,不可能产生比宋明理学思维水准更高的学术形态。因此,一时学林中人反思宋明学术，歧路彷徨，无所适从，既没有也不可能看到学术发展的前景。于是摆落宋明，回归两汉，从而导致兴复古学风气在江苏苏州的发轫。20世纪30年代，钱宾四先生著《中国近三百年学术史》，做过可信可据的追根溯源。① 根据钱先生所揭示之历史真相，我们可以清楚地看到，同理学中人"性与天道"的论究异趣，在晚明的学术界，已经出现"通经学古"②的古学倡导。此风由嘉靖、隆庆间苏州学者归有光开其端，至天启、崇祯间常熟钱谦益崛起，兴复古学，呼声不绝。钱谦益有云："自唐宋以来……为古学之蠹者有两端焉，曰制科之习比于俚，道学之习比于腐。斯二者皆俗学也。"③一如归有光之倡导古学，钱谦益进而明确提出"以汉人为宗主"的治学主张，他说："学者之治经也，必以汉人为宗主……汉不足，求之于唐，唐不足，求之于宋，唐宋皆不足，然后求之近代。"④

　　从归有光到钱谦益，晚明苏州地区学者的经学倡导和兴复"古学"的努力，表明"以经学济理学之穷"的学术潮流，已经在中国传统儒学的母体内孕育。入清，儒林中人沿着明季先行者的足迹而进，通过重振经学而去兴复古学，遂有苏州大儒顾炎武及其训诂治经方法论的登上历史舞台。

　　宋明数百年，是理学的时代，理气心性的论究，在为学方法论上，赋予学术界以义理思辨的好尚。数百年间，理学中人轻视训诂声音之学，古音学若断若续，不绝如缕。积习既成，以叶韵而强古就今，乃至率臆改经而不顾。有鉴于此，顾炎武认为，治经学而不讲音韵文字，则无以入门。于是在致友人李因笃的论学书札中，力矫积弊，重

---

①钱穆：《中国近三百年学术史》第四章《顾亭林》，北京：中华书局，1986年，第137—139页。

②归有光：《归震川先生全集》卷七《山舍示学者》。

③钱谦益：《初学集》卷七九《答唐汝谔论文书》。

④钱谦益：《初学集》卷七九《与卓去病论经学书》。

倡古学,提出了"读九经自考文始,考文自知音始"①的训诂治经方法
论。同新的为学方法论的提出相一致,顾炎武倡导融理学于经学之
中,以经学去济理学之穷,用他的话来讲,就叫作"古之所谓理学,经
学也","今之所谓理学,禅学也"②。顾炎武把经学视为儒学正统,在
他看来,不去钻研儒家经典,而沉溺于理学家的语录,就叫作学不知
本。因此,他呼吁"鄙俗学而求'六经',舍春华而食秋实",渊源两
汉,澄清源流。顾炎武就此指出:"经学自有源流,自汉而六朝,而唐
而宋,必一一考究,而后及于近儒之所著,然后可以知其异同离合之
指。如论字者必本于《说文》,未有据隶楷而论古文者也。"③

　　顾炎武复兴古学的努力,登高一呼,回声四起,率先在苏州激起
共鸣。吴江经师朱鹤龄与顾炎武唱为同调,认为:"经学之荒也,荒于
执一先生之言而不求其是,苟求其是,必自信古始。"④流寓扬州的四
川新繁学者费密,亦力倡"专守古经",主张:"学者必根源圣门,专守
古经,从实志道。"⑤关中大儒李颙更遥相呼应,重申:"其实道学即儒
学也,非于儒学之外,别有所谓道学也。"⑥尤可注意者,一时南北学
人之主张,通过儒臣讲论已进入庙堂。据《康熙起居注》记,康熙二十
一年(1682)八月初八日,"讲官牛钮、陈廷敬进讲《尚书》……二臣
奏,自汉唐儒者专用力于经学,以为立身致用之本,而道学即在其
中……上曰然"⑦。由此可以窥知,学人重倡经学之努力,已得清廷

①顾炎武:《亭林文集》卷四《答李子德书》。
②顾炎武:《亭林文集》卷三《与施愚山书》。
③顾炎武:《亭林文集》卷四《与周籀书书》。
④朱鹤龄:《愚庵小集》卷七《毛诗稽古篇序》。
⑤费密:《弘道书》卷上《古经旨论》。
⑥李颙:《二曲集》卷一四《蟗屋答问》。
⑦中国第一历史档案馆:《康熙起居注》第二册,"康熙二十一年八月初八日"条,
　北京:中华书局,1984年,第879页。

认可。

　　入清以后,由于诸多方面因素构成之历史合力所作用,苏州诸儒兴复古学的努力,尤其是顾炎武提出的训诂治经方法论,潜移默化,不胫而走。至乾隆一朝,迄于嘉庆、道光间,由识字审音入手,通过古字、古言的考据训诂,进而把握典章制度大要,准确诠释儒家经典,遂成数十年间主流学派共同恪守的学术矩矱。

二、江永与徽州诸儒

　　探讨雍正、乾隆间的古学复兴,徽州是一个当予重点关注的地域。梳理是时一方大儒江永及受学诸弟子之学行,或可略得管中窥豹之效。

　　江永,字慎修,号慎斋,安徽婺源(今属江西)人。生于康熙二十年(1681),卒于乾隆二十七年(1762),享年八十有二。婺源为朱熹故里,理学名邦。江氏一门,经史传家,永父期,寄籍江宁,为县学生,自永幼年,即以《十三经注疏》课督。永秉承庭训,读《大学》,知为学入手乃在格物,博涉多通,务求心得。康熙四十六年(1707)起,在乡开馆授徒,时年二十七。之后,潜心《礼经》,发愿结撰专书,以成朱子晚年纂修《仪礼经传通解》未竟之志。历时十余年,康熙六十年(1721)书成。全书九十一卷,初名《存羊编》,继改《增订仪礼经传》,凡三易其稿,终定名《礼经纲目》。该书承朱子遗意,区分类聚,别定规模,作嘉礼、宾礼、凶礼、吉礼、军礼、通礼、曲礼、乐八门,计一百零六篇。全书以辑录“古注与释文”为主,旨在“但欲存古,以资考核”。由于卷帙过繁,刊行不易,故而书稿尘封十余载,“几为虫蚀鼠穿”。

　　乾隆元年(1736)六月,清廷开馆纂修《三礼义疏》。安徽地方当局奉命,将《礼书纲目》抄送书馆。是年冬,同郡理学名儒汪绂有书致永,询问《礼书纲目》梗概。未待江永复书,绂书再至,误信传闻,疑永为学博杂,徒"以博洽自见"①。三年(1738)春,永复以长书一通,绍介《礼书纲目》大要,彰明立身及为学旨趣。书中,探讨古礼、古乐,以明"存古"、"道古"、"志古"、"好古"之意,虽高言复古,亦主张"不必泥古"②。九月,绂接永书,误会释然,于答书中以"从事于经学"共勉。至于如何从事经学,汪绂不赞成"因时艺而讲经学",亦反对"汗漫之书抄",提倡汉代经师的专门之学,主张:"学者苟具中上之资,使能淹贯六经,旁及子史,尚矣。如其不能,则莫若专攻一经。"③翌年春,永再有长书复绂,告以"早年探讨西学,晚乃私淑宣城梅勿庵先生,近著《翼梅》八卷,写本归之梅氏令孙"。又称:"《近思录》,吾人最切要之书,案头不可离者。俗本离析破碎,宋时叶采之注亦未备。尝为之详注,采取朱子之言,以注朱子之书。朱子说不备,乃取叶说补之,叶说有未安,乃附己意。足之十四卷,已有成书。"④

乾隆五年(1740),应在乡翰林院检讨程恂之请,永执教休宁程氏家馆。以花甲之年,完成历学书七卷,计有《金水二星发微》、《七政衍》、《冬至权度》、《恒气注历辨》、《岁实消长辨》、《历学补论》、《中西合法拟草》等七种。同年八月,随程恂入都,三礼馆总裁方苞及儒臣吴绂、梅毂成、杭世骏等,皆前来问学论难。六年(1741)八月返乡,迄于乾隆十二年(1747),除短暂讲学郡城紫阳书院及赴江西阅卷外,皆在程氏家馆。其间,休宁戴震负笈问学,成为及门高第弟子。

乾隆十四年(1749),清廷诏举经学特科,永以年届古稀而辞荐,并致书戴震,表示"驰逐名场非素心"⑤。十五年(1750)七月,永七十大寿,震以及门高徒而撰寿序,序中称:"吾师江慎修先生,生朱子之

①汪绂:《双池文集》卷三《再与江慎修书》。
②余龙光:《双池先生年谱》卷二,乾隆三年、四十七岁条。
③汪绂:《双池文集》卷三《与江慎修论学书》。
④余龙光:《双池先生年谱》卷二,乾隆四年、四十八岁条。
⑤戴震:《戴震文集》卷一二《江慎修先生事略状》。

乡,上溯汉、唐、宋以来之绝学,以六经明晦为己任。震少知向慕,既数年,始获一见,又数年,始拜先生于吾邑之斗山。所读诸经,往来问难,承口讲指画,然后确然见经学之本末。既而先生就馆本邑,未能从学,深怅怅焉。"又说:"震少览近儒之书,所心折者数人。刘原甫、王伯厚之于考核,胡朏明、顾景范、阎百诗之于水经地志,顾宁人之于古音,梅定九之于步算,各专精一家。先生之学力思力,实兼之,皆能一一指其得失,苴其阙漏,著述若此,古今良难。"①

乾隆十八年(1753),应歙县西溪汪氏之请,永主持汪氏家馆教席。戴震、方矩、金榜、程瑶田、汪梧凤等远近弟子云集,执经问对,同调共鸣。翌年,戴震避仇入京,行囊携永著《推步法解》、《翼梅》等新作。时值儒臣秦蕙田奉命撰《五礼通考》,遂全录《推步法解》,并将永相关论说辑入《观象授时》一类。

江永晚年,虽已年届耄耋,依然课徒授业,著述不辍。迄于乾隆二十七年(1762)三月病逝,不过短短十年间,相继再成《乡党图考》、《律吕阐微》、《春秋地理考实》、《古韵标准》、《河洛精蕴》、《四声切韵表》、《音学辨微》诸书。永为学一生,贯通汉宋,实事求是,毕生究心名物制度、经史舆地、天文历算、律吕音韵,尤以三礼之学最称专精。所著除前述诸书外,尚有《周礼疑义举要》、《仪礼释宫增注》、《礼记训义择言》、《群经补义》、《考订朱子世家》等。乾隆中修《四库全书》,著录永书达十五种、百余卷之多。永学得弟子戴震、金榜、程瑶田等发扬光大,不唯开一代乡邦学术风气,而且声应气求,沟通四方,汇为古学复兴之学术潮流。

---

① 戴震:《江慎修先生七十寿序》,转引自漆永祥《新发现戴震佚文一篇》,载《中国典籍与文化》2005 年第 1 期。

三、苏州紫阳书院

在乾隆初叶的古学复兴之中,苏州紫阳书院名士云集,独领风骚,洵称系四方观瞻之学术重镇。回顾苏州紫阳书院之创立,考察其学术好尚之演变,或可从中看到古学复兴潮流的形成,乃历史之大势所趋,有其不可逆转之内在逻辑。

在中国书院史上,清初顺治、康熙二朝,迄于雍正初的八九十年间,是书院教育由衰而复盛的一个转变时期。入清之初,在经历明清更迭的社会大动荡之后,出于巩固新政权统治的需要,为了防止知识界异己力量的聚集,清廷一度限制甚至禁绝各地书院的活动。康熙中叶以后,随着大规模军事对抗的结束,社会秩序逐渐平稳,于是恢复和兴办书院提上地方文化建设的日程。作为地方官学的补充,宋代书院初起,为一时学者自由讲学之所在,乃是与官办学校并存的私学。元代以后,书院虽仍多属民办私学,但已经愈益受到官府节制。这种书院官学化的趋势,在明代大为发展。嘉隆以还,南北蜂起的书院,即多属官办性质。清初书院,亦复如此。苏州紫阳书院就是在这样一个背景之下,于康熙后期登上历史舞台的。

在中国数千年封建社会中,重视文化教育,是一个世代相沿的好传统。宋明以降,从孔、孟到周、程、张、朱的"道统"说风行,崇儒重道便成为封建国家的一项基本文化国策。入清以后,在确立崇儒重道文化格局的过程中,清廷面临究竟是尊崇朱子学还是阳明学的严峻选择。圣祖亲政,尤其是三藩乱平、国家统一之后,这样的抉择愈益不可回避。康熙四十年(1701)以后,清廷以"御纂"的名义,下令汇编朱熹论学精义为《朱子全书》,并委托理学名臣熊赐履、李光地先后主持纂修事宜。五十一年(1712)正月,圣祖诏告朝野:"朱子注释群经,阐发道理,凡所著作及编纂之书,皆明白精确,归于大中至正。经今五百余年,学者无敢疵议。朕以为孔、孟之后,有裨斯文者,朱子之功最为弘巨。"①随即颁谕,将朱熹从祀孔庙的地位升格,由东庑先贤之列升至大成殿十哲之次。由此,清廷以对朱子及其学说的尊崇,基本确立了一代封建王朝崇儒重道的文化格局。

为响应清廷的上述重大文化决策,倡导朱子学说,端正士习,振兴学术,康熙五十二年(1713)十一月,江苏巡抚张伯行在苏州府学东建紫阳书院。翌年三月,书院落成,张伯行撰文昭示书院宗旨,据称:"学者之所以为学,与教者之所以为教,当以紫阳为宗,而俗学异学,有不得而参焉者矣。不佞乐与多士恪遵圣教,讲明朱子之道而身体之,爰建紫阳书院。"②这就是说,苏州紫阳书院创建之初,秉承宋明遗风,是一个以朱子学为宗尚,讲求身心性命之学的所在。

然而不过短短十年过去,雍正元年(1723),江苏布政使鄂尔泰重修紫阳书院,其后书院的教学内容,已然发生变化。据《鄂文端公年谱》记:"每会课于紫阳书院之春风亭,与贤卿名士互相唱和,时集数十百人。而四方从游,公余少暇,辄与论经史,谈经济,多前贤所未发。学者无不倾心动魄,恨闻道之晚。公乃分为古今文集,俱题曰《南邦黎献》。"③足见先前紫阳书院讲求的身心性命之学,迄于雍正初,已经渐为诗文唱和、论经史、谈经济所取代。关于苏州紫阳书院风尚的这样一个转变,20世纪30年代,柳诒征先生撰《江苏书院志初稿》有过如下精当总结:"鄂尔泰与苏之绅耆,及一时召集之士所作之文若诗,汇刻为《南邦黎献集》。书院之由讲求心性,变为稽古考文,殆以是为津渡。"④

---

①《清圣祖实录》卷二四九,"康熙五十一年正月丁巳"条,北京:中华书局,1985年,第466页。
②张伯行:《正谊堂文集》卷九《紫阳书院碑记》。
③鄂容安等:《襄勤伯鄂文端公年谱》,雍正三年、四十六岁条。
④柳诒征:《江苏书院志初稿》,《江苏国学图书馆年刊》1931年第4期,第56页。

　　沿着这样一条变迁路径往前走,经历雍乾间政治风云的起伏,至乾隆初叶,苏州紫阳书院遂摆脱心性之学的讲求,成为"以古学相策励"的学术重镇。

　　乾隆十四年(1749),青年才俊钱大昕由嘉定来苏州,入紫阳书院求学,时任院长为王峻。据事隔四十六年后钱大昕所追忆:"予年二十有二,来学紫阳书院,受业于虞山王艮斋先生。先生诲以读书当自经史始,谓予尚可与道古,所以期望策厉之者甚厚。予之从事史学,由先生进之也。"①大昕自编《竹汀居士年谱》亦记:"巡抚觉罗雅尔哈善闻予名,檄本县具文送紫阳书院肄业。时侍御王艮斋先生为院长,阅居士课义诗赋论策,叹赏不置。曰此天下才也。自是课试常居第一。青浦王兰泉、长洲褚鹤侣、左莪,及礼堂、习庵皆在同舍,以古学相策励。"②谱主曾孙庆曾于该条注云:"先是王少司寇肄业紫阳书院,与王光禄同舍,始知公幼慧,有神童之目。及院长询以今日人才,则以公对。院长转告巡抚,巡抚喜甚,招公至院,试以《周礼》、《文献通考》两论。公下笔千言,于是惊异,院中诸名宿,莫不敛手敬之。"③注中名宿云云,依谱主自记,为惠栋、沈彤等。

　　排比钱大昕早年求学苏州紫阳书院的上述史料,似可形成如下三点认识:

　　第一,至迟在乾隆十四年,苏州紫阳书院课督生徒,已然由经史起步,旨在"可与道古",且"以古学相策励"。

　　第二,此时主持书院讲席及课督生徒诸名宿,既有王峻、李果、赵虹等诗词古文名家,更有一时兴复古学之倡导者惠栋、沈彤。

　　第三,乾嘉时期,以经史古学名噪朝野的钱大昕、王鸣盛、王昶、

①钱大昕:《潜研堂文集》卷二四《汉书正误序》。
②钱大昕:《竹汀居士年谱》,乾隆十四年、二十二岁条。
③钱庆曾:《竹汀居士年谱校注》,乾隆十四年、二十二岁条。

褚寅亮等,其为学根柢皆奠立于苏州紫阳书院。

四、卢见曾及其扬州幕府

扬州为运河枢纽,大江东去,运河纵流,明代以来,这里一直是两淮盐运使官署所在地。入清之初,虽历兵燹,疮痍满目,但自康熙中叶以后,百废俱兴,经济复苏,又复成为人文荟萃,商旅辐辏之区。两淮盐商及扬州士绅,素有襄助学术、振兴文教之传统,康熙间著名经师阎若璩的遗著《尚书古文疏证》,即于乾隆初在扬州刊行。乾隆十九年(1754),卢见曾再任两淮盐运使,承一方之良好风气,借助盐商马曰琯、曰璐兄弟的财力,集四方学术精英于幕府,倡导经史,兴复古学,从而使扬州成为古学复兴潮流中的又一重镇。

当时,会聚于卢见曾幕府的四方学人,主要有陈章、江昱、惠栋、沈大成、王昶、戴震等,其中,尤以惠、沈二人影响最大。据《扬州画舫录》记:"卢见曾,字抱孙,号雅雨山人,山东德州人……公两经转运,座中皆天下士……惠栋,字定宇,号松崖,苏州元和人。砚溪先生之孙,半农先生之子,以孝闻于乡。博通今古,与陈祖范、顾栋高同举经学。公重其品,延之为校《乾凿度》、《高氏战国策》、《郑氏易》、《郑司农集》、《尚书大传》、《李氏易传》、《匡谬正俗》、《封氏见闻记》(当作《封氏闻见记》——引者)、《唐摭言》、《文昌杂录》、《北梦琐言》、《感旧集》,辑《山左诗抄》诸书。"[1]又称:"沈大成,字学子,号沃田,松江华亭人……通经史百家之书,与惠栋友善。"[2]

凭藉惠栋、沈大成诸幕友的努力,卢见曾在二任两淮盐运使的十年间,先后做了几桩可谓转移风气的大事。

---

[1]李斗:《扬州画舫录》卷一○《虹桥录上》。
[2]李斗:《扬州画舫录》卷一○《桥东录》。

　　最先做的一桩事,是补刊朱彝尊遗著《经义考》,主张"勿信今而疑古",倡导"穷经稽古"之学。《经义考》为康熙间经学大儒朱彝尊遗著,全书凡三百卷,彝尊生前,所刻仅及其半,即告赍志而殁。乾隆十九年,卢见曾再任扬州,与盐商马曰琯、曰璐兄弟相约,慨然出资补刊,历时一年,克成完书。补刊伊始,十九年夏,卢氏有序云:"窃尝谓通经当以近古者为信,譬如秦人谈幽、冀事,比吴、越间宜稍稍得真。必先从记传始,记传之所不及,则衷诸两汉,两汉之所未备,则取诸义疏,义疏之所不可通,然后广以宋、元、明之说。勿信今而疑古,致有兔园册子、师心自用之诮。"①补刊蒇事,二十年(1755)六月,朱氏后人稻孙撰文感激卢见曾及扬州盐商马氏兄弟,据称:"书之显晦,与夫行世之迟速,固有天焉。继自今穷经稽古之士,其得所津逮,而拜使君与嶰谷先生之嘉惠者,良匪浅矣。"②二十一年(1756)二月,清高宗祭告阙里,卢见曾又将《经义考》装潢二部,恭呈御览。从此,该书得以深入宫禁,流播朝野,于乾隆初叶以后经学之大盛,影响甚大。

　　第二桩事是辑刻《雅雨堂藏书》,率先表彰东汉经师郑玄学说,揭出"汉学"之大旗。《雅雨堂藏书》辑刻汉唐典籍凡十三种,主要有《李氏易传》、《郑氏周易》、《尚书大传》、《郑司农集》、《周易乾凿度》等。全书始刻于乾隆十九年,至二十三年(1758)竣工,虽以卢氏署名,实则选书、校勘、撰序等,处处可见苏州大儒惠栋的辛劳。于所刻《李氏易传》,卷首卢氏序梳理《易》学源流,推尊汉学,以存古义,据称:"余学《易》数十年,于唐宋元明四代之《易》,无不博综元览,而求其得圣人之遗意者,推汉学为长。以其去古未远,家法犹存故也。"③

①卢见曾:《经义考序》,载《经义考》补刻本卷首。
②朱彝尊:《经义考》卷首《朱稻孙后序》,北京:中华书局,影印《四部备要》本,1998年,第6页。
③卢见曾:《雅雨堂文集》卷一《刻李氏易传序》。

于《郑氏周易》，同样称："此书之传，虽不及'三礼'、《毛诗》之完具，然汉学《易》义无多，存此以备一家，好古之士，或有考于斯。"①于《周易乾凿度》，还是说："《乾凿度》先秦之书也，去圣未远，家法犹存，故郑康成汉代大儒，而为之注……为梓而行之，以备汉学。"②于《尚书大传》，依然谓："三家章句虽亡，而今文之学，存此犹见一斑，为刊而行之。别撰《补遗》一卷，并附《康成集》于卷末，俾后之求汉学者，知所考焉。"③以上凡引诸书序言，在在接武乾隆九年惠栋著《易汉学》，以及惠氏历年对郑玄《易》注的董理和郑氏经学的表彰，承前启后，继往开来，乃有他日汉学之风行四方。

第三桩事是刊行惠栋未竟遗著《周易述》，以存乾隆初叶古学复兴之一重要学脉。惠栋为苏州大儒，四世传经，专意汉学。乾隆九年（1744），所著《易汉学》成，以表彰汉《易》而唱兴复古学之先声。又著《九经古义》，弘扬顾炎武训诂治经之倡导，明确昭告学林："汉人通经有家法，故有五经师训诂之学，皆师所口授，其后乃著竹帛，所以汉经师之说立于学官，与经并行。五经出于屋壁，多古字古言，非经师不能辨。经之义存乎训，识字审音，乃知其义。是故古训不可改也，经师不可废也。"④自乾隆十四年（1749）起，开始撰《周易述》，后因病故世而未成完书。惠栋生前，早在入扬州卢氏幕府之初，其治经主张即已为幕主所接受，因之始有卢见曾补刊《经义考》、辑刻《雅雨堂藏书》诸学术举措。二十三年（1758）五月，惠栋病逝。八月，卢见曾即以《周易述》付梓，于卷首撰文记云："吾友惠松崖先生说《易》，独好述汉氏。其言曰，《易》有五家，有汉《易》，有魏《易》，有晋

---

①卢见曾：《雅雨堂文集》卷一《刻郑氏周易序》。
②卢见曾：《雅雨堂文集》卷一《刻周易乾凿度序》。
③卢见曾：《雅雨堂文集》卷一《刻尚书大传序》。
④惠栋：《松崖文抄》卷一《九经古义述首》。

《易》,有唐《易》,有宋《易》。惟汉《易》用师法,独得其传……盖先生经学得之半农先生士奇,半农得之砚溪先生周惕,砚溪得之朴庵先生有声,历世讲求,始得家法,亦云艰矣。先生六十后,力疾撰著,自云三年后便可卒业。孰意垂成疾革,未成书而殁。今第如其卷数刊刻之,不敢有加焉,惧续貂也。先生年仅六十有二,余与先生周旋四年,为本其意而叙之如此。"①

五、从惠栋、戴震到钱大昕

在乾隆初叶的古学复兴潮流中,江南诸多中心城市并非彼此孤立,互不关涉,实则一代又一代学人在其间的往还,已然使之相互沟通,联为一体。正是众多学人的执着和敬业,共同促成了经史古学的复兴和发皇。以下拟略述后先接武的三位大师之相关学行,以窥杰出学人在其间所付出劳作之艰辛。

我们所讨论的三位大师,一是惠栋,二是戴震,三是钱大昕。三人之中,惠栋最为年长,生于康熙三十六年(1697),戴震其次,为雍正元年(1723)生人,而钱大昕最少,生于雍正六年(1728)。就年辈论惠栋是长者,戴、钱皆属晚辈。乾隆九年(1744),惠栋著《易汉学》名世,成为兴复古学的杰出先行者。是时,戴、钱俱尚在孜孜寻觅治学门径。十四年,钱大昕求学紫阳书院,因之尊惠栋为"吴中老宿",且慕名登门拜谒。事隔四十三年之后,年近古稀的钱大昕依然深情回忆:"予弱冠时,谒先生于泮环巷宅,与论《易》义,更仆不倦,盖谬以予为可与道古者。"②二十一二年间,大昕同窗王昶与惠栋同客扬州卢氏幕府,《易汉学》手稿即由王昶抄校。此一抄本及惠著《周易述》

①卢见曾:《周易述序》,见惠栋:《周易述》卷首。
②钱大昕:《潜研堂文集》卷二四《古文尚书考序》。

大要,亦经王氏而传入京城。所以彼时钱大昕自京中致书王昶,一是告"惠氏《易汉学》,鹤侣(褚寅亮——引者)大兄现在手钞,此时尚未付还。来春当邮致吴门,决不遗失也。"①一是称:"松崖征君《周易述》,摧陷廓清,独明绝学,谈汉学者无出其右矣。"②

乾隆二十二年(1757)冬,戴震旅京南还,途经扬州。有幸在卢氏幕府同惠栋订交,当时情景,戴震记之甚明:"震自京师南还,始觐先生于扬之都转盐运使司署内。先生执震之手言曰:昔亡友吴江沈冠云(沈彤——引者)尝语余,休宁有戴某者,相与识之也久。冠云盖实见子所著书。震方心讶少时未定之见,不知何缘以入沈君目,而憾沈君之已不及觏,益欣幸获觐先生。"③三十年冬,戴震过苏州,晤惠栋遗属及诸高足,曾撰《题惠定宇先生授经图》一文,以缅怀亡友。文中高度评价惠学云:"先生之学,直上追汉经师授受,欲坠未坠,埋蕴积久之业,而以授吴之贤俊后学,俾斯事逸而复兴。震自愧学无所就,于前儒大师不能得所专主,是以莫之能窥测先生涯涘。"正是在这篇文章中,戴震承惠栋训诂治经的传统,提出了"故训明则古经明"的著名主张。同时,又将这一主张与典章制度的考究及义理之学的讲求相结合,对惠栋学术作了创造性的解释。他说:"松崖先生之为经也,欲学者事于汉经师之故训,以博稽三古典章制度,由是推求理义,确有据依。彼歧故训、理义二之,是故训非以明理义,而故训胡为? 理义不存乎典章制度,势必流入异学曲说而不自知,其亦远乎先生之教矣。"④

乾隆三十四年(1769),戴震为惠栋弟子余萧客著《古经解钩沉》撰序,重申前说,系统昭示训诂治经以明道的为学宗旨。他的结论

①陈鸿森辑:《钱大昕潜研堂遗文辑存》卷下《与王德甫书一》。
②陈文和主编,钱大昕著:《嘉定钱大昕先生全集》第 10 册,《潜研堂文集补编》不分卷《与王德甫书一》,南京:江苏古籍出版社,1997 年,第 28 页。
③戴震:《东原文集》卷一一《题惠定宇先生授经图》。
④戴震:《东原文集》卷一一《题惠定宇先生授经图》。

是:"经之至者道也,所以明道者其词也,所以成词者未有能外小学文字者也。由文字以通乎语言,由语言以通乎古圣贤之心志,譬之适堂坛之必循其阶,而不可以躐等。"①篇末,戴震重申:"今仲林得稽古之学于其乡惠君定宇,惠君与余相善,盖尝深嫉乎凿空以为经也。二三好古之儒,知此学之不仅在故训,则以志乎闻道也,或庶几也。"②

　　乾隆三十八年(1773),清廷开《四库全书》馆,戴震以举人奉召入京修书。至此,汉学得清廷优容,大张其军,风行朝野,古学复兴蔚成风气,如日中天。正如当时著名史家章学诚所记:"于是四方才略之士,挟策来京师者,莫不斐然有天禄、石渠,勾《坟》抉《索》之思。而投卷于公卿间者,多易其诗赋、举子艺业,而为名物考订,与夫声音文字之标,盖骎骎乎移风俗矣。"③

　　乾隆四十二年(1777)五月,戴震在北京去世。此时钱大昕已激流勇退,归隐林泉,以博赡通贯而主盟学坛。五十四年(1789),大昕入主苏州紫阳书院讲席。光阴荏苒,日月如梭,回首当年求学紫阳,不觉已整整四十年过去。在迄于嘉庆九年(1804)逝世的十六年间,钱大昕弘扬紫阳书院传统,以"精研古学,实事求是"而作育一方俊彦。据钱庆曾《竹汀居士年谱续编》记:"公在紫阳最久,自己酉至甲子,凡十有六年,一时贤士受业于门下者,不下二千人,悉皆精研古学,实事求是。如李茂才锐之算术,夏广文文焘之舆地,钮布衣树玉之《说文》,费孝廉士玑之经术,张征君燕昌之金石,陈工部稽亭先生之史学,几千年之绝学,萃于诸公,而一折衷于讲席。"④

　　后海先河,饮水思源,晚年的钱大昕,以一杰出史家而梳理当代

---

①戴震:《东原文集》卷一〇《古经解钩沉序》。
②戴震:《东原文集》卷一〇《古经解钩沉序》。
③章学诚:《章氏遗书》卷一八《周书昌别传》。
④钱庆曾:《竹汀居士年谱续编》,乾隆五十八年、六十六岁条。

学术史事,分别为惠栋、江永、戴震诸家立传,尤为留意表彰传主兴复古学之功。江永一传,大昕称传主"读书好深思,长于比勘,于步算、钟律、声韵尤明"。且记云:"休宁戴震,少不誉于乡曲,先生独重之,引为忘年交,震之学,得诸先生为多。"①戴震一传则大段征引震撰《题惠定宇先生授经图》、《古经解钩沉序》诸文之主张,将传主为学宗旨归纳为"由声音文字以求训诂,由训诂以寻义理,实事求是,不偏主一家"②。在《惠先生栋传》中,钱大昕总结数千年经学史,尤其是宋元以降学术积弊,指出:"予尝论宋、元以来,说经之书盈屋充栋,高者蔑弃古训,自夸心得,下者剿袭人言,以为己有,儒林之名,徒为空疏藏拙之地。独惠氏世守古学,而先生所得尤深,拟诸汉儒,当在何邵公、服子慎之间,马融、赵岐辈不能及也。"大昕准确地把握住惠栋《易》学与汉学复兴的关系,他写道:"惠先生栋……年五十后,专心经术,尤邃于《易》。谓宣尼作《十翼》,其微言大义,七十子之徒相传,至汉犹有存者。自王弼兴而汉学亡,幸存其略于李氏《集解》中。精研三十年,引伸触类,始得贯通其旨。乃撰次《周易述》一编,专宗虞仲翔,参以荀、郑诸家之义,约其旨为注,演其说为疏。汉学之绝者千有五百余年,至是而灿然复章矣。"③

　　通过梳理惠栋、戴震、钱大昕三家的相关学行,我们似可依稀看到,乾隆初叶以后,"古学"二字宛若一根无形的红线,把几代学人紧紧地联系在一起。从惠栋、戴震到钱大昕,是否可以视为古学复兴潮流形成至发皇的一个缩影,我想或许是可以这样去认识的。

(原载《中国史研究》2010 年第 2 期)

---

①钱大昕:《潜研堂文集》卷三九《江先生永传》。
②钱大昕:《潜研堂文集》卷三九《戴先生震传》。
③钱大昕:《潜研堂文集》卷三九《惠先生栋传》。

谈乾嘉时期的思想界

清代乾隆、嘉庆两朝的八十余年,是朴学的天下,经史考据,声音训诂,成为一时朝野学术主流。相形之下,此一时期的思想界则甚为沉寂,以致稍后而有龚自珍"万马齐喑究可哀"①的喟叹。因此,如何从整体上去把握乾嘉时期思想界的基本面貌,进而对其做出实事求是的评价,就成为一桩颇费斟酌的事情。以下,拟选取大致后先相接的三位思想家为分析对象,试图据以提供一些参考意见,请各位批评。

一、戴震与《孟子字义疏证》

戴震是活跃在乾隆中叶学术界的一位杰出大师。他继惠栋之后,与之齐名而主持一时学术坛坫风会。关于戴震毕生的学术追求,他曾经对其弟子段玉裁做过一个形象的比喻。据称:"六书、九数等事,如轿夫然,所以舁轿中人也。以六书、九数等事尽我,是犹误认轿夫为轿中人也。"②这就是说,文字音韵、训诂考证以及天文历算等等,无非戴震为学的工具而已,他的根本追求则别有所在。至于这一追求之具体目标,用戴震的话来说,就叫作"理义"。他说:

①龚自珍:《定盦续集·己亥杂诗》第一二五首。
②段玉裁:《戴东原集序》,载《戴震集》卷首。

> 夫所谓理义，苟可以舍经而空凭胸臆，将人人凿空而得之，
> 奚有于经学之云乎哉？惟空凭胸臆之卒无当于贤人圣人之理
> 义，然后求之古经。求之古经而遗文垂绝，今古悬隔也，然后求
> 之故训。故训明则古经明，古经明则贤人圣人之理义明，而我心
> 之所同然者，乃因之而明。①

由此可见，戴震所主张追求的"理义"，并非凿空臆说，不根游谈，而是
要以"六经"为依据，通过讲求经籍的训诂，来彰明古经理义，确立实
现社会和谐的规范。

目标既定，于是自乾隆二十二年在扬州与惠栋相识之后，戴震便
开始致力于"六经"理义的阐发。由至迟在乾隆二十八年完稿的《原
善》三篇，中经乾隆三十一年扩充为《原善》三章，再于乾隆三十七年
前后进行修订，相继增补为《孟子私淑录》、《绪言》各三卷。尔后再
集诸书精粹，删繁就简，区分类聚，终于在乾隆四十二年逝世前夕，完
成了自己的代表作品《孟子字义疏证》。

《孟子字义疏证》凡三卷，卷上释理，卷中释天道、性，卷下释才、
道、仁义礼智、诚、权。全书以文字训诂的方式，就宋明理学家在阐发
孟子学说中所论究的上述诸范畴，集中进行探本溯源。尤以对程颐、
朱熹等理学大师学术主张的针砭，形成了具有鲜明个性的思想体系。

理与气的关系，这是宋明数百年理学家反复论究的一个根本问
题。入清以后，迄于戴震的时代，理学中人重复前哲论究，陈陈相因，
依然如故。就这一论究的终极目的而言，它所要解决的，是世界的本
原问题。在这个根本问题上，戴震不赞成朱子"理先气后"的主张，尤
其反对把"理"界定为"如有物焉，得于天而具于心"。《孟子字义疏
证》从对理的集中诠释入手，以朱子学说为排击目标，提出了有力的

---

①戴震：《戴震集》卷十一《题惠定宇先生授经图》。

辩诘。

　　戴震认为,理字的本义很平实,并非如宋儒所说出自上天的赋予,而是可以在事物中把握的条理。他称引汉儒郑玄、许慎"理,分也"的解释以证成己说,指出:"理者,察之而几微,必区以别之名也,是故谓之分理。在物之质,曰肌理,曰腠理,曰文理(亦曰文缕,理、缕,语之转耳);得其分则有条而不紊,谓之条理。"①这就是说,归根结底,所谓理就是事物的条理。他进而把理和情结合起来,加以解释道:"理也者,情之不爽失也。"戴震的结论是:"苟舍情求理,其所谓理无非意见也。"因此,他否定以一己的意见为转移的私理,主张在事物中求条理。他说:"物者事也,语其事,不出乎日用饮食而已矣。舍是而言理,非古圣贤所谓理也。"这样,戴震通过对儒家经典中"理"字本来意义的还原,把理从"得于天"的玄谈召唤到现实的人世。沿着这样的逻辑程序走下去,"理在事中"、"理在情中"的命题,则已呼之欲出。

　　事实上,理气之辨的是非,在戴震著《绪言》时即已解决。他在那部书中说得很明白:

　　　　举凡天地、人物、事为,不闻无可言之理者也,《诗》曰"有物有则"是也。就天地、人物、事为求其不易之则,是谓理。后儒尊大之,不徒曰天地、人物、事为之理,而转其语曰"理无不在",以与气分本末,视之如一物然。岂理也哉!

因此,戴震断言,宋儒的"理先气后"说,"将使学者皓首茫然,求其物不得,合诸古贤圣之言牴牾不协"②。随着他思想的发展,《孟子字义

---

①戴震:《孟子字义疏证》卷上《理》。
②戴震:《绪言》卷上。

疏证》出，其论究重点已转移到对天理、人欲关系的探讨，试图以此去对宋学进行彻底清算。

天理、人欲关系的辨证，这是《孟子字义疏证》全书的论究核心，也是戴震思想最为成熟的形态。虽然这一思想在他早先撰写《原善》时即已萌芽，但是作为一种完整的、系统的思想主张揭出，则是由《孟子字义疏证》来完成的。

在宋明理学的精致体系中，天理是最高的哲学范畴。理学家将传统的纲常伦理本体化，使之成为至高无上的天理，用以主宰天下的万事万物。在他们看来，与之相对而存在的，便是万恶之源的人欲，因此必须竭尽全力加以遏制。于是"存天理，灭人欲"遂成宋明数百年理学中人标榜的信条。入清以后，经过康熙后期确立朱子学独尊的格局，到戴震的时代，已是"理欲之分，人人能言之"。戴震对此深恶痛绝，为了正人心，救风俗，他与之针锋相对，在《孟子字义疏证》中，系统地提出了自己的理欲一本论。

如同对理气之辨的探讨一样，在理欲观的论证上，戴震也采取了由训诂字义入手的方法。根据以情释理的一贯思想，他对天理的诠释也丝毫没有离开情。他说："天理云者，言乎自然之分理也。自然之分理，以我之情絜人之情，而无不得其平是也。"又说："情得其平，是为好恶之节，是为依乎天理。"这就是说，谈天理不能与人情对立，天理就在人情之中。戴震认为，这才是天理的原始界说，用他的话来说，就叫作："古人所谓天理，未有如后儒之所谓天理者矣。"显然，这同宋儒所说的天理就不是一回事情了。至于人欲，戴震同样没有如理学家那样视若洪水猛兽，他反复称引《诗经》"民之质矣，日用饮食"，《礼记》"饮食男女，人之大欲存焉"的儒家经典中语，以论证人的欲望存在的合理性。在他看来，人欲并不可怕，也不存在有无的问题，关键只是在于节制与否。所以他说："天理者，节其欲而不穷人欲也。是故欲不可穷，非不可有。有而节之，使无过情，无不及情，可谓之非天理乎!"也就是说,只要能以情为尺度加以节制,那么天理就存在于人欲之中。

至此,天理、人欲的鸿沟,在戴震的笔下顿然填平,宋儒"截然分理欲为二"的天理、人欲之辨,也就理所当然应予否定。于是戴震"理者,存乎欲者也"的理欲一本论便宣告完成。他的结论是:"凡事为皆有于欲,无欲则无为矣。有欲而后有为,有为而归于至当不可易之谓理。无欲无为,又焉有理!"戴震进而指出,宋儒所喋喋不休的理欲之辨,"适成忍而残杀之具",是为祸天下的理论根源。因此他断言:

> 古之言理也,就人之情欲求之,使之无疵之为理。今之言理也,离人之情欲求之,使之忍而不顾之为理。此理欲之辨,适以穷天下之人尽转移为欺伪之人,为祸何可胜言也哉!①

以天理、人欲之辨为突破口,戴震一改先前著《原善》和《孟子私淑录》、《绪言》时的闪烁其词,对宋明理学进行了不妥协的批判。他既不再肯定程、朱之学"远于老、释而近于孔、孟"②,也不再承认"宋儒推崇理,于圣人之教不害",③而是明确指出:

> 自宋儒杂荀子及老、庄、释氏以入"六经"、孔、孟之书,学者莫知其非,而"六经"、孔、孟之道亡矣。④

依戴震之所见,既然程、朱之学的流行,导致"六经"、孔、孟之道的中

①戴震:《孟子字义疏证》卷下《权》。
②戴震:《孟子私淑录》卷下。
③戴震:《绪言》卷下。
④戴震:《孟子字义疏证》卷上《理》。

绝,那么这样一种学说高踞庙堂的局面,自然就不该继续下去了。晚近著名学者王国维先生评戴学,认为戴震"晚年欲夺朱子之席,乃撰《孟子字义疏证》"①,根据大概就在于此。不过,仅以"夺朱子之席"而赅括戴著宗旨,恐怕还可商量。《孟子字义疏证》的批判精神,绝不仅仅在于与朱熹立异,它还表现为对当权者"以理杀人"黑暗现状的不满和抨击。应当说这才是戴震著述的最终落脚之点。《孟子字义疏证》于此有过一段集中表述:

> 尊者以理责卑,长者以理责幼,贵者以理责贱,虽失,谓之顺。卑者、幼者、贱者以理争之,虽得,谓之逆。于是下之人不能以天下之同情、天下所同欲达于上,上以理责其下,而在下之罪,人人不胜指数。人死于法犹有怜之者,死于理其谁怜之!②

这样的社会政治格局,在戴震看来,同样不能再继续下去。因此,他在书中提出了"体民之情,遂民之欲"的政治主张,憧憬"与民同乐";"省刑罚,薄税敛";"必使仰足以事父母,俯足以畜妻子";"居者有积仓,行者有裹粮";"内无怨女,外无旷夫"的"王道"。戴震的政治思想,虽然并未逾越孟子的"仁政"学说,但是它在乾隆中叶的问世,实质上正是清王朝盛极而衰现实的折射,蕴涵于其间的社会意义是不当低估的。

　　作为一个杰出的思想家,戴震在《孟子字义疏证》中的理性思维,既是严峻社会现实的反映,也预示着深刻的社会危机已经来临。然而这种盛世危言,在戴震生前不仅没有引起共鸣,反而招致非议,甚至"横肆骂詈"。以进士而事佛学的彭绍升,读《孟子字义疏证》后,

---

①王国维:《观堂集林》卷一二《聚珍本戴校水经注跋》。
②戴震:《孟子字义疏证》卷上《理》。

专为致书戴震,指斥该书势将"使人逐物而遗则,徇形色,薄天性,其害不细"①。戴震接信,于乾隆四十二年四月抱病复书驳诘,表明学术旨趣与彭氏"尽异,无毫发之同"。重申正是因为宋儒淆乱"六经"、孔、孟之道,"不得已而有《疏证》之作"②。戴震去世后,其同郡后学洪榜为他撰写行状,文中全录答彭绍升书。翰林院编修朱筠见之,竟称:"可不必载,戴氏可传者不在此。"③一如朱筠的曲解戴学,戴震的生前友好,诸如钱大昕、王昶等,为他撰写的纪念文字,也对《孟子字义疏证》的学术价值不置一词。私淑戴震的凌廷堪撰《东原先生事略状》,虽然肯定《疏证》为"至道之书",但却以"其书具在,俟后人之定论云尔"④,回避做具体的评价。就连戴震的高足段玉裁,对《疏证》精义也若明若暗,当他著《戴东原先生年谱》时,竟然把该书的成书时间误植于乾隆三十一年。《孟子字义疏证》在当时的遭遇,以及一时学术界的好尚,于此可见一斑。

二、章学诚"六经皆史"说发微

章学诚年少戴震十五岁。乾隆四十二年戴震辞世,学诚正当四十盛年。在乾隆中叶以后的学术界,如果说戴震以究心经学理义而睥睨一世,那么章学诚则是倡言"六经皆史",以讲求"史学义例、校雠心法"而独步一时。章学诚史学思想的出类拔萃处,主要可归纳为如下两个方面。

---

① 彭绍升:《二林居集》卷三《与戴东原书》。
② 戴震:《戴震集》卷八《答彭进士允初书》。
③ 江藩:《国朝汉学师承记》卷六《洪榜》。
④ 凌廷堪:《校礼堂文集》卷三十五《东原先生事略状》。

　　第一，反对因循，救正风气。

　　乾嘉学风，以经学考据为主流，"风气所趋，竞为考订"①。乾隆二十五年，章学诚初入京城，时值汉学大师惠栋谢世未久，戴震沿波而起，名噪朝野，经学考据方兴未艾。京中学风，迥异于他所僻居的湖北应城，与其早年的为学趋向，尤显格格不入。章学诚为学之始，深受其浙东乡先辈邵廷采影响，主张"读书当得大意"，走的是"马、班之史，韩、欧之文，程、朱之理，陆、王之学，萃合以成一子"②的为学路径。由于为学取径的不合时尚，因而他不仅屡困科场，而且在国子监中茕茕孑立，被"视为怪物，诧为异类"③。然而置身风靡朝野的经学考据之中，章学诚并没有向一时风气屈服。相反，随着文史素养的与时俱进，他对考据学风的积弊展开了不妥协的批评，决意以自己的史学主张去辟除榛芜，开创新路。

　　章学诚认为："天下事，凡风气所趋，虽善必有其弊。君子经世之学，但当相弊而救其偏。"他大声疾呼："君子之学，贵辟风气，而不贵趋风气。"④因此，为了救正一时风气，章学诚发愿结撰《文史通义》。于著述之始，他即坚定地表示，即使"逆于时趋"，"乖时人好恶"，也在所不惜。乾隆三十七年，在给当时著名学者钱大昕的信中，他写道："惟世俗风尚必有所偏，达人显贵之所主持，聪明才隽之所奔赴，其中流弊必不在小。载笔之士不思挽救，无为贵著述矣。"⑤在章学诚看来，当时学风之弊，症结就在于沉溺考据训诂，买椟还珠，不识大义。他说："近日考订之学，正患不求其义，而执形迹之末，铢黍较量，

---

①章学诚:《章氏遗书》卷九《文史通义》外篇三《与族孙守一论史表》。
②章学诚:《章氏遗书》卷九《文史通义》外篇三《家书三》。
③章学诚:《章氏遗书》卷二十二《文集》七《与族孙汝楠论学书》。
④章学诚:《章氏遗书》卷九《文史通义》外篇一《淮南子洪保辨》。
⑤章学诚:《章氏遗书》卷二十九《外集二》《上钱辛楣宫詹书》。

小有同异,即嚣然纷争,而不知古人之真不在是也。"①由此出发,他虽然并不抹杀考据学的基本作用,但是只是视之为治学的功力而已,不承认那是学问。对于那些不识大义的考据学家,他则讥之为"有如桑蚕食叶而不能抽丝"②,甚至诋作"竹头木屑之伪学"③。

针对汉学考据的积弊,章学诚曾经提出过如下主张:"今日之患,又坐宋学太不讲也。"这样的见解,乍一看去,似乎是主张恢复宋学,以宋济汉。其实,综观章学诚的学术趋向,则又不尽然。一方面,他为学之所从入手,固然是宋学,因此他肯定:"宋儒之学,自是三代以后讲求诚正治平正路。"但是另一方面,他于宋学流弊亦看得很清楚,他指出:

> 第其流弊,则于学问文章、经济事功之外,别见有所谓道耳。以道名学,而外轻经济事功,内轻学问文章,则守陋自是,枵腹空谈性天,无怪通儒耻言宋学矣。④

这就是说,章学诚所主张讲求的宋学,并非性与天道的空谈,而是诚意、正心、治国、平天下的儒学传统。显然,这已经不是对宋学的简单复原,而是一个学术史家从历史实际出发,对既往学术的积极修正。这种修正表现为学术主张,便是两条救正之道的提出,一是古文辞,一是史学,而归根结底还是史学。章学诚说:"近日颇劝同志诸君多作古文辞,而古文辞必由纪传史学进步,方能有得。"⑤他还说:"辞章

①章学诚:《章氏遗书》卷八《文史通义》外篇二《说文字原课本书后》。
②章学诚:《章氏遗书》卷九《文史通义》外篇三《与汪龙庄书》。
③章学诚:《章氏遗书》卷九《文史通义》外篇三《与邵二云书》。
④章学诚:《章氏遗书》卷九《文史通义》外篇三《家书五》。
⑤章学诚:《章氏遗书》卷九《文史通义》外篇三《与汪龙庄书》。

记诵,非古人所专重,而才识之士必以史学为归。为古文辞而不深于史,即无由溯源六艺而得其宗。"①

章学诚竭毕生心力所结撰的《文史通义》,就是贯彻这一学术主张的具体实践。该书自乾隆三十七年始撰,迄于著者嘉庆六年逝世,三十年如一日,辛勤耕耘,死而后已。而救正风气,开辟新路,则始终不渝,首尾一贯。正如他晚年就此致书友人汪辉祖所述:"拙撰《文史通义》,中间议论开辟,实有不得已而发挥,为千古史学辟其榛芜。"②

第二,六经皆史,学以经世。

章学诚一经选定史学为救正风气之道,便义无反顾,矢志以往,倾注全身心于《文史通义》的撰写。从乾隆五十三年致函孙星衍,首次提出"盈天地间,凡涉著作之林,皆是史学"③;中经五十四年至五十七年间所写《经解》、《原道》、《史释》、《易教》及《方志立三书义》诸篇的系统阐释而深化;到嘉庆五年撰成《浙东学术》篇,彰明"史学所以经世"的为学宗旨,④他完成了以"六经皆史"为核心的史学思想的建设。⑤

在中国古代学术史上,"六经皆史"的思想萌芽甚早。据钱锺书教授著《谈艺录》考证,其远源可追溯至《庄子》的《天道》、《天运》诸篇,其近源则为王守仁《传习录》、顾炎武《日知录》等明清间人著述。⑥当然,章学诚的"六经皆史"说是否源自老、庄思想,还可以做进一步研究,但是王守仁、顾炎武思想于他的影响,则屡见于《文史通

①章学诚:《章氏遗书》卷九《文史通义》外篇三《报黄大俞先生》。
②章学诚:《章氏遗书》卷九《文史通义》外篇三《与汪龙庄书》。
③章学诚:《章氏遗书》卷九《文史通义》外篇三《报孙渊如书》。
④章学诚:《章氏遗书》卷二《文史通义》内篇二《浙东学术》。
⑤章学诚:《章氏遗书》卷一《文史通义》内篇一《易教上》,卷十四《方志立三书议》。
⑥钱锺书:《谈艺录》(补订本)八十六,《章实斋与随园》。

义》,确然无疑。还应当指出,唐代史家刘知幾所撰《史通》,也是章学诚史学思想的重要来源。

章学诚二十八岁始读《史通》①,在严峻的现实面前,经过痛苦的抉择,他终于确定取径刘知幾的史学评论,专以探讨史学义例为业。尽管后来章学诚曾声称:"刘言史法,吾言史意,刘议馆局纂修,吾议一家著述,截然两途,不相入也。"②然而《史通》于他思想的影响,则随处可见,欲加掩饰而不能。诸如《文史通义》之把史籍区分为撰述与记注二家,强调史才、史学、史识与史德的统一,反对文人修史,主张详近略远、据事直书、学以经世等等,皆与《史通》一脉相承。③ 至于"六经皆史",作为《史通》总纲的《六家》篇,即把儒家经典《尚书》、《春秋》视为史籍编纂的两家,与《左传》、《国语》、《史记》、《汉书》并称"六家"。这无疑应是章学诚史学思想的重要远源。其实,《文史通义》之以《史通》为立说的一个源头,早在其撰述之初,章学诚就曾直言不讳。在致友人严长明的信中,他说:"思敛精神为校雠之学,上探班、刘,溯源《官》、《礼》,下该《雕龙》、《史通》。甄别名实,品藻流别,为《文史通义》一书。"④这封信后来虽未录入《文史通义》,但历史事实毕竟是不能抹杀的。

章学诚的"六经皆史"说,就其主要方面而言,恐怕还不是尚存争议的尊经、抑经问题,贯穿于其间的一个中心思想,实为复原中国儒学的经世传统,倡导以史学去经世致用。所以,他在阐明"六经"即史的同时,就再三强调"六经"作为"先王政典"的基本特质。他说:"'六经'皆史也。古人不著书,古人未尝离事而言理,'六经'皆先王

---

① 章学诚:《章氏遗书》卷九《文史通义》外篇三《家书六》。
② 章学诚:《章氏遗书》卷九《文史通义》外篇三《家书二》。
③ 傅振伦:《傅振伦方志论著选》,杭州:浙江人民出版社,1992 年,第 238—254 页。
④ 章学诚:《章氏遗书》卷二十九外集二《与严冬友侍读》。

之政典也。"又说:"若夫'六经',皆先王得位行道,经纬世宙之迹,而非托于空言。"①作为一个史学思想家,章学诚还从学术史的角度论证古代学术初无经史之别,"六经"乃后起之称,他指出:

> 古之所谓经,乃三代盛时,典章法度见于政教行事之实,而非圣人有意作为文字以传后世。②

因此,章学诚反对"舍器而求道,舍今而求古,舍人伦日用而求学问精微"的倾向,主张把立足点转移到现实社会中来。他说:

> 君子苟有志于学,则必求当代典章,以切于人伦日用;必求官司掌故,而通于经术精微;则学为实事,而文非空言,所谓有体必有用也。③

这种厚今薄古,学以经世的史学思想,在章学诚晚年所写《浙东学术》篇中,得到了集中的阐发。他指出:

> 史学所以经世,固非空言著述也。且如"六经",同出于孔子,先儒以为其功莫大于《春秋》,正以切合当时人事耳。后之言著述者,舍今而求古,舍人事而言性天,则吾不得而知之矣。学者不知斯义,不足言史学也。④

---

① 章学诚:《章氏遗书》卷一《文史通义》内篇一《易教上》。
② 章学诚:《章氏遗书》卷一《文史通义》内篇一《经解上》。
③ 章学诚:《章氏遗书》卷一《文史通义》内篇五《史释》。
④ 章学诚:《章氏遗书》卷二《文史通义》内篇二《浙东学术》。

三、焦循的经学思想

同戴震、章学诚相比,焦循是名副其实的晚辈。当戴震谢世之时,他尚在童稚之年,而章学诚亦要长他二十五岁。所以在焦循的心目中,戴震、章学诚二位皆是足以引为楷模的学术大师。他的《读书三十二赞》,于戴、章所著《孟子字义疏证》、《文史通义》,皆有倾心推许。

焦循的时代,汉学如日中天的盛景业已成为过去,乾嘉学术揭开了批判和总结的篇章。焦循以"证之以实而运之于虚"的经学方法论,会通汉宋,学求其是,一时有"通儒"之称。

在中国古代,数学始终为经学附庸,未能成为独立学科,所以经师兼治数学,历代皆然。焦循治经,亦从数学起步。自乾隆五十二年(1787),迄于嘉庆六年(1801)的十余年间,他先后精读我国古代数学名著,如刘徽注《九章算术》、李冶著《测圆海镜》、《益古演段》和秦九韶著《数学九章》等,参以戴震、钱大昕等人的著述,撰写了一批富有成果的数学著作。其间,诸如《释弧》、《释轮》、《释椭》和《加减乘除释》、《天元一释》等,皆深得一时学术界好评。如果说数学研究之所得,使焦循在人才如云的乾嘉学术界赢得了一席地位,那么他的《周易》研究,则使之卓然名家,一跃而跻身领先行列。

清代的《周易》研究,经过清初诸《易》学大师对宋儒《易》学的批判,迄于乾隆初叶,惠栋撰《易汉学》、《周易述》,考明古义,表彰汉《易》,已渐向复兴汉《易》一路走去。张惠言继起,专宗虞翻《易》说,推出《周易虞氏义》、《虞氏消息》诸书,孤家绝学,大明于世。水到渠成,一呼百应,究心汉《易》遂成一时《易》学主流。风气既成,"唯汉是求"声浪由《易》学推扩,迅速席卷整个经学研究和知识界。

对于弥漫于乾嘉之际学术界的汉学之风,一如章学诚,焦循亦提出了有力的质疑和批评。他尖锐地指出："述孔子而持汉人之言,唯汉是求而不求其是,于是拘于传注,往往扞格于经文。是所述者汉儒也,非孔子也。"①将孔子的经学同汉代经师的传注相区别,从而否定唯汉是求而不求是的积习,给一时经学园囿带来了一股清新之风。焦循尤其不赞成以考据补苴来代替经学研究,他说:

　　　　本朝经学盛兴,在前如顾亭林、万充宗、胡朏明、阎潜丘,近世以来,在吴有惠氏之学,在徽有江氏之学、戴氏之学。精之又精,则程易畴名于歙,段若膺名于金坛,王怀祖父子名于高邮,钱竹汀叔侄名于嘉定。其自名一学,著书授受者,不下数十家,均异乎补苴掇拾者之所为。是直当以经学名之,乌得以不典之称之所谓考据者,混目于其间乎!②

焦循认为,酿成盲目尊信汉儒经说之弊的根源,就在于一时学者的缺乏独立思考。因而他修正考据补苴的治经方法,提出了"证之以实而运之于虚"的经学方法论。他说:

　　　　经学之道,亦因乎时。汉初,值秦废书,儒者各持其师之学。守之既久,必会而通,故郑氏注经,多违旧说。有明三百年,率以八股为业,汉儒旧说,束诸高阁。国初,经学萌芽,以渐而大备。近时数十年来,江南千余里中,虽幼学鄙儒,无不知有许、郑者,所患习为虚声,不能深造而有得。盖古学未兴,道在存其学;古学大兴,道在求其通。前之弊患乎不学,后之弊患乎不思。证之

①焦循:《雕菰楼集》卷七《述难四》。
②焦循:《雕菰楼集》卷一三《与孙渊如观察论考据著作书》。

以实而运之于虚,庶几学经之道也。①

何谓"证之以实而运之于虚"? 在焦循看来,就是将学与思融为一体,"博览众说而自得其性灵"。用他的话来说,就叫作:"自汉论汉,自宋论宋……且自郑论郑,自朱论朱。各得其意,而以我之精神气血临之。"②这种治经方法论,一言以蔽之,即学求其是,贵在会通。焦循的《易》学研究,正是这种治经精神的集中反映。

治《易》为焦循家学,其曾祖源、祖镜、父葱,世代相守。其父且兼得岳家王氏说《易》之法,还在焦循十四岁时,便给他提出了读《易》的一个值得注意的问题。即为什么"密云不雨,自我西郊"的语句,既见于《小畜》,又见于《小过》。此后,他受这一问题启发,进而探讨"号咷"之再见于《同人》、《旅》;《蛊》、《巽》二卦的重复出现"先甲"、"后甲"、"先庚"、"后庚";《明夷》、《涣》二卦同有"用拯马状,吉"诸现象。然而历时近三十年,四处请教,遍求说《易》之书,终百思而不得其解。嘉庆七年会试落第,决意专力治《易》。自十五年起,更摒除一切外务,潜心《易》学,终于在三年之后,陆续完成了他的《易学》三书,即《易通释》、《易图略》、《易章句》。当三书中的最后一部《易章句》于嘉庆二十年脱稿誊清,焦循时已年逾半百。

在《易》学园圃中,焦循辛勤耕耘数十年。始究程、朱,渐探服、郑,自汉魏以来,历唐宋元明,迄于当代惠栋、张惠言诸家,凡说《易》之书,必首尾阅之,摘其精要,记录于册。然后运用其先前数学研究之所得,"以数之比例,求《易》之比例"。同时,又将文字训诂学中的六书假借、转注诸法引入《易》学,"以六书之假借,达九数至杂糅"。终于摆落汉宋,自成一家。

① 焦循:《雕菰楼集》卷一三《与刘端临教谕书》。
② 焦循:《里堂家训》卷下。

　　焦循说《易》,不赞成朱熹将《周易》视为卜筮之书的界定,提出了"《易》者,圣人教人改过之书也"的判断。由此出发,他既否定了宋儒的先天《易》学,同时也不取汉儒的纳甲、卦气诸说,而是通贯经传,"以测天之法测《易》",一意探求卦爻变化的"比例",以澄清"卦爻可随意推移"的"千古谬说"①。根据焦循的研究所得,《周易》六十四卦,其卦爻的推移法则不外乎三条,即旁通、相错、时行。他说:"余学《易》,所悟得者有三,一曰旁通,二曰相错,三曰时行。……非相错,非旁通,非时行,则不可以解经文、传文。"②所谓旁通、相错、时行,略去其烦琐细碎的推演过程,核心就是一个变通。所以焦循说:"能变通则可久,可久则无大过,不可久则至大过。所以不可久而至于大过,由于不能变通。变通者,改过之谓也。舍此而言《易》,岂知《易》哉!"③焦循所主张的变通,其归宿就在于通过《周易》的讲求,达到"己所不欲,勿施于人"的和谐境界。这也就是为他所一再声称的"絜矩"之道。

　　焦循的《易》学研究,通贯经传固是其所长,而混淆经传也是其所短。他忽略了《周易》经传非一时一人之所作,加以过分尊信"圣人"之见,因而他的治《易》三法,未免先入为主,多有牵强附会之失。但是会通汉宋,独抒心得,对学术真理的执着追求,其精神则是可贵的。

四、简短的结语

　　从戴震经章学诚到焦循,三位学术大师留下的历史足迹,为我们认识乾嘉时代的思想界,提供了具有典型意义的依据。在严酷的封

---

①焦循:《易图略》卷七。
②焦循:《易图略》卷首《自序》。
③焦循:《易图略》卷三。

建文化专制桎梏之下，同当时俊彦辈出的学术界相比，此一时期的思想界，其成就则未免逊色得多。而较之先前的顺康时期以及其后的道咸同光诸朝，就更是相形见绌。

戴震崛起，正值乾隆中叶汉学发皇。他试图以《孟子字义疏证》去开创一种通过训诂以明义理的新学风。然而在当时的历史条件下，以复兴古学为职志的汉学方兴未艾，知识界沉溺于经史考据之中，如醉如痴，无法自拔。风气既成，要想扭转它，亦绝非一朝一夕可以成就，更非个人意志所能转移。何况训诂之与义理，规律各异，不可取代。戴震所示范的训诂方法，并非探讨义理之学的必由之路。加以清廷文化专制的沉重制约，要企求知识界改弦易辙，实在是不实际的一厢情愿而已。因此，在戴震生前，他的《孟子字义疏证》罕有共鸣。他逝世之后，其文字训诂、天文历算、典章制度诸学，得段玉裁、王念孙、孔广森、任大椿诸弟子张大而越阐越密，唯独其义理之学则无形萎缩，继响乏人。直到嘉庆间焦循脱颖而出，以《读书三十二赞》对《孟子字义疏证》加以表彰，并称引其说于所著《孟子正义》中，始肯定戴震"生平所得力，而精魄所属，专在《孟子字义疏证》一书"①。不过，此时与戴震辞世相去近四十年，时移势易，学风将变，显然已不可同日而语了。

章学诚在考据学风弥漫朝野的乾嘉之际，高唱"'六经'皆史"，也是一位以转移风气为己任的大师。他为之而付出的毕生努力，在思想史上的价值是不朽的。然而一如戴震的义理学之不能为一时经学中人所认同，章学诚的治史路径，亦因与一时考据风尚凿枘不合，故而其史学思想在他生前不唯知音寥寥，且多遭訾议而"为人隐恨"②。直到晚清学风丕变，《文史》《校雠》二通义不胫而走，他治

①焦循：《雕菰楼集》卷七《申戴》。
②章学诚：《章氏遗书》卷二九《论文示贻选》。

史的革新精神始得昭显于世。

戴震与章学诚的遭遇,并非一时学坛主盟者的无识,而是时代的悲剧。然而历史总是要前进的,到焦循继起而领风骚于学术舞台,已是嘉庆中叶。他以"证之以实而运之于虚"的经学方法论,对考据学风提出了有力的质疑和批评。学求其是,贵在会通,焦循的经学思想无异乾嘉汉学的一个批判性总结。它标志着汉学的鼎盛局面已经结束,以会通汉宋去开创新学风,正是历史的必然。因而与之不约而同,先是凌廷堪抨击一时考据学风于前,继之则有王引之作同调之鸣,对"株守汉学"积习进行鞭挞。嘉庆末、道光初,遂有方东树的《汉学商兑》《书林扬觯》出,而对清代前期的汉学进行否定式的清算。到龚自珍呼唤社会改革风雷,发出"与其赠来者以劲改革,孰若自改革"①的呐喊,一场亘古未有的社会和学术变动,已经滚滚而来了。

（原载《第五届清代学术研讨会论文集》,台湾中山大学中国文学系编印,1997年版）

---

①龚自珍:《龚自珍全集》第一辑《乙丙之际著议第七》。

乾嘉学派吴皖分野说商榷

清代的乾嘉学派中,惠栋、戴震齐名。因惠栋为江苏苏州人,戴震为安徽休宁人,所以论者据地望名学而有吴、皖二派之分。吴皖分野,究其立说所自,当以近代著名学者章炳麟的《訄书》为滥觞。书中,太炎先生论清儒有云:"其成学著系统者,自乾隆朝始。一自吴,一自皖。吴始惠栋,其学好博而尊闻;皖南始戴震,综形名,任裁断。此其所异也。"①其后,梁启超先生著《清代学术概论》、《中国近三百年学术史》再加阐发,遂成"惠、戴两家中分乾嘉学派"②之说。自章、梁二先生说出,前哲、时贤之述乾嘉学史,吴皖分野,俨若定论。吴皖分野说,无形中掩盖了乾嘉间学术演进的历史轨迹。因此,以吴皖分野而论乾嘉学派,就是一个很值得商榷的问题了。以下,拟就此谈一些不成熟的意见,就教于大家。

一、关于惠学和戴学

惠栋与戴震,皆为乾隆间学术大师。就年辈而论,惠栋长戴震27岁;而据为学言,则惠、戴两家并非对立的学派,由惠学到戴学,实为乾嘉学派从形成到鼎盛的一个缩影。

---

① 章炳麟:《訄书》十二《清儒》。后经改订,题作《检论》,于戴震前加江永二字。
② 梁启超:《中国近三百年学术史》十三《清代学者整理旧学之总成绩(一)》。

　　惠栋（1697—1758）是乾嘉学派形成时期的代表人物。字定宇，号松崖，学者称小红豆先生。江苏吴县人。祖周惕、父士奇，皆治《易》学，三世传经。他早年为诸生，随父宦居广东，以工于文词著称。乾隆初，僻居苏州，课徒自给。九年（1744），乡试被黜，从此息意仕进，潜心治《易》。同年，承父志，撰《易汉学》七卷。后又续撰《周易述》。

　　复原汉代《易》学，这是乾嘉学派登上学术舞台的标志。承清初黄宗羲、宗炎兄弟及毛奇龄、胡渭等人对宋儒《易》学的批判，惠栋于乾隆初率先而起，专注于汉儒《易》说的勾沉辑佚。除《易汉学》、《周易述》外，尚著有《周易本义辨证》、《易例》、《易大义》等。由《易》而《诗》、而《书》、而《春秋》，稽考所至，遍及九经。他倡言："汉经师之说，立于学官，与经并行。五经出于屋壁，多古字古言，非经师不能辨。经之义存乎训诂，识字审音，乃知其意。是故古训不可改也，经师不可废也。"①虽然惠氏梳理汉代经学源流未尽实录，混淆了经学中的今、古文分野，但他的唯汉是尊，唯古是信，则在当时的学术舞台上第一次扬起了汉学之幡，成为乾嘉学派的开派宗师。诚如著名学者钱大昕评惠氏学风所云："汉学之绝者千有五百余年，至是而粲然复章矣。"②

　　惠栋故世，戴震崛起。戴震（1723—1777）③，字东原，安徽休宁人。早年家贫，随父"商贾东西，行营于外"④，南至江西南丰、福建邵武，北抵江苏南京。明清时代的徽州，民俗"重矜气节，虽为贾者，咸近士风"⑤。在这样的风气薰染之下，戴震自十八岁起，即在邵武执

---

①惠栋：《松崖文抄》卷一《九经古义述首》。
②钱大昕：《潜研堂文集》卷三十九，《惠先生栋传》。
③戴震生于雍正元年（1723）十二月二十四日，当公元 1724 年 1 月 19 日。
④戴震：《戴震集》卷十二《戴节妇家传》。
⑤戴震：《戴震集》卷十二《戴节妇家传》。

教私塾。后又师从名儒江永，颇知天文历算、典章制度。但于举业则甚隔膜，直至乾隆十六年始补为休宁县学生，时已二十九岁。三年后，避仇入京，广交纪昀、钱大昕、王鸣盛、王昶、朱筠等新科进士，以谙熟天文数学、声韵训诂和古代礼制而"声重京师"①。尔后，科场屡屡失意，被迫寄人篱下，南北作幕。四十岁举乡试，会试则久未如愿。乾隆三十八年，清廷开《四库全书》馆，戴震以举人特召进京。四十年，再应会试，依然落第。幸得清高宗恩准，特许与当年贡士"一体殿试"，获赐同进士出身，入翰林院为庶吉士。两年后，即在书馆病逝，享年仅五十五岁。

　　戴震首次见惠栋，在乾隆二十二年。当时，他由京中南旋，途经扬州，适逢惠栋作幕于两淮盐运使卢见曾，二人遂得结为忘年之交。惠、戴间的这次会晤，对戴震的为学影响甚巨。在《题惠定宇先生授经图》一文中，他对惠栋及其为学推崇备至，说："先生之学，直上追汉经师授受，欲坠未坠，埋蕴积久之业，而以授吴之贤俊后学，俾斯事逸而复兴。震自愧学无所求，于前儒大师，不能得所专主，是以莫之能窥测先生涯涘。然病夫六经微言，后人以歧趋而失之也。"戴震并继承惠栋以训诂治经的传统，进而提出"故训明则古经明"的著名主张。他说："故训明则古经明，古经明则贤人圣人之理义明，而我心之所同然者乃因之而明。贤人圣人之理义非它，存乎典章制度者是也。"②

　　在乾隆中叶的学术界，戴震之所以能与经学大师惠栋齐名，其根本原因不仅在于他能融惠学为己有，而且还因为他进一步把惠学与典章制度的考究及义理之学的讲求相结合，发展了惠学。戴震曾对惠栋学术进行了创造性的解释，他说："松崖先生之为经也，欲学者事于汉经师之故训，以博稽上古典章制度，由是推求理义，确有据依。

────────────

① 纪昀：《考工记图序》，载段玉裁：《戴东原先生年谱》三十三岁条。
② 戴震：《戴震集》卷十一《题惠定宇先生授经图》。

彼歧故训、理义二之，是故训非以明理义，而故训胡为！理义不存乎典章制度，势必流入异学曲说而不自知，其亦远乎先生之教矣"。①乾隆三十四年，戴震为惠栋弟子余萧客所著《古经解勾沉》撰序，重申前说，指出："后之论汉儒者，辄曰故训之学云尔，未与于理精而义明，则试诘以求理义于古经之外乎？若犹存古经中也，则凿空者得乎？呜呼！经之至者道也，所以明道者其词也，所以成词者未有能外小学文字者也。由文字以通乎语言，由语言以通乎古圣贤之心志，譬之适堂坛之必循其阶，而不可以躐等。"②

可见，从惠学到戴学，有继承，也有发展。戴学继承惠学者，为训诂治经的传统。这一传统，导源于清初顾炎武的"读九经自考文始，考文自知音始"③，至惠栋而门墙确立，戴震一脉相承，遂成乾嘉学派为学的不二法门。离开文字训诂，乾嘉学派将失去依托。故吴皖分野说虽注意到惠、戴为学的差异，却忽略了其间的根本共性，这就不尽合乎历史实际了。然而，戴学毕竟发展了惠学，它并不以诸经训诂自限，而只是以之为手段，去探求六经蕴含的义理，通经以明道。所以戴震由此出发，认为他的学说并不同于惠栋。对于这种不同之点，他归纳为："定宇求古，吾求是。"④倘若我们看不到惠、戴学术的这种不同，而是如同乾嘉学者王鸣盛那样，断言"求古即所以求是，舍古无是者"⑤，也是不妥当的。

关于戴学的以训诂而求义理，戴震曾对其弟子段玉裁做过一个形象的比喻，他说："六书、九数等事，如轿夫然，所以异轿中人也。以

①戴震：《戴震集》卷十一《题惠定宇先生授经图》。
②戴震：《戴震集》卷十《古经解勾沉序》。
③顾炎武：《亭林文集》卷四《答李子德书》。
④王鸣盛：《西庄始存稿·古经解勾沉序》。
⑤王鸣盛：《西庄始存稿·古经解勾沉序》。

六书、九数等事尽我,是犹误认轿夫为轿中人也。"①因此,他不赞成以训诂、义理区分汉宋经学的倾向,认为:"夫所谓理义,苟可以舍经而空凭胸臆,将人人凿空得之,奚有于经学之云乎哉!惟空凭胸臆之卒无当于贤人圣人之理义,然后求之古经。求之古经而遗文垂绝,今古悬隔也,然后求之故训。"②戴震是将惠栋学说大为推进,致力于六经义理的阐发。由至迟在乾隆二十八年完稿的《原善》三篇,中经乾隆三十一年扩充为《原善》三章,再于三十七年前后进行修订,相继增补为《孟子私淑录》、《绪言》各三卷,尔后再集诸书精粹,删繁就简,区分类聚,积二十年的努力,终于在他逝世前夕,完成其代表之作《孟子字义疏证》。

以乾隆三十八年戴震的奉召入京,预修《四库全书》为标志,戴学发皇,大行于世。汉学得清廷优容,大张其军,如日中天。就连朝中显贵亦附庸风雅,"皆以博考为事,无复有潜心理学者"③。朝野官绅,"竞尊汉儒之学,排击宋儒,几乎南北皆是矣"④。至此,乾嘉学派遂臻于鼎盛。

二、吴皖分野不足以赅括乾嘉学术

惠栋、戴震之学,卓然自立,流风所被,遍于南北,确乎一代学术宗师。然而严格地说来,惠、戴二家并不能赅括整个乾嘉学派。譬如同样治经学,顾栋高、秦蕙田各以《春秋》、《周礼》名家,就非惠、戴所能比拟;同样治史学,全祖望、邵晋涵、钱大昕、章学诚,皆蹊径各异,

①段玉裁:《戴东原集序》,载《戴震集》卷首。
②戴震:《戴震集》卷十一《题惠定宇先生授经图》。
③姚莹:《东溟文外集》卷一《复黄又园书》。
④袁枚:《随园诗话》卷二。

亦非惠、戴所能拘囿;至于汪中,虽由章炳麟归诸吴派,但他与惠栋实无师承关系,其子学研究尤逾越惠、戴之学而雄视一时。此外,乾嘉诸儒臣,如朱筠、周永年、纪昀、陆锡熊、阮元等,博学多识,其为学亦不在惠、戴范围之中。关于这一点,梁启超先生撰《中国近三百年学术史》,虽将吴皖分野说明确化,但同时指出:"此外,尚有扬州一派,领袖人物是焦(里堂)循、汪(容甫)中,他们研究的范围比较的广博。有浙东一派,领袖人物是全(谢山)祖望、章(实斋)学诚,他们最大的贡献在史学。以上所举派别,不过从个人学风上,以地域略事区分。其实各派共同之点甚多,许多著名学者,也不能说他们专属哪一派。"①其实,以地域来区分学派,本身并不科学,与乾嘉学术发展的实际也不尽吻合,因此我们并不赞成它。梁任公先生认为当时才人辈出,不可简单归之于某一派别,是很中肯的意见。在这里,我们仅以章学诚和汪中为例,来做一些管窥蠡测。

　　章学诚(1738—1801),字实斋,浙江会稽(今绍兴)人。乾隆三十一年,在京中与戴震初识。戴震的一席高论,使他受到极大震动,于是痛自反省,深感早先的"好立议论,高而不切,攻排训诂,驰骛空虚","可为惭惕,可为寒心"②,然而,此后章学诚并没有向一时风气屈服。相反,由于文史素养的与时俱进,赋予他对考据学风积弊展开不妥协批评的勇气,他决意以自己的史学主张去辟除榛芜,开创新路。

　　章学诚一经选定史学为正风气之道,便义无反顾,倾其全身心于《文史通义》的编撰。乾隆五十三年致函孙星衍,首次提出"盈天地间,凡涉著作之林,皆是史学";③中经五十四年至五十七年间所写

①梁启超:《中国近三百年学术史》三《清代学术变迁与政治的影响(中)》。
②章学诚:《章氏遗书》卷二十二《与族孙汝楠论学书》。
③章学诚:《文史通义》(遗书本)外篇三《报孙渊如书》。

《经解》、《原道》、《史释》、《易教》及《方志立三书议》诸篇的系统阐释而深化;到嘉庆五年撰成《浙东学术篇》,彰明"史学所以经世"①的为学宗旨,完成了以"六经皆史"为核心的史学思想的建设。

章学诚的史学思想受了王守仁、顾炎武思想的影响,确然而无疑。此外刘知几的《史通》也是他的史学思想的重要来源。他二十八岁始读《史通》,在严峻的现实面前,经过痛苦的抉择,他终于确定取径刘知几的史学评论,专以探讨史学义例为业。尽管后来他曾声称:"刘言史法,吾言史意,刘议馆局纂修,吾议一家著述,截然两途,不相入也。"②但《史通》于他思想的影响,则随处可见。诸如把史籍区分为撰述与记注二家,强调史才、史学、史识与史德的统一,反对文人修史,主张详近略远、据事直书、学以经世等等,皆与《史通》一脉相承。至于"六经皆史",作为《史通》总纲的《六家》篇,即把儒家经典《尚书》、《春秋》视为史籍编纂的两家,与《左传》、《国语》、《史记》、《汉书》并称"六家"。无疑是章学诚史学思想的远源。其实,《文史通义》以《史通》为重要来源,早在其撰述之初,章学诚就曾直认不讳。在致友人严长明的信中,他说:"思敛精神为校雠之学,上探班、刘,溯源《官》、《礼》,下该《雕龙》、《史通》,甄别名实,品藻流别,为《文史通义》一书。"③

乾隆三十八年,章学诚与戴震再晤于浙东,因论史事及方志纂修主张不合而反目,戴氏故世,章氏又为文攻戴,皆见于《文史通义》中,文繁不录。足见,章学诚与戴震虽有往还,但其为学则独辟蹊径,另有渊源,既非戴学,更非惠学所能概括。

乾隆中叶后的学术界中,除戴震、章学诚外还有汪中以其对先秦

①章学诚:《文史通义》(遗书本)内篇二《浙东学术》。
②章学诚:《章氏遗书》卷九《家书二》。
③章学诚:《章氏遗书》卷二十九《与严冬友侍读》。

子学的创造性研究,领异立新,雄视一时,并与戴、章成三峰鼎峙之势。

汪中(1744—1794)①,字容甫,江苏江都人。乾隆二十八年,应童子试,取得附学生员资格。此后,作幕四方,卖文为生,常年往来于大江南北、浙水东西。乾隆四十二年选为拔贡生,以怔怔之症而绝迹科场,专意于《述学》一书的撰写。后应聘校勘文宗、文澜二阁入藏《四库全书》,因心脏病猝发逝世于杭州校书处。

汪中之于先秦诸子,以荀、墨二家用力最勤。乾隆四十一年,他幕居南京,与安徽歙县著名学者程瑶田定交。从程氏处,他得知戴震学术大要,于是接踵戴震对荀子学说的表彰,治戴学而兼及《荀子》,再由荀及墨而终成子学名家。

在我国学术史上,自儒学于西汉初取得独尊地位以来,同《荀子》相比,《墨子》的遭遇就更其不公。《荀子》之被视作异端,毕竟是宋代理学勃兴以后的事情,而《墨子》,则早在孟子的时代,即已与杨朱并斥,诋为“无父”,声称“杨、墨之道不息,孔子之道不著”②。由此,汉初,墨学已告衰微,迄于魏晋,几成绝学,宋明之世,孟子以“亚圣”高踞庙堂,他对墨学的诋斥,经程颐、朱熹表彰而成为儒家经典的构成部分。于是视墨学为异端邪说,众口一词,几成铁案。承清初诸儒对墨学的阐幽发覆,汪中以求实存真的批判精神,对历史进行实事求是的考察,终于还原了先秦时代儒墨并称“显学”的历史真实。

汪中的墨子研究,洋溢于其间的批判精神,如已故侯外庐教授所评:“在当时是一种石破天惊的议论。”③而这种对儒学传统的叛逆性格,在当时严酷的封建文化专制之下,是不能见容于世的。因此,还

---

①汪中生于乾隆九年(1744)十二月二十日,当公历1745年1月22日。
②《孟子》卷六《滕文公下》。
③侯外庐:《中国思想通史》第五卷,北京:人民出版社,1956年,第471页。

在汪中生前,便遭到内阁学士翁方纲和章学诚的猛烈抨击。

　　平心而论,章、汪学术,取径各异,未可轩轾。然而汪中的子学研究,能以反传统的批判精神和实事求是的为学态度,道人之所不能道,言人之所不敢言,这在当时不仅需要足够的理论勇气,更要具备过人的学术见识。章学诚攻其一点,不及其余,竟统而訾之为"大体茫然",显然是意气用事。章、汪二人的交恶,是乾嘉学术史上的一桩公案,前哲时贤多有理董。其实,他们之间的分歧,固然有个人恩怨,有封建时代知识分子的痼疾,但弄到"竟欲持刀抵舌锋"①的程度,恐怕还有更深层的原因。汪中的墨子研究,恰好透露了个中消息。质言之,一个要尽力维护封建名教,做虔诚的卫道士,一个则公然蔑视儒家经典,敢于向其挑战,这或许才是问题的症结所在。

　　汪中的子学研究,与王念孙、钱大昕、卢文弨、孙星衍、毕沅诸家,争奇斗妍,并时而鸣。璀璨若群星的众多学者,共同描绘了鼎盛一时的乾嘉学术画卷。他们互为师友,相得益彰,其间本无派别之可言。强分门户,或吴或皖,皆有违历史实际,我们何必去做那种自寻紊乱的事呢? 从历史实际出发,对各家学术进行实事求是的具体研究,其间既包括对众多学者深入的各别探讨,也包括对学术世家和地域学术的群体分析,宏观与微观有机结合,兴许能够找到将乾嘉学派研究引向深入的途径。

三、焦循与乾嘉学派的衰微

　　嘉庆、道光之际,国家多故,世变日亟,清王朝已衰象毕露。时势在变,学风亦随之而变,今文经学若异军突起,汉学考据则渐失昔日之势而趋向偏枯。于是汉学中人对一味复古有所反省,扬州焦循力

①洪亮吉:《卷施阁诗集》卷十五《续怀人诗十二首·章进士学诚》。

辨考据名学之非,指出:"近之学者,无端而立一考据之名,群起而趋之。所据者汉儒,而汉儒中所据者,又唯郑康成、许叔重,执一害道,莫此为甚。"①在所著《九经三传沿革例序》中,他还说:"学者言经学则崇汉,言刻本则贵宋。余谓汉学不必不非,宋板不必不误。"②作为汉学营垒中人起而批评一己学派之弊短,说明一个学术转变的新时期已经来临。而焦循的为学最能反映当时学术风气的变迁,剖析其经学思想,当可收知人论世之效。

　　焦循(1763—1820),字理堂,一字里堂,晚号里堂老人,江苏扬州人。嘉庆六年(1801)举乡试,时已39岁,翌年入都会试,再遭落第。自此绝意仕进,以著述课徒终老乡里。其学博大通达,天文数学、经史艺文、音韵训诂、性理词章、地理方志、医药博物,广为涉足,无所不精。一生所著甚富,卷帙之积几近300卷。其中,尤以《里堂学算记》、《易学三书》、《孟子正义》享盛名于学术界,一时有通儒之称。

　　在中国古代,数学始终为经学附庸,经师而兼治数学,历代皆然。焦循继承传统,自乾隆五十二年起,从钻研梅文鼎遗著入手,会通中西,致力于传统数学成就的表彰。在迄于嘉庆六年的十余年间,他先后精读我国古代数学名著刘徽注《九章算术》、李治著《测圆海镜》、《益古演段》和秦九韶著《数学九章》等,参以戴震、钱大昕等人的著述,撰写了一批数学著作。所著《释弧》、《释轮》、《释椭》和《加减乘除释》、《天元一释》,后一并汇为《里堂学算记》刊行。

　　在此同时,焦循还究心"三礼",撰为《群经宫室图》上下31篇。他还将诠释《毛诗》旧稿六度改易,订为《毛诗鸟兽草木虫鱼释》11卷。这两部著述同他的数学诸作一道,成为焦循步入乾嘉之际学术界的成名作品。如果说数学研究之所得,使焦循在人才如云的乾嘉

---

①焦廷琥:《先府君事略》,载《焦氏遗书》附录。
②焦循:《雕菰楼集》卷十五《九经三传沿革例序》。

学术界赢得了一席地位,那么他的《周易》研究,则使之卓然名家,一跃而跻身领先行列。

清代的《周易》研究,经过清初诸《易》学大师对宋儒《易》学的批判,迄于乾隆初叶,惠栋撰《易汉学》、《周易述》,考明古义,表彰汉儒,已渐向复兴汉《易》一路走去。张惠言继起,专宗虞翻《易》说,推出《周易虞氏易》、《虞氏消息》诸书,孤家绝学,大明于世。究心汉《易》遂成一时《易》学主流。风气既成,"唯汉是求"声浪由《易》学推扩,迅速席卷整个经学研究和知识界。中国古代经学,由汉唐注疏演为宋明义理,这是一个必然的发展过程。此过程是历史的进步,理当应予肯定。宋儒治经,固有武断臆解之失,但通过对传统经典的整理和总结,实事求是地还儒家典籍以本来面目,这并不是没有意义的工作。而唯古是信,唯汉是求,专以儒家经典疏解的还原汉儒为务,则未免失之矫枉过正。

有鉴于此,焦循对"唯汉是求而不求其是"的倾向进行了批评。他认为乾嘉之际弥漫于学术界的汉学之风,"述孔子而持汉人之言,唯汉是求而不求其是,于是拘于传注,往往扞格于经文。是所述者汉儒也,非孔子也"[1]。对于当时汉学诸家治经摒绝唐宋元明而专取汉儒的偏颇,他也提出了有力的质疑,指出:"唐宋以后之人,亦述孔子者也,持汉学者或屏之不使犯诸目,则唐宋人之述孔子,岂无一足征者乎? 学者或知其言之足征,而取之又必深讳其姓名,以其为唐宋以后之人,一若称其名,遂有碍乎其为汉学者也。臆,吾惑矣!"[2]焦循尤其不赞成以考据补苴来代替经学研究,他说:"本朝经学盛兴,在前如顾亭林、万充宗、胡朏明、阎潜丘。近世以来,在吴有惠氏之学,在徽有江氏之学、戴氏之学。精之又精,则程易畴名于歙,段若膺名于

---

① 焦循:《雕菰楼集》卷七《述难四》。
② 焦循:《雕菰楼集》卷七《述难四》。

金坛,王怀祖父子名于高邮,钱竹汀叔侄名于嘉定。其自名一学,著书授受者,不下数十家,均异乎补苴掇拾者之所为。是直当以经学名之,乌得以不典之称之所谓考据者,混目于其间乎!"①以述清代经学源流而针砭一时学术积弊,言之有据,令人信服。

在乾嘉间学风转换之际,焦循之所以卓然自立者,还在于他能从学术实际出发,提出正确的治经方法。焦循认为,酿成盲目尊信汉儒经说积弊的症结,就在于学者的缺乏独立思考。因而他修正汉学家的治经方法,提出了"证之以实而运之于虚"的治经方法论。他说:"经学之道,亦因乎时。汉初,值秦废书,儒者各持其师之学。守之既久,必会而通,故郑氏注经,多违旧说。有明三百年来,率以八股为业,汉儒旧说,束诸高阁。国初,经学萌芽,以渐而大备。近时数十年来,江南千余里中,虽幼学鄙儒,无不知有许、郑者,所患习为虚声,不能深造而有得。盖古学未兴,道在存其学;古学大兴,道在求其通。前之弊患乎不学,后之弊患乎不思。证之以实而运之于虚,庶几学经之道也。"②何谓"证之以实而运之于虚"?用焦循的话来说,就是"博览众说而自得其性灵";就是"自汉论汉,自宋论宋……且自郑论郑,自朱论朱。各得其意,而以我之精神气血临之"③。一言以蔽之,即学求其是,贵在会通。

焦循学求其是,贵在会通的经学思想,是对乾嘉汉学的一个批判性总结。它标志着汉学的鼎盛局面已经结束,以会通汉宋去开创新学风,正是历史的必然。

面对自身学派的衰微,汉学中人亦不乏坚守壁垒者,其中最为用力的,便是焦循的同乡江藩。他于嘉庆末撰为《国朝汉学师承记》、

①焦循:《雕菰楼集》卷十三《与孙渊如观察论考据著作书》。
②焦循:《雕菰楼集》卷十三《与刘端临教谕书》。
③焦循:《里堂家训》卷下。

《国朝宋学渊源记》,扬汉抑宋,将汉宋学术判然两分。江氏稿成,龚自珍专就"汉学"一名致书商榷,认为:"本朝自有学,非汉学。有汉人稍开门径而近加邃密者,有汉人未开之门径,谓之汉学,不甚甘心。"①在历陈十条质疑之后,他建议江藩改书名为《国朝经学师承记》。道光间,虽有封疆大吏若阮元等鼎力撑持,但汉学颓势已不可逆转。方东树乘间而起,推出《汉学商兑》。书中,于汉学诸儒大张挞伐,不唯毛奇龄、阎若璩、戴震、惠栋首当其冲,且锋芒所向,由清初顾炎武、黄宗羲、万斯同而上,直刺明儒杨慎、焦竑,乃至宋儒黄震。至此,清代学术便在愈演愈烈的汉宋之争中翻过乾嘉学派的一页。龚自珍、魏源挺生其间,治今文经学而与经世思潮合流,从而开启了晚清学术风气之先声。

（原载《贵州社会科学》1992 年第 7 期）

---

①龚自珍:《定庵文集补编》卷三《与江子屏笺》。

关于乾嘉学派研究的几个问题

最近十多年间,乾嘉学派研究是中国学术界所关注的若干问题之一,无论是在中国大陆,还是台湾地区,都有不少论著问世,取得了可喜的成绩。以下,准备就这方面尚待深入探讨的几个问题,谈一些不成熟的想法,敬请各位指教。

一、乾嘉学派主盟学坛的历史原因

18世纪三四十年代以后,也就是中国清代的乾隆初叶以后,经史考证,蔚成风气,因而有乾嘉学派之谓。为什么会出现乾嘉学派主盟学坛的历史现象? 20世纪初叶以来,我们中国的几代学人,都在不间断地寻求解决问题的答案。章太炎先生著《訄书》,最先议及这个问题,太炎先生说:"清世,理学之言竭而无余华;多忌,故歌诗文史楛;愚民,故经世先王之志衰。(原注:三事皆有作者,然其弗逮宋明远甚。)家有智慧,大凑于说经,亦以纾死,而其术近工眇踸善矣。"①章先生所作的回答,谈到了两个方面的原因,一方面是学术的原因,另一方面则是政治的原因。"理学之言竭而无余华",讲的是学术原因,是说经过宋明数百年演进,入清以后,理学在理论上已经枯竭,不可能再有发展的空间。在这样的情况下,中国学术要继续往前走,就

————————

① 章太炎:《訄书》十二《清儒》,上海:古典文学出版社,1958年,第30页。

只有寻求其他途径。也就是说,17世纪中叶以后,用一种新的学术形态去取代理学,已经成为中国学术的时代要求。"多忌"、"愚民"云云,讲的都是明清更迭所酿成的政治原因。前者是就学术界所受的政治制约而言,因为统治者的政治高压,避忌太多,学术失去生机,万马齐暗;后者是就统治者推行的文化政策而言,由于愚民政策的需要,自然不提倡经世致用的学问。正是这学术、政治两方面因素的共同作用,造成了乾嘉诸儒"治经以纾死"的局面。

章太炎先生所谈上述两方面原因,无疑是正确的。只是因为此时章先生正倡导"革命排满",对清政权成见太深,所以他没有,抑或是不愿意去考虑清中叶以后,迄于乾隆中,中国社会的由乱而治,相对稳定。正是看到了章先生论证的不周密,稍后,梁启超先生著《清代学术概论》、《中国近三百年学术史》,一方面既承袭章太炎先生的意见,从学术和政治两方面去观察认识问题,另一方面又注意到社会相对稳定对学术发展的影响。梁先生就此提出了一个带有规律性的结论,他说:"凡在社会秩序安宁,物力丰盛的时候,学问都从分析整理一路发展。乾、嘉间考证学所以特别流行,也不外这种原则罢了。"①这样,梁先生便在探索解决问题的道路上,于学术、政治两方面的原因之外,又加上了社会经济方面的因素。

继章太炎、梁启超二位先生之后,钱穆先生及其高足余英时先生,鞭辟入里,后来居上。无论是钱穆先生视宋明迄清代的社会与学术为一整体,凭以揭出"学术流变与时消息"和"不识宋学即无以识近代"②的认识规律,还是余英时先生就学术演进而首次阐发的"内

①梁启超:《中国近三百年学术史》三《清代学术变迁与政治的影响(中)》,《饮冰室合集》之专集七十五,北京:中华书局,1989年。
②钱穆:《中国近三百年学术史》第一章《引论》,北京:中华书局,1986年,第1、18页。

在理路"①学说,皆领异立新,超迈前贤,把问题的探讨推向了前所未有的深度。

学术乃天下之公器,一致百虑,殊途同归。20世纪中叶以后,在钱先生、余先生深入开拓、精进不已的同时,中国大陆以侯外庐、杨向奎诸先生为代表的学者,秉持马克思主义唯物史观,亦在乾嘉学派研究中取得了卓著业绩。侯外庐先生论究乾嘉学派,首先提出并加以解决的问题,就是对18世纪中国社会基本状况的认识。侯先生从经济状况和阶级关系的剖析入手,认为从16世纪中叶以后,中国封建社会开始了它的解体过程。这是一个蹒跚而痛苦的过程。当历史演进到17世纪中叶,由于明清更迭所酿成的社会动荡,使中国社会一度出现民族矛盾激化的局面,因而历史的发展遂沿着更缓慢的途径前进。侯外庐先生说:"在清初的大破坏时期和康熙朝后期若干年的相对安定时期,民族的压迫都使中国历史蹒跚不前。但这并不是说,清王朝一系列的镇压政策和统治阶级的主观愿望就能长久阻止客观历史的前进。十八世纪的中国社会经济就呈显了复苏的景象,它有了恢复,甚至也有了发展。"②

通过对16世纪中叶以降,尤其是18世纪迄于19世纪初叶国情的研究,侯外庐先生得出了他观察18世纪中国社会的结论,那就是:"十八世纪的中国社会并不是所谓太平盛世。"③以此为认识基点,侯先生进而论究18世纪的中国学术与中国社会的关系,提出了如下重要见解:"十八世纪的中国社会,是阶级矛盾和民族矛盾相交错的。

①余英时:《论戴震与章学诚》(增订本)外篇六《清代思想史的一个新解释》,北京:生活·读书·新知三联书店,2000年,第325页。
②侯外庐:《中国思想通史》第五卷第二编第十章第一节《十八世纪的中国社会》,北京:人民出版社,1956年,第393—394页。
③侯外庐:《中国思想通史》第五卷第二编第十六章第一节《十八世纪末叶和十九世纪初叶中国社会的变化》,第623页。

从整个形势来看,这时清朝封建统治势力占有相对稳定的统治地位。从发展上看,这时资本主义的幼芽、市民的力量、农民的反抗活动则是在不可阻遏地生长着。这种历史形势反映在当时的思想界,就是一方面有专门汉学之统治地位的形成,另一方面则有戴震、汪中、章学诚、焦循等人的哲学思想的出现。"①侯先生此处所称"专门汉学",即指乾嘉学派而言。

20世纪80年代末,祖武忝附诸位先进之骥尾,究心乾嘉学派与乾嘉学术。承前哲时贤数十年积累,复以一己不间寒暑之文献爬梳,多历年所,千虑一得,逐渐悟到在中国古代学术史上,乾嘉学派主盟学坛百年之久,实非一个偶然的历史现象。它是彼时特定的社会经济条件之下,为宋明以降学术演进的内在逻辑所制约,众多历史因素交互作用的结果。因此,我们论究乾嘉学派,不宜孤立地以某一方面的原因把问题简单化,而应当放开视野,多方联系,力求准确地把握历史合力的交汇点,揭示出历史的本质。

二、把握乾嘉时期学术主流的方法论

清代学术以总结整理中国数千年学术为基本特征,而最能体现此一历史特色者,则是乾嘉学派与乾嘉学术。唯其如此,章太炎先生《訄书》论清儒学术有云:"其成学著系统者,自乾隆朝始。"②章先生虽没有具体说明这是一种什么样的学术系统,但是他接下来所说的"好博而尊闻","综形名,任裁断",已经隐约道出了乾嘉学派朴实考经证史的为学特色。梁启超先生继之而起,著《清代学术概论》、《中

---

① 侯外庐:《中国思想通史》第五卷第二编第十章第一节《十八世纪的中国社会》,第403页。
② 章太炎:《訄书》十二《清儒》,第30页。

国近三百年学术史》，将章先生的主张加以发挥，径称清代学术为考证学。认为："我国自秦以后，确能成为时代思潮者，则汉之经学，隋唐之佛学，宋及明之理学，清之考证学，四者而已。"梁先生还将清代学术分为启蒙、全盛、蜕分、衰落四期，以乾嘉为全盛期，指出："启蒙期之考证学，不过居一部分势力，全盛期则占领全学界。故治全盛期学史者，考证学以外，殆不必置论。"①又说："乾嘉间之考证学几乎独占学界势力……可以说是清代三百年文化的结晶体。"②

　　章、梁二位先生，尤其是梁先生对乾嘉学术主流的把握，20世纪初叶以来，一直为学术界所认可。最近十多年间，中国学术界重新审视乾嘉学派与乾嘉学术，一些学者，尤其是年轻俊彦，不再沿袭章、梁二家之说，试图表彰此一时期的经世思想，重评文字狱，进而提出乾嘉时期存在一个新义理学的主张。这样一来，什么是乾嘉时期的学术主流就成了问题。

　　对于今日学术界年轻朋友的学术创新精神，祖武十分敬重，没有这样的精神，学术研究就无从推进。然而学术创新的实现，必须建立在坚实的文献基础上，需要我们付出长期的、艰苦的创造性劳动。如何去把握乾嘉时期的学术主流，亦是如此。在这个问题上，恐怕首先要解决一个方法论的问题。具体地讲，就是采用习惯的吴皖分派方法，还是把乾嘉学派与乾嘉学术视为一个历史过程。

　　20世纪20年代以前，章太炎先生、梁启超先生等前辈大师，皆以吴皖分派法来谈乾嘉学派与乾嘉学术。30年代中，钱穆先生从章、梁二先生之忽略处入手，着意论究惠栋于戴震为学的影响，提出"吴

---

①梁启超：《清代学术概论》十，《饮冰室合集》之专集三十四。
②梁启超：《中国近三百年学术史》三《清代学术变迁与政治的影响（中）》，《饮冰室合集》之专集七十五。

皖非分帜"①的主张,将研究引向了深入。

20 世纪 50 年代中,侯外庐先生以章太炎、梁启超、钱穆三位先生之研究所得为起点,继续向纵深推进。一方面既充分尊重前人的劳作,沿用吴、皖分派的思路,从为学路数和旨趣上去认识乾嘉学术;另一方面,他又选取乾嘉时代的几位主要思想家,如戴震、汪中、章学诚、焦循、阮元等,去进行专题研究。通过探讨诸家思想、学术之个性和贡献,侯先生提出了若干具有创获意义的重要见解。其中,如下两个见解,对于深化乾嘉汉学的研究,尤为重要。第一个见解是:"汉学是始于惠栋,而发展于戴震的"②,"戴学在思想史的继承上为惠学的发展"③。第二个见解是:"阮元是扮演了总结十八世纪汉学思潮的角色的。如果说焦循是在学说体系上清算乾嘉汉学的思想,则阮元是在汇刻编纂上结束乾嘉汉学的成绩。他是一个戴学的继承者,并且是一个在最后倡导汉学学风的人。"④这就是说,乾嘉汉学肇始于惠栋,经戴震加以发展,至焦循、阮元而进行总结,方才走完其历史道路。

这两个重要见解,突破吴、皖分派的旧有格局,为把乾嘉学派和乾嘉学术作为一个历史过程来进行研究开了先河。这是侯外庐先生在乾嘉汉学研究中的一个重大贡献,其思想史和学术史上的意义不可低估。20 世纪 60 年代初,先师杨向奎先生同外庐先生相呼应,在《新建设》杂志 1964 年 7 月号上发表了《谈乾嘉学派》一文。文中,

---

① 钱穆:《中国近三百年学术史》(上册)第八章《戴东原》,第 324 页。

② 侯外庐:《中国思想通史》第五卷第二编第十章第三节《十八世纪的专门汉学》,第 414 页。

③ 侯外庐:《中国思想通史》第五卷第三编第十六章第二节《学术思潮的转变和今文学家的兴起》,第 629 页。

④ 侯外庐:《中国思想通史》第五卷第二编第十五章第一节《阮元的研究方法》,第 577 页。

向奎先师说:"历来谈乾嘉学派的,总是说这一个学派有所谓吴派、皖派之分。其实,与其这样按地域来划分,还不如从发展上来看它前后的不同,倒可以看出它的实质。"令人惋惜的是,侯、杨二位大师的研究意见,尚未在学术界激起共鸣,一场民族文化的浩劫便轰然而起。

四凶既除,国运日昌,改革开放的正确决策,赢得了中国社会和中华民族的巨大进步。秉承侯、杨二位先生之教,1992年冬,祖武初次赴台问学,在"中研院"文哲所召开的清代经学研讨会上,以《乾嘉学派吴皖分野说商榷》为题请教。拙文有云:"在中国学术史上,乾嘉学派活跃于18、19两个世纪间的学术舞台,其影响所及,迄于20世纪中而犹存。作为一个富有生命力,且影响久远的学术流派,它如同历史上的众多学派一样,也有其个性鲜明的形成、发展和衰微的历史过程。这个过程错综复杂,跌宕起伏,显然不是用吴皖分野的简单归类所能反映的。"因此,祖武在讲坛呼吁:"从历史实际出发,对各家学术进行实事求是的具体研究。其中既包括对众多学者深入的个案探讨,也包括对学术世家和地域学术的群体分析,从而把握近百年间学术演进的源流,抑或能够找到将乾嘉学派研究引向深入的途径。"也正是沿着这样的方向努力,最近五六年间,祖武同敝所几位年轻学人合作,完成了《乾嘉学术编年》的结撰。全书上起乾隆元年,下迄道光十九年,我们试图通过这一百年间学术史资料的长编,把乾嘉学派与乾嘉学术演进的历史过程记录下来。至于这一思想是否得到了实现,还要请学术界的朋友们多多指教。

三、十九世纪初叶中国学术的困境

乾隆末、嘉庆初,当中国社会进入19世纪门坎的时候,经籍考证如日中天的历史时期已经过去,乾嘉学派步入了总结和衰微的阶段。一如此一历史时期中国社会的危机迭起,衰相毕露,中国学术亦陷入了前所未有的困境。

早在乾隆四十年代末,《四库全书》馆臣程晋芳撰《正学论》,即对风靡朝野的汉学(亦即考证学)提出质疑。他说:"海内儒家,昌言汉学者几四十年矣。其大旨谓,唐以前书皆尺珠寸璧,无一不可贵。由唐以推之汉,由汉以溯之周秦,而"九经"、《史》、《汉》,注疏为之根本,宋以后可置勿论也。呜呼!为宋学者未尝弃汉唐也,为汉学者独可弃宋元以降乎!然而学士大夫,相率而趋,同辙合涂,莫有异者,何也?"①稍后,程晋芳故世,同为旧日馆臣的翁方纲撰文与之相呼应,指出:"凡嗜学多闻之士,知考订者,辄多厌薄宋儒以自憙,今日学者之通患也。"②嘉庆十九年(1814),体仁阁大学士、国史馆总裁曹振镛,以史馆所拟《儒林传目》咨询翁方纲。翁氏复书力倡以义理为依归,反对专走考证一路,据称:"墨守宋儒,一步不敢他驰,而竟致有束汉唐注疏于高阁,叩以名物器数而不能究者,其弊也陋。若其知考证矣,而骋异闻,侈异说,渐致自外于程朱而恬然不觉者,其弊又将不可究极矣。"③与之相后先,则是姚鼐视汉学为"异道",斥作"今日之患"。嘉庆十四年,安徽重修安庆府儒学成,姚鼐代巡抚董教增撰文云:"近时阳明之焰熄,而异道又兴。学者稍有志于勤学法古之美,则相率而竞于考证训诂之途,自名汉学,穿凿琐屑,驳难猥杂。其行曾不能望见象山、阳明之伦,其识解更卑于永嘉,而辄敢上诋程朱,岂非今日之患哉!"④

在乾嘉学术史上,章学诚的一生几乎与考据学的兴衰相始终。他同一时主流学派中人,始而过从甚密,继之渐生龃龉,终至分道扬

①程晋芳:《勉行堂文集》卷一《正学论四》,嘉庆二十五年刻本。
②翁方纲:《复初斋文集》卷十四《皇清例授文林郎赐同进士出身署福建将乐县知县惺斋王君墓志铭》,道光二十六年刊本。
③翁方纲:《复初斋文集》卷十一《与曹中堂论儒林传目书》。
④姚鼐:《惜抱轩文后集》卷十《安庆府重修儒学记》,嘉庆六年刊本。

镰,成为考据学风的不妥协批评者。章学诚于嘉庆六年(1801)病逝,去世前数年,几乎每年皆撰文抨弹一时学风。嘉庆元年,章学诚致书汪辉祖,将一时考证学风喻为"桑蚕食叶而不能抽丝",据称:"近日学者风气,征实太多,发挥太少,有如桑蚕食叶而不能抽丝。故近日颇劝同志诸君多作古文辞,而古文辞必由纪传史学进步,方能有得。"①同年,章学诚撰《淮南子洪保辨》,主张"君子之学,贵辟风气"。他说:"君子之学,贵辟风气,而不贵趋风气也。……天下事,凡风气所趋,虽善必有其弊。君子经世之学,但当相弊而救其偏。"②翌年三月,章学诚有书答朱锡庚,于考证学中戴震、程瑶田、洪亮吉、孙星衍诸家,多所訾议,表示:"弟犹不免论辨,若以争胜然者,实欲为世风作小维挽耳。故上尚书启事,极论今之士习文风,所争不在小也。"③嘉庆二年,章学诚以《文史通义》初刻稿送钱大昕,并致书阐发著述宗旨,重申:"惟世俗风尚,必有所偏,达人显贵之所主持,聪明才隽之所奔赴,其中流弊,必不在小,载笔之士,不思救挽,无为贵著述矣。"④嘉庆五年,再撰长文论浙东学术,系统地提出"史学所以经世"的主张。他的结论是:"史学所以经世,固非空言著述也。且如六经,同出于孔子,先儒以为,其功莫大于《春秋》,正以切合当时人事耳。后之言著述者,舍今而求古,舍人事而言性天,则吾不得而知之矣。学者不知斯义,不足言史学也。"⑤章学诚谢世之前,因病目不能手书,遂口授邵晋涵生平学行,由其子贻选笔录为《邵与桐别传》。文中,喟叹:"嗟乎!昊天生百才士,不能得一史才,生十史才,不能得一

①章学诚:《章学诚遗书》卷九《与汪龙庄书》,北京:文物出版社,1985年。
②章学诚:《章学诚遗书》卷七《淮南子洪保辨》。
③章学诚:《章学诚遗书》补遗《又答朱少白书》。
④章学诚:《章学诚遗书》卷二十九《上钱辛楣宫詹书》。
⑤章学诚:《章学诚遗书》卷二《浙东学术》。

史识,有才有识如此而又不佑其成,若有物忌者然,岂不重可惜哉!"①这与其说是挚友亡故之哀痛,倒不如说是章学诚一生积郁之长抒。

类似上述诸家之主张,检索乾嘉学术文献,所在多有,不遑备举。足见,18世纪末、19世纪初,质疑和否定主盟学坛的考证学,已经是中国学术界存在的一个普遍倾向。唯其如此,不唯一时宋学中人诋斥其病痛无异词,而且汉学中人于自家学派积弊亦多所反省。凌廷堪、焦循、王引之诸儒,不谋而合,此呼彼应,皆有高瞻远瞩之论。

凌廷堪为徽州戴门后学,早在乾隆五十八年(1793)夏,他即对一时学风痛下针砭,指出:"读《易》未终,即谓王、韩可废。论《诗》未竟,即以毛、郑为宗。《左氏》之句读未分,已言服虔胜杜预。《尚书》之篇次未悉,已云梅赜伪《古文》。甚至挟许慎一编,置九经而不习。忆《说文》数字,改六籍而不疑。不明千古学术之源流,而但以讥弹宋儒为能事,所谓天下不见学术之异,其弊将有不可胜言者。"②焦循随之而起,乾隆六十年春,致书孙星衍,指斥以考据名学之非,主张以经学名清儒学术。他说:"本朝经学盛兴,在前如顾亭林、万充宗、胡朏明、阎潜丘。近世以来,在吴有惠氏之学,在徽有江氏之学、戴氏之学。精之又精,则程易畴名于歙,段若膺名于金坛,王怀祖父子名于高邮,钱竹汀叔侄名于嘉定。其自名一学,著书授受者,不下数十家,均异乎补苴掇拾者之所为。是直当以经学名之,乌得以不典之称之所谓考据者,混目于其间乎!"③嘉庆元年(1796)焦循有书致刘台拱,再斥以考据名学之非,据称:"乃近来为学之士,忽设一考据之名目。循去年在山东时,曾作札与孙渊如观察,反复辨此名目之非。盖儒者

①章学诚:《章学诚遗书》卷十八《邵与桐别传》。
②凌廷堪:《校礼堂文集》卷二十三《与胡敬仲书》,北京:中华书局,1998年。
③焦循:《雕菰楼集》卷十三《与孙渊如观察论考据著作书》,道光四年阮氏刻本。

束发学经,长而游于胶庠,以至登乡荐,入词馆,无不由于经者。既业
于经,自不得不深其学于经。或精或否,皆谓之学经,何考据之云
然!"①嘉庆三年三月,焦循在致王引之书中,重申前说,力主"芟此考
据之名目,以绝门户声气之习"②。嘉庆九年夏,他再度致书王引之,
批评惠栋《周易述》之拘执,指出:"东吴惠氏为近代名儒,其《周易
述》一书,循最不满之。大约其学拘于汉之经师,而不复穷究圣人之
经。譬之管夷吾名尊周,实奉霸耳。大作(指引之《经义述闻》——
引者)出,可以洗俗师之习矣。"③十月,王引之复书焦循,唱为同调,
亦云:"惠定宇先生考古虽勤,而识不高,心不细,见异于今者则从之,
大都不论是非……来书言之,足使株守汉学而不求是者爽然
自失。"④

继惠、戴之后,凌、焦、王皆一时经学大儒。以汉学俊彦而群起批
评一己学派之弊短,说明一个学术转变的新时期已经来临。当此风
气转换之际,于嘉庆中硕果犹存的戴震弟子段玉裁,其晚年之论学主
张,最能窥见19世纪初叶中国学术面临的困境。以往我们中国学者
论乾嘉学派,每多忽视段玉裁晚年的思想。1976年6月,钱穆先生发
表之《读段懋堂经韵楼集》,最先将此一问题揭出。

嘉庆十四年(1809),段玉裁时年七十五。是年,段玉裁于《经韵
楼集》留有三篇文字,其一为《娱亲雅言序》,其二为《博陵尹师所赐
朱子小学恭跋》,其三为《答顾千里书》。三文或批评"今之言学者,
身心伦理不之务,谓宋之理学不足言,谓汉之气节不足尚,别为异说,

①焦循:《雕菰楼集》卷十三《与刘端临教谕书》。
②焦循:《复王伯申书》,载罗振玉《罗雪堂先生全集》五编《昭代经师手简二编》,
　台北:文华出版公司,1969年。
③焦循:《又复王伯申书》,载罗振玉《罗雪堂先生全集》五编《昭代经师手简二
　编》,台北:文华出版公司,1969年。
④王引之:《致焦里堂书》,载《焦氏遗书》卷首,光绪二年。

簧鼓后生。此又吾辈所当大为之防者"①；或表彰朱子《小学》"集旧闻，觉来裔，本之以立教，实之以明伦敬身，广之以嘉言善行。二千年圣贤之可法者，胥于是在"②；或告诫年轻俊彦须读"子朱子《小学》"，指出"未有无人品而能工文章者"。③　正是以此三文为依据，钱穆先生论证，段懋堂"其心犹不忘宋儒之理学"，"一瓣心香之深入骨髓可知"。④

由此而进，钱先生再合观段氏先前所撰《戴东原集序》、《刘端临先生家传》二文，并通过考察段玉裁与同时诸大儒之往还，从而得出段氏为学及一时学风之重要判断："懋堂之学术途径与其思想向背，自始以来，显无以经学、理学相对抗意。而其同门如王石臞，至好如刘端临，亦皆绝不作此想。此可知当时之学风也。"继之，钱先生又以宝应刘氏、高邮王氏家学之传衍为据，指出"治经学而不蔑理学"，乃乾嘉间高邮、宝应两邑之学风。钱先生说："是宝应刘氏，自端临、楚桢、叔俛三世，家教相传，正犹如高邮王氏，自安国、石臞、伯申三世之家教相传，治经学而不蔑理学也。"⑤

钱先生探讨段玉裁与理学之因缘，进而据以观察乾嘉间之江南学风，不唯深化了段玉裁学行的研究，而且也为研究乾嘉学派与乾嘉学术开辟了新的路径。钱先生所示范的为学方法告诉我们，研究乾嘉学派与乾嘉学术，应当注意考察理学与经籍考证之关系，以及彼此渗透所演成之学风变迁。迄于 19 世纪初叶，当中国学术已经深陷困境，学林中人却依然在汉宋学术间徘徊，甚至沉溺"理学中兴"的梦

---

①段玉裁：《经韵楼集》卷八《娱亲雅言序》，道光间金坛段氏《经韵楼丛书》本。
②段玉裁：《经韵楼集》卷八《博陵尹师所赐朱子小学恭跋》。
③段玉裁：《经韵楼集》卷十一《答顾千里书》。
④钱穆：《钱宾四先生全集》第 22 册《读段懋堂经韵楼集》，台北：联经出版事业公司，1998 年，第 408—409 页。
⑤钱穆：《钱宾四先生全集》第 22 册《读段懋堂经韵楼集》，第 418 页。

幻,这是历史的悲剧,乃时代使然。正如钱穆先生所论:"道咸以下,乃方拘拘焉又欲蔑弃乾嘉以复宋明,更将蔑弃阳明以复考亭。所弃愈多,斯所复愈狭,是岂足以应变而迎新哉?"①

20世纪80年代,台北"中研院"史语所陈鸿森教授,沿钱先生所开路径而进,爬梳文献,多方搜讨,终于获得重要之学术发现。根据鸿森先生之研究所得,先于钱先生所揭嘉庆十四年之段氏三文,之前一年,段玉裁即在致王念孙书中,以"剿说汉学"与河患并提,同指为一时社会病痛,主张"理学不可不讲"。据云:"今日之弊,在不尚品行政事,而尚剿说汉学,亦与河患相同。然则理学不可不讲也,执事其有意乎?"②迄于嘉庆十九年(1814)段氏八十岁,此念愈深且更其明确。是年九月,段玉裁有书复闽中陈寿祺,重申:"愚谓今日大病,在弃洛、闽、关中之学不讲,谓之庸腐。而立身苟简,气节败,政事芜,天下皆君子,而无真君子,未必非表率之过也。故专言汉学,不治宋学,乃真人心世道之忧,而况所谓汉学者,如同画饼乎!"③以汉学大师而抨击汉学弊病,昌言讲求宋儒理学,足见嘉庆中叶以后,学风败坏,已然非变不可。

古往今来,学术前辈们的实践一再告诉我们,学术文献乃治学术史之依据,唯有把学术文献的整理和研究工作做好,学术史的研究才能够建立在可靠的基础之上。鉴于近一二十年间的乾嘉学派研究,起步甚速,文献准备尚不充分,2002年,祖武在台湾高雄中山大学参加第七届清代学术研讨会,曾提出进一步做好乾嘉学术文献整理和研究工作的建议,以与出席会议的学人共勉。我想,经过学术界的共

---

① 钱穆:《钱宾四先生全集》第22册《清儒学案序目》篇首《序》,第592—593页。
② 段玉裁:《与王怀祖书》,见陈鸿森《段玉裁年谱订补》"嘉庆十三年、七十四岁"条,"中研院"《历史语言研究所集刊》1989年第六十本第三分。
③ 段玉裁:《与陈恭甫书》,载陈寿祺《左海文集》卷四《答段懋堂先生书》附录。又见《左海经辨》卷首《金坛段懋堂先生书》之三,唯系节录。

同努力,循序渐进,持之以恒,我们的乾嘉学派研究定然会创造出一个可以告慰前贤的局面来。

（原载《文史哲》2007 年第 2 期）

关于常州庄氏学渊源之探讨

在迄今的乾嘉学术研究中,对常州庄氏学术的研究,尚是一个薄弱环节。清中叶的常州庄氏学,起于庄存与,中经其侄述祖传衍,至存与外孙刘逢禄、宋翔凤而始显。晚近学者论常州庄氏学之渊源,往往着眼于社会危机或权臣和珅之乱政,较少从学理上去进行梳理。其实这是一个很可深入论究的问题。所谓社会危机或权臣乱政云云,如果用以去观察庄述祖以降之常州今文经学,抑或恰当,而据以解释庄存与之《春秋》公羊学,恐怕难以联系得上。谨奉管见,就教方家。

一、问题的早期议论

关于乾隆间常州庄氏学术的渊源,20 世纪初,章炳麟先生著《訄书》,从历史环境和学风递嬗着眼,有过概略的讨论。太炎先生如是说:

> 初,太湖之滨,苏、常、松江、太仓诸邑,其民佚丽。自晚明以来,喜为文辞比兴,饮食会同,以博依相问难,故好浏览而无纪纲。其流风遍江之南北,惠栋兴,犹尚该洽百氏,乐文采者相与依违之。及戴震起休宁,休宁于江南为高原,其民勤苦,善治生,故求学深邃,言直核而无温藉,不便文士。震始入四库馆,诸儒

皆震竦之,愿敛衽为弟子。天下视文士渐轻,文士与经儒始交恶。……夫经说尚朴质,而文辞贵优衍,其分涂自然也。文士既已熙荡自喜,又耻不习经典,于是有常州今文之学,务为瑰意眇辞,以便文士。今文者,《春秋》公羊、《诗》齐、《尚书》伏生,而排斥《周官》、《左氏春秋》、《毛诗》、马、郑《尚书》。然皆以公羊为宗。始武进庄存与,与戴震同时,独喜治公羊氏,作《春秋正辞》,犹称说《周官》。其徒阳湖刘逢禄,始专主董生、李育,为《公羊释例》,属辞比事,类列彰较,亦不欲苟为恢诡。然其辞义温厚,能使览者说绎。及长洲宋翔凤,最善傅会,牵引饰说,或采翼奉诸家,而杂以谶纬神秘之辞。翔凤尝语人曰,《说文》始一而终亥,即古之《归藏》也。其义瑰玮,而文特华妙,与治朴学者异术,故文士尤利之。①

章先生之立论,一是注意历史和地理环境对学风影响之不同,二是探讨治经与为文取径的差异,言之成理,自为一家。继太炎先生之后,梁启超先生自今文经学营垒中出,所著《清代学术概论》和《中国近三百年学术史》,于此亦有论列。

在《清代学术概论》中,任公先生先是说:"乾嘉以来,家家许、郑,人人贾、马,东汉学烂然如日中天矣。悬崖转石,非达于地不止。则西汉今古文旧案,终必须翻腾一度,势则然矣。"继之又云:

> 清儒既遍治古经,戴震弟子孔广森始著《公羊通义》,然不明家法,治今文学者不宗之。今文学启蒙大师,则武进庄存与也。存与著《春秋正辞》,刊落训诂名物之末,专求所谓微言大义者,

---

① 章炳麟:《訄书》第十二《清儒》,上海:上海古典文学出版社,1958年,第31—32页。文中"谶纬"误作"纤玮",依上下文意径改。

与戴、段一派所取途径，全然不同。①

梁先生的上述两段话，第一段是他的"复古为解放"说的演绎，能否成立，另当别论。而第二段话，以庄存与为清代今文经学开派宗师，且明确指出庄氏所著《春秋正辞》，取径与戴震、段玉裁一派不同，显然将章太炎先生的讨论向前做了推进。

稍后于《清代学术概论》，梁先生著《中国近三百年学术史》，则将常州学派的源头问题明朗化，他说：

> 常州学派有两个源头，一是经学，二是文学，后来渐合为一。他们的经学是公羊家经说，用特别眼光去研究孔子的《春秋》，由庄方耕存与、刘申受逢禄开派。他们的文学是阳湖派古文，从桐城派转手而加以解放，由张皋文惠言、李申耆兆洛开派。两派合一，来产出一种新精神，就是想在乾、嘉间考证学的基础之上，建设顺康间经世致用之学。②

梁先生的讨论，发展了章先生在《訄书》中提出的主张，无疑是对清代学术史研究的一个贡献。然而当乾隆中叶考证学正盛之时，庄存与何以要去讲求微言大义的《春秋》公羊学？对于这样一个问题，无论是章先生也好，还是梁先生也好，皆未及加以解决。

---

① 梁启超：《清代学术概论》二十一、二十二，《梁启超论清学史二种》，上海：复旦大学出版社，1985 年，第 60—61 页。
② 梁启超：《中国近三百年学术史》四《清代学术变迁与政治的影响（下）》，《梁启超论清学史二种》，第 119 页。

二、钱宾四先生的卓见

章太炎、梁任公二位先生留下的问题,是由钱宾四先生率先进行回答的。20 世纪 30 年代中,钱先生著《中国近三百年学术史》,吸取章、梁二家论究之合理部分,转而别辟蹊径,提出了十分重要的意见。

钱宾四先生探讨常州庄学之渊源,注意力集中于苏州惠学的巨大影响上。苏州惠氏一门,从康熙间惠有声肇始,经惠周惕、惠士奇奠立藩篱,至乾隆初惠栋崛起,四世传经,自成一派。关于惠氏一门学风,钱宾四先生归纳为"推尊汉儒,尚家法而信古训"。钱先生做出此一判断的依据主要是两条,其一为惠士奇之论《周礼》,其二为惠栋之著《九经古义》。钱先生说:

> 天牧之论《周礼》,谓礼经出于屋壁,多古字古音,经之义存乎训,识字审音乃知其义,故古训不可改也。康成注经,皆从古读,盖字有音义相近而讹者,故读从之。后世不学,遂谓康成好改字,岂其然乎? 康成"三礼",何休《公羊》,多引汉法,以其去古未远,故借以为说。

钱先生又说:

> 及松崖守父意益坚,遂著《九经古义》,谓汉人通经有家法,故有五经师。训诂之学,皆师所口授,其后乃著竹帛。所以汉经师之说,立于学官,与经并行。古字古言,非经师不能辨。是故古训不可改也,经师不可废也。余家四世传经,咸通古义,因述家学,作《九经古义》一书。

以此二条为依据,钱先生遂作出上述归纳,并进而指出:"此所谓守古训,尊师传,守家法,而汉学之壁垒遂定。其弟子同县余萧客、江声诸人先后羽翼之,流风所被,海内人士无不重通经,通经无不知信古,其端自惠氏发之。"①

正是从对苏州惠氏学风及其影响的准确把握出发,钱宾四先生创立新说,提出了"常州之学原本惠氏"的主张。钱先生的论证,依次围绕如下几个方面展开。

第一,表彰汉儒固是惠学之长,而唯汉是信亦实为惠学弊病。庄存与牵缀古经籍以为说,则系承袭惠学流弊而来。钱宾四先生于此有云:"庄氏为学,既不屑屑于考据,故不能如乾嘉之笃实。又不能效宋明先儒,寻求义理于语言文字之表,而徒牵缀古经籍以为说。又往往比附以汉儒之迂怪,故其学乃有苏州惠氏好诞之风而益肆。"

第二,庄存与侄述祖之为学,其究心明堂阴阳,亦在苏州惠学范围之中。钱先生说:"方耕有侄曰述祖,字葆琛(原注:生乾隆十五年十二月,卒嘉庆二十一年六月,年六十七),所著曰《珍艺宧丛书》,颇究明堂阴阳,亦苏州惠学也。"

第三,庄存与外孙刘逢禄之主张恪守"汉师家法",更是惠氏遗风。钱先生说:"申受论学主家法,此苏州惠氏之风也。(原注:戴望《刘先生行状》,记嘉庆五年,刘举拔贡生入都,父执故旧遍京师,不往干谒,惟就张惠言问虞氏《易》、郑氏"三礼"。张氏为学,亦由惠氏家法入也。刘氏有《虞氏易言补》,即补张氏书。又有《易虞氏五述》。此刘氏之以家法治《易》者。)主条例,则徽州戴氏之说。又主微言大义、拨乱反正,则承其外家之传绪。值时运世风之变,而治经之业乃

---

①钱穆:《中国近三百年学术史》第八章《戴东原》,北京:中华书局,1986 年,第319—320 页。

折而萃于《春秋》(原注:因其备人事),治《春秋》又折而趋于《公羊》
焉(原注:因其具师传、详条例。惠士奇论《春秋》,曰:'《春秋》无《左
传》,则二百四十年,盲焉如坐暗室中。左氏最有功于《春秋》,公、穀
有功兼有过。'此与申受专尊公羊、深抑左氏者大异,然无害谓常州之
学原本惠氏)。"

第四,刘逢禄著《春秋论》①,阐发何休"三科九旨",指为圣人微
言大义所在,尤为苏州惠氏家法论之影响。钱先生说:

前乎申受者,有曲阜孔广森巽轩(原注:生乾隆十七年,卒乾
隆五十一年,年三十五),为方耕门人,而亦从学戴氏,为《公羊通
义》,已不遵南宋以来谓《春秋》直书其事,不烦褒贬之义,然于
何休所定三科九旨,亦未尽守。至申受,乃举何氏三科九旨为圣
人微言大义所在,特著《春秋论》上下篇,极论《春秋》之有书法
(原注:上篇,针对钱竹汀《潜研堂集·春秋论》而加驳难。钱氏
文例证坚明,而刘氏非之。此如庄方耕不斥《古文尚书》,实同为
考证学之反动。近人乃认晚清今文学为清代经学考证最后最精
之结果,则尤误也),与条例之必遵何氏(原注:下篇,针对孔巽轩
《公羊通义》而发。何氏三科九旨不见传文,而刘氏信之。则以
家法、师说之论为辨,此焦理堂所讥为据守之学也。常州公羊学
之渊源于苏州惠氏家法之论,此等处最显)。

第五,庄存与外孙宋翔凤之论学,牵附明堂阴阳,亦系惠氏遗风。
钱先生说:"宋翔凤字于庭,长洲人,亦述祖甥(原注:生乾隆四十四
年,卒咸丰十年,年八十二)。著《论语发微》,大意谓《论语》微言通

①《春秋论》上下二篇,载道光十年刊本《刘礼部集》卷三,无疑系刘逢禄所著。
今本《魏源集》一字不易,全文过录,视为魏源文,显然误植。

于《春秋》,盖亦申受《述何》之旨(原注:今《续经解》有宋氏《论语说义》十卷,乃《论语发微》之前稿)。又为《大学古义说》,以明堂阴阳相牵附(原注:此吴学惠氏遗风也)。"

以上述五条为依据,钱宾四先生遂得出关于常州庄氏学渊源之结论:"要之,常州公羊学与苏州惠氏学,实以家法之观念一脉相承,则彰然可见也。"①

三、深化讨论的尝试

章、梁、钱三位先生之所论,尤其是钱宾四先生的解释,从宏观学风的把握上,为我们研究常州庄氏学的渊源,做了十分宝贵的示范。至于深入进行探讨,解决诸如庄存与何以要撰写《春秋正辞》一类的问题,则是三位先生留给后学的功课。以下,拟接武钱宾四先生的思路,就此试做一些努力。

同惠栋相比,庄存与是晚辈,他生于康熙五十八年(1719),要较惠栋年少二十二岁。乾隆九年(1744),惠栋撰《易汉学》成,率先揭出复彰汉学之大旗。翌年,庄存与始以一甲二名成进士,时年二十七岁。惠栋《易汉学自序》云:

六经定于孔子,毁于秦,传于汉。汉学之亡久矣,独《诗》、《礼》、《公羊》,犹存毛、郑、何三家。《春秋》为杜氏所乱,《尚书》为伪孔氏所乱,《易经》为王氏所乱。杜氏虽有更定,大校同于贾、服,伪孔氏则杂采马、王之说,汉学虽亡而未尽亡也。惟王辅嗣以假象说《易》,根本黄老,而汉经师之义,荡然无复有存

①钱穆:《中国近三百年学术史》第十一章《龚定盦》,第529页。

者矣。①

常州与苏州毗邻,惠栋兴复汉学的倡导,庄存与随父宦游南北,当能知其梗概。

乾隆十四年,清高宗诏举潜心经学之士。惠栋为两江总督黄廷桂、陕甘总督尹继善保举,列名荐牍。十六年,因试期在即,惠栋深以不能如期入京为忧,就此致书尹继善,书中有云:

> 栋少承家学,九经注疏,粗涉大要。自先曾王父朴庵公,以古义训子弟,至栋四世,咸通汉学。以汉犹近古,去圣未远故也。《诗》、《礼》毛、郑,《公羊》何休,传注具存。《尚书》、《左传》,伪孔氏全采马、王,杜元凯根本贾、服。惟《周易》一经,汉学全非。十五年前,曾取资州李氏《易解》,反复研求,恍然悟洁静精微之旨,子游《礼运》,子思《中庸》,纯是《易》理。乃知师法家传,渊源有自。此则栋独知之契,用敢献之左右者也。②

此时庄存与正在翰林院为庶吉士,置身儒林清要,于惠栋之表彰汉儒经说,当有更深体悟。乾隆二十三年三月,庄存与以直隶学政条奏科场事宜,"奏请取士经旨,悉遵先儒传注"③,或可视为对惠栋主张的响应。就当时学术界的情况言,惠栋所述之汉儒诸经说,表彰汉《易》有惠栋,《礼》有江永及徽州诸儒,《诗》则有戴震,唯独《春秋》公羊说尚无人表彰。庄存与因之起而回应,亦是情理中事。

庄存与之发愿结撰《春秋正辞》,一方面固然是惠栋诸儒兴复

①惠栋:《松崖文钞》卷一《易汉学自序》。
②惠栋:《松崖文钞》卷一《上制军尹元长先生书》。
③《清高宗实录》卷五五八,"乾隆二十三年三月丙申"条。

汉学的影响,另一方面也与此时的清廷好尚和存与自身的地位分不开。

　　高宗初政,秉其父祖遗训,以"首重经学"为家法。乾隆十年四月,高宗策试天下贡士于太和殿,昭示天下士子:"将欲为良臣,舍穷经无他术。"①庄存与即是经此次殿试而进入翰林院庶吉士馆。乾隆十三年五月,庶吉士散馆,存与考列汉书二等之末,本当重罚,高宗念其"平时尚留心经学"②,责令留馆再学三年。经十六年与下科庶吉士一并考试,存与遂官翰林院编修。而此时正值清高宗诏举经学,且首次南巡归来,濡染江南穷经考古、汉学复彰之风,因之而高唱"经术昌明,无过今日"③。十七年,庄存与升侍讲,入直南书房,成为清高宗的文学侍从。

　　继圣祖、世宗之后,清高宗亦视《春秋》为帝王之学,命儒臣编纂《春秋直解》。乾隆二十三年八月,书成,高宗撰序刊行,序中有云:"中古之书,莫大于《春秋》。推其教,不越乎属辞比事,而原夫成书之始,即游、夏不能赞一辞。"高宗指斥宋儒胡安国《春秋传》"傅会臆断",宣称《直解》本清圣祖所定《春秋传说汇纂》为指南,"意在息诸说之纷歧以翼传,融诸传之同异以尊经"。④

　　正是在令儒臣纂修《春秋直解》的前后,清高宗屡屡表彰汉儒董仲舒之学。乾隆十九年四月,高宗策试天下贡士于太和殿,阐发"天人合一"说,指出:"董仲舒以为,善言天者,必有验于人。又谓道之大,原出于天,天不变,道亦不变。"⑤三十七年四月,同样是策试天下

---

①《清高宗实录》卷二三九,"乾隆十年四月戊辰"条。
②《清高宗实录》卷三一五,"乾隆十三年五月庚子"条。
③《清高宗实录》卷三八八,"乾隆十六年五月丙午"条。
④《清高宗实录》卷五六九,"乾隆二十三年八月丁卯"条。
⑤《清高宗实录》卷四六一,"乾隆十九年四月乙巳"条。

贡士,高宗又称:"汉仲舒董氏,经术最醇。"①三十九年二月,高宗在经筵讲《论语》"克己复礼为仁"章,则以董仲舒、朱子之说相比较,认为:"董仲舒正谊明道之论,略为近之。"②在古代专制统治之下,"朕即国家",帝王一己之好尚,对一时儒臣的为学,其制约力之大是不言而喻的。

乾隆三十三年,庄存与为清高宗识拔,入直上书房,教授皇十一子永瑆,迄于五十一年告老还乡,存与任是职十余年。他的《春秋正辞》,大概就始撰于入直上书房之后。我们之所以如此说,其根据主要是如下三个方面。

第一,《春秋正辞》秉高宗旨意,遵孟子之教,以《春秋》为天子之事。庄存与于此有云:"旧典礼经,左丘多闻。渊乎公羊,温故知新。穀梁绳愆,子夏所传。拾遗补阙,历世多贤。《春秋》应天,受命作制。孟子舆有言,天子之事。以托王法,鲁无惕焉。以治万世,汉曷觊焉。"③书中,存与屡引董仲舒说,以明为君之道,力言维护"大一统"。所以道光初阮元辑《皇清经解》,著录《春秋正辞》,评存与是书云:"主公羊、董子,虽略采左氏、穀梁氏及宋元诸儒之说,而非如何劭公所讥倍经任意、反传违戾也。"④

第二,乾隆三十六年三月,庄存与任会试副考官,翌年六月,在翰林院教习庶吉士。该科进士孔广森后撰《春秋公羊通义》,于书中大段征引庄存与说《春秋》语云:

　　座主庄侍郎为广森说此经曰,屈貉之役,左氏以为陈侯、郑

①《清高宗实录》卷九○七,"乾隆三十七年四月丙戌"条。
②《清高宗实录》卷九五二,"乾隆三十九年二月己丑"条。
③庄存与:《春秋正辞》卷一《奉天辞第一》。
④阮元:《庄方耕宗伯经说序》,见庄存与《味经斋遗书》卷首,《揅经室集》不载。

伯在焉,而又有宋公后至,麇子逃归。《春秋》一切不书主,书蔡侯者,甚恶蔡也。蔡同姓之长,而世役于楚,自绝诸夏。……若蔡庄侯者,所谓用夷变夏者也。

广森服膺师说,在引述存与说后指出:"三复斯言,诚《春秋》之微旨。"①

　　第三,《春秋正辞》凡九类,依次为奉天辞、天子辞、内辞、二霸辞、诸夏辞、外辞、禁暴辞、诛乱辞、传疑辞。大体类各一卷,唯内辞作上中下三卷,故全书作十一卷,末附《春秋要指》《春秋举例》各一卷。各类之下,再分子目,所列多寡不等,共计 175 目。今本所载,虽有目无书者甚多,因之光绪所修《武阳志余》,认为:"此书先生或未能毕业,故各类中多有录无书乎?"②但就体例言,则颇类讲章。关于这一点,可以魏源文为证。道光间,庄氏后人辑存与经说为《味经斋遗书》,魏源于卷首撰序云:"武进庄方耕少宗伯,乾隆中,以经术傅成亲王于上书房十有余载,讲幄宣敷,茹吐道谊。子孙辑录成书,为《八卦观象上下篇》《尚书既见》《毛诗说》《春秋正辞》《周官记》如干卷。崒乎董胶西之对天人,醰乎匡丞相之述道德,朏乎刘中垒之陈今古,未尝凌杂铍析,如韩、董、班、徐数子所讥,故世之语汉学者鲜称道之。"③

　　根据以上诸条,笔者认为,《春秋正辞》当撰于乾隆三十至四十年代间,五十一年著者致仕,遂成未完之书。庄存与著书,正值乾隆盛世,身为卿贰,出入宫禁,周旋天子贵胄间,讲幄论学,清真雅正,岂敢

<hr>

①孔广森:《春秋公羊通义》卷五《文公十年》。
②庄毓鋐等:《武阳志余》卷七《经籍·春秋正辞》。
③魏源:《武进庄少宗伯遗书序》,《魏源集》上册,北京:中华书局,1976 年,第237—238 页。

去妄议社会危机！至于和珅之登上政治舞台,据《清高宗实录》和《清史稿》之和珅本传记,则在乾隆四十年,而其乱政肆虐,则已是乾隆四十五年以后。因此,庄存与之晚年,固恨和珅之祸国殃民,但若以此为其结撰《春秋正辞》之初衷,则似可再作商量。

(原载《揖芬集——张政烺先生九十华诞纪念文集》,

社会科学文献出版社 2002 年 5 月版)

谈《四库全书》

乾隆间《四库全书》的编纂，不是一个偶然的文化现象。它既有康熙、雍正以来，日趋强盛的国力所提供的安定社会环境和富庶物质条件做基础，又有明清之际，尤其是康熙中叶以降全面整理、总结古代学术的风气为学术渊源。同时，迄于乾隆中叶，君主专制政治体制的空前强化，也是论究《四库全书》的编纂缘起及其历史评价不可忽视的一个重要方面。以下，拟就后者谈几点不成熟的想法，就教于方家。

清修《四库全书》，自乾隆三十八年（1773）二月开馆，迄于四十九年十一月内廷四阁庋藏诸本缮竣，历时已逾十年。倘若再加上江南三阁藏本的续缮，以及内外七分图书的撤改、复校，则已绵延至高宗退位。其间，一方面是空前规模的图书编纂所显示的文化盛景，另一方面则出现了大量典籍横遭禁毁，文字冤狱遍于国中的文化浩劫。两者不和谐地共存于同一个历史时代，这里边确有许多值得探讨的问题。

一、高宗初政与文字狱的加剧

清高宗承其父严刻为政之后，即位伊始，便高倡宽严相济的治国之道。雍正十三年（1735）十月，高宗颁谕诸重臣，下令"厘正文体，毋得避忌"。他说："与人临文，原无避讳，诚以言取足志。一存避讳之心,则必辗转嗫嚅,辞不达意。嗣后一切章疏,以及考试诗文,务期各展心思,独抒杼轴,从前避忌之习,一概扫除。"①之后,他屡下谕旨,以广开言路、推行"宽大之政"相号召。高宗初政,显然一派宽松气象。然而好景不长,乾隆六年九月,就在他信誓旦旦声称"朕从不以文字罪人"的同时,即责成湖广总督孙嘉淦:"伊到任后,将谢济世所注经书中,有显与程、朱违悖抵牾,或标榜他人之处,令其查明具奏,即行销毁,毋得存留。"②焚毁谢济世书未及两年,乾隆八年二月,清廷以时务策考选御史,翰林院编修杭世骏因对策失误,议及"内满而外汉",被高宗以"怀私妄奏,依溺职例革职"③。

乾隆十六年正月,清高宗首次南巡。由于地方官竞相逢迎,扰民累民甚重,于是民间流传假托大吏孙嘉淦名的奏稿,以指斥高宗失德。当年八月,奏稿案发,高宗下令穷究。结果,蔓延七八省,牵连各级官吏几至千人,直到十八年三月,先后将一应涉案人惩治,始告平息。同年十一月,江西金溪生员刘震宇上《治平新策》,清高宗以文中多"悖逆"之语,遂滥施淫威,下令将刘氏处死,"其书板查明销毁"④。从此,文字冤狱恶性蔓延,日趋加剧,终于演成乾隆二十年三月的胡中藻诗案。

胡中藻,江西新建人,为乾隆元年进士,转以内阁学士提督陕西、广西学政,后调取回京,罢官还乡。中藻喜诗文,著有《坚磨生诗钞》。乾隆十七年前后,《诗钞》为他人密报,送呈内廷。高宗以其中多悖逆讪谤语,遂指派专人秘密调查。历时数年,罪名罗织渐成,二十年三月,清廷下令逮捕胡中藻,押京质讯。同时,将胡氏诗集四本交王大

①《清高宗实录》卷五,"雍正十三年十月辛巳"条。
②《清高宗实录》卷一五一,"乾隆六年九月丁亥"条。
③《清高宗实录》卷一八四,"乾隆八年二月壬辰"条。
④《清高宗实录》卷四五〇,"乾隆十八年十一月癸亥"条。

臣逐条研讯奏闻,据清高宗称:"我朝抚有方夏,于今百有余年,列祖列宗,深仁厚泽,渐洽区宇,薄海内外,共享升平。凡为臣子,自乃祖乃父以来,食毛践土,宜其胥识尊亲大义。乃尚有出身科目,名列清华,而鬼蜮为心,于语言吟咏之间,肆其悖逆,诋讪怨望,如胡中藻者,实非人类中所应有。"至于胡氏罪名"鸱张狺吠",高宗所指主要是:"其集内所云'一世无日月',又曰'又降一世夏秋冬'。……又曰'一把心肠论浊清',加浊字于国号之上,是何肺腑! ……至其所出试题内,'考经义有乾三爻不象龙说',《乾卦》六爻,皆取象于龙,故《象传》言'时乘六龙以御天'。如伊所言,岂三爻不在六龙之内耶! 乾隆乃朕年号,龙与隆同音,其诋毁之意可见。"在历数胡氏罪名之后,清高宗指出:"胡中藻之诗,措词用意,实非语言文字之罪可比。夫谤及朕躬犹可,谤及本朝,则叛逆耳。朕见其诗,已经数年,意谓必有明于大义之人,待其参奏,而在廷诸臣及言官中,并无一人参奏,足见相习成风,牢不可破,朕更不得不申我国法,正尔嚣风,效皇考之诛查嗣庭矣。"①

同年四月,高宗滥施淫威,下令将胡中藻处斩。牵连所及,已故大学士鄂尔泰被撤出贤良祠,不准入祀。其侄鄂昌,则以与胡中藻曾有唱和被赐死。户部侍郎裘曰修,亦因之一度革职。

二、寓禁于征的求书本意

乾隆三十七年正月,清高宗的颁诏求书,之所以雷厉风行,不可敷衍,如果结合此时文字冤狱趋于加剧的背景来考察,"稽古右文"云云,无非冠冕堂皇之语,隐藏在其后的寓禁于征之本意,则无论如何是掩盖不住的。

---

① 《清高宗实录》卷四八四,"乾隆二十年三月丙戌"条。

　　就在胡中藻诗狱的罗织过程中,清廷下令查抄胡氏住宅,高宗对胡氏藏有明末野史已有警觉。他曾就此颁谕军机大臣:"胡中藻家中书籍内,有《豫变纪略》二本、《复斋录》六本,查系何等书,有无关系,一并送来。"①无独有偶,两年之后,清廷查处河南告讦案,不唯生员段昌绪收藏吴三桂檄文事败露,而且原任江苏布政使彭家屏还招供藏有《豫变纪略》等明末野史。结果,段、彭二氏皆因之而被处死。清高宗就此再颁诏谕,声称:"在定鼎之初,野史所记,好事之徒荒诞不经之谈,无足深怪。乃迄今食毛践土,百有余年,海内搢绅之家,自其祖父,世受国恩,何忍传写收藏!此实天地鬼神所不容,未有不终于败露者,如段昌绪、彭家屏之败露,岂由搜求而得者乎!此后,臣民中若仍不知悛改消灭,天道自必不容,令其败露,亦惟随时治以应得之罪耳。"②从此,散在民间的明末野史及相关诗文,遂被清廷作为重要隐患而重视。

　　自乾隆二十四年三月起,迄于三十二年五月,张照诗文案、阎大镛《俣俣集》案、沈德潜《国朝诗别裁》案、蔡显《闲闲录》案等文字狱接踵发生。乾隆三十二年六月,在处死蔡显之后,清高宗颁谕军机大臣:"蔡显身系举人,辄敢造作书词,恣行怨诽,情罪重大,实为天理国法所难容。但阅原书内签出各条,多属侘傺无聊、失志怨愤之语,朕方以该犯尚无诋毁朝政字句,其情与叛逆犹去一间,或可原情酌减,及细检未签各处,如称戴名世以《南山集》弃市,钱名世以年案得罪……则系有心隐跃其词,甘与恶逆之人为伍,实为该犯罪案所系。"③

　　之后,齐周华诗文案、李绂诗文案迭起。至乾隆三十四年六月,

①《清高宗实录》卷四八六,"乾隆二十年四月丁未"条。
②《清高宗实录》卷五四〇,"乾隆二十二年六月丁卯"条。
③《清高宗实录》卷七八六,"乾隆三十二年六月丁酉"条。

清廷明令禁毁钱谦益遗著《初学集》、《有学集》,终于揭开了禁毁图书逆流的序幕。据清高宗称:"《初学集》、《有学集》荒诞背谬,其中诋谤本朝之处,不一而足。……钱谦益业已身死骨朽,姑免追究。但此等书籍,悖理犯义,岂可听其流传,必当早为销毁。"于是高宗大动干戈,命令各地督抚:"将《初学》、《有学》二集,于所属书肆及藏书之家,谕令缴出,汇齐送京。至于村塾乡愚,僻处山陬荒谷者,并著广为出示,明切晓谕,定限二年之内,俾令尽行缴出,毋使稍有存留。钱谦益籍隶江南,其书板必当尚存,且别省或有翻刻印售者。俱著该督抚等,即将全板尽数查出,一并送京,勿令留遗片简。"①

在其后的两年限期中,清廷严饬江苏、广东地方当局查禁钱谦益著述,下令撤毁钱谦益为他人经史著述所撰"悖谬"序文,派员审查钦天监藏书,销毁占验书十八种,甚至议复朝鲜国王,将陈建《皇明通纪》、朱璘《明纪辑略》在该国禁毁。正是以查禁图书为背景,乾隆三十七年正月,清高宗颁发了求书上谕。由于各地督抚对高宗"寓禁于征"的求书本意深有揣度,因而为不致招惹是非,遂对求书上谕迟迟未作反应。同年十月,虽经高宗严词斥责,各地反应依然如故。《四库全书》开馆以后,乾隆三十九年八月,清高宗最终撕下伪装,将禁书真意和盘托出。他气急败坏地质问内外大臣:"乃各省进到书籍不下万余种,并不见奏及稍有忌讳之书。岂有裒集如许遗书,竟无一违碍字迹之理!"②至此,清高宗"寓禁于征"的求书本意,遂告昭然于天下。

①《清高宗实录》卷八三六,"乾隆三十四年六月丙辰"条。
②《清高宗实录》卷九六四,"乾隆三十九年八月甲戌"条。

三、《四库全书》的历史评价

《四库全书》的编纂,既是一代学术史上的重大举措,也是中国文化史上一桩影响久远的大事。对它进行实事求是的评价,不仅可以深入认识乾隆间学术发展的历史本质,而且也有助于批判地继承民族文化的优秀遗产。

《四库全书》的历史价值,集中地表现为对我国历代典籍的成功整理和总结。我国是一个具有悠久历史的文明古国,通过数千年的文化积累,流传下来浩如烟海的典籍,自《汉书·艺文志》、《隋书·经籍志》以降,对现存典籍进行清理和编目,成为历代相沿的一个好传统。唐宋间,又将其发展为大型类书的汇编,这样一来,即使是迭经水火,天灾人祸,若干有价值的文献,亦可借而幸存。明初,《永乐大典》辑成,宋元秘籍,多录其中,类书编纂,可谓登峰造极。然而,唐宋以来诸类书,虽于保存典籍功不可没,但为体例所限,每每内容割裂,首尾不具,难存古籍旧观。于是完整地将历代典籍加以整理和总结,汇编为一部大型丛书,日渐成为发展古代学术文化应予解决的课题。入清以后,随着社会经济的恢复发展,终于在乾隆间把这个课题的解决提上了日程。

《四库全书》按照传统的经史子集四部,区分类聚,部次群籍,把历代文献井然汇聚于一堂。尤其是《四库全书总目》的编纂,将著录、存目诸书撮举大要,评论得失,兼及作者生平爵里介绍。承先启后,继往开来,既是我古代目录学集大成的著述,也为清中叶以后对传统学术的全面总结和整理,提供了一个成功的范例。虽然由于历史的局限,《四库全书》于佛、道两家典籍,意存轩轾,摒除殆尽,不能不说是一个重大的缺陷。但是作为中国古代学术文化主体的儒家学说,则得到了较为完整的整理和总结,从而使之成为批判地继承民族文化优秀遗产的一个较好的认识对象。

　　清代学术,以对中国传统学术的整理和总结为特征。风气之开,虽清初诸儒已然发端,考据、校勘、辨伪、辑佚,从顾炎武、阎若璩、毛奇龄、胡渭,到惠栋、卢文弨、顾广圻,一脉相承,代有传人。但确立规模,蔚成风气,则无疑应自《四库全书》编纂始。《四库全书》开馆后,将一时学术界俊杰网罗其中,辑佚书于《永乐大典》,理群籍于中秘内府,"辨章学术,考镜源流",不啻治学风尚的一种无声的典型示范,其移风易俗的力量是无与伦比的。正如乾嘉史家章学诚在回忆周永年、邵晋涵二人当年的学行时所述:"乙未(乾隆四十年——引者)入都,二君者方以宿望被荐,与休宁戴震等特征修《四库全书》,授官翰林,一时学者称荣遇。而戴以训诂治经,绍明绝学,世士疑信者半。二君者皆以博洽贯通,为时推许。于是四方才略之士,挟策来京师者,莫不斐然有天禄石渠、勾坟抉索之思。而投卷于公卿间者,多易其诗赋、举子艺业,而为名物考订,与夫声音文字之标,盖骎骎乎移风俗矣。"[1]邵晋涵故世,其生前友好洪亮吉为之撰《邵学士家传》,于《四库全书》编纂,尤其是邵晋涵、戴震诸人学行予一时学术风尚的影响,亦有详尽阐述。他说:"乾隆之初,海宇乂平已百余年,鸿伟瑰特之儒接踵而见,惠征君栋、戴编修震,其学识始足方驾古人。及《四库》馆之开,君与戴君又首膺其选,由徒步入翰林。于是海内之士知向学者,于惠君则读其书,于君与戴君则亲闻其绪论,向之空谈性命及从事帖括者,始骎骎然趋实学矣。夫伏而在下,则虽以惠君之学识,不过门徒数十人止矣。及达而在上,其单词只义,即足以歆动一世之士。则今之经学昌明,上之自圣天子启之,下之即谓出于君与戴君讲明切究之力,无不可也。"[2]以《四库全书》的编纂为契机,考据学

---

[1]章学诚:《章氏遗书》卷一八《周书昌别传》。
[2]洪亮吉:《卷施阁文甲集》卷九《邵学士家传》。

空前发皇,我国古代学术从此步入对传统学术进行全面总结和整理的阶段。

乾隆间修《四库全书》,本是一桩文化盛事,似乎无论如何不该与摧残文献相联系,然而严酷的事实表明,二者极不协调地共存于同一时代,却是不可否认的历史现实。一方面,清廷既要以图书编纂来显示其"稽古右文"的文治业绩;另一方面,迄于清中叶,君主专制政治体制痼疾的加剧,以及一代王朝统治衰象的暴露,又使之惧怕异己思想潜滋暗长。因此,为这种矛盾心态所驱使,清廷的大规模征书,其起始便有不可告人的寓禁于征之深意。自乾隆三十九年八月起,清廷征书的表面目的已经达到,于是高宗便揭去遮掩,人为地制造了旷日持久的禁毁"违碍"书籍逆流。历时近二十年,迄于乾隆末,数以万部计的大量典籍横遭禁毁,冤滥酷烈的文字狱遍于国中。这样,在取得编纂《四库全书》巨大成功的同时,中国古代文化也蒙受了一场空前的浩劫。其结果,不仅使宋元以来的大量典籍毁于一旦,而且经过君主专制淫威的斧钺之后,《四库全书》著录诸书,或滥加抽毁,或肆意改窜,已非尽古籍旧貌,这给其后的阅读、利用和研究,皆带来无可弥补的损失。尤为不可忽视者,严酷的禁书逆流以及伴生的文字狱,其恶劣影响已经远远逾出图书编纂本身,它直接酿成思想界万马齐喑的沉闷局面,从而严重地阻碍了学术文化的发展和中国社会的进步。因此,《四库全书》的编纂,既有巨大的历史功绩,也有不可宽宥的人为过恶。"功过参半",以此四字来评判它,或许是大致不差的。

(原载《炎黄文化研究》第 2 辑,2006 年 2 月)

阮元与《皇清经解》

道光初叶,由两广总督阮元主持编纂的《皇清经解》,在清代经学史乃至整个中国经学史上,皆占有一席重要地位。该书上承清初《通志堂经解》,下启晚清《皇清经解续编》,以丛书编纂的形式,将清代前期主要经学著作汇聚一堂,成为此一时期经学成就的一个集萃。以下,拟结合阮元学术活动的钩稽,就《皇清经解》的纂修缘起、预修诸人、编纂体例、成书经过等进行考察,并进而对其评价问题谈一些不成熟的意见,以请诸位先生指教。

一、阮元学行述略

阮元,字伯元,号云台,一号芸台,又号雷塘庵主,晚号颐性老人,卒谥文达。江苏仪征人。生于乾隆二十九年正月二十日(1764 年 2 月 21 日),卒于道光二十九年十月十三日(1849 年 11 月 27 日),享年八十六岁。乾隆五十四年进士,以翰林院编修,历仕乾隆、嘉庆、道光三朝。外而累官山东、浙江学政,浙江、江西、河南巡抚,漕运、湖广、两广、云贵总督,内而迭任詹事府詹事、都察院都御史、诸部侍郎、尚书等,道光十八年,以体仁阁大学士告老还乡。晚节自重,著述以终。

阮元幼承家学,其父承信,熟悉史籍,究心《资治通鉴》,教以"读书当为有用之学,徒习时艺无益也"①。后相继问学于乔椿龄、李道南,乔、李皆通经术,为一方特立独行之儒。家学师教,确立了阮元早年的为学藩篱。自乾隆四十五年起,在扬州及京城陆续结识经史学家凌廷堪、邵晋涵、王念孙、任大椿等,为一时学术风气习染,训诂治经,终身不改。他认为:"圣贤之道存于经,经非诂不明。"断言:"古今义理之学,必自训诂始。"因而主张治经应"推明古训,实事求是",指出:"余之学多在训诂,甘守卑近,不敢矜高以贤儒自命。"②在他看来,汉代经师去古未远,所以其训诂说经最为可信。他说:"两汉经学所以当尊行者,为其去圣贤最近,而二氏之说尚未起也。"③阮元虽推尊汉儒,表彰汉学,但却不作无谓的汉宋学门户之争。他既主张"习经传,寻疏义于宋齐","解文字,考故训于仓雅",又宣称"析道理,守晦庵之正传","讨史志,求深宁之家法"④。强调:"圣人之道,譬若宫墙,文字训诂,其门径也。门径苟误,跬步皆歧,安能升堂入室乎?"⑤

乾隆末,阮元初入翰林院,即奉敕编《石渠宝笈》,校勘石经。出任山东学政,留意金石碑刻,主持纂修《山左金石志》。嘉庆初,奉调浙江,倡议并主持编纂《经籍籑诂》、《畴人传》、《淮海英灵集》、《两浙輶轩录》、《两浙金石志》、《十三经校勘记》、《经郊》、《皇清碑板录》诸书,立"书藏"于杭州灵隐云林寺。创建诂经精舍,集两浙有志经学者于其中,风励实学,作育人才,于一时书院建设影响甚大。还汇编汉学著述,辑刻《文选楼丛书》。又集《四库全书》未收诸书,主持撰写《四库未收书目提要》。十五年,再入翰林院,兼任国史馆总辑,创编《儒林》、《文苑》二传,开整理当代学术史风气之先声。十九年,巡

①阮元:《揅经室二集》卷一《湘圃府君行状》。
②阮福续编:《雷塘庵主弟子记》卷六,道光七年,六十四岁条。
③阮元:《揅经室一集》卷十一《国朝汉学师承记序》。
④阮元:《揅经室续集》卷四《学海堂集序》。
⑤阮元:《揅经室一集》卷二《拟国史儒林传序》。

抚江西,刊刻宋本《十三经注疏》。嘉庆末、道光初,总督两广,沿诂经精舍规制,创学海堂,提倡经史,表率一方。且主持重修《广东通志》,编写《粤东金石略》、《两广盐法志》。赞助刊行《国朝汉学师承记》,辑刻《皇清经解》、《江苏诗征》等。移节云贵,又有编纂《云南通志》之举。

　　阮元博学多识,尤长考证。一生为学以研治经学为主,博及史学、金石、考古、方志、谱牒、舆地、天文、历法、数学、音韵、文字、目录、诗文诸学。著述宏富,多达三十余种,数以百卷计。除前述主持编纂诸书之外,主要著述尚有《三家诗补遗》、《考工记车制图解》、《曾子注释》、《诗书古训》、《性命古训》、《积古斋钟鼎彝器款识》、《定香亭笔谈》、《小沧浪笔谈》等。其他诗文杂著,自道光三年起,先后辑为《揅经室一集》、《二集》、《三集》、《四集》、《续集》、《外集》、《再续集》刊行。阮元虽不以专学名家,但主持风会,倡导奖掖,其学术组织之功实可睥睨一代。他一生或治理封疆,或为官卿贰,清廉勤政,多有惠声。历官所至,究心学术,振兴文教,嘉庆、道光间,俨若一时学术盟主。已故钱宾四教授早年著《中国近三百年学术史》,亦称其"弁冕群材,领袖一世,实清代经学名臣最后一重镇"①。大师定评,足称不刊。

二、从《通志堂经解》到《四库全书》经部诸要籍

　　阮元生活的时代,正当清朝中叶,此一时期的学术界,以经学为中坚的基本格局已然形成。当中国社会经历明清更迭的动荡,步入康乾盛世的时候,宋明数百年的理学时代宣告过去,以考据训诂为特

---

① 钱穆:《中国近三百年学术史》第十章《焦里堂阮芸台凌次仲》,第 478 页。

征的清代经学翻开了自己的灿烂篇章。

　　就为学风格论，清代经学祧宋学而宗汉儒，实事求是，个性鲜明，迥异于宋明理学。近儒皮锡瑞著《经学历史》，因之而目宋明数百年为经学"积衰时代"①。然而清代经学毕竟又是由宋明理学演进而来，其学术根柢即深植于宋学之中。事实上，清儒治经，不仅有直接取法宋儒处，而且作为一种学术潮流，经学在入清以后的复盛，其端绪早在明中叶已经开启。唯其如此，所以钱宾四先生说："不识宋学，即无以识近代也。"②

　　明中叶以后，作为心性之学的对立物，在经世思潮的形成过程中，出现了"通经学古"的经学倡导。此风由嘉靖、隆庆间学者归有光开其端，他指出："圣人之道，其迹载于六经。……六经之言，何其简而易也。不能平心以求之，而别求讲说，别求功效，无怪乎言语之支而蹊径旁出也。"③面对着八股时文的甚嚣尘上，他痛斥其对人才的败坏和世道的为害，积极进行"通经学古"的呐喊。而于理学家的空言讲道，归有光亦断然予以否定，试图以讲经取而代之。他说："汉儒谓之讲经，而今世谓之讲道，夫能明于圣人之经，斯道明矣，道亦何容讲哉！凡今世之人，多纷纷然异说者，皆起于讲道也。"④因此他认为："天下学者，欲明道德性命之精微，亦未有舍六艺而可以空言讲论者也。"⑤万历年间，焦竑、陈第继之而起，皆以"明经君子"⑥而著称一时。启、祯两朝，钱谦益成为归有光学术主张的后先呼应者。他直言不讳地指出，宋明以来的道学（即理学），并非儒学正统，而是犹如

---

①皮锡瑞：《经学历史》九《经学积衰时代》。
②钱穆：《中国近三百年学术史》第一章《引论》。
③归有光：《归震川先生全集》卷七《示徐生书》。
④归有光：《归震川先生全集》卷九《送何氏二子序》。
⑤归有光：《归震川先生全集》卷九《送计博士序》。
⑥陈第：《一斋集·尚书流衍自序》。

八股时文般的"俗学"。他说："自唐宋以来……为古学之蠹者有两端焉,曰制科之习比于俚,道学之习比于腐。斯二者皆俗学也。"①钱谦益与归有光唱为同调,坚决反对"离经而讲道"。他说："汉儒谓之讲经,而今世谓之讲道。圣人之经,即圣人之道也。离经而讲道,贤者高自标目,务胜前人,而不肖者汪洋自恣,莫可穷诘。"于是他主张"以汉人为宗主"去研治经学,倡言："学者之治经也,必以汉人为宗主。……汉不足,求之于唐,唐不足,求之于宋,唐宋皆不足,然后求之近代。"②

从归有光到钱谦益,晚明学者的经学倡导,虽然未能使数百年来为理学所掩的经学,在他们那个时代重振,但是它却表明,"以经学济理学之穷"的学术潮流,已经在传统儒学的母体内孕育。

入清,顾炎武、黄宗羲、王夫之、李颙、费密诸大师承归、钱遗风,使"以经学济理学之穷"的努力演为强劲的学术潮流。其间,尤以顾炎武的主张最具时代精神。在致友人施闰章的书札中,顾炎武提出了著名的"理学,经学也"的见解。他把经学视为儒学正统,认为不去钻研儒家经典,而沉溺于理学家的语录,就叫作学不知本。于是呼吁"鄙俗学而求六经",号召人们去"务本原之学"。如同钱谦益一样,顾炎武也主张"治经复汉",他说："经学自有源流,自汉而六朝,而唐而宋,必一一考究,而后及于近儒之所著,然后可以知其异同离合之指。如论字者必本于《说文》,未有据隶楷而论古文者也。"③针对理学中人率臆改经积弊,顾炎武正本清源,指出不通音韵文字,则无以治经学。据此,他提出了"读九经自考文始,考文自知音始"④的经学

①钱谦益:《初学集》卷七十九《答唐汝谔论文书》。
②钱谦益:《初学集》卷七十九《与卓去病论经学书》。
③顾炎武:《亭林文集》卷四《与人书四》。
④顾炎武:《亭林文集》卷四《答李子德书》。

方法论,从而开启了训诂治经的学术路径。

　　清初诸儒复兴经学的努力,"读九经自考文始,考文自知音始"的为学方法论的倡导,以及"治经复汉"的主张,登高一呼,回声四起,迅速激起共鸣。康熙初叶以后,治经"信古"而"求是",遂成一时学术界共识。正是以此为背景,康熙中叶,出现了汇集宋元经学成就的重要丛书《通志堂经解》。

　　《通志堂经解》署名纳兰性德辑。纳兰氏原名成德,因避清圣祖太子名讳而改今名。性德为一时权相明珠子,系满洲正黄旗人,乡试出江南著名词臣徐乾学门下,后以进士而跻身御前侍卫。惜得年不永,仅三十一岁即英年早逝。通志堂为性德书屋名,《经解》之辑,实得力于其座主徐乾学。《经解》中著录各书既为徐氏所藏,且经乾学校定,性德以名门贵要,出资刊行而已。关于这一点,性德于《经解总序》中有过交代,他说:"座主徐先生……乃尽出其藏本示余小子,曰'是吾三十年心力所择取而校定者'。余且喜且愕,求之先生,钞得一百四十种。自《子夏易传》外,唐人之书仅二三种,其余皆宋元诸儒所撰述,而明人所著间存一二。请捐赀经始,与同志雕版行世。先生喜曰'是吾志也'。遂略叙作者大意于各卷之首,而复述其雕刻之意如此。"①《通志堂经解》以《易》、《书》、《诗》、《春秋》、"三礼"、《孝经》、《论语》、《孟子》、《四书》、《总经解》为类,依次辑录宋元诸经师解经著述一百四十余种,间及汉唐经注,成为对宋元经学成就的一个总结。

　　依学术发展通则,总结乃寻求新境的起点。徐乾学与纳兰性德师弟的总结宋元经学,客观上则是在为清代经学的发展辟除榛芜。与之相呼应,朱彝尊亦遍考历代经籍存亡佚阙,撰为《经义存亡考》,殊途同归,对迄于清初的经学史,从目录学的角度做了总结。康熙四

---

①纳兰性德:《通志堂集》卷十《经解总序》。

十八年,书稿垂成,彝尊赍志而殁。乾隆十八年,两淮盐运使卢见曾自朱氏裔孙得彝尊遗稿,慷慨解囊,改题《经义考》,资助出版。参预校订朱氏书稿者,多一时经学名儒,三吴著名经师惠栋即为首选。

继承清初诸儒的经学倡导,沿着《通志堂经解》和《经义考》开辟的路径,至乾隆中叶,古学复兴,经学昌明,清儒解经著述比肩接踵,蔚然而出。以《四库全书》的纂修为标志,终于拔宋帜而立汉帜,形成了乾嘉学派主盟学坛的繁荣局面。

在中国学术史上,作为一部空前规模的学术丛书,《四库全书》取历代经部诸要籍冠诸群书之首。所录以《易》、《书》、《诗》、《礼》、《春秋》、《孝经》、《五经总义》、《四书》、《乐》、《小学》为类依次将历代经籍,包括迄于乾隆初叶的清儒经学著述兼容并蓄。其气势之恢弘,涵盖之广博,不唯为历代诸丛书所不及,而且仅就经部诸书而言,较之《通志堂经解》和《经义考》,亦取得了出蓝而更胜的卓然成就。

如果说《通志堂经解》侧重反映宋元经学成就,可以称之为断代经学丛书,那么《四库全书》经部的构成,博及群籍,贯通古今,无疑是一部空前的通古经学丛书。虽然这两部丛书从不同的角度,皆程度不等地反映了清代经学的面貌,但是他们却都不是一部总结清儒经学成就的专书。因而适应清代经学自成一体的繁荣局面,将一代经师的著述汇聚一堂,便成为学术发展的客观需要。阮元的《皇清经解》在道光初叶的问世,就宛若水到渠成,乃清代经学演进的一个必然归宿。

三、诂经精舍与学海堂

阮元的发愿纂修《皇清经解》,一如前述,倘若将其摆到清代前期学术发展的大环境中去看,自有其历史的实在依据。而就其个人的学术经历而言,此一举措的成功实非一朝一夕,它经历了一个较长时间的酝酿过程。由阮元早年在浙江创诂经精舍，到总督两广，建学海堂于广州，他从各方面为之进行了充分的准备。

诂经精舍为清中叶著名书院。嘉庆二年，阮元任浙江学政，倡议编《经籍籑诂》。五年书成，升任浙江巡抚，遂以往日修书用屋五十间，选两浙诸生有志经史古学者读书其中，题名为诂经精舍。精舍本汉代生徒讲学之所，阮元借用古名，意在崇奖汉学，所以舍中立郑玄、许慎木主，师生皆定期拜祀。精舍而称诂经，则是阮氏学术旨趣的体现。他认为"经非诂不明"，"舍诂求经，其经不实"，于是以之命名，以示"不忘旧业，且勖新知"①。精舍初立，阮元并聘王昶、孙星衍主持讲席，且捐俸以为教学费用。每月一次，三人轮番授课，命题评文。舍中不讲八股文，不用试帖诗，重在解经考史，兼及诗词古文。其中的优秀篇章，以《诂经精舍文集》结集刊行。迄于十四年阮元奉调离浙，一时两浙名士多讲学其间，振兴一方学术，作育人才甚众。日后为阮元具体从事《皇清经解》编纂的严杰，即系当时精舍培养的高才生。

继诂经精舍之后，学海堂成为又一名噪南北的书院。嘉庆二十二年冬，阮元就任两广总督。为倡导经史实学，二十五年三月，沿杭州诂经精舍规制，借广州城西文澜书院旧址，创立学海堂，以经史古学课督一方士子。经数年规划营建，道光四年十二月，堂舍另辟新址，在粤秀山麓落成。就学士子经史诗文，阮元亲为审阅遴选，辑为《学海堂集》刊行。翌年秋，《皇清经解》始修，堂中士子则成为校订协修的最佳人选。

从诂经精舍到学海堂，阮元除为《皇清经解》的纂修培育出众多人才之外，还有过几次重大的经学编纂活动。一是《十三经注疏校勘记》的完成，二是校刻宋本《十三经注疏》，三是编纂大型经学专书

---

① 阮元：《揅经室二集》卷七《西湖诂经精舍记》。

《经郛》。其中尤为值得一记者,则是《经郛》的结撰。

　　《经郛》的结撰,阮元弟子张鉴辑《雷塘庵主弟子记》,系于嘉庆九年四月,此属误记。据考,《经郛》的倡议及义例的裁订虽皆出阮元,而确定书名,创编义例,实际从事,则当推陈寿祺为首功。寿祺就此致其师阮元的书札以及草创义例等,皆载于现存《左海全集》中,首末明晰,班班可考①。而《经郛》的结撰时间,即豁然在目。据陈氏文集卷八《西湖讲舍校经图记》载:"嘉庆辛酉(六年——引者,下同)季秋,余请假归。明年,吾师阮抚部自越招之,讲学敷文书院,不果往。又明年(八年)春,乃至书院。……其夏,师选校官及高才生十有六人,采唐以前说经文字,亲授义例,纂为《经郛》数百卷。属稿具,寿祺与编校焉,辄稽合同异,以俟吾师之审定。……于冬将还朝也,作《西湖讲舍校经图记》。"②此记作于嘉庆八年冬,陈寿祺离浙北上前夕,文中所述甚为清楚。而辅以阮元所撰《隐屏山人陈编修传》,其间故实就更其明白了。阮氏说:"辛酉(嘉庆六年)散馆,授翰林编修,请归省亲。会元巡抚浙江,延主讲杭州敷文书院,兼课诂经精舍生徒。元修《海塘志》,且纂群经古义为《经郛》,寿祺皆定其义例焉。癸亥(八年)冬入都。甲子(九年)典试广东。"③足见,《经郛》的结撰,始于嘉庆八年夏,实际从事者为陈寿祺及诂经精舍诸高才生。同年冬,寿祺离浙入都,之前初稿已成。

　　《经郛》的体例和著录时限,与之后的《皇清经解》皆不同。它并非采取丛书的形式,而是如同唐人李鼎祚之《周易集解》,以汇集唐以前诸儒经说为务。陈寿祺《上仪征阮夫子请定经郛义例书》,于此有

---

①拙文草拟过程中,承台湾中兴大学文学院胡楚生教授不弃,于今夏六月赐函指教,并附示已故杨家骆老先生《清儒五经汇解重印本总序》影印件,教益良深,谨此志谢。

②陈寿祺:《左海文集》卷八《西湖讲舍校经图记》。

③阮元《揅经室续集》卷二下《隐屏山人陈编修传》。

云:"乃者仰蒙善诱,俯启梼昧,将于九经传注之外,裒集古说,令寿祺与高才生共纂成之。"可见它是要钩稽古说于九经传注之外。而寿祺所拟该书义例,则更将其具体化,据称:"《经郛》荟萃经说,本末兼该,源流具备,阐许、郑之闳渺,补孔、贾之阙遗。上自周秦,下迄隋唐,网罗众家,理大物博。汉魏以前之籍,搜采尤勤,凡涉经义,不遗一字。"①工程如此之浩大,规格如此之崇高,其艰难可想而知,当然成功非易。所以,陈寿祺虽与诂经精舍诸高才生竭其全力,历时数月,但所成初稿却并未达到预期的构想。嘉庆八年冬,陈氏北去,阮元公务繁忙,无人再能挂帅增订,此事也就搁置下来。十五年,阮元因浙江学政舞弊案牵连,左迁翰林院编修。再入词馆,略有余暇,遂重理《经郛》旧稿。迄于十六年四月,改订一过,得稿一百余卷。终缘"采择未周,艰于补遗"②,以致长期束之高阁,未能付刻。

　　嘉庆二十二年冬,阮元抵广州接任,翌年除夕,为幕友江藩著《国朝汉学师承记》撰序,他将早年结撰《经郛》的初衷略加改变,发愿沿用其体例,专辑清儒经解为一书,题为《大清经解》。他说:"元又尝思,国朝诸儒说经之书甚多,以及文集说部,皆有可采。窃欲析缕分条,加以翦截,引系于群经各章句之下。譬如休宁戴氏解《尚书》'光被四表'为'横被',则系之《尧典》;宝应刘氏解《论语》'哀而不伤'即《诗》'惟以不永伤'之'伤',则系之《论语·八佾篇》而互见《周南》。如此勒成一书,名曰《大清经解》。"③至此,《皇清经解》的纂修已然提上日程。

①陈寿祺:《左海文集》卷四《上仪征阮夫子请定经郛义例书》。
②阮常生续编:《雷塘庵主弟子记》卷四,嘉庆十六年、四十八岁条。
③阮元:《揅经室一集》卷十一《国朝汉学师承记序》。

四、《皇清经解》的纂修

　　阮元倡议纂修《皇清经解》,时当嘉庆二十三年除夕。其发愿之初,本寄厚望于江藩、顾广圻诸名儒,所以他说:"徒以学力日荒,政事无暇,而能总此事,审是非,定去取者,海内学友惟江君(藩)与顾君千里二三人。他年各家所著之书,或不尽传,奥义单辞,沦替可惜,若之何哉!"①然而江、顾等人,或远居三吴,艰于南行,或近在咫尺,他务缠身,皆未能担此重托。时隔七年,托无其人,于是阮元只好依靠南来的弟子严杰并学海堂诸生,放弃旧日所构想的体例,改以丛书的形式,汇编清儒经学著述为一书。

　　一如早先《经郛》之委以陈寿祺,《皇清经解》的纂修,始终其事者,则是阮元的弟子严杰。杰字厚民,号鸥盟,浙江余杭人,因寄居钱塘,故又称钱塘人。其生卒年未详。据光绪间重修《杭州府志》载,晚清,诸可宝为其撰有传记一篇,唯笔者孤陋寡闻,用力不勤,竟未能觅得一读。严杰初为诸生,曾师从段玉裁问学②。阮元督学浙江,聘其助修《经籍籑诂》。继之阮氏抚浙,创诂经精舍于杭州,严杰入舍就读,成为其间之佼佼者。嘉庆十五年,阮元离浙还朝。翌年,厚民远道相随,课督阮元女安,留京师一年余。后阮氏与江都张氏联姻,严杰又成为阮安未婚夫张熙师。嘉庆二十五年春,学海堂初开,严杰亦于此时陪伴张熙来粤完婚。熙本患肝疾,体质虚弱,婚后未及一年即告夭亡。之后,严杰遂留于粤中阮元幕署。道光四年冬,学海堂新舍建成。翌年八月,严杰即受阮元之命,集阮氏藏书于堂中,辑刻《皇清经解》。

――――――――――――

①阮元:《揅经室一集》卷十一《国朝汉学师承记序》。
②徐世昌:《清儒学案》卷九十一《懋堂学案》。

据阮元子福补辑《雷塘庵主弟子记》载,《皇清经解》虽为阮元主持纂修,而实际编辑者则为严杰,监刻者是学海堂学长吴兰修,校对者乃学海堂诸生。阮福本人,则总理收发书籍出入,统督刻工诸事①。吴兰修,字石华,广东嘉应州(今梅县)人。嘉庆十三年举人。枕经葄史,富于藏书,曾自榜其门曰"经学博士"。道光元年,代理番禺县学训导。四年,阮元筹建学海堂新舍,兰修偕顺德赵均董理其役。堂成,遂举为学长兼粤秀书院监院。五年,又受阮元之命,先后出任《学海堂集》及《皇清经解》监刻。②

作为经学丛书,《皇清经解》的纂修体例,既不同于《通志堂经解》,又有别于《四库全书》。它没有按照前二书的编纂方式,区分类聚,人随书行;而是以作者为纲,按年辈先后,依人著录,或选载其经著,或辑录其文集、笔记。上起清初顾炎武、阎若璩、胡渭,下迄道光初依然健在的宋翔凤、凌曙,终以严杰所辑《经义丛钞》。所录凡七十四家,著述一百八十余种,计一千四百卷。

道光六年六月,阮元奉调改任云贵总督。此时,《皇清经解》辑刻将及一载,已得成书千卷。离粤前夕,他将《经解》主持事宜托付给广东督粮道夏修恕。至于编辑重任,则仍委之严杰。夏修恕,字浑夫,号森圃,江西新建人。嘉庆七年进士。道光初,以翰林院检讨改官广东督粮道。修恕不负阮元相托,孜孜矻矻,四历寒暑,凡遇辑刻重大事宜,皆"邮筒商酌",请示阮元③。九年九月,全书告成,夏氏特为撰序,冠于书首。序云:"《皇清经解》之刻,乃聚本朝解经之书,以继《十三经注疏》之迹也。自《十三经注疏》成,而唐宋解经诸家大义多括于其中。此后,李鼎祚书及宋元以来经解,则有康熙时通志堂之

①阮福续编:《雷塘庵主弟子记》卷六,道光五年、六十二岁条。
②温仲和:《光绪嘉应州志》卷二十三《吴兰修传》。
③阮福续编:《雷塘庵主弟子记》卷六,道光九年、六十六岁条。

刻。我大清开国以来,御纂诸经为之启发,由此经学昌明,轶于前代。有证《注疏》之疏失者,有发《注疏》所未发者,亦有与古今人各执一说,以待后人折衷者。国初如顾亭林、阎百诗、毛西河诸家之书,已收入《四库全书》。乾隆以来,惠定宇、戴东原等书,亦已久行宇内,唯未能如通志堂总汇成书,久之恐有散佚。道光初,宫保总督阮公,立学海堂于岭南以课士。士之愿学者,苦不能备观各书。于是宫保尽出所藏,选其应刻者付之梓人,以惠士林。委修恕总司其事。修恕为属官,且淑于公门生门下,遂勉致力。宫保以六年夏移节滇黔,修恕校勘剞劂,四载始竣。计书一百八十余种,庋板于学海堂侧之文澜阁,以广印行。不但岭南以此为《注疏》后之大观,实事求是,即各省儒林亦同此披览,益见平实精详矣。"①阮元一生为学,以实事求是为务,据其子阮福称,此序末数言,即为阮元亲笔所改。

严杰辑刻全书,始终其事,备悉其间甘苦,亦有识跋以明《经解》旨趣。据云:"云贵总督宫保阮师,素以经术提倡后学。嘉庆二十二年,奉命总督两广,数载之间,百废俱举。于粤秀山麓建学海堂为课士之所,取国朝以来解经各书,发凡起例,酌定去取,命杰编辑为《皇清经解》。是编以人之先后为次序,不以书为次序,凡见于杂家、小说家及文集中者,亦挨次编录,计一千四百卷。《注疏》罕言推算,编中所载天算各书,使孔冲远明乎此,不致误为《三统》,以庚戌之岁为太极上元矣。贾公彦明乎此,自无中气亏则为岁、朔气亏则为年之说矣。解经贵通诂训,《广雅》一书,依乎《尔雅》,王观察之《疏证》,尤宜奉为圭臬也。许氏《说文》,凡经师异文,莫不毕采。段大令积数十年心力而成是注,悉有根据,不同臆说。诸如此类,并为编入,更足补《注疏》所未逮。经术之盛,洵无过于昭代矣。"②

---

① 夏修恕:《皇清经解序》,载《皇清经解》卷首。
② 严杰:《皇清经解跋》,载《皇清经解》卷首。

　　道光九年十二月，三十函《皇清经解》寄至滇南，阮元苦心孤诣，数十年夙愿终成现实。因此书系在广州学海堂中辑刻，版片亦庋藏堂侧之文澜阁，故又称《学海堂经解》。

五、评《皇清经解》

　　阮元一生为官所至，振兴文教，奖掖学术，于清代中叶学术文化的发展做出了卓越的贡献。《皇清经解》作为他晚年的一项重大学术编纂活动，接武早先的《十三经注疏校勘记》，以其所取得的巨大成功，在清代学术史上写下了辉煌的一页。归纳起来，其成功之所在主要是如下三个方面。

　　首先，《皇清经解》将清代前期的主要经学成就汇聚一堂，对此一时期的经学成就做了一次成功的总结。清代前期的经学，自清初顾炎武诸儒发端，经胡渭、阎若璩、毛奇龄等经师大张其帜，已然摆脱宋明理学羁绊，向训诂考古、朴实穷经一路走去。乾隆初，惠栋崛起，以复原汉《易》为职志，拔宋帜而立汉帜，经学遂成一代学术中坚。继惠栋之后，戴震领风骚于一时，其学得段玉裁并王念孙、引之父子及扬州诸儒发扬光大，在中国古代学术史上，清代经学终得比美理学而卓然自立。与之同时，由庄存与开启先路，中经孔广森、张惠言诸儒阐发，至刘逢禄出，而今文经学异军突起，在清代经学中别辟新境，蔚为大观。从顺治到道光，近二百年间，清代经学所走过的发展历程，在《皇清经解》之中，以著述汇编的形式得以再现。全书编选有法，大体允当，为了解此一时期的经学成就，提供了一个较为集中的依据。

　　其次，《皇清经解》的纂修，示范了一种实事求是的良好学风，对于一时知识界，潜移默化，影响深远。清儒为学，以务实为旨趣。清初，鉴于晚明心学末流泛滥无归而酿成的学术弊端，弃虚就实，学以致用，风气渐趋健实。自康熙中叶，以迄乾隆一朝，务实学风经百余年培养，敦崇实学，实事求是，朝野无不皆然。阮元师弟训诂治经，学风平实，可谓得康乾诸儒嫡传。以此而编选一代经师解经之作，从顾亭林的《左传杜解补正》始，中经惠定宇的《周易述》、《九经古义》，再到戴东原的《杲溪诗经补注》、《考工记图》，又及段若膺的《说文解字注》、王怀祖的《广雅疏证》、《读书杂志》、王伯申的《经义述闻》、《经传释词》，兼载刘申受的《春秋公羊经何氏释例》、凌晓楼的《公羊礼说》，终以阮芸台师弟的《十三经注疏校勘记》、《经义丛钞》，原原本本，笃实可依。洋溢于其间的实事求是学风，对于一时知识界良好学术风气的培养，产生了积极的影响。之后，《皇清经解》不胫而走，广为流传，成为学术界解经圭臬。咸丰间，版片多为兵燹毁损，复经两广总督劳崇光倡议醵资补刻。迄于光绪中，王先谦以江苏学政承阮元遗风，再事纂辑，终成无愧前哲的《皇清经解续编》。

再次，《皇清经解》集清儒经学精粹于一书，对于优美学术文化成果的保存和传播，确乎用力勤而功劳巨。清代前期，诸儒经学著作，汗牛充栋，浩若烟海，限于客观条件，流传未广，得书非易。即以当时的广州论，虽为通商口岸，经济繁荣，而士子尚以不能觅得前哲时贤经学著述一读为憾，其他偏远落后地区，则其苦自然更甚。因此，阮元师弟将清代前期经学著述整理比勘，汇辑成册，不唯传播学术，有便检核，而且保存文献，弘扬古籍，亦可免除意外灾害及其他因素造成的图书散佚毁损之虞。一举而兼数得，实为清代学术史上的一桩盛举。

作为经学丛书，《皇清经解》的汇辑群籍，并非信手拈来，简单编排，而是经过编辑者的精心别择去取。全书自道光五年八月初刻，迄于九年九月竣工，历时五载始成，别择严谨，劳作艰辛，无疑是一个重要原因。遴选精粹，此为《皇清经解》之所长，但因别择不当，酿成疏失，亦恰成为其所短。譬如就《尚书》而论，既选了惠栋的《古文尚书考》、王鸣盛的《尚书后案》、孙星衍的《尚书今古文注疏》，却摒阎若璩《尚书古文疏证》于不录，渊源既失，岂不成了无源之水、无本之土？再就个人著述言，胡渭的《易图明辨》，为清初经学名作，辨证宋儒图书《易》说，功不可没。《经解》既录其《禹贡锥指》，却不载《易图明辨》，不能不令人惋惜。惠栋表彰汉儒《易》学，先有《易汉学》而继撰《周易述》，《经解》仅录《周易述》而不载《易汉学》，未免源流不明。戴震的《孟子字义疏证》，精心结撰，独步一时，焦循撰《读书三十二赞》，激赏有加，章学诚虽不以戴学为然，亦不能不表佩服。《经解》为一时风气裹挟，竟置若罔闻，显然无助于对戴震学说的总体把握。他如若干著述的重要序跋题识，多弃而不录，此虽为体例所限，但从文献学的角度言，未存原貌，实属憾事。当然，凡此种种，白璧微瑕，无碍大体，美中不足而已。

　　此外，清儒治经，虽主张不通群经，无以治一经，但学有专攻，成家者每每皆以专经自立。由于体例的限制，《皇清经解》依人著录，此点本未可非议。然而为明了群经学说源流计，倘若能够按照时代先后，区分类聚，编一分类目录于卷首，则与原目录相得益彰，岂不更好！至于咸丰间，劳崇光补刻《皇清经解》，于严杰之选录《读书杂志》、《说文解字注》及诸多天文历算著述颇有微词，实是劳先生未能深谙清儒经学好尚使然。我们赞赏劳先生补刊古籍的业绩，但却没有理由去同意他对《皇清经解》的这一批评。

（原载《第一届国际暨第三届全国清代学术
研讨会论文集》，台湾中山大学中国文学系、
中国文学研究所编印，1993 年 11 月版）

《李朝实录》所见乾嘉年间中朝两国之文献与学术

清代乾隆(1736—1795)、嘉庆(1796—1820)两朝,跨李氏朝鲜之英宗、正宗和纯宗三朝。八十余年间,李氏王朝通过每年数度遣派使臣,维系两国关系,购求中土典籍,了解学术资讯,为儒学文献的保存和传播,做出了甚多贡献。以下,谨就《李朝实录》所记,掇其大要,排比成篇,奉请方家指教。

一、清修《明史》之东传

清修《明史》,如何记载李氏王朝之宗系,是朝鲜几代君臣至为关注的问题。英宗即位伊始,于二年(清雍正四年,1726)二月,遣陈奏使入华,向清廷呈递奏文,就此提出交涉。据称,明天启三年癸亥(1623),朝鲜废光海君李珲,立仁祖李倧,"功光往牒,事垂来裔"。然而清康熙十一年壬子(1672),朝鲜使节购回之《皇明十六朝记》,"记本国癸亥事,直以篡逆书之"。于是英宗向清世宗恳请:"今当皇上继述先德之日,亦必有以曲谅臣言之非妄矣。倘蒙明命史臣,另加照管,删除讹诬,昭载实迹,以成永世之信史,仍将印本宣示小邦。则不但臣之受恩衔结,糜粉是期,抑臣之先祖父必将感泣于冥冥之中,而亦岂不有光于列圣字小之遗德乎！"①

　　是年五月二十八日，清廷接受了李氏朝鲜的请求。据《清世宗实录》记："礼部等衙门遵旨议覆：朝鲜国王李昑之四代祖李倧，在明天启三年请封，当据该国宗族称倧恭顺，因吁请统理国事。今该国王奏称，有《明十六朝记》，直以篡夺书之，实属冤枉，请删除杂说，著为定论。应如所请，俟《明史》告成后，将《列传》内立李倧之事，颁发该国。从之。"②

　　翌年初，朝鲜使节返国，告《明史·朝鲜列传》誊本已有所修改。据《李朝英宗实录》是年闰三月庚申条记：

　　　　上召见冬至三使臣，问辨诬事。副使郑亨益对曰："誊本比初稍胜，而犹不无碍逼之语，臣等不善奉使之罪大矣。"上慰谕。盖《明史》记我朝仁祖事，语多构诬，清国方修《明史》，故前后使行每请改而不许。是行也，清国执政常明者为之周旋，略改字句，仍示誊本，使臣受还，而犹未尽改矣。③

之后，迭经遣使陈奏，至英宗七年初，辨诬事遂告如愿以偿。据《英宗实录》七年（清雍正九年，1731）四月癸巳条记：

　　　　谢恩使西平君桡等复命。上召见，教曰："辨诬之举善成矣，彼史未及见刊本，而所欲改者改之云，诚邦国之幸也。"桡曰："皆圣上诚孝所致，臣等何力焉。"仍出柜中誊本一卷以上之，其卷编

①吴晗：《朝鲜李朝实录中的中国史料》下篇卷八《英宗实录》"二年二月己巳"条，第11册，北京：中华书局，1980年，第4405页。
②《清世宗实录》卷四十四，"雍正四年五月己未"条。
③吴晗：《朝鲜李朝实录中的中国史料》下编卷八《英宗实录》"三年闰三月庚申"条，第11册，第4411页。

以《敕修明史稿》。①

是年十一月,英宗再遣使臣,陈请将《明史》已成之《朝鲜列传》"先颁先刊"②。

翌年三月,清世宗特许朝鲜史臣所奏,将《明史·朝鲜列传》誊本颁示朝鲜。据《清世宗实录》雍正十年(1732)三月戊辰条记:

> 礼部议覆:朝鲜国王李昑咨称,《明史》内《朝鲜列传》,讹载先世李倧篡夺一事。雍正四年,奏请昭雪,已蒙圣恩,令史臣改正,伏祈早为颁发。查现今《明史》尚未告竣,该国王所请伊国列传,应俟《明史》告成,再行刊发。得旨:部议甚是。但该国王急欲表伊先世之诬,屡次陈请,情词恳切。着照所请,将朝鲜国列传先行抄录颁示,以慰该国王恳求昭雪之心。③

四月,朝鲜使臣将此一消息驰告国内。五月,遂携《明史·朝鲜列传》抄本返国。至此,辨诬事告竣。购回《明史》全帙,则成随后数年间朝鲜来华使臣的一项重要使命。迄于英宗十四年(清乾隆三年,1738)七月,朝鲜获悉《明史》告成在即,于是专遣使臣,奏请颁示《明史》全帙。据《英宗实录》所载陈奏文记:

> 雍正十年春,先皇帝诞降恩旨,颁示抄录本国外传,先祖百

---

① 吴晗:《朝鲜李朝实录中的中国史料》下编卷八《英宗实录》"三年闰三月庚申"条,第 11 册,第 4439 页。
② 吴晗:《朝鲜李朝实录中的中国史料》下编卷八《英宗实录》"三年闰三月庚申"条,第 11 册,第 4445 页。
③《清世宗实录》卷一一六,"雍正十年三月戊辰"条。

年之诬,一时昭晰,信史正论,凿凿符实。而惟是史书刊刻,又未告竣,印本恩颁,随以淹延,成书之未即快睹,犹为未了之案。若其被诬原委,悉具于两先朝陈奏。今于刊刻告成之际,卒蒙完帙之颁示,则岂独小邦之幸,抑或有光于字小之泽。①

十一月,清廷议覆朝鲜奏请,高宗特许将《明史·朝鲜列传》"先行刊刻,刷印颁给"。据《清高宗实录》记:

> 礼部议覆:朝鲜国王李昑表请,颁发该国订正列传印本。查该国先祖李倧,继立被诬,业蒙世宗宪皇帝昭雪,宣付明史馆,确考删定,并经先行颁发抄录列传,伊祖事迹,已有定论。且《明史》卷帙浩繁,刊刻尚未告成,应俟报竣之日,刷印颁示。……得旨:该国王请颁发伊本国列传,情词恳切。《朝鲜列传》既已成书,着照所请,先行刊刻,刷印颁给,以副朕柔远之至意。②

至于《明史》全帙之是否颁示朝鲜,则未予置议。

英宗十五年(清乾隆四年,1739)二月,朝鲜奏请使返国,携回清廷所颁《明史·朝鲜列传》刊本。《英宗实录》于此记云:

> 二月己卯,奏请使金在鲁等至燕,以刊改《明史·朝鲜列传》来。上命具龙亭鼓吹,使臣陪进敦礼门,上御宣政殿,在鲁奉史册跪进,上跪受。上复御熙政堂,引见三使臣,劳之,谓在鲁等

---

① 吴晗:《朝鲜李朝实录中的中国史料》下编卷八《英宗实录》"十四年七月乙亥"条,第 11 册,第 4498 页。
② 《清高宗实录》卷八十一,"乾隆三年十一月乙亥"条。

曰:"史书顺成可幸,然恨未得全帙来也。"①

由于《明史》全帙之请颁未获答复,所以当年十一月,英宗召见即将起程的冬至使臣,依然责成"购《明史》全帙而来"②。

清乾隆四年(朝英宗十五年,1739)七月,《明史》刊刻藏事。十月,清廷议定《明史》颁发事宜,朝鲜并未列入范围。据《清高宗实录》记:

> 大学士鄂尔泰等奏,遵旨议颁发《明史》。查旧例,在京四品京堂以上,翰詹衙门讲读中赞以上,内廷行走翰林、满汉讲官,及外省督抚藩臬,俱在应赏之列。其纂修《明纪纲目》官,请各赏一部。直省府州县卫学官,亦各颁一部。如坊间愿自刻者,呈明地方官准刻。从之。③

尽管如此,朝鲜使臣还是凭借多年经营的私人渠道,于《明史》刊行之翌年四月,将该书刊本"潜贸"回国。《英宗实录》于此记得很清楚:

> 四年甲戌,上召见回还冬至正使绫昌君楒、副使李匡德、书状官李道谦等,慰谕远役之劳。仍问曰:"史册贸来否乎?"楒曰:"未颁布前,不敢私自贸来,闻首译潜贸以来矣。"匡德曰:"此大

---

①吴晗:《朝鲜李朝实录中的中国史料》下编卷八《英宗实录》"十五年二月己卯"条,第11册,第4499页。
②吴晗:《朝鲜李朝实录中的中国史料》下编卷八《英宗实录》"十五年二月己卯"条,第11册,第4504页。
③《清高宗实录》卷一○二,"乾隆四年十月辛巳"条。

关国体,潜贸者,宜施一律也。"上曰:"功过相当,何必深责。"①

清制,外国进贡使臣私买图书,乃属严禁。康熙三十年(1691),朝鲜使臣即因之而受到处罚。据《大清会典事例》记:

> (康熙)三十年议奏,朝鲜国进贡正使及通官,私买《一统志》书,通官革职,发其国边界充军。正副使、书状官,奉旨从宽免议,书贮库。②

英宗君臣所云"大关国体"、"功过相当"即缘此而来。

关于此次"潜贸"《明史》刊本之举,《英宗实录》三年以后的一条记载,同样可以印证,据云:

> 检阅李毅中奏曰:"前以皇明正史中列朝本纪与朝鲜所附之卷五六册下本馆矣,后因儒臣陈达有使臣贸来之件云,令地部出给其直,而原册子藏诸史局好矣。"上可之。③

从雍正十年五月《明史·朝鲜列传》抄本颁朝,中经乾隆三年(1738)十一月向朝鲜颁示《明史·朝鲜列传》刊本,至乾隆五年四月《明史》刊本全帙"潜贸"入朝,中朝两国实现了一部重要史学文献的交流。

---

①吴晗:《朝鲜李朝实录中的中国史料》下编卷九《英宗实录》"十六年四月甲戌"条,第11册,第4506页。

②《大清会典事例》卷五一一《礼部》二二二"朝贡",第6册,北京:中华书局,1991年,第912页。

③吴晗:《朝鲜李朝实录中的中国史料》下编卷九《英宗实录》"十九年六月甲寅"条,第11册,第4516页。

二、辑印朱子书与表彰朱子学

清代乾隆、嘉庆两朝，是朱子学传衍过程中的一个低潮时期。尽管清高宗即位之初，一如其父祖，曾有理学的提倡。先是乾隆三年五月二日，为婺源朱子家庙题匾，大书"百世经师"①四字。继之于五年十月，又颁谕训斥儒臣，提倡读宋儒书，研精理学。据称：

> 朕命翰詹科道诸臣，每日进呈经史讲义，原欲探圣贤之精蕴，为致治宁人之本，无所不该，亦无往不贯。而两年来，诸臣条举经史，各就所见为说，而未有将宋儒性理诸书，切实敷陈，与儒先相表里者。盖近来留意词章之学者尚不乏人，而究心理学者盖鲜。……朕愿诸臣研精宋儒之书，以上溯"六经"之阃奥。②

翌年七月，再在上谕中宣称：

> 朕自幼读书，研究义理，至今《朱子全书》未尝释手。③

然而徒有其言而实无其行，朱子学的传衍并未因之而获推动。相反，朴实的考经证史之学，则以乾隆十四年（1749）以后之诏举经学特科为契机，不胫而走，风靡朝野，成为尔后数十年中国学术之主流。直至嘉庆十九年（1814），学术病痛已深，始有段玉裁（若膺、茂堂，1735—1815）起而大声疾呼：

---

① 《清高宗实录》卷六八，"乾隆三年五月癸丑"条。
② 《清高宗实录》卷一二八，"乾隆五年十月己酉"条。
③ 《清高宗实录》卷一四六，"乾隆六年七月癸亥"条。

　　愚谓今日之大病,在弃洛、闽、关中之学不讲,谓之庸腐。而立身苟简,气节败,政事芜,天下皆君子,而无真君子,未必非表率之过也。故专言汉学,不治宋学,乃真人心世道之忧。①

　　与乾嘉两朝之清代学术异趣,同时的东邻李氏朝鲜,尤其是英宗、正宗二朝,则因朝廷的提倡,形成辑印朱子书、表彰朱子学的局面。根据《李朝实录》之所记,谨将形成此一局面之大致线索梳理如后:

　　(一)英宗:

　　十五年五月,印送《四书》、《三经》、《小学》、《近思录》至副京松都,以供士子阅览。

　　十六年三月,开经筵,讲《春秋》、《大学衍义补》。

　　二十年二月,刊印《四书》、《三经》、《史略》、《小学》等书。

　　四十一年四月,英宗为《近思录》撰序。

　　四十六年十月,拟重刊《朱子大全》、《朱子语类》,宣称"尊朱子莫如我东"。

　　(二)正宗:

　　三年春,依《朱子大全》所记,订正朝廷礼乐。

　　四年四月,朝鲜使臣返国,讥清人"婚丧之礼,不遵《文公家礼》"。

　　同年十月,正宗御定《宋史筌》成,宣称:"若有宋矩矱之正,文物之盛,与夫儒术之该性理,士习之重名节,即我朝之所尤尚者。"

　　十年春,严禁使臣自北京购回"不经书籍"。

　　十一年十月,重申严禁使臣购回"左道不经"书籍。

---

① 段玉裁:《与陈恭甫书》,载陈寿祺:《左海文集》卷四《答段懋堂先生书》附录。又见《左海经辨》卷首,《金坛段懋堂先生节》之三,唯系节录。

十四年春,以值孔子、朱子生年,择吉日谒文庙,设科取士。

十五年五月,依据朱子《资治通鉴纲目》,辑君臣问对而成《纲目讲义》。

十六年十月,重申自北京购回"杂书"之禁。嘱使臣觅购有关孔子世系及其他古迹之书。

十七年十月,以"燕市购来者专取新奇文字"再申购书之禁。

十八年正月,校书馆以活字印行《三经》、《四书》。

同年十月,正宗召见赴华使臣,重申"自经书以下,切勿购来"。

同年十二月,正宗著《朱书百选》成。

十九年八月,正宗君臣议一时清人学术,认为"所谓唐学,为弊转甚","不似治世之音"。

二十年三月,使臣自北京购回《阙里志》、《阙里文献考》等书。

二十一年六月,辑《乡礼合编》成。颁朱子增损《吕氏乡约》于四都八道,《朱子家礼》附载其后。

同年十二月,新印《春秋》成,重申"夫子之笔法,待朱夫子而著"。

二十二年四月,正宗拟新编《朱子全书》,表示:"予之平生工夫,在于一部朱书。"

同年七月,辑印《五经百篇》成,宣称:"朱子之文,其义理之渊深,辞法之粹正,可以直接四子之统,而继往开来之功,尤在于《庸学章句》。"

同年十一月,正宗著《四部手圈》三十卷成。

二十三年七月,谕赴华使臣曰:"朱夫子即孔子后一人也。……朱夫子尊,然后孔夫子始尊。……予所愿者,学朱子也。"嘱购朱子书。

同年十一月,朝鲜使臣购回《朱子大同集》、《朱子实纪》。

同年十二月,正宗编《杜陆千选》成。

（三）纯宗：

元年七月，印颁正宗编定《四部手圈》。

六年二月，朝鲜使臣返国述职，称清廷儒臣学术有云："近来汉人之稍有文学者，各立门户，有所谓考据之学，诋斥宋儒，专主注疏之说。礼部尚书纪晓岚为首，而阁老刘德舆等从之。"

七年十月，弛使臣北京购书之禁，称"稗官小说异端外，如经史子集中我国罕有之册子，使之出来"。

乾嘉时期的中朝两国，处于大致相同的历史发展阶段，同为文献之邦，同奉中华礼仪，可同以汉字进行学术文化交流。用此时李朝君臣的话来说，就叫作"我国一遵华制"①、"今天下中华制度独存于我国"②。然而两国的儒学演进，却显示出不同的路径，一个是考据学大盛，一个是朱子学复兴。这样一个格局的形成，其原因固然很多，但是至少如下一点不可忽视。那就是清高宗之提倡理学，尊崇朱子，无非姿态而已，而为清廷所实际倡导的，则是经史考证和辞章之学。乾隆十年（1745）四月，高宗即因之而向士子发出穷经的号召，据称："将欲得贤材，舍学校无别途；将欲为良臣，舍穷经无他术。多士宜有以奋发敷陈，启迪朕蔽。"③而此时的李氏朝鲜诸帝王则不同，尤其是正宗一朝，于朱子学之表彰，则是身体力行，率先垂范。

正宗二十二年四月，在经筵讲学时，正宗向儒臣追述一生究心朱子学之经历云：

　　　　夫子尝曰，述而不作。予之平生功夫，在于一部朱书。予年

① 吴晗：《朝鲜李朝实录中的中国史料》下编卷十《正宗实录》"三年九月己丑"条，第 11 册，第 4682 页。
② 吴晗：《朝鲜李朝实录中的中国史料》下编卷八《英宗实录》"元年四月壬辰"条，第 11 册，第 4397 页。
③ 《清高宗实录》卷二三九，"乾隆十四年四月戊辰"条。

二十时,辑《朱书会选》,又与春桂坊抄定注解,又点写句读于《语类》。四十后编阅朱书者多,而近年又辑《朱书百选》。而昨年夏秋,取《朱子全书》及《大全》、《语类》,节略句语,又成一书,名曰《朱子书节约》。近又留意于《朱子大全》及《语类》与其外片言只字之出于夫子之手者,欲为集大成,编为一部全书。待其编成,将别构一室于宙合楼旁,奉安朱子真像,并藏全书版本于其中。予于朱夫子实有师事之诚,所以欲如是也。①

这段话清楚地说明,正宗尚在皇子邸,即已辑成《朱书会选》,奠定了朱子学的深厚根底。继位以后,又陆续辑有《朱子会统》、《紫阳会英》、《朱书各体》、《朱书百选》和《朱子书节约》等。迄于二十二年,正在着手新编《朱子全书》。关于这部拟议中的新编《朱子全书》,正宗发愿甚宏,在翌年六月召见赴华使臣时,曾述其梗概云:

窃又有契于《春秋》之旨,拟成大一统文字。欲以《大全》、《语类》、《遗书》与《二经》、《四书》之《传义》、《章句集注》、《或问》,及《启蒙》、《家礼》、著卦之考误,昌黎之考异,以至魏氏之契,楚人之辞,《通书》、《西铭》、《太极传解》等群书,裒以粹之,作为全书。……鸠辑有年,行且就绪,待编成告于先圣之庙而印行。②

惜天不遂人愿,发出这一讲话未及一年,正宗便赍志而殁,过早地离

---

①吴晗:《朝鲜李朝实录中的中国史料》下编卷十二《正宗实录》"二十二年四月癸丑"条,第12册,第4954页。
②吴晗:《朝鲜李朝实录中的中国史料》下编卷十二《正宗实录》"二十三年七月壬申"条,第12册,第4992页。

开了人世。

通过清高宗与李朝正宗之比照，在表彰朱子学的问题上，一个虚应故事，一个实心任事，形诸国家之文化决策，其结果自然要迥异其趣了。

三、从《四库全书》到《四部手圈》

乾隆三十七年（1772）正月，清高宗颁谕，命搜集古今群书，"以彰千古同文之盛"①。同年十一月，安徽学政朱筠（竹君，1729—1781）奏请访求遗书，建议开馆校书。据称：

> 臣在翰林，常翻阅前明《永乐大典》，其书编次少伦，或分割诸书以从其类，然古书之全而世不恒睹者，辄具在焉。臣请敕择取其中古书完者若干部，分别缮写，各自为书，以备著录。书亡复存，艺林幸甚。②

翌年二月，清廷开馆校核《永乐大典》，确定他日采录成编，题名《四库全书》。旋即任命馆臣，征调儒士，于是《四库全书》之开馆纂修，遂成终乾隆一朝之重大文化举措。

乾隆三十九年（1774）七月，《四库全书总目》稿成，高宗颁谕认可，责成注明何人所藏、采自何处，并命纂《简明书目》。据《清高宗实录》记：

> 办理《四库全书》处进呈《总目》，于经、史、子、集内，分析应

---

① 《清高宗实录》卷九〇〇，"乾隆三十七年正月庚子"条。
② 朱筠：《笥河文集》卷一《谨陈管见开馆校书折子》。

刻、应钞及应存书名三项。各条俱经撰有提要,将一书原委,撮举大凡,并详著书人世次爵里,可以一览了然。较之《崇文总目》,搜罗既广,体例加详,自应如此办理。……若通查各省进到之书,其一人而收存百种以上者,可称为藏书之家,即应将其姓名,附载于各书提要末。其在百种以下者,亦应将由某省督抚某人采访所得,附载于后。其官版刊刻及各处陈设库贮者,俱载内府所藏,使其眉目分明,更为详备。至现办《四库全书总目》,提要多至万余种,卷帙甚繁,将来钞刻成书,翻阅已颇为不易。自应于提要之外,别列《简明书目》一编。只载某书若干卷,注某朝某人撰,则篇目不烦,而检查较易。俾学者由书目而寻提要,由提要而得全书。①

乾隆四十一年(1776)九月,高宗颁谕,令将《四库全书总目》及各书提要并校订各签,"一体付聚珍版,排刊流传"。据称:

昨《四库全书荟要》处呈进钞录各种书籍,朕于几余披阅,见粘签考订之处颇为详细。所有各签,向曾令其附录于每卷之末,即官版诸书,亦可附刊卷尾。惟民间藏版及坊肆镌行之本,难以概行刊入。其原书讹舛,业经订正者,外间仍无由得知,尚未足以公好于天下也。前经降旨,令将《四库全书总目》及各书提要,编刊颁行。所有诸书校订各签,并着该总裁等,另为编次,与《总目》、《提要》一体付聚珍版,排刊流传。②

清乾隆四十一年,系李氏朝鲜之英宗五十二年。是年三月,英宗

①《清高宗实录》卷九六三,"乾隆三十九年七月丙子"条。
②《清高宗实录》卷一〇一七,"乾隆四十一年九月戊戌"条。

逝世,正宗继位。清修《四库全书》一事,此时消息当已传至朝鲜。故而是年十一月,正宗召见谢恩使臣一行,即以购求《四库全书》为此行使命之一。翌年二月,使臣返国,曾就此做出如下禀报:

> 《四库全书》求购事,详探于序班辈,则所言不一,故更从他歧屡次往复于编校翰林,则以为此书近累万卷,而抄写居多,刊印十之一。经传子史之编于《图书集成》者,初不刊印,只取人所罕见有益世教之书,以聚珍版刊印于武英殿,而并抄写之本,分作四件,一置大内,一置文渊阁,一置圆明园,一置热河。抄写则四部外无他本,刊印亦若干本而已。勿论抄写与刊印,工役尚远云云。聚珍版即我国之铸字版。……伏念《四库全书》实就《图书集成》广其规模,则《集成》乃《全书》之原本也。既未得《四库全书》,则先购《图书集成》,更待讫役,继购全书,未为不可。故问于序班等,觅出《古今图书集成》,共五千二十卷,五百二匣,给价银子二千一百五十两,今方载运。①

朝鲜使臣的上述报告,除将《永乐大典》误为《古今图书集成》,且混丛书与类书为一体外,其他消息应属大致不误。雍正初年成书之《古今图书集成》,直至五十余年后,始获东传朝鲜,中朝两国间学术文化交流之艰难,于此可见一斑。

　　乾隆四十七年(1782)正月,清修《四库全书》告竣。是年十月,朝鲜冬至使臣来华。翌年三月,取道沈阳返国,此一消息即随之带回朝鲜。据使臣驰告:

---

① 吴晗:《朝鲜李朝实录中的中国史料》下编卷十《正宗实录》"元年二月庚申"条,第 11 册,第 4647 页。

臣等一行,二月初六日自燕京离发,二十四日到巨流河。则
沈阳所去《四库全书》领运之行,已到河边,而流澌塞津,不得行
船,伐冰开路。故臣等滞留三日,待书担过涉后,始为渡河。盖
《四库全书》昨年春始告成,一帙为三万六千卷,而《总目》为二
百卷云。①

　　乾隆四十九年(1784)十一月,《四库全书》一式四份抄写藏事。
翌年四月,此一消息亦由朝鲜使臣带回,据称:"《四库全书》四部缮
写之役,前年冬告竣,分藏于文渊、文源、文津、文溯等阁,每部共为三
万六千卷。就其中抄出奇文,附诸剞劂。"②
　　《四库全书》内廷四部中,文津阁本置于热河(今河北承德)避暑
山庄。因清高宗每年夏秋间多理政于此,故随手翻检,屡举讹误而命
当事官员重校。有关这方面的情况,同样见诸朝鲜使臣的报告。据
正宗十六年(乾隆五十七年,1792)三月,书状官沈能翼所进别单记:

　　《四库全书》共六千一百四十四函,先为写就,已经详校者五
千八百五十余函,系武英殿提调。近以文源、文渊、文津三阁各
员看检详校,每员每日各看二万字,而盛京文溯阁藏书亦同考
阅。文津阁在于热河,道路较远,运送不便,此则前往就近看阅。
文溯阁书函卷帙浩繁,令张焘等前往抽阅,陆锡熊同往抽查,而
并令武英殿查明分别,尚未讫工。③

①吴晗:《朝鲜李朝实录中的中国史料》下编卷十《正宗实录》"七年三月乙卯"
　条,第11册,第4718页。
②吴晗:《朝鲜李朝实录中的中国史料》下编卷十《正宗实录》"九年四月戊戌
　条",第11册,第4764页。
③吴晗:《朝鲜李朝实录中的中国史料》下编卷十一《正宗实录》"十六年三月壬
　辰"条,第11册,第4840—4841页。

此时的李氏朝鲜,虽未能如清廷之动用巨帑,会聚儒臣,纂修卷帙浩繁的大型图书,然而正宗君臣如此关注《四库全书》,足见对清廷此一举措之高度重视。因之在正宗当政的二十四年间,自五年纂修《奎章总目》始,历年不间断之文献整理、图书编纂、刊印、弆藏;直至十六年,"命仿中国四库书聚珍版式,取字典字本,木用黄杨,刻成大小三十二万余字,名曰生生字"①。二十年,完成整理铸字。迄于二十二年编定《四部手圈》,在在皆折射出清修《四库全书》之积极影响。

二十四年(嘉庆五年,1800)六月,正宗去世。纯宗继位伊始,即于元年(清嘉庆六年)七月,将其父遗著《四部手圈》刊行。据《纯宗实录》记:

> 秋七月……癸巳,印颁先朝《御定四部手圈》。先朝万机之暇,尝取经、史、子、集四部书,亲御铅椠,批圈抄节,合成一书。凡二十五编:"三礼"三编;《史记》、两《汉书》三编;《周子》、两《程子》、《张子》、《朱子》九;《陆宣公》一编;《唐宋八家》七编。至是命内阁刊印,分藏于宙合楼、华宁殿、五处史库、内阁弘文馆、华城行宫。仍赐颁大臣阁臣,监印阁臣以下施赏。②

至此,围绕清修《四库全书》,中朝两国在有限的渠道内,实现了一次有成效的学术交流。

---

①吴晗:《朝鲜李朝实录中的中国史料》下编卷十二《正宗实录》"二十年三月癸亥"条,第 12 册,第 4919 页。
②吴晗:《朝鲜李朝实录中的中国史料》下编卷十三《纯宗实录》"元年七月癸巳"条,第 12 册,第 5033 页。

四、结语

　　乾隆、嘉庆年间，清廷视李氏朝鲜为藩属，居高临下，俨然上国。而李氏朝鲜亦尊清廷为大国，尊周事大，委曲周旋。此一时期的中朝两国，不存在对等的国际关系，两国间的学术文化交流，也因之而呈畸形态势。就儒学文献而言，李氏朝鲜典籍之传入中国，极为有限。中国典籍之东传，除清廷特许的"颁赐"之外，主要渠道则是入华使臣的违禁潜购。然而就是在如此艰难的情况下，清修《明史》得以东传，《四库全书》的编纂亦在东邻产生积极影响。唯缘各自历史、经济、政治、社会、文化存在的具体差异，中朝两国儒学在此一时期又选择了不同的发展方向。中国儒学"以经学济理学之穷"，走的是朴实考证经史之路，而朝鲜儒学则以辑印朱子书、表彰朱子学，走向朱子学之复兴。历史演进千姿百态，这大概就叫作一致百虑，殊途同归。

（原载《东亚视域中的近世儒学文献与思想》，台湾大学出版中心 2005 年 7 月版）

十八世纪的中国

——为什么法国大革命当时
在中国未能激起回响？

十八世纪末叶的法国大革命，曾经对整个十九世纪的世界历史进程产生过深远影响。然而它在当时的中国却迟迟未能激起回响。直至一个世纪之后，方才成为我国有识之士的论题。探讨酿成这一历史现象的根源，不仅有助于准确地把握中国历史的个性，而且对于深入认识法国大革命也是不无益处的。

一

法国大革命沿上升路线行进的五年，正当中国清朝乾隆五十四年至五十九年，此时的中国社会发展水平，同法国迥然而异。十八世纪下半叶的法国，以资产阶级为主体的第三等级已经日趋壮大，足以同腐朽的封建制度相抗衡，与封建统治的较量迫在眉睫。然而在东方，左右当时中国历史命运的，仍旧是以封建宗法制纽结在一起的封建地主阶级及其国家机器。迄于乾隆末叶，乃至其后半个多世纪的历史时期里，在中国的社会结构中，并没有资产阶级的席位。法国大革命的前后，中国也存在过激烈的阶级对抗，不过，这一对抗的双方并非资产阶级和封建王朝，而是农民大众同地主阶级。诸如台湾林爽文领导的农民起义，湘黔边区的苗民起义，绵延于川、楚、陕一带的白莲教大起义，以及京畿、豫东的天理教起义等等，皆无一例外。严酷的史实表明,在死亡线上挣扎的农民大众,一旦争得生存下去的可能之后,他们为之付出巨大代价的微薄收益,立即被顽固的封建制度无情吞噬。结果便沿着他们父祖昔日的蹒跚足迹,依旧回到以耕织相结合的小农生产方式中去,成为替封建王朝创造财富的基本力量。

近数十年来,我国历史学界和经济学界的研究成果证明,尽管自明代中叶以后,我国少数地区的某些手工行业中,已经出现了资本主义萌芽,但是由于作为国民经济主要构成部分的农业劳动生产力的低下,就必然地决定了这种萌芽不可能畸形发展①。尤其不应当忽视的是,在封建经济的汪洋大海中,这样的萌芽如同一叶扁舟,随时存在倾覆的危险。

因此,当时的中国历史同法国历史形成了鲜明的时代反差。当巴士底狱的隆隆炮声敲响法国波旁王朝丧钟的时候,中国的乾隆皇帝正穷兵黩武,继镇压台湾林爽文起义之后,又接连用兵越南、尼泊尔,迫使两国统治者称臣纳贡,以所谓"十全武功"炫耀中外。同此时法王路易十六的惴惴不安截然相反,乾隆皇帝则是以"欣开八秩,幸得小康"②而喜不自胜,大庆八十寿辰。当《人权宣言》和《1791年宪法》在巴黎庄严颁布,法国资产阶级把自由、平等作为自己的旗帜昭示于世之时,人的尊严却在中国受到封建统治者的肆意践踏。乾隆帝当政的前五十年间,一反他的祖父康熙帝宽舒平和的治国风格,将其父雍正帝的高压政策引向极端,制造了一起又一起的文字冤狱。晚年专擅独裁有增无已。大学士和珅招权纳贿,怙宠乱政,把政局弄得十分黑暗。乾隆五十五年(1790),内阁学士兼礼部侍郎尹壮图,只因就以罚款形式惩治督抚一事提出异议,疏请"永停此例",便横遭逮

---

① 吴承明:《关于中国资本主义萌芽的几个问题》,载《中国资本主义萌芽问题论文集》,南京:江苏人民出版社,1983年,第3页。
② 《清高宗实录》卷一三四六,"乾隆五十五年正月壬午"条。

捕。后虽获从宽处理,但仍然落得个"逞意妄言"①的罪名而被降职。在封建帝王的专制淫威之下,奴性充斥朝野。据乾隆末叶来华的朝鲜使臣记载,按照清廷礼仪,每年春秋二季,官员须更换礼帽,或戴暖帽,或着凉帽。乾隆五十八年八月下旬,乾隆皇帝自热河行宫回京,天气骤凉,因年老恶寒,便提前改戴暖帽,满朝文武见状,竞相换帽。九月末,气温回升,他一时兴起,竟换上了凉帽,于是诸臣又纷纷改戴凉帽②。此事虽小,但于细微处却典型地反映了当时中国封建士大夫的十足奴性。更有甚者,对于此时来访的英国使节马戛尔尼,乾隆皇帝坚持要特使向他行三跪九叩大礼。1793年,法王路易十六夫妇先后被送上断头台,而业已八十四岁高龄的乾隆皇帝,虽然也在安排后事,但毫无被人赶下台之虞。他所考虑的,只是如何穷奢极侈,以太上皇自居,举行让位给其子嘉庆帝的禅受盛典。

显然,这样的客观历史环境,就决定了当时的中国是无从接受法国大革命影响的。

二

法国大革命之所以不能在乾隆之际的中国社会产生反响,也是同当时中国知识界的状况分不开的。

十八世纪末叶,法国资产阶级革命的爆发,不是一个偶然的历史现象。它既有经济上、政治上的深刻根源,也有思想上的充分准备。十八世纪初,法国资本主义生产关系的发展,孕育了众多的资产阶级启蒙思想家。诸如孟德斯鸠、伏尔泰、卢梭、狄德罗等等,他们不仅是十八世纪法国思想史上的巨擘,而且也是世界思想史上光彩照人的

①《清史稿》卷三二二《尹壮图传》。
②《朝鲜李朝实录中的中国史料》下编卷十一,"乾隆五十九年三月辛亥"条。

骄子。卢梭所倡导的"社会契约论",论证了资产阶级推翻封建统治的历史责任;他们大声疾呼要求自由、平等,给了资产阶级以空前的凝聚力。孟德斯鸠提出的立法、行政、司法三权分立的学说,确立了资产阶级国家基本法制的准则。尽管法国大革命前夕,卢梭等人都已相继去世,但是他们所留下的思想遗产,却使法国资产阶级找到了批判旧制度的强大武器。而这样的思想基础,在十八世纪末叶的中国却丝毫不具备。

同法国一样,清代前期的思想发展,也在史册上留下自己的灿烂一页。十七世纪中叶,中国社会的激烈动荡,曾经使中国知识界产生出黄宗羲、顾炎武、王夫之等宛若群星璀璨的时代巨人。他们立足现实,对封建君主专制政治体制的积弊作了深刻的揭露和批判,就改良封建政治的主要方面系统地阐述了各自的主张。他们认为"天下之治乱,不在一姓之兴亡,而在万民之忧乐"①,大声疾呼,"保天下者,匹夫之贱与有责焉"②,甚至倡言"凡为帝王者皆贼也"③。然而当时的中国社会并没有提出迎接近代历史的客观课题。因此,清初思想家所进行的"经世致用"呐喊,就其本质而言,也不是在作迎接新时代的呼唤,只是对于明朝灭亡的沉痛历史反思而已。尽管洋溢于其间的民主思想应当予以充分肯定,但是它没有,也不可能逾越封建思想的藩篱。由于历史起点和时代环境的根本差异,清初的"经世"思想是不能同法国启蒙思想相比拟的。

十分可悲的是,十七世纪中国思想家所进行的"经世致用"努力,并未得到清朝统治者的赞许。科举取士的笼络,文字冤狱的高压,使一度蓬勃兴起的经世思潮最终为严酷的封建文化专制所淹没。十八

①黄宗羲:《明夷待访录·原臣》。
②顾炎武:《日知录》卷十三《正始》。
③唐甄:《潜书》下篇下《室语》。

世纪初,清政府以提高南宋学者朱熹在孔庙从祀地位的形式,确立了朱熹思想对全国知识界的统治。从此,为宋明理学家所反复论证的封建伦理道德教条,成为桎梏一代知识界的沉重精神枷锁。乾隆一朝,在封建文化专制的严重束缚之下,知识界远离现实,人人自危,不得不沉溺于经史考据之中。虽然其间也产生出戴震、焦循、洪亮吉、章学诚等杰出的思想家、学者,但是曲高和寡,孤掌难鸣,整个思想界万马齐喑,沉闷已极。

十八世纪末叶的中国思想界,由于缺乏正视现实的勇气,其理论思维水平已经落在十七世纪中国思想家的后面。即使是以批判理学"以理杀人"[1]而独步一时的戴震,也无法摆脱孔孟思想的格局。在这样的思想基础上,要期待十八世纪末叶的中国思想界同法国启蒙思想产生共鸣,从而对法国大革命作出反应,当然是不切实际的。

三

法国大革命的不能及时作用于中国,还有一个重要的原因,那便是清政府所奉行的闭关锁国政策。

"普天之下莫非王土,率土之滨莫非王臣。"[2]这样的大一统帝国观念,自中国上古时代的西周起,世代相沿,承袭不改。入清以后,世界局势已经发生深刻变化。随着资本主义在西欧的胜利进军,以及国际交往的频繁,新的国际关系秩序冲破昔日的封建网罗而逐步确立。然而清朝政府却顽固地坚持早成历史陈迹的帝国观念,作茧自缚,把自己隔绝于国际社会之外。乾隆一朝,乾隆帝凭借其父祖奠定的雄厚国力,始终以"统驭万国"的"天下共主"自居。无论是周边邻

---

[1] 戴震:《戴东原集》卷九《与某书》。
[2] 《诗经·小雅·北山》。

国,还是与中国发生贸易往来的欧洲诸国,皆被统称为"外夷";纷繁复杂的国际关系,也被曲解为宗主国与藩属间的统属关系。对来华外国使节,则强加以"贡使"之名,夸饰为"诚心向化";甚至邻国元首偶尔来访,也称之为"入觐"。乾隆五十四年(1789)四月,乾隆帝曾经做过如下自白:"天朝抚驭外夷,逆则加以征讨,顺则永受宠荣。"①正是为这样的盲目自大的无知心理驱使,清政府不仅拒绝外国派遣常驻使节的要求,而且也把正常的国际贸易视为对"外夷"的恩赐,宣称:"天朝物产丰盈,无所不有,原不借外夷货物以通有无。"②

外交与商务混淆,商务与朝贡等同,这便是法国大革命时期清政府的外交观③。由于对外交事务的无知和漠视,因此迄于乾隆一朝,清政府在处理对外交往时,俄罗斯问题置于理藩院,其他诸国事务均交礼部,并无专门的外事机构。这样的外交观和外事体制,集中反映了清政府闭关锁国政策的基本特征。它严重地妨碍了中国与其他国家的交往,人为地拖延了中国走向世界的历史进程。法国大革命的消息,也正因此而被清政府严密封锁。

关于法国大革命消息的传入中国,在以往的法国史研究中,一般认为是乾隆末叶来访的英国特使马戛尔尼最先带来的④。事实上,这个揣测恐怕还可以商榷。英王乔治三世派遣乔治·马戛尔尼访华,一行数百人于1792年9月成行。之前,英属东印度公司总督弗兰西斯·培林曾就此先期致函清朝两广总督。同年11月,代理两广总督郭世勋接信,及时向乾隆帝作了报告。历时半年余,1793年6月,马戛尔尼一行抵达澳门海面。经与广东地方当局交涉,然后沿海

---

① 《清高宗实录》卷一三二七,"乾隆五十四年四月癸丑"条。
② 《清高宗实录》卷一四三五,"乾隆五十八年八月己卯"条。
③ 王戎笙:《清代前期历史中的几个问题》,《中国史研究》1988年第3期。
④ 端木正:《法国革命史的研究在中国》,《法国史论文集》,北京:生活·读书·新知三联书店,1984年。

路北上,于 7 月下旬进抵山东登州海面。再由大沽顺水路进入天津,
溯运河北行,于 8 月中旬到达北京。稍事休息,再于 9 月 14 日抵热
河(今承德)避暑山庄谒见乾隆帝。17 日,马戛尔尼及其主要随员又
应邀参加庆贺乾隆帝寿辰的隆重仪式。21 日离开热河返京。10 月 7
日离京。取道杭州、广州回国。这就是马戛尔尼一行访华的大致
行程。

据使节团秘书兼特使缺席时的全权代理乔治·斯当东所著《英
使谒见乾隆纪实》记载,由于法国大革命的消息中国方面已经获悉,
因此在此次访华的全过程中,并未以此为一项访问内容向中国官员
通报。该书于第九章《经过万山群岛,接近澳门,开往舟山》写道:
"近两三年的法国内乱消息在北京已有风闻,那里所鼓吹的种种破坏
秩序、颠覆政府的主张,迫使北京政府加以防范。"①第十二章《使节
在通州上陆》,又就此作了重申:"还有一点,对最近法国的种种理论,
没有比中国政府更深恶痛绝的。使节团来自西方,中国不愿同地球
的这一部分接近,英国与法国为邻,这一事实损害了它和远方中国的
关系。"②在本书第十五章《返回北京,在北京的观察和活动记述》中,
著者所引述的一位长住北京的传教士对马戛尔尼特使的谈话,同样
十分清楚,他说:"使节团越早来,效果越大。法国的动乱促使中国官
方加紧提防。假如特使携带礼物在法国国内未发生暴乱以前来,遭
遇到的困难要比现在少得多。"③所有这些记载,足以说明在马戛尔
尼使团来华以前,法国大革命的消息已经传入中国,只是因为清政府
的敌视而被严密封锁罢了。

①斯当东:《英使谒见乾隆纪实》第九章《经过万山群岛,接近澳门,开往舟山》,
　叶笃义译,北京:商务印书馆,1963 年,第 204 页。
②斯当东:《英使谒见乾隆纪实》第十二章《使节在通州上陆》,第 320 页。
③斯当东:《英使谒见乾隆纪实》第十五章《返回北京,在北京的观察和活动记
　述》,第 411 页。

至于法国大革命消息最初传入中国的确切时间和具体渠道,由于目前所能见到的清朝官方文书只字未予记载,因此我们依然只能做一些揣测。当时,清政府虽然拒绝与欧洲诸国建立外交关系和正常的商务往来,但是广州作为对外通商的唯一口岸,一直允许外商进出。英国、法国所分设的东印度公司,在广州均驻有商务代理人。早年划归葡萄牙的澳门,更是欧洲各国商人从事对华贸易的麇集地。在与外商的交涉中,广东地方当局,尤其是粤海关官员,就有可能获悉法国大革命的情况,从而及时向中央政府禀报。此外,在北京则驻有欧洲各国的众多传教士,他们或分驻于京中四大天主堂,或应聘入钦天监、算学馆、画院等处供职。虽然根据中国官方的规定,终身不得回国,但是他们与各自国家的通讯并未受到禁止,与来华商人的暗中往来也时有发生,而且还能得到各国政府和教会的接济。正如乔治·斯当东所述:"这些外国传教士们依靠外国教会汇寄一些款项来维持生活,现在法国的平民统治者断绝了这笔款项来源,这些传教士们比任何人都更厌恶法国革命。"[1]由于对法国大革命的仇视,有关这方面的消息,他们自然会通过与清朝官员的接触而传给中国官方。我们相信,随着中国有关历史档案,以及在华传教士书简等的整理、翻译,这个问题的真相终究是可望澄清的。

(原载《法国大革命二百周年纪念论文集》,
生活·读书·新知三联书店 1990 年 12 月版)

---

[1]斯当东:《英使谒见乾隆纪实》第九章《经过万山群岛,接近澳门,开往舟山》,第 204 页。

晚清七十年之思想与学术

道光中叶的鸦片战争,给中国社会带来了亘古未有的历史巨变。以之为肇始,迄于清朝覆亡,七十年间的中国学术界,站在时代的前列,为中国的社会走出困境,进行了不懈的努力。以下,拟就此一历史时期思想与学术之概况做一扼要梳理,挂一漏万,疏失多有,尚祈各位不吝赐教。

一、经世思潮的崛起

乾隆中叶以后,正当清高宗宣扬文治、侈谈武功之时,吏治败坏,官逼民反,清王朝业已盛极而衰。嘉庆一朝,其衰颓不振集中表现为此伏彼起的南北民变。就中尤以湘黔苗民起义、川楚陕白莲教大起义、东南沿海武装反清和畿辅天理教起义,予清廷的打击最为沉重。嘉庆二十五年(1820)七月,仁宗病卒,宣宗继位,改明年为道光元年。如果说嘉庆一朝,清廷的衰微以民变迭起为象征,那么道光前期的二十年,王朝的危机则突出地反映为鸦片输入,白银外流。前者是内忧,后者则是外患,内外夹攻,交相打击,清王朝已经日薄西山。以空前深刻的经济、政治和社会危机为根据,自康熙中叶以后沉寂多年的经世思潮再度崛起,在鸦片战争前后趋于高涨,从而揭开了中国近代思想与学术的序幕。

（一）龚自珍的经世思想

龚自珍（1792—1841），又名巩祚，字璱人，号定盦，浙江仁和（今杭州）人。嘉庆末，以举人官内阁中书。道光九年（1829）成进士，因书法不中规矩而仍归中书原班。后擢宗人府主事，官至礼部主客司主事，兼祠祭司行走。道光十九年，迫于仕宦艰险，托名避其叔父出任礼部尚书之嫌，拔足南旋。返乡后，置别业于江苏昆山徐元文故园，应聘主持杭州紫阳书院讲席，兼职江苏丹阳县云阳书院。道光二十一年八月，在丹阳暴病而卒。

自珍出身于浙江望族，父祖簪缨文史，世代为官，其外祖段玉裁更是著称一时的文字学家。他自幼随父宦居京城，在家学濡染之下，为学之始即受乾嘉朴学影响。然而置身日趋加剧的社会危机之中，家庭影响毕竟是不能与社会力量相抗衡的。嘉庆十八年（1813）四月，自珍入京应顺天乡试。九月，天理教义军攻击紫禁城，朝野为之震惊。至此，所谓太平盛世已成历史陈迹，一代王朝衰象毕露。"日之将夕，悲风骤至"。江河日下的国运，志不得申的际遇，终于驱使龚自珍"但开风气不为师"，走上了一条特立独行的学以救世的道路。

嘉庆十八年，龚自珍撰成著名的《明良论》四篇，喊出了"更法"的时代呼声。他说："待其蔽且变，而急思所以救之，恐异日之破坏条例，将有甚焉者也。"①自珍敏锐地感受到一场历史大动荡的行将来临，于是在随后写成的《尊隐》一文中，他再度敲响警世之钟："山中之民，有大音声起，天地为之钟鼓，神人为之波涛矣。"②嘉庆二十一年前后，自珍再成《乙酉之际著议》二十五篇。文中，他深刻地描绘出一幅"将萎之华，惨于槁木"的"衰世"景象："衰世者，文类治世，名类

①龚自珍：《龚自珍全集》第一辑《明良论四》。
②龚自珍：《龚自珍全集》第一辑《尊隐》。

治世,声音笑貌类治世。……左无才相,右无才史,阃无才将,庠序无才士,陇无才民,廛无才工,衢无才商……当彼其世也,而才士与才民出,则百不才督之缚之,以致于戮之。戮之非刀、非锯、非水火,文亦戮之,名亦戮之,声音笑貌亦戮之。……徒戮其心,戮其能忧心、能愤心、能思虑心、能作为心、能有廉耻心、能无渣滓心。"对于这样一个是非颠倒,黑白混淆,欲使一世之人皆麻木不仁的衰世,龚自珍痛心疾首,他惊呼:"起视其世,乱亦竟不远矣!"①因此,龚自珍对现存秩序的合理性大胆提出质疑,他说:"居廊庙而不讲揖让,不如卧穹庐;衣文绣而不闻德音,不如服橐鞬;居民上、正颜色而患不尊严,不如闭宫廷;有清庐闲馆而不进元儒,不如辟牧薮。"②一如《明良论》之倡言"更法",在《乙丙之际著议》中,龚自珍再次提出了"改革"的主张,他指出:"一祖之法无不敝,千夫之议无不靡,与其赠来者以劲改革,孰若自改革。"③

(二)魏源"以经术为治术"的主张

道光时代的思想界,魏源与龚自珍同以"绝世奇才"④而齐名。他们不仅以各自学以救世的倡导,成为一时经世思潮的领袖,而且承先启后,继往开来,皆是晚清学术的开风气者。

魏源(1794—1857),原名远达,字默深,一字汉士,湖南邵阳金潭(今属隆回县)人。他早年随父宦居京城,相继从胡承珙问汉儒经学,从刘逢禄问《春秋》公羊学,从姚学塽问宋儒理学。道光二年(1822),举顺天乡试,以博学多识,名噪京城,时谚有"记不清,问默

---

①龚自珍:《龚自珍全集》第一辑《乙丙之际著议第九》。
②龚自珍:《龚自珍全集》第一辑《乙丙之际著议第二十五》。
③龚自珍:《龚自珍全集》第一辑《乙丙之际著议第七》。
④李兆洛:《养一斋文集》卷十八《与邓生守之》。

深;记不全,问魏源"①之语。后屡经会试不第,为地方督辅藩臬聘,作幕四方,于江淮盐务、河工、漕运诸大政,多所赞画。道光二十五年成进士,累官至高邮知州。咸丰初,太平军下扬州,以"贻误文报"②被劾去职。晚年侨居兴化,潜心佛学,法名承贯。咸丰六年,南游西湖。翌年三月,病逝于杭州僧舍。

魏源之学,始自王阳明心学入。及至北上京城,侨寓江南,广交一时耆儒硕彦,视野大开,故于乾嘉汉宋诸学,皆深知其病痛所在。立足动荡的社会现实,他终由《春秋》公羊学而转手,走向了"通经致用"的道路。与汉宋学营垒中人异趣,魏源主张"以经术为治术",倡导"通经致用"。他说:

> 能以《周易》决疑,以《洪范》占变,以《春秋》断事,以礼乐服制兴教化,以《周官》致太平,以《禹贡》行河,以《三百五篇》当谏书,以出使专对,谓之以经术为治术。曾有以通经致用为诟厉者乎?③

同将经术与治术、通经与致用合为一体相一致,魏源立足现实,厚今薄古,主张把古与今,"三代以上之心"与"三代以下之情势"相结合,进而提出"变古愈尽,便民愈甚"的社会改革论。他就此阐述道:

> 变古愈尽,便民愈甚。……天下事,人情所不便者变可复,人情所群便者变则不可复。江河百源,一趋于海,反江河之水而复归之山,得乎?履不必同,期于适足;治不必同,期于利民。是

---

①姚永朴:《旧闻随笔》卷二《魏默深先生》。
②《清文宗实录》卷八十八,"咸丰三年三月己未"条。
③魏源:《魏源集》上册《默觚上·学篇九》。

以忠、质、文异尚,子、丑、寅异建,五帝不袭礼,三王不沿乐,况郡县之世而谈封建,阡陌之世而谈井田,笞杖之世而谈肉刑哉![1]

在魏源的现存经学著作中,《诗古微》和《书古微》自成体系,是最能体现他"以经术为治术"思想的著述。尽管二书逞臆武断,牵强立说,多为后世学者讥弹,但是学以经世的精神,在道咸时代的大动荡中,则又是可宝贵的财富。如果说《诗古微》、《书古微》是魏源在假经术以谈治术,因而还不得不披上神圣的经学外衣的话,那么他的《皇朝经世文编》以及稍后结撰的《圣武记》、《海国图志》,则是呼唤经世思潮的旗帜鲜明的呐喊。自《皇朝经世文编》出,同光诸朝,代有续辑,迄于民国,影响历久不衰。

(三)经世思潮的高涨

嘉道之际崛起的经世思潮,自管同的《永命篇》倡言改革,经包世臣著《说储》主张废八股、开言路、汰冗言,具体拟议改制方案,到龚自珍社会批判思想的形成,南北呼应,不谋而合,都是一时学术界针对日趋深化的社会危机而发出的拯颓救弊呐喊。由于西方殖民者罪恶的鸦片贸易和愈益加剧的军事威胁,赋予这一思潮以新的时代内容。在道光二十年前后,时局使之迅速发生重心的转化,由拯颓救弊转向呼吁挽救民族危亡,成为近代反帝爱国斗争的先导。

在这里,首先应当表彰的是林则徐。林则徐(1785—1850),字元抚,号少穆,晚号竢村老人,福建侯官(今福州市)人。嘉庆十六年进士,以翰林院编修官至湖广总督。道光十八年末,以钦差大臣前往广东查禁鸦片,旋任两广总督。迄于二十年九月被诬革职,两年间,林则徐雷厉风行,禁绝鸦片,加强战备,抗敌御侮。同时,又组织译员,

①魏源:《魏源集》上册《默觚下·治篇五》。

从事外国书报的翻译，以知己知彼，抗御外侮。据陈胜粦教授研究，林则徐组织翻译的外国书报，可大致归为五类：一是《澳门新闻纸》六册，并据以选辑《澳门月报》五辑；二是摘译《华事夷言》和《对华鸦片贸易罪过论》；三是据 1836 年伦敦出版的《世界地理大全》，译为《四洲志》；四是摘译滑达尔著《各国律例》（又译《万国公法》）；五是翻译大炮瞄准法等武器制造应用书籍。① 其中，《四洲志》及相关中外文献，后来皆转交魏源，辑入《海国图志》之中。

　　经历鸦片战争失败的打击，尤其是《南京条约》等一系列不平等条约的民族屈辱，魏源率先而起，探讨抗敌御侮的对策。道光二十一年，他在江苏镇江晤林则徐，接过《四洲志》等资料，遵林氏嘱，纂辑《海国图志》。翌年，五十卷书成，旋即刊行。后续经增补，于咸丰二年（1852）以一百卷重刊。全书介绍世界各国历史、地理、经济、政治等诸方面情况，开宗明义即揭出撰述宗旨，乃在："为以夷攻夷而作，为以夷款夷而作，为师夷长技以制夷而作。"②自此，"师夷长技以制夷"遂成一时进步知识界的共识。

　　在介绍西方富国强兵之道的同时，魏源又着手总结清代前期的用兵经验，撰为《圣武记》十四卷。该书于道光二十二年秋初成，后叠经增订，于二十四年重刊，二十六年再刊。全书与《海国图志》两位一体，激励民族奋发，成为一时探讨抗御外侮途径的重要著述。同林则徐一样，在鸦片战争前后，魏源也是倡导开眼看世界的杰出先驱。

　　鸦片战争后，清廷的妥协退让，导致投降声浪一度甚嚣尘上。林则徐、魏源开眼看世界的经世主张，因之而多遭朝廷士大夫非议。然而当此逆境，与林、魏同调共鸣者，亦不乏其人。其中，尤以姚莹、徐继畲二人影响为大。

---

①陈胜粦：《林则徐与鸦片战争论稿》，广州：中山大学出版社，1985 年，第 22 页。
②魏源：《海国图志》卷首《自序》。

姚莹(1785—1853),字石甫,一字明叔,号展和,晚号幸翁,安徽桐城人。嘉庆十三年进士。鸦片战争期间,以台湾兵备道率一方军民抗击英国侵略军,英勇卓杰,名垂史册。《南京条约》签订后,竟因之获咎,贬谪川藏。在颠沛流离之中,他既据亲身经历所得,又就"藏人访西事",撰成著名的《康輶纪行》一书。全书十六卷,接武林则徐《四洲志》和魏源《海国图志》,对世界各国的历史地理做了较之林、魏更为详尽的介绍。著者主张通过深入了解各国的情况,以从中寻求抗敌御侮的正确途径。他说:"若坐井观天,视四裔如魑魅,暗昧无知,怀柔乏术,坐致其侵凌,曾不知所忧虑,可乎? 甚矣拘迂之见,误天下国家也!"①书中,以大量无可辩驳的事实,揭露英国侵略者对我西藏的觊觎,进而敦促清廷加强边防守备,尤具远见卓识。

徐继畲(1795—1873),字健男,号牧田,一号松龛,山西五台人。道光六年进士。自十六年起,历官广西浔州知府、福建延建邵道、汀漳龙道、两广盐运使、广东按察使、广西巡抚。二十六年,调任福建巡抚,兼署闽浙总督。鸦片战争后,东南沿海为对外交涉之前沿,徐氏多年供职两广、福建,于各国风土人情多所了解。其间,入觐京城,宣宗曾以各国风土形势为问,徐氏奏对甚悉,后即奉命采辑成书。道光二十八年,《瀛寰志略》十卷竣稿刊行。全书据中外多种图书编纂而成,所涉凡八十余国之风土人情、史地沿革和社会变迁等,尤以东南亚各国资料最称详备。由于该书编纂严谨,构图精审,足以与魏源辑《海国图志》并肩媲美,成为鸦片战争后介绍世界各国情况的重要著述。因而不唯在国内风行,而且同《海国图志》一并传入日本,影响甚巨。

---

①姚莹:《康輶纪行》卷十二。

二、从"中体西用"到"三民主义"

咸丰间,太平天国民变如火如荼,资本主义列强剑拔弩张,清廷内外交困,国家积弱不振。于是"师夷智以造炮制船"和"中学为体,西学为用"的洋务思潮应运而起。同治、光绪间,此一思潮凭借时局的短暂稳定而席卷朝野。甲午中日战争清廷的惨败,宣告了洋务运动的破产。三十余年的"自强新政",被日本侵略者的炮舰击得粉碎。帝国主义列强凶相毕露,竞相在中国划分势力范围,瓜分风潮骤然加剧,中华民族面临亡国灭种的深重灾难。于是自十九世纪七十年代开始酝酿的早期改良主义思潮,遂以康有为、梁启超领导的变法维新运动的高涨,迅速发展成强劲的变法维新思潮。晚清的最后十余年,是资产阶级民主革命思潮汹涌澎湃的时期。以中山先生的"三民主义"为旗帜,这一思潮以前所未有的力度,猛烈地冲击腐朽的君主专制政治,从而推动辛亥革命的爆发,最终埋葬了清王朝。

(一)"中学为体,西学为用"的文化观

"中学为体,西学为用",是晚清思想界的一个重要文化观。它以鸦片战争前后林则徐、魏源倡导的"师夷长技以制夷"的思想为先导,中经曾国藩、李鸿章等清廷重臣的首肯而张扬,直到由洋务派殿军张之洞撰《劝学篇》而加以总结,在洋务运动中形成和定型,风行于晚清论坛数十年。

"中体西用"文化观在晚清思想界的风行,不是一桩偶然的事情,它有其深刻的社会背景和文化背景。从文化演进的角度而言,此一文化观的萌生,乃是鸦片战争之后,面对西方文化的有力挑战,朝野士大夫和知识界的积极回应。其主要目的则在于为接受西学,使之为我所用而进行呼吁。

　　道光中叶的鸦片战争,西方资本主义列强的文化,以"船坚炮利"向中国文化发出了有力的挑战。如何对待这样一个挑战? 林则徐、魏源等有识之士,正视现实,倡言"师夷长技以制夷"。也就是说,为了抵御西方列强的侵略,必须向他们在军事上的长处学习。在当时弥漫朝野的保守氛围中,尽管这一主张未能迅速传播,但是当第二次鸦片战争清廷再败之后,慑于西方列强的"船坚炮利",奕䜣、曾国藩、李鸿章等内外重臣被迫接受了严酷的现实。咸丰十年(1860),两江总督曾国藩提出"师夷智以造炮制船"的主张,他说:"目前资夷力以助剿济运,得纾一时之忧。将来师夷智以造炮制船,尤可期永远之利。"①曾国藩的这一主张,同奕䜣、李鸿章等此呼彼应,无异向朝野发出信号,即可以有选择地向西学学习,具体地说,就是向列强学习"船坚炮利"之术。

　　清廷重臣的思想转变,在很大程度上则来源于进步知识界的促进。在这方面,最先发出呐喊的便是冯桂芬。冯桂芬(1809—1874),字林一,号景亭,又号邓尉山人,江苏吴县人。道光二十年进士,历官翰林院编修、右春坊右中允。后因病居乡不出,讲学著书,俨然为东南耆宿。他学有根底,经史、小学,多所究心,于天文、历法、数学,尤多用力。面对列强侵略,他接武林则徐、魏源,于时政多有议论,且对中西文化的比较,更深入一层。咸丰十一年(1861),他的《校邠庐抗议》编成。全书二卷,凡五十篇。书中,冯桂芬倡言"采西学"、"制洋器",敢于承认中国"四不如夷",即"人无弃材不如夷,地无遗利不如夷,君民不隔不如夷,名实必符不如夷"②。因而主张在不违背"三代圣人之法"的前提下,向西方学习。他甚至说:"法苟不善,虽古先吾

---

①曾国藩:《曾文正公全集·奏稿》卷十二《覆陈洋人助剿及采米运津折》。
②冯桂芬:《校邠庐抗议》下卷《制洋器议》。

斥之;法苟善,虽蛮貊吾师之。"①一言以蔽之,冯桂芬所提出的文化观,就叫作:"以中国之伦常名教为原本,辅以诸国富强之术。"②

冯桂芬的《校邠庐抗议》,为"中体西用"文化观确立了基本格局。此后之阐发"中体西用"说者,无论是洋务派中人,还是批评洋务派的早期改良主义者,乃至倡变法以图强的康有为、梁启超等,皆未能从总体上逾越其藩篱。同治、光绪间的思想界,一如梁启超所论,"中体西用"之说,确乎大有"举国以为至言"之势。正是在这样一个基础之上,光绪二十四年(1898)三月,张之洞推出《劝学篇》,对之进行了全面的阐述和总结。

张之洞(1837—1909),字孝达,号香涛,晚号抱冰,卒谥文襄,直隶南皮(今属河北)人。同治二年(1863)进士,由翰林院编修历官湖北、四川学政,山西巡抚,两广、湖广总督,晚年以体仁阁大学士、军机大臣病逝。作为封疆大吏和朝廷重臣,张之洞以兴办洋务的诸多业绩,而对晚清时局产生了重要影响。与之相辅而行,身为名重朝野的儒臣,他学养深厚,政教并举,亦对晚清学术留下了深刻影响。何以要结撰《劝学篇》? 张之洞于此有如下说明:

今日之世变,岂特春秋所未有,抑秦、汉以至元、明所未有也。语其祸,则共工之狂、辛有之痛,不足喻也。庙堂盱食,乾惕震厉,方将改弦以调琴瑟,异等以储将相,学堂建,特科设,海内志士发奋扼腕。于是图救时者言新学,虑害道者守旧学,莫衷于一。旧者因噎而食废,新者歧多而羊亡。旧者不知通,新者不知本。不知通,则无应敌制变之术;不知本,则有非薄名教之心。夫如是则旧者愈病新,新者愈厌旧,交相为愈,而恢诡倾危,乱名

①冯桂芬:《校邠庐抗议》下卷《收贫民议》。
②冯桂芬:《校邠庐抗议》下卷《采西学议》。

改作之流遂杂出其说,以荡众心。学者摇摇,中无所主,邪说暴行,横流天下。敌既至无与战,敌未至无与安。吾恐中国之祸,不在四海之外而在九州之内矣。①

如何评价"中体西用"的文化观? 在这个问题上,笔者赞成冯天瑜教授的意见。冯先生认为,洋务运动初起,统治阶级中人提出这样一种"折中"的文化选择,自有其进步意义。然而在酝酿维新变法的关键时刻,依然坚持这样的文化观,力图以"中体"去抗拒变法,当然是不可取的。戊戌变法失败,政治革命已经提上日程,仍旧鼓吹"中体西用",就更是对抗革命舆论,妨碍思想解放,阻挠社会进步。②

(二)梁启超的变法活动及学术贡献

梁启超(1873—1929),字卓如,一字任甫,号任公,又号饮冰室主人。广东新会人。他自幼即接受了良好的家庭教育,少年科第,才气横溢。光绪十六年(1890)春,入京会试,颓然受挫。南归途经上海,从坊间购得徐继畬所著《瀛寰志略》,始知有五大洲各国,眼界为之一开。初秋返粤,得以结识学海堂高才生陈千秋。时值康有为以布衣上书受逐,寓居广州。千秋服膺康氏学术,启超遂于是年八月通过千秋以弟子礼前往拜谒。这次历史性的拜谒,成为梁启超一生学术和事业的里程碑。从此,在中国近代历史上,揭开了康、梁并称的一页。

光绪二十年(1894)六月,中日甲午战争爆发。清廷腐败无能,丧师败绩。国家民族的危难,把正在万木草堂求学的梁启超召唤到荆棘丛生的政治舞台。翌年春,他北上京城。三月,清廷与日本签订丧权辱国和约的消息传来,启超与其师康有为挺身而起,组织在京会试

①张之洞:《张之洞全集》卷二七〇《劝学篇序》。
②冯天瑜:《张之洞评传》第七章《旧学为体新学为用》。

的十八省举人,联名上书,反对割地赔款,力主拒和、迁都、变法。此后数年,启超奔走南北,投身变法救亡活动。光绪二十四年(1898),作为发生在当年的百日维新的领袖之一,他写下了自己青年时代极为悲壮的一页。

这年正月,梁启超抱病北上,二月抵京。面对西方列强的瓜分风潮,他不顾病体孱弱,冒险犯难,愤然奔走呼号。四月二十三日,以光绪皇帝颁发的定国是诏谕为标志,梁启超、康有为等志士多年来为之奋斗的变法维新,一度演成事实。八月初六日,梁启超正在谭嗣同寓所商议国事,忽然接到宫廷政变发生,光绪皇帝被软禁,慈禧太后垂帘听政的报告,而且还得悉康有为住宅已被查抄。谭嗣同决意一死报国,敦促梁启超潜往日本驻华使馆求助。后幸为日本代理公使林权助庇护,始得取道天津,投日轮东渡。从此,迄于清亡,他一直客居日本。

百日维新后的十余年间,同在政治舞台上的连年受挫相反,梁启超的学问则大为增进。当时的日本,经过明治维新之后,锐意求治,无论在经济、政治、军事,还是学术文化诸方面,都一跃而成为亚洲一流强国。梁启超置身于这样一个相对开放的国度,使他得以广泛接触西方的哲学和社会政治学说,深入探讨日本强盛的经验。这不仅给了他以政治主张的理论依据,而且也极大地开阔了他的学术视野,使之摆脱康有为的改制、保教说,接受了西方的资产阶级进化论。梁启超抱定"读东西诸硕学之书,务衍其学说,以输入于中国"的为学宗旨,以"思想界之陈涉"①自任,在这十余年间,写下了大量的、影响深远的政论文章,成为向西方寻求救国救民真理的杰出先行者之一。

作为进化论的笃信者,从光绪二十七年(1901)起,他将此一理论引入史学领域,转而致力于中国历史学的建设,发愿编著《中国通

①梁启超:《清代学术概论》二十六,第65页。

史》。为此,他连续发表了一系列极有价值的史学著作,其中尤以刊
布于光绪二十七年和二十八年的《中国史叙论》、《新史学》影响
最巨。

在中国史学史上,梁启超第一次引进了"历史哲学"的概念。他
指出:"善为史者,必研究人群进化之现象,而求其公理公例之所在,
于是有所谓历史哲学者出焉。历史与历史哲学虽殊科,要之苟无哲
学之理想者,必不能为良史,有断然也。"尤为可贵者,他正是以之为
依据,朦胧地触及了中国数千年历史发展的轨迹,提出了历史进程
"非为一直线"的思想。他指出:"或尺进而寸退,或大涨而小落,其
象如一螺线。明此理者,可以知历史之真相矣。"①梁启超就是这样
以他所倡导和身体力行的"史界革命",最早地把西方资产阶级史学
理论引入中国,而且也使他无可争议地成为中国资产阶级史学理论
的奠基人。

光绪二十八年(1902),梁启超把"史界革命"的主张诉诸实践,
发表了《论中国学术思想变迁之大势》一文。全文原拟作十六章,惜
仅写至前六章即搁笔。后来,他又于光绪三十年续作八、九章,以《近
世学术》为题刊行。梁启超的这篇学术论著,虽然对章炳麟所著《訄
书》多有借鉴,但是他却以较之章氏略胜一筹的高屋建瓴之势,对中
国古代学术演进的历史做了鸟瞰式的勾勒。他不仅把中国学术思想
的发展史视为一个有公理公例可循的历史进程,而且就历史编纂学
而言,则在旧有的学案体史籍基础之上,酝酿了一个飞跃,开启了一
条广阔而坚实的研究途径。

(三)中山先生"三民主义"的提出

孙中山(1866—1925),是中国民主革命的伟大先行者,是中华民

---

① 梁启超:《饮冰室合集》专集《新史学》。

国的伟大缔造者。在晚清的最后十余年间,中山先生的民主革命思想日趋成熟,以"三民主义"学说的提出为标志,有力地推动民主革命思潮的高涨,成为辛亥革命的指导思想。

甲午中日战争爆发,中山先生于当年十月抵达檀香山。在他的倡导下,革命组织兴中会成立。兴中会的《盟书》、《章程》,皆为中山先生草拟。在《盟书》中,中山先生为这一团体规定了"驱除鞑虏,恢复中国,创立合众政府"①的斗争目标。而中山先生草拟的《檀香山兴中会章程》,则明确指出:"是会之设,专为振兴中华、维持国体起见。盖我中华受外国欺凌,已非一日。皆由内外隔绝,上下之情罔通,国体抑损而不知,子民受制而无告。苦厄日深,为害何极!兹特联络中外华人,创兴是会,以申民志而扶国宗。"②

翌年正月,中山先生又在香港成立兴中会,并着手准备在广州发动武装起义。后因事机不密受挫,中山先生被迫流亡欧美。光绪二十二年(1896),清廷获悉中山先生伦敦踪迹,遂由驻英使馆将先生诱捕。幸得英国友人相助,逃出使馆。从此,中山先生以中国革命家而驰名于世。他的革命思想,亦通过海外华侨和留学生向四方传播。

光绪三十年(1904),中山先生的著名论文《中国问题的真解决》在美国发表。文中,中山先生第一次明确地提出了建立中华民国的政治理想。他说:"中国现今正处在一次伟大的民族运动的前夕,只要星星之火就能在政治上造成燎原之势。"中山先生号召,建立"一个新的、开明的、进步的政府来代替旧政府",即"把过时的……君主政体改变为中华民国"。中山先生就此指出:"这样一来,中国不但会自力更生,而且也就能解除其他国家维护中国的独立与完整的麻烦。

---

①孙中山:《檀香山兴中会盟书》,《孙中山全集》第一卷,北京:中华书局,1981年,第20页。

②孙中山:《檀香山兴中会章程》,《孙中山全集》第一卷,第19页。

在中国人民中有许多极有教养的能干人物,他们能够担当起组织新
政府的任务。"中山先生满怀信心地瞻望前程,明确向全世界昭示:
"一旦我们革新中国的伟大目标得以完成,不但在我们的美丽的国
家将会出现新纪元的曙光,整个人类也将得以共享更为光明的前景。
普遍和平必将随中国的新生接踵而至,一个从来也梦想不到的宏伟
场所,将要向文明世界的社会经济活动而敞开。"①

　　为了实现中山先生的政治理想,光绪三十一年(1905)八月,以中
山先生领导的兴中会为中心,联合其他革命团体,中国同盟会在日本
东京成立。从此,中国资产阶级民主革命趋向高涨。同年十月,中国
同盟会机关刊物《民报》在日本东京创刊。② 中山先生为该刊撰《发
刊词》,文中,中山先生第一次完整地揭示了他的三民主义学说。中
山先生说:

　　　　余维欧美之进化,凡以三大主义:曰民族,曰民权,曰民生。
　　罗马之亡,民族主义兴,而欧洲各国以独立。洎自帝其国,威行
　　专制,在下者不堪其苦,则民权主义起。十八世纪之末,十九世
　　纪之初,专制仆而立宪政体殖焉。世界开化,人智益蒸,物质发
　　舒,百年锐于千载。经济问题继政治问题之后,则民生主义跃跃
　　然动,二十世纪不得不为民生主义之擅场时代也。是三大主义
　　皆基本于民,递嬗变易,而欧美之人种胥冶化焉。其他旋维于小
　　己大群之间而成为故说者,皆此三者之充满发挥而旁及者耳。③

一年之后,为庆祝《民报》创刊一周年,中山先生在日本发表重要演

①孙中山:《中国问题的真解决》,《孙中山全集》第一卷,第254、255 页。
②关于民报的创刊时间,从已故郭廷以教授《近代中国史事日志》说。
③孙中山:《民报发刊词》,《孙中山全集》第一卷,第288 页。

说,对他的三民主义学说作了全面阐发。中山先生指出:"兄弟想《民报》发刊以来已经一年,所讲的是三大主义:第一是民族主义,第二是民权主义,第三是民生主义。"关于民族主义,中山先生说:"民族主义,并非是遇着不同族的人便要排斥他……惟是兄弟曾听见人说,民族革命是要尽灭满洲民族,这话大错。"①所谓民族主义,一言以蔽之,就是中山先生稍后所说的"驱除鞑虏,恢复中华"②,"倾覆满洲专制政府"③。关于民权主义,中山先生说:"至于民权主义,就是政治革命的根本。……我们推倒满洲政府,从驱逐满人那一面说是民族革命,从颠覆君主政体那一面说是政治革命,并不是把革命来分作两次去做。讲到那政治革命的结果,是建立民主立宪政体。照现在这样的政治论起来,就算汉人为君主,也不能不革命。"④因此归结到一句话,中山先生讲的"民权主义",就叫作"建立民国"⑤。关于民生主义,中山先生说:"我们实行民族革命、政治革命的时候,须同时想法子改良社会经济组织,防止后来的社会革命,这真是最大的责任。"⑥中山先生认为,对于社会问题应当未雨绸缪,"兄弟所最信的是定地价的法"⑦,"平均地权"⑧。

---

①孙中山:《在东京民报创刊周年庆祝大会上的演说》,《孙中山全集》第一卷,第324、325页。

②孙中山:《中国同盟会革命方略》,《孙中山全集》第一卷,第296—297页。

③孙中山:《临时大总统誓词》,《孙中山全集》第二卷,第1页。

④孙中山:《在东京民报创刊周年庆祝大会上的演说》,《孙中山全集》第一卷,第369页。

⑤孙中山:《中国同盟会革命方略》,《孙中山全集》第一卷,第297页。

⑥孙中山:《在东京民报创刊周年庆祝大会上的演说》,《孙中山全集》第一卷,第326页。

⑦孙中山:《在东京民报创刊周年庆祝大会上的演说》,《孙中山全集》第一卷,第329页。

⑧孙中山:《中国同盟会革命方略》,《孙中山全集》第一卷,第297页。

中山先生的结论是："总之,我们革命的目的是为众生谋幸福,因不愿少数满洲人专利,故要民族革命;不愿君主一人专利,故要政治革命;不愿少数富人专利,故要社会革命。这三样有一样做不到,也不是我们的本意。达了这三样目的之后,我们中国当成为至完美的国家。"①中山先生的三民主义学说,为同盟会的革命活动提供了思想指导,从而使之在思想上战胜了康有为、梁启超代表的资产阶级改良主义,并为推翻清朝统治的辛亥革命奠定了思想基础。

三、会通汉宋学术以求新

晚清七十年间的学术,有一潮流行之最久,亦最可注意,这便是会通汉宋,推陈出新。民国初年的著名学者王国维先生论清代学术,有一句很有名的话,他说:"国初之学大,乾嘉之学精,而道咸以来之学新。"②王先生所说的"新",既指当时方兴未艾的西学,同时亦应包括中国传统学术在会通汉宋中的自我更新。

(一)曾国藩与晚清理学

晚清理学,枯槁狭隘,已非宋明时代之可同日而语。唯得一曾国藩,以其事功学业相济,几呈中兴之势。曾国藩(1811—1872),原名子城,字伯涵,号涤生,湖南湘乡人。道光十八年(1838)进士,以翰林院检讨累官至大学士兼直隶、两江总督。他一生既以功业显,为洋务派重要领袖;亦以学业著,实为晚清学术界一承前启后之关键人物。

曾国藩之学术,既承桐城姚鼐遗绪,又得乡先辈唐鉴熏陶。唐鉴

---

①孙中山:《在东京民报创刊周年庆祝大会上的演说》,《孙中山全集》第一卷,第329页。
②王国维:《王静安先生遗书》卷二十三《沈乙庵先生七十寿序》。

（1778—1861），字栗生，号敬楷，又号镜海，湖南善化（今长沙）人。嘉庆十四年（1809）进士，以翰林院检讨官至太常寺卿，后以老病还乡。他研摩文史，潜心理学，颇得湖湘学统之传。据其嗣子尔藻所撰《镜海府君行述》记，初任翰林，公事之余，唐鉴即与戚人镜、贺长龄等以理学相切磋。道光二十年（1840）后，再次供职京城，他又时常与倭仁、何桂珍、窦垿等讲求性理体用之学。唐氏论学，深嫉陆九渊、王守仁，一以二程、朱子为依归。于乾嘉考据学，他亦深不以为然。在他看来，唯有一秉朱子之教，格致诚正，合内外于一体，始是圣人之道。以此为准绳，自道光二十三年初开始，唐鉴对前此二百年的清代学术进行总结，宗主程朱，卫道辨学，于道光二十五年夏完成了《国朝学案小识》的结撰。稿成，经曾国藩、何桂珍等校勘，于同年冬在京中刊行。

　　曾国藩为学，既承唐鉴之教，又不拘门户，多方采获，遂终能由博返约，自成一家。乾嘉以还，汉学脱离社会实际的积弊，到曾国藩的时代已经看得很清楚。所以，在为《国朝学案小识》作跋时，曾国藩对汉学病痛进行针砭，指出：

　　　　近世乾嘉之间，诸儒务为浩博，惠定宇、戴东原之流，钩研诂训，本河间献王实事求是之旨，薄宋贤为空疏。夫所谓事者非物乎？是者非理乎？实事求是，非即朱子所称即物穷理者乎？名目自高，诋毁日月，亦变而蔽者也。①

这就是说，乾嘉学派中人引为学的"实事求是"，在曾国藩看来，同朱子主张的"即物穷理"并无二致。

　　然而于汉学中人所擅长的"博核考辨"，曾国藩则并不一概抹杀。

①曾国藩：《曾文正公全集》文集卷二《书学案小识后》。

他表示："国藩一宗宋儒,不废汉学。"①又说:"于汉宋二家构讼之端,皆不能左袒以附一哄。于诸儒崇道贬文之说,尤不敢雷同而苟随。"②对于一时朝野每以太平天国民变归咎汉学,曾国藩则持异议,他说:

> 君子之言也,平则致和,激则召争。辞气之轻重,积久则移易世风,党仇讼争而不知所止。曩者良知之说,诚非无蔽,必谓其酿晚明之祸,则少过矣。近者汉学之说,诚非无蔽,必谓其致粤贼之乱,则少过矣。③

曾国藩认为,为学须破除畛域,会通汉宋,他说:

> 乾嘉以来,士大夫为训诂之学者,薄宋儒为空疏,为性理之学者,又薄汉儒为支离。鄙意由博乃能返约,格物乃能正心。必从事于礼经,考核于三千三百之详,博稽乎一名一物之细,然后本末兼该,源流毕贯。虽极军旅战争,食货凌杂,皆礼家所应讨论之事。故尝谓,江氏《礼书纲目》、秦氏《五礼通考》,可以通汉宋二家之结,而息顿渐诸说之争。④

由此出发,曾国藩以转移风俗、陶铸人才为己任,极意表彰礼学,主张以之去经世济民。他说:

---

①曾国藩:《曾文正公全集》书札卷二十《复颍州府夏教授书》。
②曾国藩:《曾文正公全集》书札卷一《致刘孟蓉》。
③曾国藩:《曾国藩全集》文集卷一《孙芝房侍讲刍论序》。
④曾国藩:《曾国藩全集》书札卷十三《复夏弢甫》。

　　先王之道,所谓修己治人,经纬万汇者何归乎?亦曰礼而已矣。秦灭书籍,汉代诸儒之所掇拾,郑康成之所以卓绝,皆以礼也。杜君卿《通典》,言礼者十居其六,其识已跨越八代矣。有宋张子、朱子之所讨论,马贵与、王伯厚之所纂辑,莫不以礼为兢兢。我朝学者,以顾亭林为宗,国史儒林传,襃然冠首,言及礼俗教化,则毅然有守先待后、舍我其谁之志,何其壮也。厥后张蒿庵作《中庸论》,及江慎修、戴东原辈,尤以礼为先务。而秦尚书蕙田,遂纂《五礼通考》,举天下古今幽明万事,而一经之以礼,可谓体大思精矣。[1]

对于曾国藩先生在晚清学术史上的地位,已故钱宾四先生早年著《中国近三百年学术史》,有过专题讨论。宾四先生指出:"涤生论学……虽极推唐镜海诸人,而能兼采当时汉学家、古文家长处,以补理学枯槁狭隘之病。其气象之阔大,包蕴之宏丰……有清二百余年,固亦少见其匹矣。"[2]大师定评,实是不刊。

(二)黄式三的实事求是之学

　　黄式三(1789—1862),字薇香,号儆居,晚号知非子,浙江定海人。式三早年为岁贡生,屡应乡试不售,遂弃绝举业,专意治经。他毕生为学,"以治经为天职"[3],主张会通汉宋,实事求是。他说:"经无汉宋,曷为学分汉宋也乎!自明季儒者疏于治经,急于讲学,喜标宗旨,始有汉学、宋学之分。"[4]又说:"学者分汉宋为二,誉矛忘盾,誉

---

①曾国藩:《曾国藩全集》文集卷二《圣哲画像记》。
②钱穆:《中国近三百年学术史》下册,第590—591页。
③黄式三:《儆居集》经说二《上达说》。
④黄式三:《儆居集》经说三《汉宋学辨》。

盾忘矛,读沈征君《果堂集》而知其非矣。……惠征君定宇,治汉学者
之所宗也,志君之墓则曰:'自古理学之儒,滞于禀而文不昌;经术之
士,汩于利而行不笃。君能去两短,集两长。'然则士苟志学,何不取
汉宋之所长者兼法之也邪!"①因之式三倡言:"天下学术之正,莫重
于实事求是,而天下之大患,在于蔑古而自以为是。"②

黄式三早年,即本"实事求是"为学的,撰为《汉郑君粹言》一书,
以推尊郑玄学说。书中有云:

> 世推北海郑君康成为经学之祖,辄复以短于理义而小之。
> 郑君果短于理义乎哉? ……夫理义者,经学之本原;考据训诂
> 者,经学之枝叶、之流委也。削其枝叶而干将枯,滞其流委而原
> 将绝。人苦不自知,而诩诩焉以其将枯绝者,矜为有本有原,鄙
> 意所不信。而谓好学如郑君,无本而能有枝叶,无原而能有流
> 委,尤不敢信之矣。③

而对于一时学术界中人宗汉宗宋,分门别户,黄式三深不以为然,他
说:"自治经者判汉宋为两戒,各守专家,而信其所安,必并信其所未
安。自欺欺人,终至欺圣欺天而不悟,是式三所甚悯也。"④因此,黄
式三既肯定江藩著《国朝汉学师承记》"可以救忘本失源之弊",同时
又指出:"江氏宗郑而遂黜朱,抑又偏矣。"他的结论是:"江氏宗师
惠、余,揽阎、江诸公为汉学,必分宋学而二之,适以增后人之
惑也。"⑤

---

① 黄式三:《儆居集》读子集四《读果堂集》。
② 黄式三:《儆居集》读子集三《读顾氏心学辨》。
③ 黄式三:《儆居集》杂著一《汉郑君粹言叙》。
④ 黄式三:《儆居集》杂著一《易释叙》。
⑤ 黄式三:《儆居集》杂著一《汉学师承记跋》。

　　式三晚年,尤好礼学,认为:"礼者理也。古之所谓穷理者,即治礼之学也。尽性在此,定命在此。"①式三治礼,谨守郑学,不废朱子,于封建、井田、兵赋、郊禘、宗庙、学校、明堂、宗法诸大节目,凡有疑义,多所厘正。所撰《复礼说》、《崇礼说》、《约礼说》三篇,荟萃一生治礼心得,提纲挈领,最得礼意。《复礼说》集中讨论礼之渊源流变,一以孔子"克己复礼为仁"为依归,他说:

　　　　礼也者,制之圣人,而秩之自天。当民之初生,礼仪未备,而本于性之所自然,发于情之不容已,礼遂行于其间。……孔圣言克己复礼为仁。复礼者,为仁之实功也,尽性之实功也。②

《崇礼说》论证"礼即为德性",进而主张以"崇礼"为根本,融尊德性与道问学于一体。文中指出:

　　　　君子崇礼以凝道者也,知礼之为德性也而尊之,知礼之宜问学也而道之,道问学所以尊德性也。……后世君子,外礼而内德性,所尊或入于虚无;去礼而溢问学,所道或流于支离。此未知崇礼之为要也。不崇礼即非至德,何以能凝至道!③

《约礼说》则阐发《论语》博文约礼旨趣,并据以驳难"以心之臆见为理"、"以本心之天理言礼"的诬枉。式三说:

　　　　《论语》繧言博文约礼,圣训章矣。礼即先王之《礼经》也。

―――――――――

① 黄家岱:《嬹艺轩杂著》卷下《礼记笺正叙》。
② 黄式三:《儆居集》经说一《复礼说》。
③ 黄式三:《儆居集》经说一《崇礼说》。

王阳明《博约说》，博其显而可见之礼曰文，约以微而难见之理曰
礼。岂圣人之教，必待王氏幹补而后明乎？礼一也，分显微而二
之。文与礼二也，以礼之显者为文而一之。其所谓理，谁能明之
乎？……以心之臆见为理，而理已诬；以本心之天理言礼，而礼
又诬。①

（三）黄以周会通汉宋学术的努力

黄以周(1828—1899)，字元同，号儆季，晚号哉生，浙江定海人。
定海黄氏，世代力农。至以周祖兴梧，有志经学，以治《易》、《诗》著
名庠序。② 以周父式三继起，潜心经学，遍治群经，更专以治经名家。
以周幼承庭训，为学伊始，即在式三课督之下奠定经学藩篱。他六岁
入塾识字，七岁便开始读《小戴记》，初知礼学。后依次读《尚书》、
《诗经》、《周易》，打下坚实经学根底。道光二十年(1840)，英国侵略
军蹂躏定海，以周随父避兵镇海之海晏乡。迄于式三病逝，二十余年
间，一门朴学，治经传家。式三晚年，笃志礼学。以周亦步亦趋，专意
读礼。他先是读秦蕙田《五礼通考》，病秦氏书言吉礼之好难郑玄说，
军礼又太阿康成意，于是每一卷毕，皆有札记。自咸丰十年(1860)
起，开始全面整理和总结历代礼学，结撰《礼书通故》，从此走上会通
汉宋，表彰礼学的为学道路。时年三十三岁。

以周治礼，一秉其父之教，扫除门户，实事求是。他说："六经之
外无所谓道，六书之外无所谓学。故欲谭道者先通经，欲通经者先识

①黄式三:《儆居集》经说一《约礼说》。
②黄以周:《儆季杂著》文钞五《先考明经公言行略》。

字。"①又说:"离故训以谈经而经晦,离经以谈道而道晦。"②因此,以周主张:"去汉学之琐碎而取其大,绝宋学之空虚而核诸实。"③他读《汉书·艺文志》,就《孝经》《尔雅》共编一家,成札记一篇,有云:"凡解经之书,自古分二例,一宗故训,一论大义。宗故训者,其说必精,而拘者为之,则凝滞章句,破碎大道;论大义者,其趣必博,而荡者为之,则离经空谈,违失本真。博其趣如《孝经》,精其说如《尔雅》,解经乃无流弊。《汉志》合而编之,乃所以示汉世读经之法。惜今之讲汉学、讲宋学者,分道扬镳,皆未喻斯意。"④以如是之见而论《汉志》,可谓读书得间,别具只眼。

同治元年(1862),黄式三病逝,以周居丧守制,读礼不辍。至光绪四年(1878),历时十九年,《礼书通故》撰成,以周已然年逾半百。全书一百卷,自礼书、宫室、衣服、卜筮,至六书、乐律、车制、名物,附以仪节、名物二图及叙目,凡作五十目。以周所撰该书叙,梳理礼学源流,阐发著述大旨,最可见其礼学思想。他说:

> 夫礼唐修其五,虞典以三,夏造殷因,周礼犹酿。东迁以后,旧章云亡,孔子赞修,犹苦无征,言、曾讨论,又复错出。礼学难言,由来久矣。战国去籍,暴秦焚书,先王典章,尽为湮没。抱残守阙,汉博士之功也。分门别户,又汉博士之陋也。宣帝忧之,遂开石渠,以为不讲家法,无以明其宗旨,专守家法,又恐戾乎群经。于是令其法之异者,各陈师说,博观其义,临决称制,以定一尊。小戴次君,爰作奏议,执两用中,有合古道。白虎之论,聿追

① 黄以周:《儆季杂著》文钞二《说文解字补说叙》。
② 黄以周:《儆季杂著》文钞二《经训比义叙》。
③ 黄以周:《儆季杂著》文钞三《答刘艺兰书》。
④ 黄以周:《儆季杂著》史说二《读汉艺文志》。

前徽，班氏孟坚，又纂通义，乃专取一己所好，尽扫群贤之议，大义虽存，师法莫考。许君叔重，哀入异议，拾戴议之遗，砭班论之锢，淆陈众见，条加案语。郑君康成，又驳其非而存其是，古礼以明。

　　夫西京之初，经分数家，东京以来，家分数说。一严其守，愈守愈精；一求其通，愈通愈密。诸博士，其守之精者也；戴、许二书，其通者也；郑所注书，囊括大典，网罗众家，其密者也。唐宋以来，礼学日微，好深思者或逞臆说，好述古者又少心得。究其通弊，不出两轨。以周不揣谫陋，缀入异闻，不敢立异，亦不敢苟同，为之反复群书，日夜覃思。贤者识大，不贤识小，道苟在人，何分局途。上自汉唐，下迄当世，经注史说，诸子杂家，谊有旁涉，随事辑录。昔者高密笺《诗》而屡易毛传，注《礼》而屡异先郑，识已精通乎六艺，学不专守于一家。是书之作，窃取兹意，以为按文究例，经生之功；实事求是，通儒之学。或者反以不分师说为我诟病，甘作先儒之佞臣，卒为古圣之乱贼，惴惴自惧，窃有不敢。[1]

《礼书通故》成，一时经学大师俞樾欣然撰序，倍加称道。俞先生说：

　　国朝经术昌明，大儒辈出，于是议礼之家日以精密。……而汇萃成书，集礼家之大成者，则莫如秦味经氏之《五礼通考》。曾文正公尝与余言，此书体大物博，历代典章具在于此，三通之外，得此而四，为学者不可不读之书。余读之诚然。惟秦氏之书，按而不断，无所折衷，可谓礼学之渊薮，而未足为治礼者之艺极。求其博学详说，去非求是，得以窥见先王制作之潭奥者，其在定

————————
[1]黄以周：《礼书通故》卷末《叙目》。

海黄氏之书乎！……君为此书，不墨守一家之学，综贯群经，博
采众论，实事求是，惟善是从。……洵足究天人之奥，通古今之
宜，视秦氏《五礼通考》，博或不及，精则过之。①

晚近著名经史学家胡玉缙先生为其师《礼书通故》撰写提要，亦给了
该书以"体大思精"②的至高评价。

《礼书通故》刊行，已是光绪十九年（1893），以周年届六十六岁。
晚年的黄以周，表彰诸子，沟通孔孟，依然专意兴复礼学。对于颜子，
他表彰道："颜子之所乐者天，而乐天之学由好礼始。……颜子所见
之大，虽无容轻拟，要不越《中庸》所谓'优优'之礼矣。……颜子有
王佐才，要亦不出乎礼。"由表彰颜渊而及有宋诸儒，以周又说："朱子
论程门高第弟子，如谢上蔡、游定夫、杨龟山皆入禅学，惟吕与叔不入
禅。吕氏初学于张子横渠，湛深礼学者也。朱子之门，群推黄子勉斋
为冠，黄子亦深于礼。"③以周认为："古人论学，详言礼而略言理，礼
即天理之秩然者也。"因此，他的结论是："考礼之学，即穷理之学。"
本此认识，黄氏于曾子有云："曾子之穷理，本末兼彻，经权并明，故卒
能得孔孟一贯之传，又何间焉！"④
　　对于子游、子夏，以周亦有专文表彰，他说：

　　《仪礼》之记，先儒多以为子夏作。子游之言，亦多散见于
《戴记》中。二子之学，实于礼为尤长。……学士之习礼者，专尚
繁文缛节，务外而遗内，不知礼意所在。子游欲挽末流之失，独

①俞樾：《礼书通故序》，见《礼书通故》卷首。
②胡玉缙：《许庼学林》卷十七《礼书通故跋》。
③黄以周：《儆季杂著》文钞一《颜子见大说》。
④黄以周：《儆季杂著》文钞一《曾子论礼说》。

作探本之论。……子夏谨守礼文而不夺其伦,子游深知礼意而不滞于迹,一沉潜,一高明,学各得其性之所近。①

而黄以周晚年最为精意者,则是表彰子思子,为此,他以六十九岁之年,辑为《子思子辑解》七卷。以周考证:"子思困于宋作《中庸》,归于鲁作《表记》。"他说:"《旧唐书》载沈约之言曰,《中庸》、《表记》、《坊记》、《缁衣》,皆取诸子思子。王伯厚《艺文考证》,亦引沈言。夫子思子作《中庸》,史有明文。《文选注》引子思子'民以君为心'二句及《诗》云'昔有先正'四句,今皆见《缁衣篇》。则《缁衣》出于子思子,可信。且小戴辑记,以《坊记》厕《中庸》前,《表记》、《缁衣》厕《中庸》后,与大戴类取《曾子》十篇正同。《坊记》、《表记》、《缁衣》皆以'子言之'发端,其文法尤相类,则休文之言益信。"②近者郭店楚简出,时贤多有表彰子思学说,甚至倡言"重写学术史"者,殊不知先贤黄以周已唱先声于百余年前矣。

有清一代学术,由清初顾炎武倡"经学即理学"开启先路,至晚清曾国藩、陈澧和黄式三、以周父子会通汉宋,兴复礼学,揭出"礼学即理学"而得一总结。"以经学济理学之穷"的学术潮流,历时三百年,亦随世运变迁而向会通汉宋以求新的方向演进。腐朽的清王朝虽然无可挽回地覆亡了,然而立足当世,总结既往,"会通汉宋以求新"的学术潮流,与融域外先进学术为我所有的民族气魄相汇合,中国学术依然在沿着自己独特的发展道路而曲折地前进。跟在别人的后面跑,是永远不会有出路的,这不就是晚清七十年的学术给我们所昭示的真理吗!

①黄以周:《儆季杂著》文钞一《子游子夏文学说》。
②黄以周:《儆季杂著》礼说六《坊记》。

四、简短的结语

晚清七十年,中国社会经历了一场亘古未有的历史巨变,一时朝野俊彦,站在时代之前列,为中国社会走出困境,为中国学术之谋求发展,殊途同归,百家争鸣。晚近著名学者王国维先生论清代学术云:"国初之学大,乾嘉之学精,而道咸以来之学新。"王先生以一"新"来赅括晚清学术,得其大体,实是不刊。七十年间,先是今文经学复兴同经世思潮崛起合流,从而揭开晚清学术史之序幕。继之洋务思潮起,新旧体用之争,一度呈席卷朝野之势。而与之同时,会通汉宋,假《公羊》以议政之风亦愈演愈烈,终成戊戌维新之思想狂飙。晚清的最后一二十年间,"以礼代理"之说蔚成风气,遂有黄以周《礼书通故》、孙诒让《周礼正义》出而集其大成。先秦诸子学之复兴,后海先河,穷原竟委,更成一时思想解放之关键。中山先生三民主义学说挺生其间,以之为旗帜,思想解放与武装抗争相辅相成,遂孕育武昌首义而埋葬清王朝。

述往思来,鉴古训今。认真总结晚清七十年之思想与学术,对于今日及往后中国学术和中国社会之发展,无疑是会有益处的。

(原载《第二届国际暨第六届全国清代学术研讨会》,

台湾中山大学 1999 年 11 月)

漫谈清代学术

　　近一二十年间,继宋明理学研究的复兴之后,关注清代学术的学者也日益增多,许多有分量的研究成果相继问世,显示了此项研究的良好发展前景。笔者耕耘其间,积数十年的读书所得,幸获一二不成片段的认识。

一、清代学术演进的三个阶段

　　有清一代学术,以对中国数千年学术的整理、总结为特点,经史子集,包罗宏富。260余年间的学术,既随社会变迁而显示其发展的阶段性,又因学术演进的内在逻辑而呈现后先相接的一贯性。以时间为顺序,大体可分为如下三个阶段。

　　第一阶段为清初学术,上起顺治元年,下迄康熙六十一年。有清一代,顺治、康熙两朝,是一个创辟规模、奠定国基的关键时期。就一代学术的发展而言,清初的80年,也是一个承先启后、开拓路径的重要阶段。这一时期,才人辈出,著述如林。其气魄之博大,思想之开阔,影响之久远,在中国古代学术史上,足以同先秦时代的百家争鸣相比美。清初学术,既有别于先前的宋明学术,又不同于尔后的乾嘉汉学,它以博大恢宏、经世致用、批判理学、倡导经学为基本特征。正是在"以经学济理学之穷"的学术潮流之中,清初学术由经学考辨入手,翻开了对传统学术进行全面整理和总结的新篇章。

第二阶段为清中叶学术，上起雍正元年，下迄道光十九年。雍正一朝为时不长，实为清初学术向清中叶学术演进的一个过渡时期。因此，清中叶学术以乾嘉学术为主体。晚近著名学者王国维论清代学术有云："国初之学大，乾嘉之学精，而道咸以来之学新。"（《观堂集林·沈乙庵先生七十寿序》）王先生以一个"精"字来概括乾嘉学术，最为得其肯綮。乾嘉学术，由博而精，专家绝学，并时而兴。惠栋、戴震、钱大昕主盟学坛，后先辉映，古学复兴蔚成风气。三家之后，最能体现一时学术风貌，且以精湛为学而睥睨一代者，当属高邮王念孙、王引之父子。至阮元崛起，身为封疆大吏而奖掖学术，以道光初《皇清经解》及与之前后问世的《汉学师承记》、《汉学商兑》为标志，乾嘉学术遂步入其总结时期。

第三阶段为晚清学术，上起道光二十年，下迄宣统三年。嘉庆、道光间，国家多故，世变日亟，清廷已然内外交困。面对汉学颓势的不可逆转，方东树、唐鉴等欲以理学取而代之，试图营造一个宋学复兴的局面。然而时代在前进，不唯汉学日过中天，非变不可，而且宋学一统早已成为过去，方、唐等人为其勾画的复兴蓝图，不过是一厢情愿而已。晚清学术，既非汉学的粲然复彰，亦非宋学的振然中兴，它带有鲜明的时代印记，随着亘古未有的历史巨变而演进。70年间，先是今文经学复兴同经世思潮崛起合流，从而揭开晚清学术之序幕。继之洋务思潮起，新旧体用之争，一度成席卷朝野之势。而与之同时，会通汉宋，假《公羊》以议政之风亦愈演愈烈，终成戊戌维新之思想狂飙。晚清的最后一二十年间，"以礼代理"之说蔚成风气，遂有黄以周《礼书通故》、孙诒让《周礼正义》出而集其大成。先秦诸子学之复兴，后海先河，穷原竟委，更成一时思想解放之关键。孙中山先生三民主义学说诞生其间，以之为旗帜，思想解放与武装抗争相辅相成，遂孕育武昌首义而埋葬清王朝。腐朽的清王朝虽然无可挽回地寿终正寝，然而立足当世，总结既往，会通汉宋以求新的学术潮流，与融域外先进学术为我所有的民族气魄相汇合,中国学术依然在沿着自己独特的发展道路,执着地求索,曲折地前进。

二、关于《清史稿·儒林传》

《清史稿·儒林传》凡四卷,前三卷入传学者共 284 人,第四卷依《明史》旧规,为袭封衍圣公之孔子后裔 11 人。前三卷为全传主体,以学术好尚而区分类聚,大致第一卷为理学,第二、三卷为经学、小学。入传学者上起清初孙奇逢、黄宗羲,下迄晚清王先谦、孙诒让,一代学人,已见大体。各传行文,皆有所本,或史馆旧文,或碑志传状,亦称大致可信。因此,数十年来,几辈学人之治清代学术史,凡论及学者学行,《清史稿·儒林传》不失为一有价值之参考文献。

然而由于历史和认识的局限,加以书成众手,完稿有期,故而其间的疏失、漏略、讹误,又在所多有,从而严重影响了该传的信史价值。姑举数例,以见大概。

卷一《陆世仪传》,称传主"少从刘宗周讲学"。据考,陆氏虽于所著《论学酬答》中表示,刘宗周为"今海内之可仰以为宗师者",但却并无追随讲学的实际经历。唯其如此,乾隆间全祖望为陆世仪立传,才说陆氏因未得师从刘氏而"终身以为恨"。又传末记陆世仪从祀文庙,时间亦不确。传称:"同治十一年,从祀文庙。"其实,江苏巡抚之疏请陆氏从祀,事在同治十三年四月,五月十六日饬下礼部议复,从祀获准,已是光绪元年二月十五日。

又如同卷《颜元传》,称"明末,父戍辽东,殁于关外"。"戍"字不实。据考,颜元父至辽东,系明崇祯十一年为入关清军所挟,非为明廷戍边。一字之讹,足见撰传者之立足点所在。

再如同卷《唐鉴传》,记传主"咸丰二年,还乡"亦不确。此传源出曾国藩为传主所撰《墓志铭》,曾文记唐氏由江苏还乡,作咸丰三年。而传主嗣子尔藻撰《行述》，于唐氏还乡事记之甚详。云三年正月，"由苏至浙，意欲回楚"，因南昌道阻，遂"侨居武陵，暂为息足"。四年正月启程，又应友人邀，逗留江西白鹿洞书院，"冬月始抵长沙"。可见，唐鉴晚年返乡，当依《行述》作咸丰四年十一月。

戴震为乾隆间大儒，影响一时学风甚巨。在《清史稿·儒林传》中，戴氏本传举足轻重，不可率尔操觚。然而此传则疏于考核，不唯于传主著述题名、卷数每多不确，而且于重要学行亦似是而非。传称"年二十八补诸生"，不确。据段玉裁《戴东原先生年谱》、洪榜《戴先生行状》、王昶《戴东原先生墓志铭》，均作乾隆十六年补诸生，时年二十九岁。此其一。其二，传称"与吴县惠栋、吴江沈彤为忘年友"，亦不确。惠栋、戴震相识于乾隆二十二年，戴少惠二十七岁，确为忘年之交。而沈彤已于乾隆十七年故世，终身未曾与戴震谋面，"忘年交"云云，无从谈起。疑系张冠李戴，将沈大成误作沈彤。其三，紧接"忘年交"后，传文云"以避仇入都"。倘依此一行文次第，则先有与惠、沈订交，随后传主才避仇北上。其实大谬不然。戴震避仇入都，事在乾隆十九年，三年后南旋，始在扬州结识惠栋、沈大成。于此，戴震事后所撰《题惠定宇先生授经图》、《沈学子文集序》，言之最明，文繁恕不过录。

戴震弟子段玉裁，亦入《清史稿·儒林传》，传云："玉裁少震四岁，谦，专执弟子礼。"据考，戴震生于雍正元年，段玉裁生于雍正十三年，相去何止四岁！《清史稿》此传源出《清史列传》，《列传》已误，又复以讹传讹，实是不该。"谦，专执弟子礼"，"专"字不通，"谦"后逗号多余，当依《清史列传》原文，作"谦焉执弟子礼"。

他如于吕留良、谭嗣同、梁启超、章太炎等人之视而不见，拒不入传，则已非疏失可言，而是腐朽历史观之使然。有鉴于此，清理《清史稿·儒林传》之讹误，爬梳史料，结撰信史，已是今日学人必须认真去做的一桩事情。

三、关于《清儒学案》

清代史料,浩若烟海,一代学术文献,亦足称汗牛充栋。以文献长编而述一代学术,前人早已建树筚路蓝缕之功,其间业绩最为卓著者,则是徐世昌主持纂修的《清儒学案》。

《清儒学案》纂修,工始于1928年,迄于1938年中由北京文楷斋刊刻蒇事,并于翌年七月,在京中修绠堂书店发售,历时达十余年之久。这部书虽因系徐世昌主持而以徐氏署名,实则是一集体协力的劳作。全书凡208卷,入案学者计1169人。上起明清之际孙奇逢、顾炎武、黄宗羲,下迄清末民初宋书升、王先谦、柯劭忞一代学林中人,举凡经学、理学、史学、先秦诸子、天文历算、文字音韵、方舆地志、诗文金石,学有专主,无不囊括其中。它既是对清代260余年间学术的一个总结,也是对中国古代学案体史籍的一个总结。唯因其卷帙浩繁,通读非易,所以,除20世纪40年代初,容肇祖、钱穆等先生有过评论之外,对其做专题研究者并不多见。

同《清史稿·儒林传》相比,《清儒学案》的入案学者已成数倍的增加,搜求文献,排比成编,其用力之艰辛亦非《史稿》所可比拟。尽管一如《史稿》,由于历史和认识的局限,《清儒学案》的历史观已经远远落伍于时代的前进,疏失、错讹亦所在多有。然而其文献价值则无可取代,应当予以充分肯定。今日学人治清代学术史,《清儒学案》实为一不可忽视的重要参考著述。

《清儒学案》承黄宗羲、全祖望二家开启的路径,采用学者传记和学术资料汇编的形式,以述一代学术盛衰。这样一种编纂体裁,或人自为案,或诸家共编,某一学者或学术流派自身的传承,抑或可以大致反映。然而,对于诸如此一学者或流派出现的背景,其学说的历史地位,不同时期学术发展的基本特征及趋势,众多学术门类的消长及交互影响,一代学术的横向、纵向联系,尤其是蕴涵于其间的规律应当如何把握等等,所有这些问题,又都是《清儒学案》一类学案体史籍所难以解答的。一方面是学案体史籍在编纂体裁的局限,使之不能全面地反映历史发展的真实面貌。这样一种矛盾状况,足以说明学案体史籍已经走到了它的尽头。

进入 20 世纪以后,随着西方史学方法论的传入,融会中西而有章节体学术史的问世。梁启超挺然而起,以"史界革命"的倡导,完成《清代学术概论》和《中国近三百年学术史》的结撰。以之为标志,学术史编纂翻过学案体史籍的一页,从而迈入现代史学的门槛。

（原载《光明日报》2005 年 2 月 22 日第 7 版）

二、学人、学派与文献研究

蕺山南学与夏峰北学

明清之际的学术界,有两个很重要的学术群体,一个是江南以刘宗周为宗师的蕺山南学,另一个是河北以孙奇逢为宗师的夏峰北学。这两个学派与稍后的二曲关学鼎足而立,同主顺治及康熙间学术坛坫风会。因而雍正、乾隆间史家全祖望论清初学术,遂将蕺山传人黄宗羲与孙奇逢、李颙并举,而有"三大儒"之目。至于晚近学术界以黄宗羲、王夫之、顾炎武为清初三大儒,则时移势易,视角各别,未可同日而语。以下,拟就蕺山南学与夏峰北学之间的关系试做一些梳理,旨在据以从一个侧面窥见明清间学术演进的脉络。

一、孙夏峰笔下的刘蕺山

明末清初的近一百年间,是中国古史中一个激剧动荡的时代。这是一个天翻地覆的时代,也是一个孕育卓越历史人物的时代。刘蕺山和孙夏峰,就都是生活在这样一个时代的杰出学术大师。他们以各自的学术实践,不唯开一方风气先路,而且影响所及,终清一代而不绝。

刘蕺山名宗周,字起东,号念台,学者以其居于蕺山麓而尊为蕺山先生。浙江山阴(今绍兴)人。生于明万历六年(1578),卒于清顺治二年(1645),得年68岁。孙夏峰名奇逢,字启泰,号钟元,晚号岁寒老人,学者以其晚年所居而尊为夏峰先生。河北容城人。生于明万历十二年（1584），卒于清康熙十四年（1675），得年 92 岁。刘蕺山长孙夏峰 6 岁，两位是同一辈人。唯蕺山于明亡后绝食而逝，夏峰则离乡背井，依然在世 30 余年。尽管蕺山生前，夏峰未得一睹丰彩，但正是在蕺山故世后的 30 余年间，随着夏峰与南北学者的过从日久，尤其是同蕺山学诸传人的数度往还，于是在他的笔下，高山仰止，追随恐后，则多见蕺山学行踪影。

　　孙夏峰笔下的刘蕺山，忧国忧民，志节耿然。明亡，东宫讲官刘理顺、兵部主事金铉身殉社稷，金铉即名在蕺山弟子之列。孙夏峰为文纪念刘、金二烈士，皆论及刘蕺山。所撰《刘文烈遗集序》云，天启间，刘理顺"与刘公宗周、金公铉、吴公甘来，缌缌为斯道斯民忧"①。而《金忠节公传》亦称："刘宗周为少司空，尝就铉论学，与陈龙正、史可法、朱之冯道德经济，互相劝勉。"②对于刘蕺山的以身殉国，孙夏峰备极推崇。顺治十二年六月，他将刘宗周与方孝孺、高攀龙、鹿善继、黄道周等五人学行汇为一编，题为《五人传忠录》。夏峰于卷首有云："刘念台叙明理学，引方正学为首，非谓其为读书种子乎？倪献汝叙历代理学，以黄幼玄为终，亦谓其忠孝至性，百折不回，真伟男子也。"③同样的话，还见于夏峰为黄道周的《麟书抄》所撰序。他说："刘念台先生序明理学，以正学为首。倪献汝序《理学宗传》，以石斋为终。……刘、倪二公，正谓其节之奇，死之烈，忠到足色，方于理学无憾耳。"④

　　根据以上所引述的材料可见，在孙夏峰看来，刘蕺山不唯以忠烈名垂史册，而且也是卓然成家的理学大师。于是在孙夏峰历时 30 年

①孙奇逢：《夏峰先生集》卷四《刘文烈遗集序》。
②孙奇逢：《夏峰先生集》卷八《金忠节公传》。
③孙奇逢：《孙征君文稿三种》之二《五忠录引》。
④孙奇逢：《夏峰先生集》卷四《黄石斋麟书抄序》。

而精心结撰的《理学宗传》中,刘蕺山便以"理学而以节死"的大家著录。当《理学宗传》尚在结撰之时,顺治十六年十月,孙夏峰曾将书中评述诸家学术语辑为《诸儒评》存之箧中。其中之《刘念台》一目有云:

　　　　子曰:"已矣乎,吾未见能见其过而内自讼者也。"公谱微过、隐过、显过、大过、丛过、成过,条列分明,随事随念,默默省察。有犯此六科者,凛然上帝临汝,诛锄不贷。久久过自消除,而本心不放。此方是存之之君子,而免为去之之庶民。微乎! 危乎! 可不慎诸![①]

据考,蕺山之论立身,有《人谱》之作,时在明崇祯七年甲戌秋八月。《人谱》之《续编三》为《纪过格》,所记诸过,依次为微过、隐过、显过、大过、丛过、成过。夏峰之评语依据,显然即由此而来。

　　由对刘蕺山志节的敬仰,引为同志,进而服膺其学说,以致潜移默化,不期而然,接受蕺山学术主张,走上合会朱王学术的道路。在孙夏峰的笔下,此一线索若隐若现,依稀可辨。

　　康熙初,孙夏峰应河南内黄知县张沐邀,前往该县讲学,撰有《题内黄摘要后》一文。文中写道:"我辈今日谈学,不必极深研几,拔新领异。但求知过而改,便是孔颜真血脉。"[②]一如《诸儒评》之依刘蕺山《人谱》立论,此一书后语,亦当沿《人谱》而出。蕺山学说,初由主敬入手,中年则以慎独为宗旨,晚年合诚意、慎独为一,卓然领袖一方。所撰《读大学》有云:"《大学》之道,诚意而已矣。诚意之功,慎独而已矣。"又说:"夫道一而已矣,学亦一而已矣。《大学》之道,慎

---

① 孙奇逢:《孙征君文稿三种》之三《诸儒评》。
② 孙奇逢:《夏峰先生集》卷五《题内黄摘要后》。

独而已矣；《中庸》之道，慎独而已矣；《语》、《孟》、"六经"之道，慎独而已矣。慎独而天下之能事毕矣。"①孙夏峰之所论，如出一辙。始而曰："刘念台曰，三十年胡乱走，而今始知道不远人。"②继之云："圣学只在诚意，诚意只在慎独。"最终归而为一，倡言："慎独是一统的功夫，千圣万贤，总只是这一件事。无内外，无精粗，无大小，一以贯之。"③

刘蕺山论陆、王学术传衍，归咎于杨简、王畿，他说："象山不差，差于慈湖；阳明不差，差于龙溪。"④又说："阳明不幸而有龙溪，犹之象山不幸而有慈湖，皆斯文之厄也。"⑤孙夏峰于此亦然，据云："慈湖正以传象山，龙溪正以传阳明，而无声无臭，无善无恶，夫岂谬于师说？而虚无之教，食色之性，又未尝不借口焉。堂邑所谓传象山者失象山，传阳明者失阳明。甚矣，言之不可不慎也。"⑥唯其如此，康熙初，《理学宗传》定稿付梓，孙夏峰特于卷末辟出"补遗"一类，杨简、王畿皆在此一类中。至于何以将杨、王之与程、朱、陆、王别编，夏峰于此解释说："补遗诸子皆贤，乌忍外？尝思墨子固当世之贤大夫也，曾推与孔子并，何尝无父？盖为著《兼爱》一篇，其流弊必至于无父，故孟子昌言辟之。愚敢于补遗诸公效此忠告。"⑦

夏峰之学，早年由朱子学起步。中年受同乡学长鹿善继影响，朝夕潜心《传习录》，成为阳明学笃信者。晚而钦仰刘蕺山学行，遂以修正王学，合朱、王于一堂为归宿。他为蕺山弟子金铉所写的小传称：

①刘宗周：《刘子全书》卷二十五《读大学》。
②孙奇逢：《孙征君文稿三种》之一《与友人论道书》。
③以上引文分见孙奇逢《夏峰先生集》卷七《答陈子石》；卷二《语录》。
④刘宗周：《刘子全书》卷十三《会录》。
⑤刘宗周：《刘子全书》卷十九《答韩参夫》。
⑥孙奇逢：《夏峰先生集补遗》卷上《答问》。
⑦孙奇逢：《理学宗传》卷首《义例》。

"吾乡理学而忠节者,公与鹿伯顺也。鹿之学近陆、王,公之学守程、朱。"①以追随鹿伯顺而笃信阳明学者,竟去表彰学守程朱的蕺山弟子,一则可见孙夏峰非拘守门户之人,再则亦不啻表明他对刘蕺山师弟修正王学的认同。所以孙夏峰超然于门户之上,指出:"文成之良知,紫阳之格物,原非有异。"②又说:"两贤之大旨固未尝不合也。"他认为:"陆、王乃紫阳之益友忠臣,有相成而无相悖。"进而主张合朱、王于一堂,倡言:

> 我辈今日要真实为紫阳,为阳明,非求之紫阳、阳明也。各从自心、自性上打起全副精神,随各人之时势身分,做得满足无遗憾,方无愧紫阳与阳明。③

这与刘蕺山的如下主张恐非偶然巧合,蕺山有云:

> 后之君子有志于道者,盍为之先去其胜心浮气,而一一取衷于圣人之言,久之必有自得其在我者。又何朱、陆、杨、王之足云?④

刘、孙之所云,实是同调共鸣,后先呼应。

如果说在孙夏峰结撰《理学宗传》的过程中,他对刘蕺山学说的了解尚未深入,那么当康熙六年该书刊刻蒇事之后,迄于十四年逝世,引为同志,倾心推许,蕺山学说对孙夏峰的影响,则非同一般。有

---

① 孙奇逢:《夏峰先生集》卷八《金忠节公传》。
② 孙奇逢:《四书近指》卷一《大学之道章》。
③ 孙奇逢《夏峰先生集》卷七《复魏莲陆》。
④ 刘宗周:《刘子全书》卷二十一《张含宇先生遗稿序》。

关这方面的情况,在孙夏峰的《日谱》中,多所反映,弥足珍贵。

康熙七年九月初九日,孙夏峰读刘蕺山《学言》,有札记一则。他说:

> 读刘子《学言》,有《示韩参夫》云:"力刬浮夸之习,深培真一之心。"又曰:"从闻见上体验,即从不闻不见消归;从思虑中研审,即向何思何虑究竟。庶几慎独之学。"参夫,宛平布衣也,严守程、朱。予以弱冠后即与之友,甲戌年(明崇祯七年——引者),同在武城署中,住三月余。游学江南,渠曾与高忠宪游,归而向予言之甚详。此在乙丙之前。后从念台游,则未及闻也。音问久绝,定作古人矣。读刘子语,晃见故人于字里行间。

一周之后,夏峰又记下了读蕺山《圣学宗要》的无限欣喜。他写道:

> 予之刻《宗传》也,妄臆以濂溪为孔子之闻知,以姚江为濂溪之闻知。此一时之偶见如此。忽友人寄刘子《圣学宗传》(传字误,当作"要"——引者),其言曰:"周子其再生之仲尼乎?明道不让颜子,横渠、紫阳亦曾、思之亚,而阳明见力直追孟子。自有天地以来,前有五子,后有五子,斯道可为不孤。"读之一快。公先得我耶?我先得公耶?抑南北海此心此理有同然耳。

翌年二月初六日,夏峰就读蕺山文致信弟子汤斌,再度称道蕺山"先得我心"。信中有云:

> 刘念台之言曰:"三十年胡乱走,而今始知道不远人。"念台集中多快语。至"周子其再生之仲尼乎?阳明见力直追孟子。自有天地以来,前有五子,后有五子,斯道可为不孤。"《宗传》一

编,妄意以濂溪为孔子之闻知,以姚江为濂溪之闻知,不谓念台先得我心之同然耳。近读杨虞城集,皆真实做工夫人,不可少也。

事隔十日,同样的心境见于《复梁以道》中。夏峰说:"刘念台之言曰:'三十年胡乱走,而今始知道不远人。'刘、杨两先生,其宗旨正与我辈相符,恨不即握手一详言之。"

康熙十二年,孙夏峰已届九十高龄。是年八月廿六日,他就理气、心性的关系,在《日谱》中留下札记一则。据云:

> 理气之说,纷纭不一。有谓理生气。有谓理为气之理者,有谓有是气方有是理者。迨刘念台云,理即是气之理,断然不在气先,不在气外。知此,则知道心即人心之本心,义理之性亦即气质之本性。一切纷纭之说,可以尽扫矣。

以刘蕺山的主张为依归,而尽扫数百年诸家纷纭聚讼,倾心推许,从善如流,抑或可称孙夏峰晚年定论。

二、蕺山学北传的重要途径

一如前述,在刘蕺山生前,孙夏峰并未能有机会当面请益。用夏峰自己的话来说,只是"余从弱冠时,知向慕公。后王念尼从公游,公亦知有余也"①而已。加以时值明末,兵荒马乱,已非从容论学之时,因之而大大地妨碍了蕺山学术的北传。而据蕺山弟子恽日初云:"先

---

① 孙奇逢:《理学宗传》卷二十五《刘宗周》。

师为明季二大儒之一,顾自《人谱》外,海内竟不知先生有何著述。"①
这就是说,迄于康熙初叶,刘蕺山著述刊行于世者,不过《人谱》一种
而已。唯其如此,康熙二十年前后,蕺山弟子始接踵而起,表彰师说。
先是恽日初辑《刘子节要》,继之为黄宗羲撰《蕺山学案》,最后则是
董玚重订《蕺山先生年谱》,编纂《刘子全书》。然而蕺山后学的所有
这些努力,多在孙夏峰身后。既然如此,那么蕺山学术之于何时、通
过何种渠道北传而影响孙夏峰,就成一值得探讨的问题。就目前所
能读到的文献来看,顺治七年,夏峰弟子高鐈的南游会稽,当是一次
开凿渠道的重要举措。

　　高鐈,字荐馨,河北清苑人。明季诸生。善书法,喜为诗。顺治
三年,师从孙夏峰。三年,夏峰家园被满洲贵族圈占,含恨南徙新安
(今河北安新)。六年冬,复因新安时局不靖,再度举家南迁。夏峰本
拟渡黄河,越长江,直去浙东,以完先前同故友茅元仪所订儿女婚事。
一则年事已高,不堪旅途劳顿,再则十数口千里跋涉,亦非易事。于
是抵达河南辉县苏门山后,被迫改变初衷,侨居下来。夏峰南徙,高
鐈始终相伴而行,所以孙夏峰九十岁时撰《怀友诗》,于高鐈有句云:
"垂老轻去乡,荐馨共旅食。"这应是孙、高师弟间此一段经历的真实
写照。

　　据孙夏峰《日谱》记,高鐈南游会稽,始于顺治七年春夏间,至十
二年春北返,历时近五年之久。高鐈何以要远游会稽,且一去就是五
年? 个中详情迄未得明,但是有一点则是可以肯定的,即受老师之
命,携结撰中的《理学宗传》初稿,前往浙东请益。关于这一点,孙夏
峰在《理学宗传》卷首《自叙》中,说得很清楚。他说:

　　　　此编已三易,坐卧其中,出入与偕者,逾三十年矣。……初

---

① 恽日初:《致董无休书》,载《刘子全书》卷首,董玚:《刘子全书抄述》。

订于渥城,自董江都而后五十余人,以世次为叙。后至苏门,益二十余人。后高子携之会稽,倪、余二君复增所未备者,今亦十五年矣。

渥城即新安,据汤斌辑《孙征君年谱》载,《理学宗传》在渥城初订,时当顺治四年,参预其事者为夏峰弟子高镐、王之征、陈鋐及谱主第三子博雅。顺治七年夏初,夏峰师弟一行抵达苏门山,再理旧稿,旋即由高镐携往会稽。

顺治十三年春,高镐北归。此次远游,无论带着何种目的,亦无论其目的是否悉数实现,然而仅就南北学术交流而言,高镐此行,足以称作满载而归。

首先,高镐圆满地完成了其师托付的使命。在同浙东学者的数年交往中,他不仅宣传了夏峰学说,为《理学宗传》初稿觅得了知音,而且通过频繁的书信,亦使孙夏峰得以了解蕺山学术及其传人的大致状况。其次,沿着高镐的足迹,夏峰弟子马尔楹偕夏峰次子孙奏雅,于顺治八年夏秋间亦抵达浙东,从而拓宽了南北学术交流的通道。再次,通过高镐、孙奏雅、马尔楹等人的努力,蕺山诸后学及时而准确地把蕺山学说及其代表著述,直接传递给了孙夏峰,在清初南北学术的此次重要往还中,如果说高镐创辟榛芜,建树了开拓之功,那么在这条通道上孜孜以求,最终完成蕺山学北传历史使命的,则无疑应是蕺山诸后学。其中功绩最为卓著者,当首推倪元瓒。

倪元瓒,字献汝,浙江上虞人。其兄元璐,字玉汝,号鸿宝,崇祯间官至户部尚书,明亡,以身殉国,志节耿然。倪元瓒少刘宗周15岁,于蕺山学术备极推崇。据蕺山子刘汋辑《刘子年谱录遗》记:

先生当党祸杜门,倪鸿宝以翰编归里,三谒先生,不见。复致书曰:"先生至清绝尘,大刚制物,动以孔孟之至贵,而为责诸荆卞之所难。璐心服之，诚于七十子之于夫子也。"每于士大夫推尊不窬口，言及必曰刘先生云何。先是越之袊士无不信先生为真儒，而缙绅未尝不讪笑之。独鸿宝号于众曰："刘念台今之朱元晦也。"于是始有信之而愿学者。自此，祁公彪佳、施公邦曜、章公正宸、熊公汝霖、何公弘仁，争以著蔡奉先生。

以刘蕺山比孔子，而自居于孔门七十子诸贤，倪鸿宝对蕺山学行之心悦诚服，无以复加。元瓒为元璐弟，受其兄影响，亦当在服膺蕺山学术诸后学之列。

高镐南游，结识倪元瓒，将《理学宗传》初稿送请审订，实是托付得人。顺治十二年春，高镐、孙奏雅北归，带回元瓒书札及其对《理学宗传》的评笺。孙夏峰喜得志同道合良友，于当年三月二十一日欣然复书倪献汝。信中写道：

> 仆燕右腐儒，衰迟漂泊，自鼎革以来，家于山岑水湄者若而年。自谓喘息余年，不填壑沟，尚欲策励毫釐，图报称穹苍于万一。年来求友于四方，而真实斯道者寥寥。荐馨南游，得良友为快。奏儿归，持手教，殊慰数年仰企。令兄先生以忠魂领袖一代，先生复以镛铎振教东南，真所谓凤翔天外，鹤唳云中。当剥床蔑贞，独存硕果，响往实甚。暨读序笺《宗传》，儒释防维，佩教良多。此书原甲申寓水乡时成之，未及订正。迩复有《七子》一编，其中有欲请益者，路遥不能就正。念台先生所选，未得一卒业，想自有定见。若水癯寐有年，此心此理，应不以南北海隔耳。①

———————————

① 孙奇逢：《日谱》卷六《寄倪献汝》。

虽然今日我们已无从读到倪元瓒的来书，但是从孙夏峰的回信中可见，正是元瓒来信，把刘蕺山留有董理宋明理学遗著的消息，告诉了孙夏峰。所以，夏峰闻讯才会说"念台先生所选，未得一卒业。"

据《刘蕺山先生年谱》记，蕺山生前董理宋明理学，留有著述凡四种。一是《方逊志先生正学录》，成于天启四年；二是《皇明道统录》，成于天启七年；三是《圣学宗要》，成于崇祯七年；四是《阳明先生传信录》，成于崇祯十一年。刘蕺山认为，方孝孺"早师宋潜溪，接考亭正传，国朝理学当以公为首"[1]，故而于方氏学行，多所表彰。结合稍后孙夏峰辑《五人传忠录》及所撰诸文考察，则此处之言"念台先生所选"，当指表彰方氏学行之著述。唯其如此，夏峰于我们先前所引述的《五忠录引》和《黄石斋麟书抄序》中，才会一再重申："刘念台叙明理学，引方正学为首。"

之后，孙夏峰与倪献汝书札往复，历有年所。顺治十二年十一月，献汝遣族子前来苏门山问学。翌年，夏峰再度致书献汝，据云：

> 《宗传》一书，迩在订正，于评笺中服足下大中至正之教，灯照来兹。其波澜一柱……（下缺——引者）。留附姜二滨转至，未审达否？近读黄石斋先生《大涤函书》，学不依经，语属开山，方正学之后一人。诗文中皈依君家昆仲，读至此段应求，不可向他人道也。[2]

夏峰此信，取黄石斋与方正学后先辉映，实足见蕺山学术北传之初对孙夏峰的深刻影响。

在这里值得指出的是，夏峰信中提到的姜二滨，如同倪元瓒一

---

①刘汋等：《蕺山先生年谱》卷上，天启四年四十七岁条。
②孙奇逢：《日谱》卷八《寄倪献汝》。

样,也是此时将蕺山学术北传的重要功臣。

　　姜二滨,名希辙,号定庵,浙江余姚人。希辙为蕺山弟子,在蕺山诸后学中,若论同孙夏峰的交往,他应是开启先路的人。顺治九年,姜二滨由浙江温州教谕改任直隶元城知县。抵任之后,即拜谒过孙夏峰。十二年,二滨又修书请益,于是夏峰答书云:

　　　　前接光霁,极蒙延款。最是人所棘手时,独能脱然行所无事,该是元公、明道一流人。恨相隔远,山中简寄未便。不谓学道君子,虚怀益甚,于悲天悯人之际,益切事贤友仁之思。仆即衰朽,何敢负此下问?

就是在这封信中,孙夏峰向姜二滨通报了倪献汝评笺《理学宗传》的消息,也谈到了新近辑录《七子》的情况,还随信过录有关资料请教。夏峰说:

　　　　仆生长北方,见围一隅,少而有志,老无所成。年来与二三同人辑有《诸儒语录》一编,偶同人携之会稽,得倪献汝评定阐发,匡我不逮。继而念"宗传"二字,宁严勿滥,颜渊死而孔子之道不传,曾子外余不得与。又于众多人中,标《七子》另为一选。俱无刻本,路远不便寄去,各家之书俱在,谨录其姓名暨所评请教。①

由于刘蕺山遗著的迟迟不得结集刊行,因而清初蕺山学术的北传,进展甚缓。迄于顺治十六年,传至孙夏峰处的蕺山著述,仅是《人谱》一种而已。所以,一如前述,他在当年所撰《诸儒评》中,评蕺山学术只

---

①孙奇逢:《夏峰先生集》卷七《答姜二滨》。

及《人谱》改过诸节。这样一个局面延续近十年，直到康熙六年，《理学宗传》定稿刊行，始得局部改善。这便是《学言》《圣学宗要》《古易抄义》诸书继《人谱》之后，为孙夏峰列入刘蕺山主要著述目录。同时，《学言》《古易抄义》中精要语，夏峰亦摘出十三条，录入《理学宗传》中。其后数年，孙夏峰不断消化蕺山学术，进而融为我有，在弟子后学间倾心表彰。蕺山学术的北传，进入了一个健实的发展阶段。康熙十二年五月，姜二滨遣其子尧千里问学，师从孙夏峰，并寄来刘蕺山遗著数种暨《易说》。至此，就对夏峰北学的影响而言，蕺山学的北传遂告完成。

三、从《理学宗传》到《明儒学案》

学术交流，总是互为影响，相得益彰。清初，通过南北学者间的往还，在蕺山南学北传的过程中，夏峰北学亦同时南传。前述倪元瓒、姜希辙之引孙奇逢为同调而共鸣，相继分遣族子和亲子远道跋涉，追随夏峰，即是一有力证明。此外，孙夏峰代表著述《理学宗传》的南传，则是另一个富有说服力的佐证。考察此一著述的南传过程，对于把握夏峰北学予蕺山后学的影响，抑或更有意义。

一如前述，《理学宗传》尚在结撰过程中，其初稿即已陆续南传。顺治七年，高鐈携师稿南下，送请倪元瓒、余增远评笺，应为夏峰北学南传之发轫。顺治十二年，孙夏峰修订《宗传》旧稿，从中辑出《七子》，将目录、评语分别录送倪元瓒、姜希辙审正，则属北学南传所迈出的坚实一步。康熙六年，《理学宗传》定稿刊行，随后远播浙东，成为黄宗羲《明儒学案》的先导。此一阶段，当可视为夏峰北学南传的完成时期。

从《理学宗传》到《明儒学案》，其间究竟是一个什么样的关系？前哲时贤于此，罕见董理。1983 年，笔者曾以《孙夏峰与黄梨洲》为题，在《清史研究通讯》撰短文一篇提出讨论。之后，又相继在拙作《清初学术思辨录》和《中国学案史》中加以重申。借此机会，谨再略做一些梳理。

《理学宗传》刊刻蒇事，是否及时寄送倪元瓒、姜希辙，文献无征，已难知晓。然而时隔六年之后，该书即已送达刘宗周高第弟子黄宗羲之手，则是有文献依据的。据黄炳垕辑《遗献梨洲公年谱》卷下康熙十二年六十四岁条记："太夫人八十寿辰，孙征君夏峰先生（原注：奇逢，时年九十矣。）寄到《理学宗传》一部，并寿诗一章。"这就是说，至迟于康熙十二年，《理学宗传》已传至浙东。又据黄宗羲著《明儒学案》卷五七《孙夏峰学案》记："所著大者有《理学宗传》，特表周元公、程纯公、程正公、张明公、邵康节、朱文公、陆文安、薛文清、王文成、罗文恭、顾端文十一子为宗，以嗣孟子。之后诸儒，别为考以次之。可谓别出手眼者矣。岁癸丑，作诗寄羲，勉以蕺山薪传，读而愧之。时年九十矣，又二年卒。"该书于案主小传后，且辑有《岁寒集》中论学语录十八条。可见此时不唯《理学宗传》刊本南传，而且孙夏峰诗文集亦已为黄梨洲读到。

康熙十二年，《理学宗传》和《岁寒集》的得以南传，功臣当为孙夏峰弟子许三礼。三礼字典三，号酉山，河南安阳人。顺治十八年进士。后候选在家，历有年所，直到康熙十二年，始赴京谒选，得授浙江海宁知县。行文至此，请允许笔者就《清史稿》卷二五六《许三礼本传》的疏失做两点必要说明。

据徐文驹撰《安阳许公三礼墓志铭》载，三礼赴京谒选，时当康熙癸丑，即十二年。而《史稿》本传不载谒选之年，于"顺治十八年进士"之后，即接以"授浙江海宁知县"。由此，遂酿成传主始任海宁知县为顺治十八年的失实。此其一。其二，据《康熙起居注》载，许三礼以海宁知县行取入京，授福建道御史，时当康熙二十年七月。而《史稿》本传由于漏载传主始任海宁知县时间，故于"在县八年，声誉甚美"之后,为弥缝缺失,自圆其说,竟将三礼行取入京,授福建道御史的年份误植为康熙八年。这样的失误,显然是应当澄清的。

据孙夏峰《日谱》记,康熙十二年,许三礼赴海宁任前,曾于是年十月二十四日拜谒夏峰,多所请益。《理学宗传》、《岁寒集》及贺黄氏母寿诗等,当系此时交三礼携往浙东。三礼抵海宁任,建书院以振兴学术,作育人才。自康熙十五年起,聘黄宗羲主持书院讲席,迄于二十年离任,历时达五年之久。正是在此期间,黄梨洲呼应孙夏峰,结撰《明儒学案》以作同调之鸣。

学如积薪,后来居上。取《明儒学案》与《理学宗传》并观,无论是史料的翔实,体例的严整,还是对不同学派渊源传承的梳理,《学案》皆胜过《宗传》。然而,始为工者难,继成之者易,这亦是情理中事。唯其如此,尽管在《明儒学案》卷首《发凡》中,黄梨洲对《理学宗传》颇有微词,评为:"钟元杂收,不复甄别,其批注所及,未必得其要领,而其闻见,亦犹之海门(周汝登,撰有《圣学宗传》——引者)也。"但是,宗羲亦在书中辟出专节,表彰孙夏峰学行,赞许《理学宗传》"别出手眼"。以往,论者每每取梨洲《发凡》语,而不及其夏峰学案语,故而忽略了从《理学宗传》到《明儒学案》之间,存在一个后先相承的关系。

其实《明儒学案》之与《理学宗传》,不唯因同属学案体史籍而体例略同,而且由于著者学术宗尚的相近而立意亦类似。一言以蔽之,皆旨在为阳明学争正统。所以,孙夏峰把由周敦颐经朱熹到王阳明,视为宋明理学的必然发展过程,断言:"接周子之统者,非姚江其谁与归?"[1]而黄梨洲亦以阳明学为明代理学大宗,宣称:"无姚江则古来之学脉绝矣。"[2]所不同者,只是二书起止时间范围各异。《理学宗

---

①孙奇逢:《理学宗传》卷首《自叙》。
②黄宗羲:《明儒学案》卷十《姚江学案》。

传》通古为史，《明儒学案》则断代成书。通古为史而仅26卷，断代成书而竟达62卷，详略悬殊，不言而喻。

康熙二十年七月，孙夏峰高足汤斌，以翰林院侍讲出任浙江乡试主考官。黄宗羲闻讯，遣子百家专程赶往杭州，以所辑《蕺山学案》和《蕺山先生文录》送请撰序。乡试结束，汤潜庵于返京途中，致书黄梨洲。信中写道："承命作《蕺山学案序》，自顾疏陋，何能为役？然私淑之久，不敢固辞。目下匆匆起行，不敢率尔命笔。舟中无事，勉拟一稿请教，得附名简末，遂数十年景仰之私，为幸多矣。"①翌年，潜庵再由京中致书黄梨洲，据云：

> 去岁承乏贵乡，未得一瞻光霁。幸与长公晤对，沉思静气，具见家学有本，为之一慰。《蕺山先生文录》承命作序，某学识疏陋，何能仰测高深？……某生也晚，私淑之诚，积有岁年，但识既污下，笔复庸俗，不能称述万一。惟望芟其芜秽，正其讹谬，不至大有乖误，受赐多矣。……《文录》、《学案》，何时可公海内？早惠后学，幸甚幸甚。②

由汤潜庵之致黄梨洲二书，可见孙、汤师弟之于刘蕺山学行，一脉相承的景仰。孙夏峰既以刘蕺山为"先得我心"，汤潜庵秉其遗教，亦以蕺山私淑为荣幸。蕺山学术对夏峰北学的影响，已然两代不衰。

康熙二十四年，黄梨洲北游苏州，汤潜庵时在江苏巡抚任上，神交有年，终得握手。据梨洲事后追记，潜庵曾同他议及《明儒学案》，认为"《学案》宗旨杂越，苟善读之，未始非一贯也"③。至此，清初南

①汤斌：《汤子遗书》卷五《答黄太冲》。
②汤斌：《汤子遗书》卷五《与黄太冲书》。
③黄宗羲：《南雷文定四集》卷一《明儒学案序》。

北学派间的两世交流,终以汤斌为《蕺山学案》和《蕺山先生文录》撰序,以及汤斌、黄宗羲二人会晤苏州,《明儒学案》得潜庵首肯,写下了令人击节叹赏的一页。至于其后北学传人李恕谷南游浙东,师从蕺山后学毛西河问古乐学,时过境迁,学风丕变,已未可同日而语了。

(原载《中国社会科学院研究生院
学报》1998 年第 5 期)

黄宗羲、顾炎武合论

黄宗羲、顾炎武是清代两个著名的学者和思想家,也是当前我们进行爱国主义传统教育不可忽视的两个杰出历史人物。但是,对黄、顾二人的评价,迄今看法尚不尽一致。本文拟对他们二人一生的学术、行事和思想作一番比较,并以此就其评价问题谈些不成熟的意见。

一

黄、顾二人生当明清鼎革,在剧烈的社会大动荡之中,他们有着颇为相似的经历:同为官宦之家的后人,青少年时代,家道均随国运的衰颓而败落。黄、顾早年,为科举制度所桎梏,各耗去了十余年的宝贵光阴。崇祯十二年(1639),顾炎武于乡试中再度败北,时年二十七。此时,农民起义如火如荼,明清战事日益吃紧,他"感四国之多虞,耻经生之寡术"①,毅然离开科场,改而致力于经邦济世的实学,从事《天下郡国利病书》和《肇域志》的纂辑。自此,揭开了他一生为学的新篇章。黄宗羲弃绝科举帖括之学,较之顾炎武略晚。崇祯十五年春,年已三十三岁的黄宗羲,风尘仆仆,赴京应礼部会试,结果落第而归。始绝意仕进,转而究心史学、天文、历算和《周易》

---

①顾炎武:《亭林文集》卷六《天下郡国利病书序》。

象数学。①

　　明末，江南文人结社之风甚盛。几社、应社、复社、同声社、澄社、读书社……鳞次栉比，星罗棋布。顾、黄二人都曾经是复社中人，为反对宦官擅权而进行过呐喊。只是顾炎武不谐流俗，为一时文士讥为怪癖。相形之下，黄宗羲则可谓社事健将。他的父亲黄尊素，为明末东林名士，天启间，官至监察御史，后因疏劾阉党获罪，于天启六年（1626）冤死囹圄。崇祯帝即位，惩治阉党，黄宗羲于崇祯元年（1628）春，千里跋涉，入京鸣冤。在刑部会讯堂上，以铁锥杀伤仇家，正气耿然，时年十九。崇祯十一年，阉党余孽阮大铖鼓噪江南，欲作死灰之燃。复社诸君子一百四十人遂联名出《南都防乱揭》于南京，痛加挞伐。东林党魁顾宪成之孙顾杲，与黄宗羲同名揭首。

　　明亡，清军入主中原，挥戈南下。目睹清军的野蛮屠戮，不堪清廷剃发令的民族屈辱，黄、顾二人愤然投笔从戎。顾炎武于顺治二年（1645）六月，在苏州从军抗清。兵败，潜踪息影，秘密出亡，"悲深宗社墟，勇画澄清计"②，居然得以蓄发达七年之久。③ 黄宗羲亦于顺治二年闰六月，偕其弟宗炎、宗会，在浙江余姚黄竹浦召募义勇，与南下清军抗衡，时人称之为"世忠营"。兵败，始则遁迹四明山，"结寨固守"。④ 继而前往沿海诸岛，投奔南明鲁王政权，官至左副都御史。⑤

①黄炳垕：《遗献梨洲公年谱》，三十三岁条。
②顾炎武：《亭林诗集》卷四《哭归高士》。
③顾炎武：《亭林诗集》卷二《流转》云："稍稍去鬓毛，改容作商贾。却念五年来，守此良辛苦。"此诗作于顺治七年。《亭林余集》（不分卷）《与潘次耕札》谓："昔有陈亮工者，与吾同居荒村，坚守毛发，历四五年。"
④黄宗羲：《行朝录》卷七《四明山寨》。
⑤黄宗羲：《海外恸哭记》。关于黄宗羲此时经历，曾有往日本乞师一说，始见于全祖望《鲒埼亭集》卷十一《梨洲先生神道碑文》。后世梁启超曾就此撰文驳诘，斥全氏说为杜撰，文见《饮冰室文集》之四十《黄梨洲、朱舜水乞师日本辨》。考诸黄氏遗著，全说并非无稽，唯代久年湮，尚待梳爬，目前，似以存疑为宜。

后见大势已去,方才潜回故里。

在大规模的抗清武装斗争失败之后,一些故明封建士大夫,心怀家国之痛,他们或埋首土室,或遁迹空门,或潜心著述,讲学授徒,或寄身山林,汗漫远游,对清廷采取了不合作的态度。作史者称之为明遗民。黄、顾二人在经历连年的转徙动荡之后,都同样地作出了不仕清廷的抉择。黄宗羲认为:"何必汗漫而远游兮,方为故国之遗民。"①以顺治十八年至康熙二年(1663)间所陆续撰成的《易学象数论》、《明夷待访录》为标志,他开始了晚年著述、讲学的学者生涯。终其一生,为后世留下了诸如《明夷待访录》、《明儒学案》等五十余部近千卷的著述。顾炎武自顺治十四年起,即弃家北游,游踪遍布大江南北、黄河上下。当他五十岁(即康熙元年)之后,更"笃志经史"②,潜心著述,其蹊径又与黄宗羲若合符节。在北游的二十五年间,顾炎武先后完成了自己的代表著述《日知录》、《音学五书》,并将其早年所著《天下郡国利病书》、《肇域志》辑为初稿,"共成四十余帙"③。同黄宗羲一样,顾炎武也为后世写下了几近五十种的繁富著述。

康熙十七年,清廷议修《明史》,特开博学鸿儒科,以延揽天下名儒。但是,黄、顾均矢志不渝,拒绝入京。顾炎武声明,"人人可出而炎武必不可出","七十老翁何所求? 正欠一死。若必相逼,则以身殉之矣"。④ 从此,他"卜居太华"⑤,"以著书传后学,以勤俭率子弟,以礼俗化乡人"⑥,直至康熙二十一年溘然长逝。黄宗羲则"以老病坚

---

① 黄宗羲:《南雷文定四集》卷三《朱人远墓志铭》。
② 顾炎武:《亭林文集》卷四《与人书二十五》。
③ 顾炎武:《亭林文集》卷六《天下郡国利病书序》。
④ 顾炎武:《亭林文集》卷三《与叶讱庵书》。
⑤ 顾炎武:《亭林文集》卷六《与戴耘野》。
⑥ 顾炎武:《蒋山佣残稿》卷二《与王山史》。

辞不行"①,尔后,又以"修身俟死"拒绝赴绍兴知府乡饮酒大宾之召。他回首往事,"自北兵南下,悬书购余者二,名捕者一,守围城者一,以谋反告诘者二三,绝气沙墠者一昼夜,其他连染逻哨之所及,无岁无之,可谓濒于十死"②。早已视死如归。康熙二十七年,黄宗羲即已预筑生圹,内设石床,不用棺椁。至康熙三十四年,他走完了自己一生的坎坷历程,于是年七月悄然辞世。

二

对黄宗羲、顾炎武的明末行事,考论清初历史者,多无异议。然而,对评价入清以后二人的经历,尤其是他们晚年的节操,则执词不一。在黄宗羲评价中,《明夷待访录》的撰述动机,成为争议的焦点所在。訾议黄氏晚节者,多认为他是欲以此书向清廷讨生活。章炳麟因之而有"非黄"之议,近世学者则更有"黄梨洲非遗民"之说。直至目前,仍然还有同志在围绕《明夷待访录》的题解而各抒己见。至于顾炎武的评价,争议则集中在弃家北游上。"消极避祸"与"谋求抗清根据地"二说针锋相对。訾议顾氏晚节者,指北游为"逃避现实政治",并进而斥之为"顽固"、"落后"的时代"落伍者","对自己的国家不尽责的逃兵"。但我们以为,经共同切磋,还历史以本来面目,或许是能够求得一致认识的。

黄宗羲撰写《明夷待访录》是康熙元年到二年间的事情。此时,南明桂王政权已寿终正寝;东南沿海的郑氏势力,局促台湾一隅,亦已失去其先人郑成功率师北进,直逼南京城下的气魄和力量;残存于川楚边界的农民军余部,则早成强弩之末。这种局面,

---

① 黄宗羲:《南雷文定三集》卷一《与李郡侯辞乡饮酒大宾书》。
② 黄宗羲:《南雷余集》(不分卷)《怪说》。

对于要想挽回明祚的人来说,可称作"天南望绝"。但是,能否就如章太炎先生那样,认为黄宗羲撰写《明夷待访录》是要"俟虏之下问"①呢?我们以为,探讨《明夷待访录》的撰述动机,不可脱离历史背景,也要对全书的内容进行具体分析,更要结合考察作者一生的行事和思想。

《明夷待访录》,一卷,凡分《原君》、《原臣》、《原法》、《置相》、《学校》等二十一篇。黄宗羲以此书,对自己前半生所经历的社会现实进行批判,对明王朝灭亡的原因亦作沉痛探索。同时,还寄寓自己的政治理想。这部书,把批判的锋芒直指封建君主专制政治,发出"为天下之大害者君而已矣"②这样振聋发聩之论。为了根除封建君主专制政治的弊端,变革"于兆人万姓之中,独私其一人一姓"③的现状,寄希望于清议所归的学校,提出公天下之是非于学校的主张。他说:"天子之所是未必是,天子之所非未必非,天子亦遂不敢自为是非,而公其是非于学校。"④难道这是因为复明的希望破灭,要去向新朝献策吗?显然不是。作为一个历史家,黄宗羲撰写《明夷待访录》,没有局限于"一姓之兴亡",而是着眼于"万民之忧乐"。如书中所说:"天下之治乱,不在一姓之兴亡,而在万民之忧乐。"⑤所以,尽管当时复明已失去可能,而他却以为致治之道未失,"三代之盛犹未绝望"。因此他以商末的箕子自况,试图著书待后,为二十年后求治的君王说法。⑥ 这恐怕才是黄宗羲撰写《明夷待访录》的真实动机。看不到这一点,就无从正确评判该书的历史价值,也无从把握清初思想

①章炳麟:《太炎先生文录》卷一《衡三老》。
②黄宗羲:《明夷待访录·原君》。
③黄宗羲:《明夷待访录·原君》。
④黄宗羲:《明夷待访录·学校》。
⑤黄宗羲:《明夷待访录·原臣》。
⑥黄宗羲:《明夷待访录》卷首《题辞》。

的实质,势必要像章太炎先生那样,陷入历史唯心主义的泥淖。

　　我们认为,指出如下一点不是没有必要的。章炳麟先生在清末是一个激进的"排满革命"者,因而主张政治改良的康有为、梁启超,都无异于其政敌。当康、梁戊戌间倡变法以图强时,曾广为宣传黄宗羲的《明夷待访录》,章氏便一反其道,独持王夫之的《黄书》与之颉颃。太炎先生自己也直言不讳地在《自定年谱》三十岁条中写道:"康氏之门,又多持《明夷待访录》,余常持船山《黄书》相角。以为不去满洲,则改政变法为虚语,宗旨渐分。"①可见,章炳麟贬斥《明夷待访录》,已失去其学者的理智,徒为政争所累,不足取法。

　　设若黄宗羲在康熙二年要以《明夷待访录》向清廷讨生活,何以尔后屡经清廷征聘,对他敞开跻身显贵的大门,他却不屑一顾,高蹈而不仕呢? 这恐怕是持"俟虏之下问"说的章太炎先生所难以回答的。事实上,黄宗羲不仕清廷、保全晚节之志,早是成竹在胸。他认为:"亡国之戚,何代无之。使过宗周而不悯黍离,陟北山而不忧父母,感阴雨而不念故夫,闻山阳笛而不怀旧友,是无人心矣。故遗民者,天地之元气也。然士各有分,朝不坐,宴不与,士之分亦止于不仕而已。"②为此,他在自己的文论杂著中,有意识地大量搜集明遗民的材料,表彰他们不仕清廷的志节。譬如称赞杨时俨为"得遗民之正"③,王鸿业为"衣冠之准的"④,汪沨之志更是"如食金刚,终竟不销"⑤,如此推许他人,实则不啻彰明己志。

　　黄宗羲既已决意不仕清廷,何以在其晚年又同清廷官员周旋,甚至为文称道康熙帝为"圣天子"? 早在黄氏生前,即有人就此提出过

①汤志钧:《章太炎年谱长编》卷二,三十岁条。
②黄宗羲:《南雷文定后集》卷二《谢时符先生墓志铭》。
③黄宗羲:《南雷文定四集》卷三《杨士衡先生墓志铭》。
④黄宗羲:《南雷文定三集》卷二《千秋王府君墓志铭》。
⑤黄宗羲:《南雷文定》卷七《汪魏美先生墓志铭》。

非难。他则剖白道:"名节之谈,孰肯多让? 而身非道开,难吞白石;体类王微,常须药裹;许迈虽逝,犹勤定省;伯鸾虽简,尚存室家。生此天地之间,不能不与之相干涉,有干涉,则有往来。陶靖节不肯屈身异代,而江州之酒,始安之钱,不能拒也。"①显然,这是其全身远祸之术。但是,瑕不掩瑜,还是不去苛求为好。至于康熙十八年以后,黄宗羲让儿子黄百家和得意门生万斯同参与清廷撰修《明史》,这实在是他"国可灭,史不可灭"②一贯主张使然。此举虽不能同司马迁受腐刑而成《史记》后先媲美,但是,忍辱负重,志存信史,用心则是一致的。所以,他在送万斯同北上时,就曾告诫道:"太平有策莫轻题。"③

上述可见,黄宗羲的一生,大节无亏,他的民族气节和爱国精神,应予以历史地肯定。

三

值此,我们再来看看顾炎武的北游问题。

顾炎武弃家北游,避祸色彩很浓。顺治十二年,因昆山豪绅叶方恒的陷害,他几遭不测。翌年,叶氏又遣刺客尾随顾氏至南京,将其杀伤。同时,洗劫顾宅,"尽其累世之传以去"④。顺治十四年顾炎武遂"尽鬻其产"⑤,飘然远去。诚然,"谋求抗清根据地"之说,有失牵强,不足为据。可是,说他"消极避祸",也值得商量。

顾炎武立意北游,并非自顺治十二年始。早在顺治五年,他所写

①黄宗羲:《南雷文定五集》卷二《余若水、周唯一两先生墓志铭》。
②黄宗羲:《南雷文定》卷六《次公董公墓志铭》。
③黄宗羲:《南雷诗历》卷二《送万季野贞一北上》。
④归庄:《归庄集·送顾宁人北游序》,北京:中华书局,1961年,第232页。
⑤朱彝尊:《静志居诗话》卷二十二《顾绛》。

的《将远行作》一诗,已见其端倪:"梦想在中原,河山不崎岖。朝驰瀍涧宅,夕宿殽函都。""愿登广阿城,一览舆地图。"①不愿局促东南一隅的心境,跃然纸上。顺治七年,他又写《流转》、《秀州》两诗。诗中写道:"浩然思中原,誓言向江浒。功名会有时,杖策追光武。""将从马伏波,田牧边郡北。"②北游之意,更其明晰。顾炎武北游,好似一个正在进行的化学反应,而豪绅的陷害是促其实现的催化剂。如果仅系"消极避祸",那么事隔多年之后,怨仇已释,仇家北迁,顾炎武亦与叶方恒屡有书札往复,何以不归故里? 而且,他早年忧患与共,情逾手足的挚友归庄,几度致书催其南归,顾炎武均置之不顾,宁愿终老北国。他业已贵显的外甥徐乾学辈,甚至表示要买园置宅,邀其返乡,安度晚年,亦被拒绝。"消极避祸"之论,于此,是说不过去的。

　　清初人王不庵说过:"宁人身负沉痛,思大揭其亲之志于天下,奔走流离,老而无子。其幽隐莫发,数十年靡诉之衷,曾不得快然一吐,而使后起少年推以多闻博学,其辱已甚。安得不掉首故乡,甘于客死。噫,可痛也。"③王氏的喟叹,绝非无病呻吟。我们认为,不应当把顾炎武的北游同清初特定的历史环境割裂开来,这是社会大动荡所留下的历史印记,并非简单的个人恩怨问题。顾炎武之北游,乃是采取以游为隐的方式,寄寓故国之思,以至死不合作的态度,曲折地与清廷相抗争。在清初的历史条件下,一个有骨气、有抱负的地主阶级知识分子,既要保全民族气节,又要免去杀身之祸,选择这样的道路,是可以理解的。

①顾炎武:《亭林诗集》卷一《将远行作》。
②顾炎武:《亭林诗集》卷二《流转》、《秀州》。
③全祖望:《鲒埼亭集》卷十二《亭林先生神道表》。

顾炎武的一生,始终以"国家治乱之源,生民根本之计"①为怀,北游之后,亦无丝毫消沉和颓丧。他同黄宗羲一样,把国家和民族的命运与一姓王朝的兴亡加以区别,在其晚年所著《日知录》中指出:"知保天下,然后知保其国。保国者,其君其臣肉食者谋之;保天下者,匹夫之贱与有责焉。"②这种"天下兴亡,匹夫有责"的思想,无疑是具有历史进步意义的,是中华民族爱国主义传统的一个宝贵组成部分。顾炎武在历年北游之中,念念不忘"东土饥荒"、"江南水旱"③,直到逝世前夕,虽病魔缠身,仍然以"救民水火"为己任。他在《病起与蓟门当事书》中写道:"天生豪杰,必有所任。……今日者,拯斯人于涂炭,为万世开太平,此吾辈之任也。仁以为己任,死而后已。"④这种对祖国人民始终如一的负责态度,是应当充分肯定的。顾炎武终其一生,"胸中磊磊,绝无阉然媚世之习"⑤。我们同意吴晗教授的论断:"顾炎武首先是有气节的、有骨头的、坚强的爱国主义者,其次才是有伟大成就的学者。"⑥

四

黄宗羲、顾炎武在清初同为并世大儒。他们生前,因战乱频仍,南北阻隔,以致终身未得谋面,但是,这并没有妨碍彼此引为同调而共鸣。

康熙十五年,顾炎武在北游途中得读《明夷待访录》,欣喜异常。

---

①张穆:《顾亭林先生年谱》六十四岁条,《与黄太冲书》。
②顾炎武:《日知录》卷十三《正始》。
③顾炎武:《亭林文集》卷六《答徐甥公肃书》。
④顾炎武:《亭林文集》卷三《病起与蓟门当事书》。
⑤顾炎武:《亭林文集》卷三《与人书十一》。
⑥吴晗:《爱国学者顾炎武》,载《人民日报》1962年2月7日第三版。

于是致书黄宗羲,倾心称道,认为有了这部书,"百王之敝可以复起,而三代之盛可以徐还"①。此时,顾炎武正萃一生学力,精心结撰《日知录》,以期"有王者起,得以酌取"②。在同一信中,他还写道:"炎武以管见为《日知录》,窃自幸其中所论,同于先生者十之六七。"在顾看来,《明夷待访录》和《日知录》都绝非一世之作,其宗旨并不在于为当世立言,而是要替代清而起的后王说法。正如信中所说:"天下之事,有其识者未必遭其时,而当其时者或无其识。古之君子所以著书待后,有王者起得而师之。然而《易》'穷则变,变则通,通则久'。圣人复起,不易吾言,可预信于今日也。"

当明末季,作为深重社会危机的折射,则是王阳明心学以及整个宋明理学的崩溃。在理学瓦解的过程中,形成了经世致用的实学思潮。黄宗羲、顾炎武都是在这一思潮中堪称领袖的佼佼者。

黄宗羲认为:"儒者之学,经天纬地。"③主张合学问与事功为一,他说:"道无定体,学贵适用。奈何今之人执一以为道,使学道与事功判为两途。事功而不出于道,则机智用事而流于伪;道不能达之事功,论其学则有,适于用则无;讲一身之行为则似是,救国家之急难则非也。岂真儒哉?"④顾炎武也认为:"君子之为学也,非利己而已也,有明道淑人之心,有拨乱反正之事,知天下之势之何以流极而至于此,则思起而有以救之。"⑤因此,他们对明末的空疏学风无不深恶痛绝。黄宗羲深刻地揭露道:"今之言心学者,则无事乎读书穷理,言理学者,其所读之书,不过经生之章句,其所穷之理,不过字义之从违。薄文苑为词章,惜儒林于皓首,封己守残,摘索不出一卷之内。其规

---

①张穆:《顾亭林先生年谱》六十四岁条,《与黄太冲书》。
②顾炎武:《亭林文集》卷三《与友人论门人书》。
③黄宗羲:《南雷文定后集》卷三《弁玉吴君墓志铭》。
④黄宗羲:《南雷文定五集》卷三《姜定庵小传》。
⑤顾炎武:《亭林余集》(不分卷)《与潘次耕札》。

为措注，与纤儿细士不见长短。天崩地解，落然无与吾事。"①顾炎武对明末知识界"言心言性，舍多学而识，以求一贯之方，置四海之困穷不言，而终日讲危微精一之说"②的腐败现状，尤加猛烈抨击。认为正是这种腐朽学风，才酿成了"神州荡覆，宗社丘墟"③的可悲结局。

作为经世致用的学者，为转变明季空疏学风，黄宗羲、顾炎武都曾着意探求造成这种现状的症结所在。他们都同样地将其归结为"墨守训诂之习"的科举之学和"高谈性命之理"的理学。针对理学的积弊，黄宗羲提出了理学应本之经术的主张，认为："文章不本之经术，学王、李者为剿，学欧、曾者为鄙。理学不本之经术，非矜《集注》为秘录，则援作用为轲传。"④大声疾呼："经史，才之薮泽。"⑤喟叹："今未尝有史学之禁，而读史者顾无其人。"⑥指出："二十一史所载，凡经世之业，亦无不备矣。"⑦如果说黄宗羲是在作史学的倡导，那么，顾炎武则是在为经学的复起而披荆斩棘。他直斥理学家的究心"性与天道"为"禅学"，乃至认为其罪"深于桀、纣"。⑧针锋相对地提出"古之所谓理学，经学也"；"今之所谓理学，禅学也"⑨的主张，试图以经学去取代理学。

黄、顾二人登高一呼，回声四起。承黄宗羲之后，全祖望、邵晋涵、章学诚相继以起，浙东史学蔚为大盛。有清一代，经学盛而理学

<hr>

① 黄宗羲：《南雷文定》卷一《留别海昌同学序》。
② 顾炎武：《亭林文集》卷三《与友人论学书》。
③ 顾炎武：《日知录》卷七《夫子之言性与天道》。
④ 黄宗羲：《南雷文案》外卷《陈夔献五十寿铭》。
⑤ 黄宗羲：《南雷文定四集》卷三《蒋万为墓志铭》。
⑥ 黄宗羲：《南雷文定四集》卷一《补历代史表序》。
⑦ 黄宗羲：《南雷文定四集》卷一《补历代史表序》。
⑧ 顾炎武：《日知录》卷十八《朱子晚年定论》。
⑨ 顾炎武：《亭林文集》卷三《与施愚山书》。

微,至乾嘉之世,考据之学风靡朝野而有乾嘉学派之谓。一时汉学家遂群奉顾炎武为不祧之祖。

明清之际是个大动荡的时代,也是学术思想界诸说并存、争妍斗艳的时代。作为一代学术大师,黄宗羲、顾炎武虽有根本相同之处,也有若干歧异。这些分歧集中反映在对明代王学的评价上。

黄宗羲之学,近承刘宗周,远宗王守仁。在清初,与孙奇逢、李颙同为王学后劲。因此,当程朱后学掀起斥王学为异端的鼓噪时,他起而抗争,全力为王学争正统。在其所著《明儒学案》中,开宗明义,即揭櫫王学命题:"盈天地皆心也。"①全书以大半篇幅去钩索明代王学源流,且断言"无姚江则古来之学脉绝矣"②,俨然王学干城。顾炎武之学,于宋明理学极弊之后,漫无师承,一归于经世致用,与南宋永嘉事功学派为近。故而,他之于王学末流空谈误国,疾之若仇,且溯流寻源,归罪于王守仁的"倡其新说,鼓动海内","高谈异论而不顾"。③

由于在重起的朱陆学纷争之中,黄、顾二人为历史和阶级的局限性所羁,或因尊王学太过,或因疾王学太深,均不同程度地为一时门户勃谿所裹挟。由此,遂给当时及后世学者留下余议。道光年间,唐鉴著《清学案小识》,斥黄宗羲为异学,归顾炎武为程朱之学的"翼道"者。事实上,黄宗羲、顾炎武之学,既非朱、王学所能拘囿,亦非汉、宋学所能赅括。乾嘉汉学家之推祖顾炎武,以及唐鉴之斥黄是顾,无非买椟还珠,强人就我的门户之见,毫不足取。黄、顾之学,虽从宋明理学中来,然而,面临严峻的社会课题,皆已将固有旧规廓而大之,立足于"天崩地解"的社会现实。崇实致用,博大通达,一以经世致用为依归,成为两家之学的共具特色。他们严谨笃实的学风,锲

---

①黄宗羲:《明儒学案》卷首《序》。
②黄宗羲:《明儒学案》卷十《姚江学案》。
③顾炎武:《日知录》卷十八《朱子晚年定论》。

而不舍的学术实践,不仅使其在不同的学术领域取得了卓越的成就,而且也为后世开拓了广阔的学术门径。有清一代的学者,或是继承他们的治学精神,或是发扬他们的为学方法,取得了学术文化多方面的成果。黄宗羲、顾炎武在清代学术史上的贡献,是无与伦比的。

(原载《贵州社会科学》1984 年第 5 期)

顾炎武研究中的几个问题

顾炎武是清代学术史上一位影响深远的大师,并对清初历史的发展作出过贡献。实事求是地评价这样一个历史人物,对于深入研究明清之际的历史以及有清一代的学术文化史,都是很有意义的。本文拟就顾炎武研究中的几个问题,谈一些甚不成熟的意见。

一、关于顾炎武的生平

顾炎武,江苏昆山人,生于明万历四十一年(1613),卒于清康熙二十一年(1682)。原名绛,字忠清。明亡,改名炎武,字宁人,自署蒋山佣,学者尊为亭林先生。经过前人的研究,顾氏生平虽然已经基本清楚,但在如下诸点上,仍然存在模糊之处:

1. 昆山抗清之说

在顾氏生平研究中,素有两度抗清之说,即清顺治二年(1645),分别在苏州、昆山从军抗清。笔者以为苏州抗清一说,确有其事,而昆山从戎一说,则值得怀疑。此说最早见于乾隆年间全祖望所撰《亭林先生神道表》,唯含糊其词称:"事既不克,永言行遁去,其沉死之,先生与归庄幸得脱。"①此后,道光年间吴映奎为炎武编纂年谱,增详其说云"先生偕绅士聚粮移檄为久守计","大兵入城,先生先以省母

①《鲒埼亭集》卷十二《亭林先生神道表》。

至语濂泾,得不与难"。① 清亡之后,以徐世昌署名的《清儒学案》亦称:"杨永言起义师,先生及归元恭从之。"②于是,便以讹传讹,俨若定论了。其实,道光年间为炎武作年谱的另一学者张穆,早就于此有过辩证,只是未为后人注意。他认为:"昆邑守城事,先生一不与谋,故后得免于难。"③考诸炎武所著诗文及书札,亦无身与斯役之语。《常熟陈君墓志铭》中于此记道:"崇祯十七年,余在吴门,闻京师之报,人心汹惧。余乃奉母避之常熟之语濂泾,依水为固,与陈君鼎和隔垣而居。……乃未一岁而戎马驰突,吴中诸县并起义兵自守,与之抗衡。而余以母在,独屏居水乡不出。自六月至于闰月(即昆山城破之月——引者),无夜不与君露坐水边树下,仰视月食,遥闻火炮。"④这段文字正可说明,顾炎武并未参与昆山之役,显然当以张穆之说为是。

2. 弃家北游的原因

顺治十四年(1657),顾炎武弃家北游,自此二十余年不再返回故里,以至终老北国。原因何在? 前人于此主要有二说,即一、到北方结交抗清志士,"谋求恢复明朝的根据地";二、消极避祸。笔者以为,前说确有过誉之失,但是,纯然归结为"消极避祸",恐怕也值得商量。我们探寻顾炎武北游的原因,固然应当追溯到顺治十二年(1655)的陆恩之狱,因为它直接促成了顾炎武的弃家北游。正如他自己所述:"先是有仆陆恩,服事余家三世矣,见门祚日微,叛而投里豪,余持之急,乃欲陷余重案。余闻,亟擒之,数其罪,沉诸水。其婿复投豪,讼之郡,行千金求杀余。余既待讯,法当囚系,乃不之狱曹而执诸豪奴

---

①《顾亭林先生年谱》。
②《清儒学案》卷六《亭林学案上》。
③《顾亭林先生年谱》。
④《亭林余集·常熟陈君墓志铭》。

之家。同人不平，为代愬之。兵备使者移狱松江府，以杀奴论。豪计不行，而余有戒心，乃浩然有山东之行。"①但是，如果脱离了清初的具体历史条件和顾炎武所处的特定历史环境，把陆恩之狱作为一个孤立的历史现象去考察，那实在是不能如愿以偿的。其实，顾炎武立意北游，并非自陆恩之狱始。早在顺治五年（1648），他所写的《将远行作》一诗，即已见其端倪。诗中写道："梦想在中原，河山不崎岖。朝驰瀍涧宅，夕宿殽函都。""愿登广阿城，一览舆地图。"②亭林不愿局促东南一隅的心境，跃然纸上。到顺治七年（1650），炎武又有《流转》、《秀州》两诗之作："浩然思中原，誓言向江浒。功名会有时，杖策追光武。""将从马伏波，田牧边郡北。"③北游之意更其明晰。由此看来，陆恩之狱只不过是促成顾炎武北游的催化剂。

　　不可否认，顾炎武的北游确实带有浓厚的避祸色彩，然而，如果仅系"消极避祸"，那么事隔多年之后，"怨仇已释"，仇家北迁，更何况炎武还与陷害他的豪绅叶方恒屡有书札往复④，何以不归故里？而且，炎武的挚友归庄，曾于顺治十八年（1661）、康熙七年（1668），两次致书催其南归，一再告以时过境迁，"前事万不足虑"，"兄今欲归，其孰御之？"⑤顾炎武与归庄患难与共，情逾手足，为什么竟然置其规劝于不顾而终老北国呢？倘依"消极避祸"之说，似乎是说不过去的。清初人王不庵说过："宁人身负沉痛，思大揭其亲之志于天下，奔走流离，老而无子。其幽隐莫发，数十年靡诉之衷，曾不得快然一吐，而使后起少年推以多闻博学，其辱已甚。安得不掉首故乡，甘于

①《亭林诗集》卷二《赠路光禄太平》题注。
②《亭林诗集》卷一《将远行作》。
③《亭林诗集》卷二《流转》、《秀州》。
④见《蒋山佣残稿》卷二《与叶嵋初（方恒）》。
⑤见《归玄恭文续钞·与顾宁人书》、《归玄恭遗书·与顾宁人》。

客死。噫,可痛也。"①王氏的喟叹,决非无病呻吟。所以,我们认为,顾炎武的北游,乃是采取以游为隐的方式,用至死不合作的态度,曲折地与清廷相抗争。在清初那样的历史条件下,一个有骨气、有抱负的地主阶级知识分子,既要保全民族气节,又要免去杀身之祸,选择这样的道路是完全可以理解的。

3. 三藩之乱中的顾炎武

康熙十二年(1673),三藩乱起。顾氏作何反应?由于史料的不足,前人研究中多略而不论,但笔者认为,这仍然应当作为一个问题提出来。康熙十二年十月,炎武挚友归庄逝世。十一月,吴三桂于云南起兵反清。顾炎武于《哭归高士》诗中写道:"碧鸡竟长鸣,悲哉君不闻。"②尽管他鄙弃吴三桂的降清,早年曾有过严厉的鞭挞③,但是,对于吴氏此时起兵,炎武称之"碧鸡竟长鸣",却不见贬斥之意,而是一种惊喜交并之叹。不过,他很快就感到了前景之浩渺,翌年春即匆匆离京南下了。在抵达河北广昌时,他曾写有《广昌道中》一诗,其中叹道:"世乏刘荆州,托身焉所保?"④原来,顾炎武的本意是欲在吴三桂起兵演成的乱局之中,寻觅刘玄德似的靠山,以实现自己的政治抱负。但是,事与愿违,吴三桂、王辅臣辈均非可信赖之人,刘荆州又何处去寻觅呢?最后,还是只得与友人"相与读残碑,含愁吊今古"⑤。以"天道有盈虚,智者乘时作。取果半青黄,不如待自落"⑥的诗句聊作自慰。

---

①见《鲒埼亭集》卷十二《亭林先生神道表》。
②《亭林诗集》卷四《哭归高士》。
③《亭林诗集》卷三《山海关》。
④《亭林诗集》卷五《广昌道中》。
⑤《亭林诗集》卷五《与胡处士庭访北齐碑》。
⑥《亭林诗集》卷五《子房》。

4. 顾炎武的著述

顾炎武一生,著述甚富,"卷帙之积,几于等身"①。亭林生前,其代表之作仅有《音学五书》及《日知录》(八卷本)刊行。亭林逝世后,其著述手稿统归徐乾学、元文兄弟,然不甚爱惜,颇有散佚。康熙年间,《日知录》及部分遗稿,曾由其门人潘耒筹资刊行。乾隆年间编纂的《四库全书》,亦将亭林所著《日知录》、《音学五书》、《天下郡国利病书》凡二十种录入四部或存目。道光年间,吴映奎为顾炎武撰写《年谱》,收录顾氏著述三十八种。稍后,张石洲复有《顾亭林先生年谱》之作,所列亭林著述计三十七种。光绪十一年(1885),江苏吴县人朱记荣等辑录顾亭林遗书付之枣梨,所列书目为四十三种。新中国成立以后,谢国桢先生将其旧著《顾亭林学谱》整理刊行,收录顾氏著述达五十五种之多。张舜徽先生所著《顾亭林学记》,亦列亭林著述五十二种。

应当指出的是,由于顾炎武名重一世,坊贾往往托名作伪。譬如《经世篇》十二卷,《四库提要》的作者即曾指出是"坊贾托名于炎武也"②。后世依然将《经世篇》列为亭林著述,似有失详考。又如《一统志案说》,张石洲早已指出:"乃杂纂《方舆纪要》中总论为一编,坊贾不知其为宛溪,题为顾亭林原本,其妄盖不待辨也。"③再如《海甸野史》,谢国桢先生亦指出:"恐为后人伪托,非出于炎武之手也。"④它如《五经同异》、《圣安纪事》,前人亦早已斥其作伪,非出亭林之手。所有这些,都是在读顾炎武著述时不可不注意的。笔者最近见到浙江图书馆所藏《甲申野史汇钞》转写本,题为"古吴亭林老人

①王弘撰:《山志》卷三《顾亭林》。
②《四库提要》子部,类书类存目三。
③《顾亭林先生年谱》。
④《顾亭林学谱》,第173页。

辑",并有"古吴亭林老人"所撰序文。仅据署名,即已启人疑窦,将序文细读一过,伪迹顿现。序中称:"近遭魏逆乱,公忠之人鲜脱者,余不肖,得无填沟壑。"魏忠贤祸国,乃天启时事,彼时炎武不过十余岁学童,风马牛不相及。退一步说,即令是指弘光朝马、阮擅权,亦与炎武无涉,因为顾炎武尚未及就荐入仕,福王政权便崩溃了。显然,该书亦系托名伪作。

二、顾炎武社会政治思想的特色

顾炎武是十七世纪中国封建社会中一个杰出的思想家。社会政治思想,这是顾炎武思想的核心。如何对其进行评价,正是把握顾氏思想实质的一个关键,也是全面评价这一历史人物的一个重要方面。六十年代初,学术界许多同志曾把对顾炎武社会政治思想特色的研究开始引向深入,令人痛惜的是,十年内乱中断了这一良好开端,使这一问题迄今没有得到很好的解决。

顾炎武的社会政治思想究竟具有什么样的特色? 大体有三说:一曰爱国;二曰忠君;三曰反清复明。笔者认为"忠君"或"反清复明"都不足以反映顾炎武社会政治思想的本质,只有"爱国"一说是比较切合实际的。但持此说的某些研究者对顾炎武作了过分的褒扬,甚至将这一历史人物现代化,我们也不赞成。我们认为,顾炎武社会政治思想的特色,或者说本质,就是忧国爱民的救世思想。一些持"忠君"说的学者,仅仅依据顾氏思想中的某些糟粕,便否定了顾炎武的代表作《日知录》及其忧国爱民思想,并进而否定了顾氏的晚节,这是我们不能同意的。为此,拟申述如下意见:

1. 关于民族意识问题

"严夷夏之防",这是儒家学说中的封建糟粕,历史家没有必要去肯定它。但是,在清初民族压迫异常酷烈的情况下,顾炎武拣起儒家武库中的这一思想,并且用以反抗清廷的统治,这在客观上对于清初历史的发展也曾产生过积极的影响。强烈的民族意识,这是入清以后,顾炎武社会政治思想的一个显著特点,也是清初特定的历史环境给那个时代的理论思维留下的印记,不能简单地予以否定。我们主张,应当将历史问题摆在一定的历史环境中去进行分析,作出评价。固然,顾氏思想中狭隘的民族偏见和封建的正统思想,我们必须予以批判,但它毕竟只是从属于顾炎武忧国爱民救世思想的一个消极侧面。我们决不能因为今天要讲民族团结,便去回避为反动统治阶级所制造的民族压迫、民族分裂的历史;也决不能因为今天要批判大汉族主义和狭隘民族主义,便将在一定的历史阶段所存在的,并且产生过积极作用的民族意识,以及可以批判继承的民族气节概然否定。

2.《日知录》的撰述动机及其评价

《日知录》是顾炎武萃平生心力所结撰的代表著述。当然,书中确实存在着一定的民族偏见,但是必须看到,在《日知录》中更为重要的,还是作者"则古称先,规切时弊"①,"以跻斯世于治古之隆"②的思想。这在书中论"治道"、论"经术"、论"博闻"等部分,全可以体现出来。这种忧国爱民的救世思想,正是《日知录》的撰述动机和主导思想。因此,仅以民族意识为由便全盘否定《日知录》,是不妥当的。

《日知录》不唯是一部有价值的学术著作,而且也是探讨顾氏一生社会政治思想的主要依据。关于《日知录》的评价,近世学者梁启超所走过的一段路,对我们是很有启示意义的。1920 年,梁启超著《清代学术概论》时,把《日知录》仅视为"笔记备忘之类"的"随手札记"。而三年之后,他在北京大学讲授《中国近三百年学术史》时,则订正前说之失,认为《日知录》"各条多相衔接,含有意义。……前后

---

①潘耒:《遂初堂集》卷六《日知录序》。
②《亭林文集》卷四《与人书二十五》。

照应,共明一义。剪裁组织,煞费苦心。"因而认为,"亭林精心结撰的《日知录》,确是一种精制品,是篝灯底下纤纤女手亲织出来的布。亭林作品的价值全在此。"①这样的评论是否贴切,姑且不论。然而梁启超对《日知录》评价的这一变化却告诉我们,对前人学术成就的探讨,如果不踏实地下功夫,那就势必导致主观臆断的错误。

3.顾炎武的晚节必须肯定

在探讨顾炎武的社会政治思想时,顾氏如下的一段话,是为人们所熟知的:"有亡国,有亡天下,亡国与亡天下奚辨?曰:易姓改号谓之亡国,仁义充塞而至于率兽食人,人将相食,谓之亡天下。……是故知保天下,然后知保其国。保国者,其君其臣肉食者谋之;保天下者,匹夫之贱与有责焉耳矣。"②对于这段话我们不能给以过高的评价,但顾炎武作为一个地主阶级知识分子,能够在明清之际的历史大动荡之中,奔走呼号,强烈地关注国家、民族的前途和命运,对腐朽不堪的社会现实亟求变革,这还是应当予以充分肯定的。

顾炎武的一生,始终以"国家治乱之源,生民根本之计"③为怀。他早年奔走国事,中年图谋匡复,暮年独居北国,依旧念念不忘"东土饥荒"、"江南水旱"④。直到逝世前夕,病魔缠身,仍然以"救民水火"为己任。他在《病起与蓟门当事书》中写道:"天生豪杰,必有所任。……今日者,拯斯人于涂炭,为万世开太平,此吾辈之任也。仁以为己任,死而后已。"⑤足见,迄于暮年,顾炎武忧国爱民的救世思想并没有丝毫的消沉和颓丧。因而,对顾炎武晚年的思想和民族气节应当作出肯定的评价。某些研究者指责顾氏为"时代的落伍者"、

①梁启超:《中国近三百年学术史》。
②《日知录》卷十三《正始》。
③《亭林佚文辑补·与黄太冲书》。
④《亭林文集》卷六《答徐甥公肃书》。
⑤《亭林文集》卷三《病起与蓟门当事书》。

"对自己的祖国不尽责的逃兵",显然是对历史人物的苛求,而且也是违背历史真实的。我们完全同意已故吴晗教授的意见:"顾炎武首先是有气节的、有骨头的、坚强的爱国主义者,其次才是有伟大成就的学者。"①

三、顾炎武在清代学术史上的地位

对顾炎武在清代学术史上的地位作何估计,这是顾炎武研究中另一个存在不同看法的问题。争论的焦点在于是否承认顾氏作为一代学术开山大师的历史地位。对此,拟着重就以下两个问题加以论述。

1. 顾炎武的反理学思想

顾炎武名重一世,在清代的汉宋学颉颃之中,不唯汉学家相率推顾氏"不祧之祖",而且宋学家也在极力把他歪曲成理学的笃守者。自道光年间唐鉴著《国朝学案小识》,将顾炎武之学纳入程朱理学的"翼道"者之列以后,百余年来,顾炎武"学宗朱子"之说不胫而走,递相承袭。直到前些时候在我国召开的明清史国际学术讨论会上,依然还有同志沿袭这样的看法。我们认为,顾炎武之学,博大通达,不立门户,不分畛域,一归于经世致用,绝非汉宋学门户所能拘囿。无论是汉学家之说,还是宋学家之说,全系似是而非的门户之见。如果说顾炎武之学深入于宋人之室,其导源也并不是程朱理学,而应当是永嘉事功学派。顾炎武实在是一个反理学的思想家。

当明季世,宋明理学已入末路,进入了批判和总结阶段。入清,顾炎武承继明季学者的反理学思想,不唯对陆王心学作了彻底清算,而且在性与天道、理气、道器、天理人欲、知行等诸多范畴上,都以一

①《爱国学者顾炎武》,载 1962 年 2 月 7 日《人民日报》。

个开拓者的姿态,显示了与程朱理学迥然而异的为学旨趣。理,这是程朱之学的最高哲学范畴。顾炎武虽然也谈理,但是,他并没有脱离开具体的事物去空谈玄理。他转述宋人黄震的话道:"心不待传也,流行天地之间,贯彻古今而无不同者,理也。理具于吾心而验于事物,心者所以统宗此理而别白其是非,人之贤否,天下之治乱,皆于此乎判。此圣人所以致察于危微精一之间,而相传以执中之道,使无一事之不合于理,而无有过不及之偏者也。禅学以理为障,而独指其心曰:'不立文字,单传心印。'圣贤之学,自一心而达之天下国家之用,无非至理之流行,明白洞达,人人所同,历千载而无间者,何传之云。"①依他所论,理并不是一个不可捉摸的玄虚的精神实体,也绝非道德学范畴所能赅括,其中固然有伦理道德的内涵,但更是治国平天下的法则、标准。这样的见解,不仅同标榜"心即理"的陆王心学异趣,而且与鼓吹"性即理"的程朱之学亦泾渭判然。

"性与天道",这是宋明理学家往复辩难的中心问题,程朱陆王概莫能外。而顾炎武却大不以为然,他说:"命与仁,夫子之所罕言也;性与天道,子贡之所未得闻也。……是故,性也、命也、天也,夫子之所罕言,而今之君子之所恒言也;出处、去就、辞受、取与之辨,孔子、孟子之所恒言,而今之君子所罕言也。"②在他看来,不去讲出处、去就、辞受、取与之辨,而终日陷于"性与天道"的辩难之中,断非孔孟的儒学正统,实际上已经堕入了禅学。因之,顾炎武指斥心学、理学为"不务本原"的俗学,力倡"鄙俗学而求六经,舍春华而食秋实"③的经世致用实学,断然提出了"理学,经学也"的命题。他说:"愚独以为理学之名,自宋人始有之。古之所谓理学,经学也。……今之所谓理

①《日知录》卷十八《心学》。
②《亭林文集》卷三《与友人论学书》。
③《亭林文集》卷四《与周籀书书》。

学,禅学也,不取之五经而但资之语录,较诸帖括之文而尤易也。"①
他认为:"经学自有源流,自汉而六朝而唐而宋,必一一考究,而后及
于近儒之所著,然后可以知其异同离合之指。如论字者必本于《说
文》,未有据隶楷而论古文者也。"②顾炎武的这些主张,其立意甚为
清楚,无非是要说明古代理学的本来面貌就是朴实的经学,只是后来
让释道二家渗入而禅化了。所以,他认为应当张扬经学,在经学中去
谈义理,这才叫"务本原之学"。于是乎,心学也罢,理学也罢,统统作
为"不知本"的后儒之学而被摒弃了。在理学高踞庙堂之时,顾炎武
却独能高扬经学的大旗,以复兴经学为帜志,这应当说是很有理论勇
气的。他的主张和实践,既推倒了心学,也否定了理学,从而为推进
清初的反理学声浪作出了贡献。有清一代,经学极盛,前人有"经学
为清学中坚"之说,这应当说是不错的。事实上,没有清初顾炎武、王
夫之、颜元诸大师对理学的批判,是不会出现尔后经学的极盛局
面的。

2. 顾炎武崇实致用的学风

明清之际,社会的急剧动荡,反映在学术风尚上,便是从空疏到
健实的深刻转变。在清初学坛,顾炎武既是旧传统的破坏者,同时也
是新风气的开创者。他以崇实致用的学风和锲而不舍的学术实践,
宣告了晚明空疏学风的终结,为开启有清一代的朴实学风作出了贡
献。尽管尔后的乾嘉学派买椟还珠,舍其大而识其小,使顾炎武所开
创的学风遭到阉割,然而,清中叶以后的今文经学家依然吸取了顾炎
武的经世致用思想,尤其是晚清的章炳麟,更是把顾炎武的学风发扬
光大,使之放出了异彩。顾炎武为学经世致用的鲜明旨趣,朴实归纳
的考据方法,创辟路径的探索精神,以及他在经学、史学、音韵小学、

---

① 《亭林文集》卷三《与施愚山书》。
② 《亭林文集》卷四《与人书四》。

金石考古、舆地、诗文诸学中所取得的成就，都给了清代学者以至为有益的影响。后世学者或是继承了他的为学方法，或是发扬了他的治学精神，沿着他所开辟的路径走去，不仅演成了乾嘉汉学的鼎盛局面，而且也取得了清代学术文化多方面的成果。

顾炎武与王夫之、黄宗羲同为清初显学，三家之学全以博大为其特色，一归于经世致用。三大师各有所长，都在各自为学的广阔领域内取得了不同的成就，对后世产生了不尽一致的影响。对三家之学任意轩轾，显然是不妥当的。扬黄抑顾或扬顾抑黄，都有片面之失。但是，就清代学术发展的历史实际而论，顾氏为学风尚对后世的影响，确实要较王、黄二家为大。顾炎武作为一代学术开山大师的地位是确然不拔的。

在明清之际的特定历史环境中，顾炎武的学术、思想以及一生的行事，都不可避免地存在着时代和阶级的局限，杂有若干封建性的糟粕。对此，我们必须进行严肃的批判。然而，顾炎武终究在历史为其提供的活动领域内，做了许多于国家、于民族、于社会有益的事情。这一点不唯是前人所不及，而且也是其同时代的一些有影响的人物所略逊一筹的。顾炎武对清初的历史和有清一代学术文化的发展作出了贡献，当我们今天实事求是地去回顾这一段历史时，理所当然地应给以肯定的评价。

（原载《学习与思考》1981 年第 6 期）

关于李颙研究中的几个问题

　　李颙是我国十七世纪中叶的一个著名学者和思想家。他活跃在清代顺治、康熙间的学术舞台上,与黄宗羲、孙奇逢鼎足而立,有并世三大儒之称。① 对李颙思想进行系统研究,这是将我国十七世纪思想史研究引向深入的一个重要课题。近期问世的《李颙评传》②,在这方面做了有益的尝试,成为李颙思想研究的一个新成果。其中,对李颙"悔过自新"学说的哲学探讨,无疑已经超越了前人。但是,正如《评传》作者吴开流同志所指出:"对李颙的思想,应该进一步深入研究,以便给以历史的、恰当的评价。"③由于迄今我国史学界对李颙思想的研究还是不充分的,因而《李颙评传》的研究所得,就不可能走得更远,而且也难免存在某些可以斟酌的地方。为便于作者精益求精,也为了给深入研究李颙思想的同志提供一些参考,本文谨就《李颙评传》中的几处未为尽善之点,谈一些看法。不妥当的地方,还请作者和广大读者批评。

①全祖望:《鲒埼亭集》卷十二《二曲先生窆石文》。
②见辛冠洁等主编:《中国古代著名哲学家评传》(续编四),济南:齐鲁书社,1982年,第505—555页。
③《中国古代著名哲学家评传》(续编四),第555页。

一、颙父"抉齿离家"说不可信

　　《评传》在述及李颙的家世和生平时,特别谈到了明崇祯十四年(1641),李颙的父亲李可从应募从军,前往河南参与镇压农民起义军一事。作者写道:"十二月底临行时,李可从抉下一颗牙齿给妻子彭氏说:'战危,事如不捷,吾当委骨沙场,子其善教儿矣。'"①作者做这样的叙述,当然是有依据的,其史料来源便是清代雍正、乾隆间史学家全祖望所撰《二曲先生窆石文》。但是问题在于,考诸史实,全祖望的记载是很靠不住的。

　　据考,李可从"抉齿离家"说,也非全祖望首倡,它始见于《鳌厔李氏家传》。传云:"明季闯贼犯河南,朝议以汪公乔年督师讨贼,中军监纪同知孙公兆禄招壮士与俱。将行,壮士抉一齿留于家曰:'我此行,誓不歼贼不生还。家无忆我,有齿在也。'"②此传出龚百药手,龚氏为江苏常州人,是李颙于康熙九年末、十年初讲学江南时所结识的友人,古人应死者后人之请,为死者撰写碑志传状,每多隐恶扬善,以致渲染失实。龚百药的《鳌厔李氏家传》,即属此类文字。同样的文字,还见于李因笃所撰《襄城县义林述》。李因笃虽与李颙为挚友,且同是陕西人,但关于颙父抉齿事,则同样得自传闻。正如他在文中所述:"予尝闻鳌厔有齿冢,盖壮士君既应募东征,将行,抉一齿与隐君之母彭。及隐君成母窀穸,奉齿合葬,而曰'齿冢'。"③传闻之词,未经验证,本来就未可轻信,然而自龚、李二文出,抉齿说则不胫而走,广为引述。李颙故世,刘宗泗即据以记入《李二曲先生墓表》。后

------

① 《中国古代著名哲学家评传》(续编四),第507页。
② 龚百药:《鳌厔李氏家传》,载李颙:《二曲集》卷二十五。
③ 李因笃:《受祺堂文集》卷四《襄城县义林述》。

来，又经全祖望以《二曲先生窆石文》加以铺衍，遂成："信吾(李可从字——引者)临发，抉一齿与其妇彭孺人曰：'战危，事如不捷，吾当委骨沙场，子其善教儿矣。'"①这样一来，关于颙父可从的"抉齿离家"，便众口一词，俨若定说。

其实，考证李颙家世，当以其自述及弟子所记为主要依据，尤其对那些可令李氏引以为荣的经历，更宜如此。可是在上述问题上，从李颙及其弟子的记述中，读者却丝毫觉察不到李可从"抉齿离家"的影子。按理，李可从在明末参与镇压农民起义，最终"以身殉国"，这在封建时代，是足以光宗耀祖的业绩，倘若果真有抉齿壮别的事，试想，李颙及其弟子会置之不记吗？惠霦嗣是李颙的高足，他为其师所辑类似年谱的《历年纪略》，便没有李可从抉齿的记载。他只是说："崇祯壬午(十五年——引者)二月，太翁随汪总制征闯贼于河南之襄城，师覆，殉难。是时，先生尚幼，母子不得凶问，犹日夜望其生还。及闯贼入关，乃始绝望。居恒抱痛，思及襄城，流涕愿一往。以母在也，难之，惟奉太翁遗齿，晨夕严事。母没，奉以合葬，名曰'齿冢'。"②这一段文字写得很平实，它虽然证实李可从确有遗齿在家，但是却并没有说这颗牙齿就是离家从军前夕所抉，更没有什么慷慨激昂的壮别话语。惠霦嗣与李颙朝夕相处，亲承謦欬，他关于老师家世的记载，自然要比那些道听途说的渲染附会可靠。

至于李颙追忆其父的有关文字，诸如《祭父文》、《忌日祭文》以及《祷襄城县城隍文》、《与襄城令东峰张公书》等，不唯同样无"抉齿离家"的记载，而且与那种抉齿壮别的渲染相反，倒更多的是如泣如诉的慈父恋子之情的实录。在《跋父手泽》中，李颙写道："吾父崇祯十四年腊月二十四日离家，随邑侯孙公征贼河南。至省数日，虑颙为

①《鲒埼亭集》卷十二。
②《二曲历年纪略》，康熙九年庚戌条。

仇人所陷,托人寄书吾伯、吾舅,以致叮咛。"翌年二月十一日,抵达河南襄城之后,汪乔年部深陷重围,已成瓮中之鳖。此时的李可从,眼看城陷在即,"与同侪泣语,深以颙幼弱无倚为痛。十七日城陷,竟及于难"①。李可从应募从军,正值农民起义军驰骋中原,明廷穷于应付之时,他在军中,也不过是一个不入流品的"材官"。这样的低级随员,在明末的官军中比比皆是,倘若不是父以子贵,旧史书中绝不会给他留下位置的。揆诸情理,李颙的上述记载,恐怕比所谓抉齿壮别就要可信得多。

龚百药、李因笃等人,仅据李可从有遗齿在家,便附会出"抉齿离家"一说,实在是节外生枝。全祖望不加别择,陈陈相因,甚至铺衍出煞有介事的壮别话语,就是很不负责任的。这样轻率的治史态度,自然不可取。我们今天为李颙写传记,对类似材料的取舍,宜取慎重态度。譬如李可从的"抉齿离家",即使是真有其事,但是它于李颙思想的形成和发展,并无丝毫影响,本来就可以弃而不用。何况研究历史旨在古为今用,其间必然寄寓研究者的好恶,我们如此去选取史料,就有一个表彰什么的问题,不可不注意。

二、关于李颙与顾炎武的几次会晤

《评传》在谈及李颙晚年的经历时,有如下一段话:"康熙十八年(1679)八月,他由富平返回盩厔老家。次年,他就居住在所作垩室之中,写作《垩室录感》,不与外界接触,即便是旧日的生徒也很难同他见面,只有顾炎武来拜访时,他才启扉晤对。"②这里说的顾炎武,同李颙一样,也是清初名著朝野的学者。他原名绛,字忠清,明亡之后,

---

①李颙:《二曲集》卷十九《跋父手泽》。
②《中国古代著名哲学家评传》(续编四),第515页。

改名炎武，字宁人，学者尊为亭林先生。顾炎武是江苏昆山人，生于
明万历四十一年（1613），卒于清康熙二十一年（1682），终年七十岁。
根据《评传》所述，康熙十九年以后，李颙与顾炎武曾经在鳌屋晤面。
乍一看来，这一说法也是有根有据，因为清人全祖望早就提出过。据
全祖望的《二曲先生窆石文》说，康熙十八年以后，李颙戢影家园，杜
门不出，"惟吴中顾宁人至则款之"。自全说出，二百余年间，凡谈及
李颙生平行事者，无不沿用其说。不唯清代国史馆所修的《国史儒林
传》以及民国初年成书的《清史稿》、《清史列传》如此，就连二十世纪
中叶刊行的很有影响的中国思想史专著也对全说深信不疑。① 其
实，"惟吴中顾宁人至则款之"云云，只是全祖望的想当然，是经不住
史实验证的。

　　据考，李颙与顾炎武之间，平生只得三度晤面，而且全在康熙十
八年之前。李颙同顾炎武初识于康熙二年。这一年正月，弃家北游
的顾炎武将游踪扩至秦晋，于十月间在鳌屋与李颙相识。② 尽管他
们之间学术主张不尽一致，但是共同的立身旨趣和学以经世的志向，
使他们能求同存异，各尊所闻，成为志同道合的友人。鳌屋别后，人
各东西。李颙讲学同州，襄城招魂，南游毘陵，直到康熙十年四月，始
自江南返乡。顾炎武则以二马二骡装驮书卷，频繁往来于山东、山
西、北京间，因受文字冤狱牵连，还一度在济南身陷囹圄。康熙十二
年冬，吴三桂倡乱滇南。翌年，战火蔓延四方。康熙十四年，陕西汉
中落入乱军手。一则因鳌屋与乱军毗邻，扰攘不宁；再则乱军试图笼
络李颙以自重，"往来私贩者，传敌营咸颂先生风烈"。为避兵祸，李
颙于同年秋举家东迁富平，寄居于孟氏拟山堂。康熙十六年冬，顾炎
武重游陕西，专程到富平与李颙相会。久别重逢，难分难舍，"卧室盘

---

① 侯外庐：《中国思想通史》第五卷，北京：人民出版社，1980年，第289页。
② 张穆：《顾亭林先生年谱》，五十一岁条。

桓,语必达旦"①。是为李、顾之间的二度会晤。翌年闰三月,顾炎武遣人接嗣子顾衍生及衍生师李既足北上,父子师生即相会于李颙富平寓所。② 李颙与顾炎武得以三度聚首。

康熙十七年八月,李颙拒不接受参加博学鸿儒考试的荐举,被连同卧榻强行抬到西安。由于他誓死不从,陕西地方当局万般无奈,只好依然放他返回富平。李颙东返,顾炎武已离富平至华阴,无从再会。同李颙一样,为抗拒清廷征召,顾炎武于康熙十八年春,毅然在华阴定居下来。同年八月,汉中重为清廷控制,三藩之乱指日可平,李颙不顾友朋劝阻,返回盩厔故里。这以后,李颙闭门不出,顾炎武也仅在华阴、富平和山西汾州、曲沃间往返,足迹并未西至盩厔。直到康熙二十一年病逝,他与李颙之间,除书札往复之外,就再也没有见过面。③ 足见,全祖望所讲的,李颙于康熙十八年返回故里后,"惟吴中顾宁人至则款之",是没有历史依据的。这个人为的历史讹误,早就应当澄清了。

三、"明体适用"学说形成的时间问题

作为李颙思想成熟形态的"明体适用"学说,是什么时候形成的?这是李颙研究中一个亟待解决的问题。这个问题牵涉到如何去把握李颙思想的基本特征,换句话说,也就是怎样评价李颙所提出的"悔过自新"说和"明体适用"说在他整个思想中的地位,这两个学说究竟是同时提出,还是存在一个后先递进的发展和丰富的关系。长期

①以上分见《二曲历年纪略》,康熙十四年乙卯条、康熙十六年丁巳条。
②《顾亭林先生年谱》,六十六岁条。
③《顾亭林年谱》,六十七至七十岁条;《二曲历年纪略》,康熙十八年己未至二十一年壬戌条。

以来,在李颙研究中,之所以会形成把"悔过自新"说视为其基本学术主张的局面,症结就在于尚未对"明体适用"学说形成的时间进行深入探讨,因而误认为"明体适用"学说与"悔过自新"学说是李颙于顺治十三年三十岁时同时提出来的。在这个问题上,《李颙评传》恰恰也是这么认识的,作者在《评传》第五节中指出:"李颙在探讨儒学的学术发展史的基础上,提出以'悔过自新'来标明自己的学术宗旨,同时,他又针对当时儒学所处的实际情况,提出了'明体适用'的学术主张。"①

　　"明体适用"说与"悔过自新"说是否同时提出?在李颙的思想演进过程中,"悔过自新"说确实成于顺治十三年。这时李颙年方三十,应当说是他的早期思想。如果说在提出"悔过自新"说的同时,李颙还提出了"明体适用"说,那么对这两个从内容上看涵盖面明显不同,从理论探讨的深度上看也迥然有别的学说,会由同一个思想家,在同一个时间提出,就实在是令人不可思议的。可是,从《二曲集》所留下的材料看,又分明存在同时提出的依据。这便是《盩厔答问》卷首的《小引》。《盩厔答问》载于《二曲集》卷十四,是系统地记录李颙"明体适用"学说的一篇重要文字。《盩厔答问小引》的落款,就正是"顺治丙申",即顺治十三年。于是,李颙门人张密撰写的这篇《小引》,也就顺理成章地成了人们判定"明体适用"学说形成时间的唯一依据。近人吴怀清辑《李二曲先生年谱》,遂据以编定谱主是年学行。② 吴开流同志的《李颙评传》,之所以得出前述结论,也正是由此出发的。这又当作何解释?我们认为,史学研究历来不主张以孤证来判定历史现象的性质,这可以说是我国数千年史学的一个好传统。何况又是对本身就存在讹误的孤证!事实上,只要对《盩厔答问小

_____

① 《中国古代著名哲学家评传》(续编四),第543页。
② 《李二曲先生年谱》,三十岁条。

引》进行过细检核,我们即可发现,它所署的时间是错误的。请允许笔者申述如后。

首先,《小引》称:"先生尝谓,'天下之治乱由人才之盛衰,人才之盛衰由学术之明晦',故是录一主于明学术。"①据考,在李颙的思想发展中,"明学术,正人心"是中年以后才逐渐形成的;以"明学术"为己任,也是他中年以后方始立定的志向。而顺治十三年,当他三十岁时,刚由经世时务的讲求,转而致力于"切己自反"的"明性"之学的探讨,其为学趋向转变伊始,上述思想尚未萌发,"明学术"的志向更无从确立。而且,就是在这十余年后,当他于康熙七年至八年间讲学同州时,"天下之治乱由人才之盛衰,人才之盛衰由学术之明晦"这样的命题,也并未提出来。事实上,这个命题是康熙九年末、十年初李颙在江南讲学时首次提出的。这方面的材料,屡见于《两庠会语》、《靖江语要》、《锡山语要》和《匡时要务》等,毋庸赘述。

其次,《小引》又说:"先生平日启迪后学不倦,士之承謦咳者,与述录之以自益,随问辄答,随答辄录,总计不下数千纸。"把这一段话同李颙一生的学术活动相比照,它所反映的究竟是什么时期的事情,更加一目了然。所谓"启迪后学"、"随问辄答,随答辄录,总计不下数千纸"云云,显然都不是发生在李颙三十岁时,而全是四十余岁以后的事情。

由上述二点可以判定,张密所写《鏊厓答问小引》,不会早于康熙十年,更不会是顺治十三年。

再以《鏊厓答问》卷末所附《鏊厓答问跋》为证,跋中写道:"天下之患,莫大于学术不明,近世士风所以多谬者,未必皆士之罪,亦学术不明有以陷之也。先生深悼乎此,故其与士友讲切,直就共迷共惑者为之发明。士人乍闻其说,始而哗,既而疑,久之疑者释,哗者服,戚

────────────

① 张密:《鏊厓答问小引》,载《二曲集》卷十四。

戚然有动于中,自谓如大寐之得醒,而且恨其知学之晚。自关中、河南以及江右、两浙,其间兴起者渐众。学之大明,端有待于今矣。"这段文字清楚地表明,李颙的这次答问,不仅后于他的讲学同州,而且还在他前往河南襄城寻父遗骨,以及结束江南讲学之后。跋文的作者,正是记录《盩厔答问》的李颙门人王所锡、刘鑨。作为当事人,他们的所述,自然是足以信据的。据《历年纪略》载,李颙自江南返乡,在康熙十年四月。那么,他在盩厔答复门人的问学,就应当是这以后的事情。

又从《二曲集》的编辑次第来看,李颙门人王心敬是将《盩厔答问》置于《关中书院会约》和《富平答问》之间。这样的编排意味着,王所锡、刘鑨的这次问学,发生在李颙主持关中书院讲席和避地富平之间。据考,前者乃康熙十二年五月至八月事,后者则在康熙十四年八月至十八年八月。因此,刘鑨、王所锡自河南前来盩厔问学,只可能是康熙十二年八月到十四年八月间的事情。刘、王问学结束,返回河南,再整理记录,筹资刊刻,当然就更在其后了。

综上所考,我们有理由认为,《盩厔答问》卷首《小引》所署的时间是错误的,"丙申"当为"丙辰"之误。也就是说,《盩厔答问》的刊行不是顺治十三年丙申(1656),而应当是其后二十年的康熙十五年丙辰(1676)。

至此,我们既已判明《盩厔答问》刊行的正确时间,否定了李颙的"明体适用"学说成于顺治十三年的唯一依据,那么,关于这一学说形成的时间,实际上已经迎刃而解。就《二曲集》中涉及"明体适用"学说的有关著述而论,显然始于李颙讲学同州,揭橥《体用全学》和《读书次第》的康熙八年(1669)。这时,距李颙提出"悔过自新"说,已经过去十余年。随着时间的推移,在学术实践中,李颙的思想益趋成熟。于是他针对当时的学风之弊,尤其是愈演愈烈的朱陆学术之争,形成了较之"悔过自新"说更为系统,也更加成熟的"明体适用"

学说。

　　"明体适用"学说,在李颙的思想发展中,是从"悔过自新"说演变而来的。作为一种立身学说,"悔过自新"说讲的主要是道德修持、立身旨趣。它虽然在实质上是明清之际动荡的社会现实的折射,其归宿也在于"倡道救世",但是从形式上看,则是游离于社会现实的。而"明体适用"学说,则一反宋明以来传统理学重体轻用的积弊,立足于动荡的社会现实,对数千年来儒家所主张的"内圣外王"之道进行新的阐释,具有鲜明的经世色彩。李颙把"悔过自新"同"康济时艰"相沟通,赋予他的"明体适用"学说以积极的社会意义,从而将自己的思想推向了新的更深刻的层次。所以笔者认为,"悔过自新"说只是李颙的早期思想,而"明体适用"学说才是李颙思想中最为成熟、最有价值的部分。因而用"悔过自新"来概括李颙的全部学术主张,把它说成是李颙学术的宗旨,就是不妥当的。作为李颙思想基本特征的,不是"悔过自新"说,而是"明体适用"学说。

（原载《中国社会科学院研究生院

学报》1987 年第 2 期）

从《避地赋》看黄宗羲的东渡日本

黄宗羲东渡日本,这是他生平行事中一段不可忽略的经历。自清代雍乾间学者全祖望为其撰写《神道碑》,第一次考明此事后,一直为论者所注意。但是,长期以来,由于对其东行时间和目的执说不一,却又使这一段经历成为迄今悬而未决的问题,本文试就此作一番钩稽。

黄宗羲于何时东渡日本?这是首先要予以澄清的问题。全祖望为黄宗羲撰写的《神道碑》,将其系于顺治六年(1649)①。自全文出,尔后学者多从其说。同治间,黄宗羲裔孙炳垕,即把全氏说辑入《遗献梨洲公年谱》②。民国初年,赵尔巽等撰《清史稿》,亦依全说为黄宗羲立传。然而近世学者梁启超于此则持异议。他曾专为撰文一篇,以驳正全氏之说,考订黄宗羲东渡日本为顺治元年(1644)③。梁说后出,且启超为一代大师,在晚近学术界影响甚巨,因之,他的看法俨若定论,迄今仍在一些学者中流行④。二说孰是?全、梁二家立说的共同依据,都是黄宗羲所撰《避地赋》,所以,要弄清楚这个问题,也当从这篇赋入手。

①全祖望:《鲒埼亭集》卷一一《梨洲先生神道碑文》。
②黄炳垕:《遗献梨洲公年谱》四十岁条。
③梁启超:《饮冰室文集》第十四册《黄梨洲、朱舜水乞师日本辨》。
④香港存萃学社一九七八年七月所编《清代学术思想论丛》第一集,即录入梁启超文。

《避地赋》是研究黄宗羲生平行事的一篇重要文字,见于《南雷文案》卷一〇和《南雷文定前集》卷一一。解放后,中华书局汇辑黄宗羲遗文为《黄梨洲文集》,录此赋于该集第三〇二页至三〇四页。这篇赋大致写于康熙十三四年(公元 1674—1675 年)间。此时,三藩乱起,波及浙江,黄宗羲故里所在的四明山内外,一片混乱,"数百里皆荡为灰烬"①。他遂奉母避居于浙东海滨一友人书室。干戈扰攘,转徙流离,触景生情而有《避地赋》之作。黄宗羲在这篇赋中,对入清以后三十余年间的避地生涯,作了如实书写,行文间,就披露了东渡日本的经历。赋中写道:

　　当夫百妖露,天水同,群鱼飞雾,海市当空,帆俄顷而千里兮,浪百仞而万重。纵一泻之所如兮,何天地之不通?越长崎与萨师玛兮,乃□□天□□。方销兵而忘战兮,粉饰乎隆平。招商人以书舶兮,七录辇于东京。金石古奇器兮,比户能辨其真赝。华堂隔以绫幔兮,月夜而筝琵笙管之齐鸣。余既恶其侈怢兮,日者亦言帝杀夫青龙。返余旆而西行兮,胡为乎泥中。②

这段文字是黄宗羲现存遗著中,述东渡日本事唯一涉及自己之处,弥足珍贵。宗羲历来主张以诗证史,这篇赋确可与史书相证。但是,毕竟是作赋,而非修史,亦非撰写自传,因之,东行时间未有明文交代。这样一来,便给后人留下了争议,全、梁二说的并立,也正是由此引出的。

①黄宗羲:《黄梨洲文集·诸敬槐先生八十寿序》,北京:中华书局,1959 年。
②黄宗羲:《南雷文定前集》卷一一《避地赋》。引文中作□者,系原刻缺字。文末之"胡为乎泥中","泥"字原刻缺,此据全祖望《梨洲先生神道碑文》补。

　　就赋中所述避地次第而论,入清以后,黄宗羲先是"避地于昌国"①,然始有日本之行。昌国即今浙江定海。关于避地昌国的时间,赋中交代得比较明白,是在黄宗羲被斥为党人而遭名捕之时。这便是赋文所云:

　　　　遂猖猖骂为党人兮,祸复丛夫俊及。彼两京之颠覆兮,曾不尝孔壬之恩仇。我亦何罪何辜兮,窃独罹此横流。朝不坐宴不与兮,私天下为一家之忧。榜朝常而名捕兮,围门闾以戈矛。待变熊蟠之熟兮,寄命日影之留。令无伏床之泣兮,友鲜复壁之收。而乃避地于昌国兮,观日月之出没。

据考,黄宗羲因罹党祸而遭名捕,事当南明弘光政权尚存期间,祸起于阮大铖重修旧怨,追究明崇祯末《南都防乱公揭》事。弘光政权的历史极为短促,自顺治元年五月建立,迄顺治二年五月灭亡,仅得一年。又据黄宗羲所记:"大铖得志,修报复。既曲杀仲驭(周镳——引者,下同),左(国栋)、沈(寿民)皆变姓名去。遂批徐署丞疏,逮(顾)杲及羲。弘光逊位,不及于难。"②这就是说,黄宗羲被指名抓捕,不仅是在阮大铖得势之后,而且也后于周镳被杀,直到弘光政权灭亡,案子才算不了了之。

　　阮大铖为明末阉党余孽,他在南明弘光政权的复起,据《圣安本纪》、《明季南略》和《小腆纪年》诸南明史书记载,皆为顺治元年八月。同月,弘光政权下令逮捕周镳。翌年四月,周镳在狱中遇害。五月,弘光政权即为清军攻灭。因此,黄宗羲因避党祸之害而匿居昌国,就应当是顺治二年四月至五月间的事情。事实上,当周镳于顺治

①"昌国"二字,《黄梨洲文集》缺,作□□。
②黄宗羲:《南雷文定前集》卷九《移史馆先妣姚太夫人事略》。

元年八月被捕入狱后,黄宗羲仍在南京。据他说:"仲驭在狱,余欲入视之,而稽查甚严,徒以声相闻。负此良友,痛哉。"①而且,第二年四月,他还在浙江嘉兴作过逗留。据云:"乙酉(顺治二年)四月余过嘉兴,劝公(指徐石麒——引者)避地四明山。"②可见,到顺治二年四月,黄宗羲尚未渡海至昌国。在这之前,当然就更不可能有东渡日本的事情了。

以上,通过对黄宗羲避地昌国时间的考索,我们弄清了梁启超对黄宗羲东渡日本系年的疏失。在这个问题上,梁启超致误的原因,大概就在于他把顺治二年的避地昌国,与尔后数年的东渡日本搅在一起了,而且又错误地把避地昌国往前提了一年。那么,《避地赋》所记东渡日本事又当在何时? 是否如全祖望所述之顺治六年冬? 我们以为,对全祖望所判定的这个时间,也还可作进一步商量。

首先,据祖望的《梨洲先生神道碑文》称,黄宗羲因见南明鲁监国政权为武将把持,志不得伸,遂于顺治六年秋,以清廷要"录其家口"为由,愤然出走,自海上潜归故里。试问,倘依全说,宗羲既已作出如此断然的抉择,何以事隔不及两月,却又要复返舟山奉使日本? 这在情理上恐怕说不过去。梁启超就此提出黄宗羲不致如此轻于去就的质疑,假令全祖望复生也是难以作答的。其次,全祖望据以判定黄宗羲东渡时间的"冯京第两度乞师日本"一说,虽屡见于他的《梨洲先生神道碑文》、《冯京第墓碑》及《浮光杯诗注》等文③,但始终未见他指出立说的史料来源。而且,同样是出自他手笔的《张苍水年谱》,述及冯京第东渡日本事,却仅有顺治四年一次,并无顺治六年二度乞师

①黄宗羲:《思旧录》(不分卷),周镳条。
②黄宗羲:《南雷文定前集》卷五《忠襄徐公神道碑铭》。
③《冯京第墓碑》见《续甬上耆旧诗》卷一二;又可见《四明丛书》,《冯王侍郎墓录》;《浮光杯诗注》见《句余土音》卷下。

之举①。这又是他难以自圆其说的地方。第三，黄宗羲所记冯京第东渡日本事，仅有一次。《行朝录》作顺治五年，《海外恸哭记》作顺治四年②。与黄宗羲同时的高宇泰，记冯京第东行于顺治四年，亦仅一次③。稍后于黄宗羲的史家邵廷采所记，冯氏东渡亦为顺治五年，并无两度乞师一说④。黄、高、邵三人同冯京第一样，均为浙东人，黄、高更与冯氏年辈相当，且为出没抗清营垒的患难之交，因此，他们所记当是可信的。至于目前尚可得见的官私史乘，如《光绪慈溪县志》《海东逸史》等，其所述冯京第两度乞师日本事，则源出全祖望，转相抄录而已，实难信据。在找到冯京第两度奉使日本的确凿依据之前，我们虽然不能像梁启超那样斥全说为"臆造"，但是却也没有理由去轻信它。

　　如果把《避地赋》所披露的东渡经历，与《行朝录》所述的使日细节相比照，我们便会看到，黄宗羲的东渡，同冯京第一行顺治五年的奉使，其间有着微妙的相似之处。据《行朝录》载，顺治五年，冯京第与舟山守将肃虏伯黄斌卿之弟孝卿奉使日本，"至长崎岛，其王不听登陆"，"即于舟中朝服拜哭不已"。后来，恰好碰上"东京遣官行部，如中国巡方御史，秃顶坐篮舆。京第因致血书撒（疑为"撒"字之误——引者）斯玛王"⑤。文中，"撒斯玛王"，之前又作"萨摩撒斯玛王"。这一段记载，正与《避地赋》中的"越长崎与萨师玛兮"相吻合。《行朝录》又云"京第还"，"孝卿假商舶留长崎。长崎多官妓，皆居大宅，以绫幔分为私室。每月夜，各室悬琉璃，诸妓各赛琵琶，中国之所

<hr>

①全祖望：《张苍水年谱》二十八岁、三十岁条。
②黄宗羲：《行朝录》卷六《日本乞师》，《海外恸哭记》顺治四年六月条。
③高宇泰：《雪交亭正气录》卷七《冯京第传》。
④邵廷采：《东南纪事》卷二《鲁壬以海》。
⑤黄宗羲：《行朝录》卷六《日本乞师》。

未有"。这一细节的叙述,也同我们在前面所引赋文中,黄宗羲"恶其
侈忕"的景况相符。凡此,恐非偶然巧合。

　　至于如何诠释《避地赋》中"招商人以书舶分,七录辨于东京"一
句,我们还不太同意梁启超的看法。他认为这是黄宗羲自述曾游历
东京,为其此次东行非与冯京第结伴之证①。其实,近代的东京,在
黄宗羲东渡时,并不称东京,而是叫江户。江户之改称东京,则是德
川时代(公元1603年—1867年)结束,明治维新以后的事情。黄宗
羲的《行朝录》对此就曾写道:"日本三十六岛,每岛各有王统之。其
所谓东京者,乃国王也,号曰京王,拥虚位,而一国之权,则大将军掌
之。"因此,赋中的"东京"并不是指地名,而是借喻日本国王。退一
步说,即令当时已有东京之称,黄宗羲确也到过该地,但是他既已"恶
其侈忕",一次足矣,何以又要七次往返? 而且,假定这样的经历能够
成立,也不足以就证明他此次赴日并未与冯京第同行。因为《行朝
录》记得很清楚,冯京第是先期返国,黄孝卿一行则仍留长崎。宗羲
不随京第返国,而与孝卿滞留日本,这不是没有可能的。我们认为,
"招商人"一句似可解:冯黄一行奉使日本,在长崎未获登陆,遂转至
萨师玛,约请日商登船,并假其手七次致书日本国王。

　　综观上述,黄宗羲在《行朝录》中,虽然并未述及自己的东渡经
历,但是一经与《避地赋》两相比照,我们却也可以判定他的东渡日本
应为顺治五年,同行者为冯京第、黄孝卿。又据与黄宗羲同时的浙东
人周容所撰《浮光杯记》载:"戊子春,黄帅使人之徐市岛为楚申胥,
以杯赟,岛主人却之。虽同袍不赋,而饷遗优渥,不啻百牢,且输洪武
钱千万以返。"②戊子即顺治五年,黄帅即黄斌卿。周容之所记,与黄
宗羲《行朝录》记冯京第使日事,如出一辙。《行朝录》云:"京第还,

---

①梁启超:《饮冰室文集》第十四册《黄梨洲、朱舜水乞师日本辨》。
②周容:《浮光杯记》,见《冯侍郎遗书》附录。

日本送洪武钱数十万。盖其国不善鼓铸，但用中国古钱。舟山之用洪武钱，自此始。"历史真相本来如此，史家所记自然就会不谋而合。由此，我们又可进一步推知，黄宗羲的东渡日本，是在顺治五年（1648）春天。

　　黄宗羲赴日目的何在？这是接下去要弄清楚的又一个问题。不过，由于东渡时间的澄清，这个问题实际上已经迎刃而解。当黄宗羲前往日本之时，明末党祸早已随弘光政权的灭亡而烟消云散，因而梁启超就此提出的"避仇亡命"说①，显然就不能成立。我以为，正是为梁启超所驳诘的"乞师日本"说②，反倒是应当得到肯定的。

　　清初，南明隆武、鲁监国政权曾数度遣使东渡日本。黄宗羲作为一个史家，而且又是东渡的亲历其事者，他对此作了比较详尽的记载。据他的《行朝录》记，自顺治二年迄六年，遣使东渡凡三次。第一次为顺治二年冬，使者系隆武政权辖下水军都督周鹤芝派遣③；第二次为顺治四年三月，使者亦系周鹤芝所遣；第三次为顺治五年，出使者为冯京第、黄孝卿④；第四次为顺治六年十一月，鲁王朱以海应阮进、张名振疏请，遣阮美为使，随在日中国僧人湛微东渡。上述四次东渡，其目的都无一例外的是为向日本乞师，以与清廷相抗衡。这一点，黄宗羲在其著述中交代甚明。他将四次东行汇辑成篇，而题以《日本乞师》之名，道理就在于此。黄宗羲顺治五年春天的东渡，正当南明鲁监国政权风雨飘摇之时，身为从亡大臣，他的前往日本，显然不会是因一时游兴骤起，而随乞师使者冯京第、黄孝卿至扶桑览胜。

①梁启超：《饮冰室文集》第十四册《黄梨洲、朱舜水乞师日本辨》。
②全祖望：《鲒埼亭集》卷一一《梨洲先生神道碑文》。
③《行朝录》作"周崔芝"，《海外恸哭记》作"周鹤芝"。徐鼒：《小腆纪年》卷一四注云："'崔'乃'雀'字之讹，俗省'鹤'作'雀'。"今从徐说。
④《海外恸哭记》记此次出使为顺治四年六月，与《行朝录》所记不一，当系黄宗羲曲笔讳饰所致。

为乞师事而漂洋过海，这才是他东渡的目的。

南明政权遣使乞师日本，这在当时就曾经引起异议。据黄宗羲记，顺治二年，周鹤芝遣使与日本相约，定于翌年四月，由日方发兵三万来援。顺治三年四月十一日，迎接日本援师的使者正待出发，舟山守将黄斌卿却接到兵部尚书余煌来书。书中指责乞师日本为"吴三桂乞师之续"，于是此次东渡遂告终止。黄宗羲、冯京第均不赞成余煌的见解，冯京第认为："北都之变，东南如故，并使东南而失之，是则借寇之害也。今吾无可失之地，比之前者为不伦矣。"黄宗羲则直斥余煌所说为"书生之见"，他说："荩臣义士，苦思穷计，俱出于万不得已。若徒以利害相权如余煌者，真书生之见也。"①正是因为有了共同的思想基础，这才会有顺治五年春天冯、黄的结伴东渡。

固然，余煌的见解确有"比之不伦"之失，因为明末的关外清朝，只是中国范围内的一个少数民族政权，它与作为邻邦的日本，实在不可同日而语。但是，从当时历史看，制止乞师日本，无疑是正确的。是时中国大地，战事频仍，本来就一片鼎沸，如果再把外国军队引入，势必加剧这种混乱局面，造成人民更为深重的苦痛，实在无异于引狼入室。所以，幸而冯、黄等人的乞师日本未能达到目的，否则历史对于黄宗羲的评价，恐怕就不会是今天这个格局了。作为一个史家，黄宗羲在事后回顾这一段史事时，他大概也意识到自己的所为并非理直气壮。于是他一方面在《行朝录》中，就当时日本所面临的国内外形势，对出援的可能性进行了否定，指出："（日本）故老不见兵革之事，本国多忘备（这又与《避地赋》所云"方销兵而忘战兮，粉饰乎隆平"全然吻合——引者），岂能渡海为人复仇乎？即无西洋之事，亦未必能行也。"②另一方面，则把自己的乞师经历，从史籍中悄然削去。

①黄宗羲：《行朝录》卷六《日本乞师》。
②黄宗羲：《行朝录》卷六《日本乞师》。

该书所记历次乞师日本事,大都写明日月,唯独顺治五年这一次却不书日月,仅作"戊子"二字,倘不是有意隐讳,又当作何解释?

黄宗羲顺治五年春天的乞师日本,是他生平行事中一段不值得称道的经历。但是,弄清楚这段经历,对于全面评价黄宗羲这样一个历史人物,对于深入研究南明史和中日关系史,无疑又都是有意义的。

(原载《中国史研究》1987 年第 1 期)

读章实斋家书札记

在乾嘉学术史上，章学诚以究心"史学义例，校雠心法"①而独步一时。尽管他在生前不为一时通人所许可，知音寥寥，茕茕孑立，然而身后未及百年，其学终得彰显。尤其是二十世纪初以来，对章学诚学行、思想的研究，则日益引起海内外学者的重视。从林庆彰教授近年主编的《乾嘉学术研究论著目录》（1900—1993）来看，在乾嘉时期的众多学者中，除戴震之外，章学诚即为最受关注的学者。学诚生于乾隆三年（1738），卒于嘉庆六年（1801），正当考据学风流播四方的时代。他同一时主流学派中人，始而过从甚密，继之渐生龃龉，终至分道扬镳，成为考据学风的不妥协批评者。以下，拟以章学诚的家书为论究对象，对形成这一局面的缘由稍事梳理，藉以从一个侧面窥知一时学风之梗概。唯用力不勤，所述未必允当，尚祈各位赐教。

民国初，吴兴刘氏嘉业堂辑刻《章氏遗书》，于卷九《文史通义》外篇三，以《家书》为题，著录章学诚致其诸子书札七首。是为严格意义上的实斋家书。此次梳理，则把章学诚与其长子之论文书二首，以及致同族戚属信札一并论列。这能否视之为广义上的家书，还要请各位批评。此类书札，计有同卷之《与族孙守一论史表》、《答大儿贻选问》，卷二十二《文集》七之《与族孙汝楠论学书》，卷二十九《外集》二之《论文示贻选》、《与宗族论撰节愍公家传书》、《与琥脂侄》、《与

---

① 章学诚：《章氏遗书》卷九《文史通义》外篇三《家书二》。

家正甫论文》、《又与正甫论文》和《与家守一书》等九首。

一、与族孙汝楠之论学长文

《与族孙汝楠论学书》写于乾隆三十一年(1766)秋,实斋时年二十九岁。此时他尚肄业国子监,业已三落顺天解试,正值穷愁彷徨之际。该书以论学为主题,既述早年为学经历,又述负笈京城的苦闷,还述决意追求的为学方向,论世知人,多可参考。诚如胡适先生著、姚名达先生订补之《章实斋年谱》所论,该书是谱主"早年第一篇重要文字,最可注意"①。

关于实斋的早年为学,书中写道:

> 仆自念幼多病,一岁中铢积黍计,大约无两月功,资质椎鲁,日诵才百余言,辄复病作中止。十四受室,尚未卒业四子书。顾老父聚徒授经,仆尚为群儿嬉戏左右。当时闻经史大义,已私心独喜,决疑质问,间有出成人拟议外者。自后知识渐通,好泛览,老父以业患不精,屏诸书令勿阅,而嗜好初入,不忍割置,辄彷徨久之。年十五六,在应城,馆师日课以举子业。又官舍无他书得见,乃密从内君乞簪珥易纸笔,假手在官胥吏,日夜抄录《春秋》内外传及衰周战国子史。辄复以意区分,编为纪表志传,凡百余卷,三年未得成就。后为馆师所觉,呵责中废。勤而无所,至今病之。老父解组来,饥驱寒迫,北走燕秦,南楚越,往返一万余里,至今不得税驾。比虽识力稍进,而记诵益衰,时从破簏检得向所业编,则疏漏牴牾,甚可嗤笑。回首当日,不觉忾然。夫读书之年,误贪撰著,小成无本,古人攸悲,而仆乃更为文墨儿戏。

————
① 胡适著,姚名达订补:《章实斋先生年谱》"乾隆三十一年、二十九岁"条。

日月如驰,忽不我与,知弗及守,知其勤苦鲜成功矣。

据实斋自述可见,其早年资质并不好,不唯向学甚晚,不守举业矩矱,且为学伊始,即过早地致力史书编纂,经史根底并不坚实。故而他自二十三岁入京应乡试,迄于二十九岁,三遭败绩,一事无成,就绝非偶然。

实斋此书之又一可注意者,则是述及同一时主流学派中人关系的文字,一是问学朱筠,二是拜望戴震。关于朱筠,实斋此书云:"近从朱先生游,亦言甚恶轻隽后生,枵腹空谈义理。故凡所指授,皆欲学者先求征实,后议扩充。所谓不能信古,安能疑经,斯言实中症结。"而是年的慕名拜访戴震,予章氏的震动则一度甚大。他就此在信中写道:

> 休宁戴东原振臂而呼,曰:"今之学者,毋论学问文章,先坐不曾识字。"仆骇其说,就而问之,则曰:"予弗能究先天、后天,河洛精蕴,即不敢读'元亨利贞';弗能知星躔岁差,天象地表,即不敢读'钦若敬授';弗能辨声音律吕,古今韵法,即不敢读'关关雎鸠';弗能考《三统》正朔、《周官》典礼,即不敢读'春王正月'"。仆重愧其言。

正是为戴震的一席高论影响,实斋反省早年为学云:"往仆以读书当得大意,又年少气锐,专务涉猎,四部九流,泛滥不见涯涘。好立议论,高而不切,攻排训诂,驰骛空虚。"唯其如此,所以他说:"充类至尽,我辈于《四书》一经,正乃未尝开卷卒业,可为惭惕,可为寒心。"

然而毕竟早年的为学训练,藩篱已成,根深蒂固,因之无论是儒臣朱筠的督导,还是名流戴震的高论,皆不能使章学诚改弦易辙。实斋"自少性与史近",一本"读书当得大意"的为学路径以进。信中,

他对考证、辞章、义理的关系加以考论,指出:

> 学问之途,有流有别。尚考证者薄词章,索义理者略征实。随其性之所近,而各标独得,则服、郑训诂,韩、欧文章,程、朱语录,固已角犄鼎峙而不能相下。必欲各分门户,交相讥议,则义理入于虚无,考证徒为糟粕,文章只为玩物。汉唐以来,楚失齐得,至今嚣嚣,有未易临决者。

章学诚在这方面的结论是:"考证即以实此义理,而文章乃所以达之之具。事非有异,何为纷然,自同鹬蚌,而使异端俗学得以坐享渔人之利哉!"

以学求义理之宗旨为依据,章学诚进而阐发了一己的为学追求。他说:

> 仆则以为,学者祈向,贵有专属。博详反约,原非截然分界,及乎泛滥渟蓄,由其所取愈精,故其所至愈远。古人复起,未知以斯语为何如也。要之谈何容易,十年闭关,出门合辙,卓然自立,以不愧古人。正须不羡轻隽之浮名,不揣世俗之毁誉,循循勉勉,即数十年中人以下所不屑为者而为之,乃有一旦庶几之日。①

这就是说,纵然有戴震、朱筠为学的影响,但是章学诚并不为一时京华学风所裹挟,依然决意以义理之学为依归,毁誉由人,矢志以往。

---

① 章学诚:《章氏遗书》卷二十二《文集》七《与族孙汝楠论学书》。

二、致诸子家书七首

章学诚有五子,长子贻选,其他诸子依次为华绂、华绥、华练、华纪。据胡适之先生考,实斋致其诸子家书七首,皆写于乾隆五十五年。① 此时的章学诚,已年逾半百。早在乾隆四十二、三两年,即连捷乡会试,以进士归班候选。只是欲求一知县职不得,始终寄人篱下,作幕四方。其间,继朱筠、戴震之后,章学诚又先后得交一时儒林诸贤,如任大椿、汪辉祖、钱大昕、邵晋涵、周永年、黄景仁、王念孙、段玉裁、刘台拱、程晋芳、汪中、凌廷堪、洪亮吉、孙星衍、阮元等。唯因论学不合,除邵晋涵、汪辉祖等二三友人外,每多龃龉,难与共席。尤以戴震、汪中二人,最称牴牾,以致成为他攻驳的对象。乾隆五十五年春,章学诚离开亳州(今安徽亳县)幕府,前往武昌,投奔湖广总督毕沅。他的家书七首,即写于抵武昌毕沅幕府之后。

《家书一》专论读书为学方法。据实斋称,其父每日有记,他则逐日有草,因之亦督责诸子:"或仿祖父日记,而去其人事闲文。或仿我之日草,而不必责成篇章。俱无不可。"通篇大旨一如先前,依然在讲求义理。所以章氏又叮嘱诸子:"尔辈于学问文章,未有领略,当使平日此心,时体究于义理,则触境会心,自有妙绪来会。即泛滥观书,亦自得神解超悟矣。朱子所谓常使义理浇洗其心,即此意也。"②

《家书二》昌言:"吾于史学,盖有天授,自信发凡起例,多为后世开山。"他希望子承父业,以史学传家。此书之最可注意者,是实斋以大段文字,集中讲到了他同一时主流学派及其为学风尚的格格不入。

---

① 胡适著,姚名达订补:《章实斋先生年谱》"乾隆五十五年、五十三岁"条。
② 章学诚:《章氏遗书》卷九《文史通义》外篇三《家书一》。

他说：

> 至论学问文章，与一时通人全不相合。盖时人以补苴襞绩
> 见长，考订名物为务，小学音画为名。吾于数者皆非所长，而甚
> 知爱重，咨于善者而取法之，不强其所不能，必欲自为著述，以趋
> 时尚。此吾善自度也。时人不知其意而强为者，以谓舍此无以
> 自立，故无论真伪是非，途径皆出于一。吾之所为，则举世所不
> 为者也。如古文辞，近虽为之者鲜，前人尚有为者。至于史学义
> 例，校雠心法，则皆前人从未言及，亦未有可以标著之名。爱我
> 如刘端临，见翁学士询吾学业究何门路，刘则答以不知。盖端临
> 深知此中甘苦，难为他人言也。故吾最为一时通人所弃置而
> 弗道。①

《家书三》则是一篇彰明为学根底和追求的重要文字。关于为学
根底，章学诚由其父而直溯乡邦先哲邵廷采，他说："吾于古文辞，全
不似尔祖父。然祖父生平极重邵思复文，吾实景仰邵氏，而愧未能及
者也。盖马、班之史，韩、欧之文，程、朱之理，陆、王之学，萃合以成一
子之书。自有宋欧、曾以还，未有若是之立言者也。而其名不出于乡
党，祖父独深爱之，吾由是定所趋向。其讨论修饰，得之于朱先生，则
后起之功也。而根底则出邵氏，亦庭训也。"至于一生为学追求，实斋
则云："吾于史学，贵其著述成家，不取方圆求备，有同类纂。"又说：
"吾读古人文字，高明有余，沉潜不足。故于训诂考质，多所忽略，而
神解精识，乃能窥及前人所未到处。"他甚至自负地宣称："吾于是力
究纪传之史，而辨析体例，遂若天授神诣，竟成绝业。"②

---

① 章学诚：《章氏遗书》卷九《文史通义》外篇三《家书二》。
② 章学诚：《章氏遗书》卷九《文史通义》外篇三《家书三》。

《家书四》至《家书七》，假论学养而彰明为学旨趣，批评一时学风，皆是知人论世的重要文字。其中，尤以五、六两首最可注意。《家书五》专论宋儒学风，实斋指出：

> 宋儒之学，自是三代以后讲求诚正治平正路。第其流弊，则于学问文章、经济事功之外，别见有所谓道耳。以道名学，而外轻经济事功，内轻学问文章，则守陋自是，枵腹空谈性天，无怪通儒耻言宋学矣。

这就是说，宋儒之学本为儒学正统，不可否定。然而行之既久，流弊渐生，侈言道学，轻视学问文章和经济事功，终至酿成"枵腹空谈性天"的积弊。因此，一时通儒之耻言宋学，自有其道理。

在章实斋看来，批评宋学可，而否定宋学则不可。针对一时学风病痛，他以一个学术史家的识见而大声疾呼："君子学以持世，不宜以风气为重轻。宋学流弊，诚如前人所讥。今日之患，又坐宋学太不讲也。"因此，实斋于信中，回顾同邵晋涵议论重修《宋史》的旧事。他说：

> 往在京师，与邵先生言及此事，邵深谓然。廿一史中，《宋史》最为芜烂，邵欲别作《宋史》。吾谓别作《宋史》，成一家言，必有命意所在。邵言即以维持宋学为志。吾谓维持宋学，最忌凿空立说，诚以班、马之业，而明程、朱之道，君家念鲁志也，宜善成之。

由此出发，所以实斋告诫诸子道："尔辈此时讲求文辞，亦不宜略去宋学,但不可堕入理障,蹈前人之流弊耳。"①

　　《家书六》形似讨论"人之才质,万变不同",实则可注意处恐不在于此。章实斋公开扬起批评戴东原学术之幡,或许方是其间透露之重要消息。因为正是在这同一年,实斋于武昌将上年所撰《文史通义》诸文整理抄存,并特地补写了《书朱陆篇后》、《记与戴东原论修志》二文,对东原学术指名批评。《家书六》当写于补撰之二文同时,唯其如此,所以批评戴东原学术亦成书中之重要内容。实斋于此有云:

　　　　观前辈自述生平得力,其自矜者多故为高深。如戴东原言,一夕而悟古文之道,明日信笔而书,便出《左》、《国》、《史》、《汉》之上。此犹戴君近古,使人一望知其荒谬,不足患也。使彼真能古文,而措语稍近情理,岂不为所惑欤!②

玩其文意,实斋之所言,乃是要说明戴东原并不晓古文之道,大言欺世,荒谬不实。章实斋撰成此文,戴东原谢世已是整整十三年,何以实斋要选择此一时机来批评戴氏学术,笔者不学,难得的解,倘幸蒙各位赐教,当感激不尽。

三、致同族戚属及子侄札

　　章学诚致同族戚属及子侄书札,除前述八首之外,见于今本《章氏遗书》者尚有八首。据原文题注及胡、姚二位先生《章实斋先生年谱》所考,可以大致判定其撰文时间者,依次为乾隆三十三年之《与家

----

① 章学诚:《章氏遗书》卷九《文史通义》外篇三《家书五》。
② 章学诚:《章氏遗书》卷九《文史通义》外篇三《家书六》。

守一书》,三十八年之《与琥脂佺》,五十三年之《与宗族论撰节愍公家传书》,五十四年之《与家正甫论文》、《论文示贻选》,五十六年之《与族孙守一论史表》等六首。而《答大儿贻选问》,成文时间不详,或在《家书》七首前。《又与正甫论文》则成于《与家正甫论文》后,或为乾隆五十五六年间文字。

此八篇文字中,最可注意者为《又与正甫论文》。文中所论,皆同一时学风相关。实斋之所论,大要有二:一是谈学问与功力的关系;二是批评戴东原之学术。关于第一点,章学诚明确主张将学问与功力相区别,切不可以功力取代学问。他就此指出:

> 学问文章,古人本一事,后乃分为二途。近人则不解文章,但言学问,而所谓学问者,乃是功力,非学问也。功力之与学问,实相似而不同。记诵名数,搜剔遗逸,排纂门类,考订异同,途辙多端,实皆学者求知所用之功力尔。即于数者之中,能得其所以然,因而上阐古人精微,下启后人津逮,其中隐微可独喻,而难为他人言者,乃学问也。今人误执古人功力以为学问,毋怪学问之纷纷矣。

既然如此,实斋进而抨击一时学风道:“今之误执功力为学问者,但趋风气,本无心得。直谓舍彼区区掇拾,即无所谓学,亦夏虫之见矣。”

一如《家书六》,此书亦以戴震学术为攻驳对象。实斋就此有云:

> 近日言学问者,戴东原氏实为之最。以其实有见于古人大体,非徒矜考订而求博雅也。然戴氏之言又有过者。戴氏言曰:“诵《尧典》,至‘乃命羲和’,不知恒星七政,则不卒业;诵《周南》、《召南》,不知古音则失读;诵古《礼经》先士冠礼,不知古者宫室、衣服等制,则迷其方。”戴氏深通训诂,长于制数,又得古人

之所以然,故因考索而成学问,其言是也。然以此概人,谓必如其所举,始许诵经,则是数端皆出专门绝业,古今寥寥不数人耳,犹复此纠彼讼,未能一定。将遂古今无诵五经之人,岂不诬乎!

依章实斋之所见,戴东原为学固确有所长,但亦有故为高深,大言欺世之失。

为了证成戴震论学的诬枉,章学诚以古先贤哲为例,进而指出:

> 孟子言井田、封建,但云大略;孟献子之友五人,忘者过半;诸侯之礼,则云未学;爵禄之详,则云不可得闻。使孟子生后世,戴氏必谓未能诵五经矣。马、班之史,韩、柳之文,其与于道,犹马、郑之训诂,贾、孔之疏义也。戴氏则谓,彼皆艺而非道。此犹资舟楫以入都,而谓陆程非京路也。曾子之于圣门,盖笃实致功者也,然其言礼,则重在容貌、颜色、辞气,而笾豆器数,非君子之所贵。

既有如此多的事例以说明戴东原经学方法论的武断,于是章学诚遂以其所擅长的文史之学相颉颃,指出:"由是言之,文章之用,较之区区掇拾之功,岂可同日语哉!"他甚至直斥考据学为"伪学",宣称:"虽然,矫枉者戒其过甚。文章嗜好,本易入人,今以伪学风偏,置而不议,故不得不讲求耳。"实斋的结论是:"由道德而发为文章,乃可谓之立言,乃可不为戴氏所讥。"①

足见,《又与正甫论文》的自始至终,皆以一时考据学风及其代表戴震学术为攻驳矢的。显然,章学诚是决意要与之作不妥协的抗争了。唯其如此,他稍后所写《与族孙守一论史表》,依然有攻驳一时学

---

① 章学诚:《章氏遗书》卷二十九《外集》二《又与正甫论文》。

风的内容。书中有云："近人之患,好名为甚,风气所趋,竞为考订,学识未充,亦强为之。读书之功少,而著作之事多,耻其言之不自己出也,而不知其说之不可恃也。"①

四、结语及余论

自乾隆三十一年写《与族孙汝楠论学书》始,至五十六年撰《与族孙守一论史表》止,章学诚留下的十六首家书,从一个侧面反映了他同一时考据学风的关系。其间,既有作者一己学术追求的阐发,也有对一时学术界为学病痛的针砭,无论于研究章氏学行、思想,还是探讨乾隆间学术演进,皆是颇有价值的资料。

乾隆二十五年,章学诚初入京城。时值汉学大师惠栋辞世未久,戴震沿波而起,名噪朝野,经学考据方兴未艾。此时的京中学风,迥异于学诚所僻居的湖北应城,与其早年的为学趋向尤显格格不入。青少年时代的章学诚,既不工举子业,又于经术素未究心,用他自己的话来说,就叫作:"而史部之书,乍接于目,便似夙所攻习。"②由于为学路数的不合时尚,因而不唯屡困科场,而且在国子监中颇遭冷遇,被"视为怪物,诧为异类"③。

乾隆三十一年,章学诚在京中与戴震初识。戴东原的一席高论,使实斋至为震动,一度反省。然而章学诚并没有就此改变为学方向,相反,随着文史素养的与时俱进,他对考据学风的病痛展开了不妥协的批评,决意以自己的史学主张去辟除榛芜,开创新路。

面对风靡朝野的考据学,章学诚以转移风气为己任,他认为:"天

①章学诚:《章氏遗书》卷九《文史通义》外篇三《与族孙守一论史表》。
②章学诚:《章氏遗书》卷九《文史通义》外篇三《家书六》。
③章学诚:《章氏遗书》卷二十二《文集》七《与族孙汝楠论学书》。

下事,凡风气所趋,虽善必有其弊。君子经世之学,但当相弊而救其偏。"又说:"君子之学,贵辟风气,而不贵趋风气。"①因此为了救正一时风气,在从事《文史通义》撰述之始,他即坚定地表示,即使"逆于时趋","乖时人好恶",也在所不惜。乾隆三十七年,在给当时著名学者钱大昕的信中,他就此写道:"惟世俗风尚必有所偏,达人显贵之所主持,聪明才隽之所奔赴,其中流弊必不在小。载笔之士不思挽救,无为贵著述矣。"②在章学诚看来,当时学风之弊,症结就在于沉溺考据训诂,买椟还珠,不识大义。他说:"近日考订之学,正患不求其义,而执形迹之末,铢黍较量,小有同异,即嚣然纷争,而不知古人之真不在是也。"③由此出发,他虽然并不抹杀考据学的基本作用,但是只是视之为治学的功力而已,不承认那是学问。对于那些不识大义的考据学家,章学诚则讥之为"有如桑蚕食叶而不能抽丝"④,甚至将考据学诋为"竹头木屑之伪学"⑤。

针对汉学考据的积弊,章学诚以一个学术史家的卓识而进行积极修正。他的修正表现为学术主张,便是两条救正之道的提出,一是古文辞,一是史学,而归根结底还是史学。章学诚说:"近日颇劝同志诸君多作古文辞,而古文辞必由纪传史学起步,方能有得。"⑥又说:"辞章记诵,非古人所专重,而才识之士,必以史学为归。为古文辞而不深于史,即无由溯源六艺而得其宗。"⑦

章学诚所精心结撰的《文史通义》,就是贯彻这一学术主张的具

①章学诚:《章氏遗书》卷七《文史通义》外篇一《淮南子洪保辨》。
②章学诚:《章氏遗书》卷二十九《外集》二《上钱辛楣宫詹书》。
③章学诚:《章氏遗书》卷八《文史通义》外篇二《说文字原课本书后》。
④章学诚:《章氏遗书》卷九《文史通义》外篇三《与汪龙庄书》。
⑤章学诚:《章氏遗书》卷九《文史通义》外篇三《与邵二云书》。
⑥章学诚:《章氏遗书》卷九《文史通义》外篇三《与汪龙庄书》。
⑦章学诚:《章氏遗书》卷九《文史通义》外篇三《报黄大俞先生》。

体实践。该书自乾隆三十七年始撰,迄于著者嘉庆六年逝世,三十年如一日,辛勤耕耘,死而后已。而救正风气,开辟新路,则始终不渝,首尾一贯。正如他晚年就此致书友人汪辉祖所述:"拙撰《文史通义》,中间议论开辟,实有不得已而发挥,为千古史学辟其榛芜。"①

　　章学诚一经选定以史学为救正风气之道,便义无反顾,矢志以往,倾注全身心于《文史通义》的撰写。从乾隆五十三年致函孙星衍,首次提出"盈天地间,凡涉著作之林,皆是史学"②;中经五十四年至五十七年间所写《经解》、《原道》、《史释》、《易教》及《方志立三书议》诸篇的系统阐释而深化;到嘉庆五年撰成《浙东学术》,彰明"史学所以经世"③的为学宗旨,他完成了以"六经皆史"④为核心的史学思想的建设。

　　在中国古代学术史上,"六经皆史"的思想萌芽甚早。据已故钱锺书教授著《谈艺录》考证,其远源可追溯至《庄子》的《天道》、《天运》诸篇,其近源则为王守仁《传习录》、顾炎武《日知录》等明清间人著述。⑤ 当然,章学诚的"六经皆史"说是否源自老、庄思想,证据不足,尚难定论,但王守仁、顾炎武思想于他的影响,则屡见于《文史通义》,确然无疑。还应当指出,唐代史家刘知几所撰《史通》,也是章学诚史学思想的重要来源。

　　据章学诚自述,他二十八岁始读《史通》⑥,且声称:"刘言史法,

①章学诚:《章氏遗书》卷九《文史通义》外篇三《与汪龙庄书》。
②章学诚:《章氏遗书》卷九《文史通义》外篇三《报孙渊如书》。
③章学诚:《章氏遗书》卷二《文史通义》内篇二《浙东学术》。
④章学诚:《章氏遗书》卷一《文史通义》内篇一《易教上》,卷十四《方志立三书议》。
⑤钱锺书:《谈艺录》(补订本)八十六《章实斋与随园》。
⑥章学诚:《章氏遗书》卷九《文史通义》外篇三《家书六》。

吾言史意；刘议馆局纂修，吾议一家著述。截然两途，不相入也。"①言下之意，其史学"盖有天授"，非受《史通》启发。然而《史通》于他思想的影响，则随处可见，欲加掩饰而不能。诸如把史籍区分为撰述与记注二家，强调史才、史学、史识与史德的统一，反对文人修史，主张详近略远、据事直书、学以经世等，皆与《史通》一脉相承。关于这一点，傅振伦老先生早年撰《章学诚在史学上的贡献》一文，早经揭示。② 至于"六经皆史"，作为《史通》总纲的《六家》篇，即把儒家经典《尚书》、《春秋》视为史籍编纂的两家，与《左传》、《国语》、《史记》、《汉书》并称"六家"。这无疑应是章学诚史学思想的远源。其实，《文史通义》的以《史通》为重要来源，早在其撰述之初，章学诚就曾直认不讳。在致友人严长明的信中，他说："思敛精神为校雠之学，上探班、刘，溯源《官》、《礼》，下该《雕龙》、《史通》。甄别名实，品藻流别，为《文史通义》一书。"③这封信后来虽未录入《文史通义》，但历史事实毕竟是不能抹杀的。

　　章学诚的"六经皆史"说，就其主要方面而言，恐怕还不是尚存争议的尊经、抑经问题，贯穿于其间的一个中心思想，实为复原中国儒学的经世传统，倡导以史学去经世致用。所以他在阐明六经即史的同时，就再三强调六经作为"先王政典"的基本特质。他说："六经皆史也。古人不著书，古人未尝离事而言理，六经皆先王之政典也。"章学诚就此还说："若夫六经，皆先王得位行道，经纬世宙之迹，而非托于空言。"④作为一个史家，章学诚从学术史的角度论证古代学术初

①章学诚：《章氏遗书》卷九《文史通义》外篇三《家书二》。
②傅振伦：《傅振伦方志论著选》，杭州：浙江人民出版社，1992 年，第 238—254页。
③章学诚：《章氏遗书》卷二十九《外集》二《与严冬友侍读》。
④章学诚：《章氏遗书》卷一《文史通义》内篇一《易教上》。

无经史之别,六经乃后起之称。他指出:"古之所谓经,乃三代盛时,
典章法度见于政教行事之实,而非圣人有意作为文字以传后世。"①
因此,学诚反对"舍器而求道,舍今而求古,舍人伦日用而求学问精
微"的倾向,主张把立足点转移到现实社会中来。他说:"君子苟有志
于学,则必求当代典章,以切于人伦日用;必求官司掌故,而通于经术
精微。则学为实事,而文非空言,所谓有体必有用也。"②这种厚今薄
古,学以经世的史学思想,在他晚年所写《浙东学术》篇中,得到了集
中阐发。实斋于此有云:

> 史学所以经世,固非空言著述也。且如六经,同出于孔子,
> 先儒以为,其功莫大于《春秋》,正以切合当时人事耳。后之言著
> 述者,舍今而求古,舍人事而言性天,则吾不得而知之矣。学者
> 不知斯义,不足言史学也。③

乾嘉之际,倡"六经皆史"而学以经世,实非章学诚的一家之言,乃是
一时杰出之士的共识。诸如钱大昕、李保泰、袁枚等人,皆与章学诚
不谋而合,唱为同调。嘉庆五年(1800),钱大昕为赵翼著《廿二史札
记》撰序,就不仅反驳了理学家视读史为"玩物丧志"的偏见,否定了
宋明以来,"经精而史粗"、"经正而史杂"的成说,而且断言:"经与史
岂有二学哉!"④李保泰则大声疾呼:"自士大夫沉湎于举业,局促于
簿书,依违于格令,遇国家有大措置,民生有大兴建,茫然不识其沿革
之由,利病之故,与夫维持补救之方。虽使能辨黄初之伪年,收兰台

①章学诚:《章氏遗书》卷一《文史通义》内篇一《经解上》。
②章学诚:《章氏遗书》卷一《文史通义》内篇五《史释》。
③章学诚:《章氏遗书》卷二《文史通义》内篇二《浙东学术》。
④钱大昕:《廿二史札记序》,见赵翼《廿二史札记》卷首。

之坠简,于以称博雅、备故实足矣,乌足以当经世之大业哉!"①袁枚虽以诗文名家,史学并非当行,但他同样也认为"古有史而无经"②。然而,陶铸群言,彰明史学的经世传统,总其成者则当推章学诚。③稍后的学者龚自珍等,正是假其说以治经,遂演为《公羊》改制之论。钱宾四先生早年著《中国近三百年学术史》,于此有过重要揭示。钱先生指出:"《公羊》今文之说,其实与六经皆史之意相通流,则实斋论学,影响于当时者不为不深宏矣。"④

（原载《清史论丛》2001 年号,中国广播电视
出版社 2001 年 9 月版）

---

①李保泰:《廿二史札记序》,见赵翼《廿二史札记》卷首。
②袁枚:《随园文集》卷十《史学例议序》。
③焦循:《雕菰楼集》卷六《读书三十二赞》。
④钱穆:《中国近三百年学术史》上册,第 392 页。

《明儒学案》成书时间的思考

清初著名学者黄宗羲所撰《明儒学案》,是我国古代第一部系统的断代学术史专著,它在历史学、哲学和文献学上都具有重要的研究价值。在《明儒学案》研究中,对该书成书时间的探讨,从文献学的角度来说,就是一个不可忽视的问题。然而,自清末黄宗羲的后人黄炳垕辑成《遗献梨洲公年谱》,明确判定该书成书于康熙十五年以来,人们对这个结论一直没有提出过怀疑。其实,过细地检核《明儒学案》及有关的故实,即可发现康熙十五年成书说的若干疑点。以下,谨就此谈一些不成熟的想法,供大家批评。

一、如何理解黄宗羲说的"书成于丙辰之后"

黄炳垕之所以判定《明儒学案》成于康熙十五年,其立说依据他虽然没有提出来,但是从他当时所能见到的材料来看,由于黄宗羲的自编年谱早已毁于水火,因而无非就是《明儒学案》历次刻本卷首的序言,以及录入黄宗羲文集的《明儒学案序》。黄宗羲在《明儒学案序》中的确说过:"书成于丙辰之后。"①丙辰,即康熙十五年(1676)。问题在于如何理解这句话。我们认为,"书成于丙辰之后",并不能等于"书成于丙辰",按照我国的语言文字习惯,作为一个时间概念,

①黄宗羲:《黄梨洲文集·明儒学案序》,北京:中华书局,1959年,第380页。

"某某之后"这样一种表达方式,既包括某某本身,也包括其后的一段邻近时间。这一点是不难理解的,譬如我们今天常常说的"开工之后"、"开学之后"等等,人们当然不会把它仅仅理解为开工、开学的那一个时刻,或者是那一天。同样的道理,"书成于丙辰之后",既有可能是指丙辰这一年,也有可能是指其后的一段时间,而且后一种可能性还更大一些。否则黄宗羲当年为什么不直接说"书成于丙辰"呢!因此,黄炳垕提出的康熙十五年成书说,没有把"丙辰之后"作为一个语言整体来考虑,就是欠妥当的。

二、关于《明儒学案》的几篇序

以黄宗羲署名的《明儒学案序》,今天所能看到的,一共是文字略有异同的四篇,即《南雷文定四集》卷一的《明儒学案序》,《南雷文定五集》卷一的改本《明儒学案序》,以及康熙间贾润父子刻本《明儒学案》卷首《明儒学案序》和雍正间贾氏后人贾念祖刻本《明儒学案》卷首《黄梨洲先生原序》。前两篇序,五十年代末已辑入中华书局印行的《黄梨洲文集》,后两篇序亦辑入中华书局于近期出版的《明儒学案》点校本中。贾刻本《明儒学案序》,即录入《黄梨洲文集》的改本《明儒学案序》,但贾润父子以己意对这篇序作了文字上的增损,凡所增损之处,已经点校中华版《明儒学案》的沈芝盈先生指出,毋庸赘述。贾念祖刻本《黄梨洲先生原序》,于黄宗羲原文,妄加改窜,大乖原意,除沈先生所摘各点外,尚有一处极不忠于原著的臆改。黄宗羲原序云:"书成于丙辰之后,许酉山刻数卷而止,万贞一又刻之而未毕。然抄本流传,陈介眉以谨守之学,读之而转手。汤潜庵谓余曰:'《学案》宗旨杂越,苟善读之,未始非一贯也。'"而贾念祖刻本则改作:"书成于丙辰之后,中州许酉山暨万贞一各刻数卷,而未竣其事。然钞本流传,颇为好学者所识。往时汤公潜庵有云:'《学案》宗旨杂越,苟善读之,未始非一贯.'此陈介眉所传述语也。"在"钞本流传"
之前的改动,属于文字上的归纳,尚无大谬。可是之后的改动,则把
基本故实也弄乱了。"陈介眉以谨守之学,读之而转手"被全文删去;
汤斌关于《明儒学案》的评语,分明是对黄宗羲亲口所述,也变成了为
陈锡嘏"所传述"。这一删一增,把判定《明儒学案》成书时间的重要
细节弄得面目全非! 每当读至此处,不禁令人生发出"尽信书不如无
书"之叹。

三、黄宗羲与汤斌

　　黄宗羲与汤斌,这是一个大题目,非三言两语所能谈清楚。在这
里,仅就他们之间同《明儒学案》成书有关的往还做一些董理。一如
前述,根据黄宗羲写的《明儒学案序》,汤斌关于《明儒学案》的评价,
是亲口对他所说,而并非由他人转告。据考,黄、汤之间会晤,平生只
有一次,地点在江苏苏州。黄炳垕把这次会晤系于康熙二十七年五
月。① 实际上,之前的康熙二十六年十月,汤斌即已故世,因此二十
七年会晤说自属误记。据晚清学者萧穆考订,此次晤面应为康熙二
十四年。② 从汤斌的仕历看,康熙二十三年九月至康熙二十五年三
月间,他正在江苏巡抚任上,之前和尔后则均在北京③,因而萧穆的
考订应当是可信的。汤斌对黄宗羲谈及《明儒学案》,显然就只可能
在这一次会晤中。这也就是说,《明儒学案》至迟在康熙二十四年已
经完稿,不然汤斌就无从对全书进行评价了。换言之,黄宗羲所说的
"书成于丙辰之后",这个"之后"的下限,至迟可以断在康熙二十

---

①黄炳垕:《遗献梨洲公年谱》七十九岁条。
②萧穆:《敬孚类稿》卷五《跋黄梨洲先生年谱》。
③杨椿:《汤文正公年谱》。

四年。

　　《明儒学案》的成书时间，是否还可以再往上推？从康熙二十四年以前黄宗羲与汤斌的书札往复中，这个问题是很难得到解答的。现存黄、汤之间的书札一共仅三封，而且全是汤斌写给黄宗羲的，两封载于《汤子遗书》，一封附录于《南雷文定》。康熙二十年，汤斌奉命主持浙江乡试，黄宗羲让他的儿子黄百家专程到杭州拜望，并带去书札一封，请汤斌为其所辑《蕺山学案》撰写序言。公务结束，行期迫促，汤斌未及把这篇序写好，便匆匆启程。后来，还是在返京途中，于船上把稿子拟就，寄给黄宗羲的。汤斌在寄送序稿的信中写道："承命作《蕺山学案》序，自顾疏陋，何能为役？然私淑之久，不敢固辞。目下匆匆起行，不敢率尔命笔。舟中无事，勉拟一稿请教，得附名简末，遂数十年景仰之私，为幸多矣。"①这一封信说明，迄于康熙二十年，在黄宗羲与汤斌的交往中，并无《明儒学案》这个议题，当时他们之间所讨论的，只是《蕺山学案》。第二年，汤斌又从京中致书黄宗羲，信中写道："去岁承乏贵乡，未得一瞻光霁，幸与长公晤对，沉思静气，具见家学有本，为之一慰。《蕺山先生文录》承命作序，某学识疏陋，何能仰测高深？……某生也晚，私淑之诚，积有岁年，但识既污下，笔复庸俗，不能称述万一。惟望芟其芜秽，正其讹谬，不至大有乖误，受赐多矣。……《文录》、《学案》，何时可公海内？早惠后学，幸甚幸甚！"②这就是说，汤斌不仅给《蕺山学案》写了序，而且还给《蕺山先生文录》写了序。信末所说的《文录》、《学案》，从上下文意看，当是指《蕺山先生文录》和《蕺山学案》。由这封信又可以说明，直到康熙二十一年，汤斌只知道有《蕺山学案》，却并不知道有《明儒学案》。

---

① 汤斌：《汤子遗书》卷五《答黄太冲》。《南雷文定》附录此札，文字略有异同。
② 汤斌：《汤子遗书》卷五《与黄太冲书》。

那么,在康熙二十一年至二十四年间,汤斌又是否有可能从陈锡嘏那里见到《明儒学案》抄本,并通过陈把对该书的意见转告黄宗羲呢? 这是我们接下去要弄清楚的又一个关键问题。

四、"陈介眉传述"说纯属臆断

陈介眉,即黄宗羲弟子陈锡嘏,字介眉,号怡庭,浙江宁波人,康熙十五年进士。生于明崇祯七年(1634),卒于清康熙二十六年(1687),终年五十四岁。锡嘏故世后,黄宗羲曾为他撰写了一篇《墓志铭》。这篇《墓志铭》说得很明白,陈锡嘏于康熙十八年即已"告假送亲"返乡,从此"里居五年,遂膺末疾,不能出户,又三年而卒"①。可见,在康熙二十一年至康熙二十四年间,陈锡嘏既没有也不可能离甬北上,去同汤斌晤面。而且,据黄宗羲所撰《墓志铭》载,《明儒学案》的钞本,陈锡嘏是在病逝前不久才见到的。② 因此,贾氏改窜《明儒学案序》,所谓汤斌对《明儒学案》的评价,是由"陈介眉所传述"云云,就纯属臆断。

为什么会出现这样的错误? 平心而论,或许并不是贾氏祖孙有意杜撰,很有可能是误会了黄宗羲在《明儒学案序》中的如下一句话,黄宗羲说:"钞本流传,陈介眉以谨守之学,读之而转手。汤潜庵谓余曰……"此处所谓"转手",指的是陈锡嘏所"谨守"的为学路径的转变,而丝毫没有将《明儒学案》钞本转交他人的意思。这可以黄宗羲为陈锡嘏所撰《墓志铭》为证。黄宗羲说:"君从事于格物致知之学,于人情事势、物理上工夫,不敢放过,而气禀羸弱。……凡君之所以病,病之所以不起者,虽其天性,亦其为学有以致之也。……故阳明

---

① 黄宗羲:《黄梨洲文集·怡庭陈君墓志铭》,第 228 页。
② 黄宗羲:《黄梨洲文集·怡庭陈君墓志铭》,第 228 页。

（王守仁——引者）学之而致病，君学之而致死，皆为格物之说所误
也。"①这就是说，陈锡嘏早年虽从学于黄宗羲，但他的为学路径却与
师门宗尚不一致，既没有师法王阳明的"致良知"，也没有继承刘宗周
的"慎独"说，走的是程朱所提倡的由"格物"而"致知"一路。所以，
黄宗羲才说他是为"格物"说所误而"致死"。就在这篇《墓志铭》中，
黄宗羲接着又指出："《明儒学案》成，君读之，以为镛笙磬管，合发并
奏，五声十二律截然不乱者，考之中声也。君从此殆将转手，天不假
之以年，惜哉！"②这段话清楚地表明，陈锡嘏临死前曾经读到《明儒
学案》钞本，而且决意转变早先的为学趋向，可惜志愿未遂竟被病魔
夺去了生命。足见，把《明儒学案序》同《怡庭陈君墓志铭》校读，"转
手"之所指，昭然若揭。

《怡庭陈君墓志铭》，是判断《明儒学案》成书时间的一篇关键文
字。在黄宗羲的著述中，除《明儒学案序》之外，直接谈到《明儒学
案》成书的，就是这一篇文章。从行文次第看，"天不假之以年，惜
哉"之后，紧接着就是"乙丑岁暮，余过甬问病，君以千秋相托"。乙
丑，即康熙二十四年，为陈锡嘏逝世前两年。看来，很可能就是在此
次东行中，黄宗羲带去了《明儒学案》钞本，陈锡嘏读后，虽决意转变
为学趋向，但无奈病势已深，不得不"以千秋相托"于黄宗羲。翌年，
陈锡嘏病情略有起色，曾经致书黄宗羲，大概就是在那封信中表示了
转变为学趋向的愿望，所以黄宗羲才会"为之狂喜"③，锡嘏不幸病逝
后，黄宗羲也才会发出"天不假之以年，惜哉"的喟叹。如果这一揣测
能够成立，那么又印证了我们在前面所作的《明儒学案》完稿当在康
熙二十四年的判断。

---

①黄宗羲：《黄梨洲文集·怡庭陈君墓志铭》，第 228 页。
②黄宗羲：《黄梨洲文集·怡庭陈君墓志铭》，第 228 页。
③黄宗羲：《黄梨洲文集·怡庭陈君墓志铭》，第 228 页。

五、《明儒学案》能否在康熙十五年成书

以上，通过对同《明儒学案》成书有关故实的考订，我们认为，《明儒学案》的完稿不应该早于康熙二十三四年间。接下去，准备讨论一下该书能否在康熙十五年成书的问题。

首先，康熙十四年七月，黄宗羲才把《明文案》编成，这部卷帙长达二百零七卷的书，耗去了他八年的时间。① 既无三头六臂，要在此后短短一年的时间里，又接着去完成一部六十二卷的《明儒学案》，恐怕是不大可能的。何况当时又正值三藩为祸，烽烟四起，动乱的时局也不允许他有安宁的境遇去潜心著述。事实上，从康熙十五年至十九年间，黄宗羲为生计所迫，就一直在浙西同海宁知县许三礼周旋。② 寄人篱下，岂能随心所欲？

其次，《明儒学案》卷六十一，《东林学案四·吴钟峦》条有云："某别先生，行三十里，先生复棹三板追送，其语痛绝。……今抄先生学案，去之三十年，严毅之气，尚浮动目中也。"据考，吴钟峦为早年黄宗羲在南明鲁王政权中的同僚，黄、吴在舟山作别，时当顺治六年（1649）秋③，"去之三十年"，则已是康熙十八年。由此至少可以说明，迄于康熙十八年，《明儒学案》中的《东林学案》并未完稿。

再次，在《明儒学案》卷六十二，《蕺山学案》卷首，黄宗羲解释了他早先之所以不为同门友人恽日初所辑《刘子节要》作序的道理，末了他说："惜当时不及细论，负此良友。"黄宗羲在这里所用的"负此良友"四字，一如他在《思旧录》中所惯用的那样，是对已故友人负疚

---

① 黄宗羲：《黄梨洲文集·明文案序上》，第 387 页。
② 黄宗羲：《黄梨洲文集·酉山许先生墓志铭》，第 244 页。
③ 全祖望：《鲒埼亭集》卷十一《梨洲先生神道碑文》。

心理的一种抒发。譬如在那本书中,他对死于顺治二年的友人周镳就这么写道:"仲驭(周镳字——引者)在狱,余欲入视之,而稽察甚严,徒以声相闻。负此良友,痛哉!"这就说明,当黄宗羲纂辑《蕺山学案》时,恽日初已经故世。据考,恽日初,字仲升,号逊庵,江苏常州人,康熙十七年病逝,终年七十八岁。① 噩耗传至浙江,时间当更在其后。可见,《明儒学案》中的《蕺山学案》,也并非康熙十五年成书,至少此后两年,它还在编写之中。

综上所述,《明儒学案》成于康熙十五年一说,显然是值得商榷的。本文罗列诸多依据,所提出的成于康熙二十三四年间的看法,严格地说来,也还包含若干推测的成分。因而如果能以此引起研究者的注意,大家一道去把这个问题考察清楚,并由此进而探讨与之相关联的其他问题,诸如撰述动机、成书经过等等,那么撰写本文的目的也就达到了。

(原载《书品》1986 年第 4 期)

---

① 恽珠:《恽逊庵先生家传》,载《恽逊庵先生文集》卷首。

《明儒学案》发微

黄宗羲著《明儒学案》自康熙三十二年（1693）刊行以来，三百余年过去，一直是相关研究者关注和研究的一部重要历史文献。近三十年间，随着学术史研究的复兴和推进，这方面的研究日渐深入，尤为喜人。就所涉及论题而言，诸如《明儒学案》的编纂缘起、成书经过、思想史和文献学渊源以及学术价值评判等等，皆吸引了越来越多研究者的兴趣。以下，谨将近期重读《明儒学案序》之所得连缀成篇，就该书的编纂缘起再做一些讨论，敬请方家大雅指教。

一、问题的提出

黄宗羲晚年，曾经就《明儒学案》的结撰留下两篇重要文字，一篇是《明儒学案序》，另一篇是《改本明儒学案序》。前文于宗羲生前录入所辑《南雷文定四集》，后文则在宗羲故世之后，由其子百家辑入《南雷文定五集》。康熙三十二年孟春，《明儒学案》在河北故城刊刻蒇事，两文皆冠诸卷首，撰文时间均署为康熙三十二年。唯宗羲原文已为贾氏父子增删、改动，难以信据。倘若论究《明儒学案》结撰故实，自然当以录入宗羲文集者为准。

《明儒学案》的这两篇序文，有同有异。大致相同者，是都谈到了如下三层意思。第一，学问之道乃一致百虑，殊途同归，不可强求一律。然而时风众势，必欲出于一道，稍有异同，即诋之为离经叛道，以致酿成"杏坛块土,为一哄之市"①。第二,全书梳理有明一代儒学源流,旨在分源别派,使其宗旨历然。因而,《明儒学案》乃"明室数百岁之书也,可听之埋没乎"②?第三,《明儒学案》的问世,多历年所,非三年五载之功。具体而言,"书成于丙辰(康熙十五年——引者)之后,许酉山(名三礼——引者)刻数卷而止,万贞一(名言——引者)又刻之而未毕",直至壬申(康熙三十一年——引者)七月,始闻河北贾若水、醇庵父子慨然刻书之举③。

两篇文字之不同处,主要在于改本将原序的如下大段文字尽行删除。原序有云:"某幼遭家难,先师蕺山先生视某犹子,扶危定倾,日闻绪言,小子跻跻,梦奠之后,始从遗书得其宗旨,而同门之友,多归忠节。岁己酉,毗陵恽仲升来越,著《刘子节要》。仲升,先师之高第弟子也。书成,某送之江干,仲升执手丁宁曰:'今日知先师之学者,惟吾与子两人,议论不容不归一,惟于先师言意所在,宜稍为通融。'某曰:'先师所以异于诸儒者,正在于意,宁可不为发明?'仲升欲某叙其《节要》,某终不敢。是则仲升于殊途百虑之学,尚有成局之未化也,况于他人乎?某为《明儒学案》,上下诸先生,浅深各得,醇疵互见,要皆功力所至,竭其心之万殊者而后成家,未尝以懵懂精神,冒人糟粕。于是为之分源别派,使其宗旨历然,由是而之焉,固圣人之耳目也。间有发明,一本之先师,非敢有所增损其间。"④

两篇《明儒学案序》为什么会存在上述异同?从中反映了该书结撰缘起的哪些故实?这是我们接下去要展开讨论的问题。

---

①黄宗羲:《南雷文定四集》卷一《明儒学案序》,康熙间刻本。
②黄宗羲:《南雷文定五集》卷一《改本明儒学案序》,乾隆二十六年刻本。
③黄宗羲:《南雷文定五集》卷一《改本明儒学案序》。
④黄宗羲:《南雷文定四集》卷一《明儒学案序》。

二、为师门传学术

黄宗羲为什么要结撰《明儒学案》？要弄清楚这个问题，不妨就从改本《明儒学案序》对原序上述大段文字的删除入手。

前引《明儒学案序》中的大段文字，黄宗羲忆及二十余年前未能为同门友人恽日初著《刘子节要》撰序一事。至于事情的起因，乃在于二人对其师刘宗周学术宗旨的把握意见不一。一个认为"于先师言意所在，宜稍为通融"，一个则力主"先师所以异于诸儒者，正在于意，宁可不为发明"。结果分歧无法弥合，用黄宗羲事后二十余年的话来讲，就叫作"仲升欲某叙其《节要》，某终不敢"。黄宗羲、恽日初二人间的此次往还，并非寻常同门昆弟之论学谈艺，实则直接关系《明儒学案》前身《蕺山学案》之发愿结撰。

据考，恽日初字仲升，号逊庵，江苏武进（今常州）人，生于明万历二十九年（1601），卒于清康熙十七年（1678），终年七十八岁①。康熙七年（1668），日初由常州南游绍兴，凭吊刘宗周子刘汋。此时宗羲亦在绍兴，与同门友人姜希辙、张应鳌等复兴师门证人书院讲会，故而恽、黄二人得以阔别聚首，朝夕论学达半年之久②。恽日初长黄宗羲九岁，在刘宗周门下，当属长者。此次南来，不唯带来了为其师所撰《行状》一篇，而且携有《恽仲升文集》一部，学已成家，俨然刘门高第弟子。是年，黄宗羲欣然为《恽仲升文集》撰序，赞许日初为"固知蕺山之学者未之或先也"。正是在这篇序中，宗羲对自己早先问学师门的用力不专痛自反省，他就此写道："余学于子刘子，其时志在举业，不能有得，聊备蕺山门人之一数耳。天移地转，僵饿深山，尽发藏书

①恽珠：《恽逊庵先生家传》，载《恽逊庵先生文集》卷首，道光八年刻本。
②黄宗羲：《明儒学案》卷六二《蕺山学案》，康熙三十二年刻本。

而读之。近二十年,胸中窒碍解剥,始知曩日之辜负为不可赎也。"①

恽日初在越半年,将刘宗周遗著区分类聚,粗成《刘子节要》书稿。临别,黄宗羲河浒相送,日初以增删《刘子节要》相托。恽氏返乡,《刘子节要》刻成,康熙十一年(1672),日初复致书宗羲,并寄《节要》一部,嘱为撰序或书后。宗羲接信,对于《刘子节要》一书的曲解师门学术宗旨极为不满,几至忍无可忍。于是一改先前对恽日初为学的倾心赞许,撰为《答恽仲升论刘子节要书》一通,详加辩驳。

黄宗羲所撰《答恽仲升论刘子节要书》,开宗明义,即昌言:"夫先师宗旨,在于慎独,其慎独之功,全在'意为心之主宰'一语。此先师一生辛苦体验而得之者。"宗羲指出,恰恰正是在关乎师门学术宗旨的这样一个根本问题上,《刘子节要》出现了不可原谅的重大失误,"于先师之言意者,一概节去",结果是"去其根柢而留其枝叶,使学者观之,茫然不得其归著之处"。此其一。其二,《刘子节要》既立"改过"一门,但于刘宗周专论改过的代表作《人谱》却置若罔闻,"无一语及之"。故恽氏书虽名《节要》,实则"亦未见所节之要"。其三,则是以己言而代师语,张冠李戴,体裁乖误。宗羲于此指斥道:"节要之为言,与文粹、语粹同一体式,其所节者,但当以先师著撰为首,所记语次之,碑铭、行状皆归附录。今老兄以所作之状,分门节入,以刘子之节要,而节恽子之文,宁有是体乎?"

有鉴于上述各种原因,信末,黄宗羲提出了否定性的尖锐质疑:"先师梦奠以来,未及三十年,知其学者不过一二人,则所藉以为存亡者,惟此遗书耳。使此书而复失其宗旨,则老兄所谓明季大儒惟有高、刘二先生者,将何所是寄乎!"②

不知是何种缘故,黄宗羲此一答书当时并未发出,而是存诸书

①黄宗羲:《南雷文案》卷一《恽仲升文集序》,康熙十九年刻本。
②黄宗羲:《南雷文定五集》卷一《答恽仲升论刘子节要书》。

箧,直到康熙三十四年(1695)故世之后,始由其子百家辑入《南雷文定五集》之中①。尽管如此,《刘子节要》一书对黄宗羲的刺激毕竟太大,从而激起宗羲整理刘宗周遗书,结撰《蕺山学案》,表彰其师为学宗旨,为师门传学术的强烈责任。至迟到康熙二十年(1681)秋,《蕺山学案》(一称《刘子学案》)的结撰业已完成。是年秋,汤斌主持浙江乡试行将结束,黄宗羲遣子百家携手书并《蕺山学案》稿赶往杭州拜谒,敦请汤氏为《学案》撰序。返京途中,汤斌有答书一通奉复,据称:"承命作《蕺山学案序》,自顾疏漏,何能为役?然私淑之久,不敢固辞。目下匆匆起行,不敢率尔命笔。舟中无事,勉拟一稿请教,得附名简末,遂数十年景仰之私,为幸多矣。"②翌年,汤斌又从京中来书,有云:"去岁承乏贵乡,未得一瞻光霁,幸与长公晤对,沉思静气,具见家学有本,为之一慰。《蕺山先生文录》承命作序,某学识疏漏,何能仰测高深……《文录》、《学案》何时可公海内,早惠后学,幸甚幸甚。"③同年,黄宗羲同门友人董玚亦应请为《刘子学案》撰序,据云:"梨洲黄氏有《刘子学案》之刻,属瑞生序……黄子既尝取其世系、爵里、出处、言论,与夫学问、道德、行业、道统之著者述之,而又撮其遗编,会于一旨。以此守先,以此待后,黄子之有功于师门也,盖不在勉斋下矣。世有愿学先师者,其于此考衷焉。"④

　　就今天尚能读到的历史文献而论,黄宗羲当年所辑《蕺山学案》,虽然已经完成,且请汤斌、董玚二人分别撰序,但是该书并未刊行,宗羲即把精力转到《明儒学案》的结撰中去。从《蕺山学案》到《明儒学案》,其间的历史故实,若明若暗,有待梳理。

①黄宗羲著,陈乃乾编:《黄梨洲文集》卷末《黄梨洲文集旧本考》,北京:中华书局,1959年,第534页。
②汤斌:《汤子遗书》卷五《答黄太冲》,同治九年刻本。
③汤斌:《汤子遗书》卷五《与黄太冲书》。
④董玚:《刘子全书抄述》,载刘宗周《刘子全书》卷首,康熙二十六年刻本。

三、为故国存信史

诚如上节所言,黄宗羲著《蕺山学案》,其实是要解决刘宗周学术宗旨的准确把握和蕺山学派的传衍问题。至迟到康熙二十年秋,这一愿望应当说大致已经实现。然而,就在《蕺山学案》临近完成之际,一个较之更为突出,且关乎有明一代历史和学术评价的问题,被历史进程尖锐地推到了黄宗羲面前。这就是官修《明史》的再度开馆和王阳明、刘蕺山学术的历史地位问题。

入清之初,清廷沿历代为前朝修史成例,于顺治二年(1645)三月始议编纂《明史》。五月,设置总裁、副总裁及纂修诸官数十员,是为《明史》馆初开①。之后,迄于康熙十七年(1678),资料短缺,人员不齐,馆臣顾忌重重,无从着手,史馆形同虚设。康熙十七年正月,诏开"博学鸿儒"特科。翌年三月,经体仁阁集中考试,所录取之一等二十人,二等三十人,俱入翰林院供职,预修《明史》。五月,任命徐元文为《明史》监修,叶方蔼、张玉书为总裁,是为《明史》馆再开②。十九年(1680)二月,徐元文疏请征召黄宗羲入馆修史,"如果老疾不能就道,令该有司就家录所著书送馆"③。疏上,获清圣祖认可,责成浙江地方当局办理。之后,黄宗羲虽然并未应诏入京,但是他晚年的著述生涯,却从此同《明史》纂修紧紧地联系起来。

康熙二十、二十一年冬春间,由史馆传来关于拟议中的《明史》纂修凡例,馆臣专就其间争议最大的理学四款,征询黄宗羲的意见。第

---

①《清世祖实录》卷一六,"顺治二年五月癸未"条,北京:中华书局,影印本,1986年,第143页。
②《清圣祖实录》卷八一,"康熙十八年五月己未"条,第1035页。
③《清圣祖实录》卷八八,"康熙十九年二月乙亥"条,第1116页。

一款以程朱理学派为明代学术正统，主张《明史》纂修"宜如《宋史》例，以程朱一派另立《理学传》"，入传者依次为薛瑄、曹端、吴与弼、陈真晟、胡居仁、周蕙、章懋、吕柟、罗钦顺、魏校、顾宪成、高攀龙、冯从吾等十余人。第二款以"未合于程朱"为由，将陈献章、王守仁、湛若水、刘宗周等统统排除于《理学传》，于王、刘二家，则假"功名既盛，宜入《名卿列传》"之名，行黜为异端之实。第三款矛头直指王守仁及浙东学派，目为"最多流弊"，因之"不必立传，附见于江西诸儒之后可也"。第四款重申程朱理学派的正统地位，昌言"学术源流宜归一是"，唯有程朱之学"切实平正，不至流弊"①。

　　出自史馆重臣徐乾学、元文兄弟的这四款主张，不唯否定了王守仁、刘宗周在明代学术发展中举足轻重的地位，而且以门户之见而强求一是，党同伐异，曲解了一代学术的演进历史。如此一来，有明一代之国史，势必失去信史地位。有鉴于此，康熙二十一年二月，黄宗羲致书史馆中人，辨章学术，考镜源流，对上述四款条例逐一驳诘，使徐氏兄弟的似是而非之议顿然体无完肤。针对徐氏修史条例对王阳明、刘蕺山二家学术重要历史地位的否定，黄宗羲在信中纵论一代学术云："有明学术，白沙开其端，至姚江而始大明。盖从前习熟先儒之成说，未尝返身理会，推见至隐，此亦一述朱，彼亦一述朱。高景逸云，薛文清、吕泾野语录中皆无甚透悟，亦为是也。逮及先师蕺山，学术流弊，救正殆尽。"他的结论是："向无姚江，则学脉中绝，向无蕺山，则流弊充塞。凡海内之知学者，要皆东浙之所衣被也。"黄宗羲认为，《宋史》立《道学传》，乃"元人之陋"，纂修《明史》，断不可师法。他的主张是："道学一门所当去也，一切总归儒林，则学术之异同皆可无论，以待后之学者择而取之。"②

────────────

①刘承幹：《明史例案》卷二《徐健庵修史条议》，吴兴刘氏嘉业堂刊本影印本。
②黄宗羲：《南雷文定》卷四《移史馆论不宜立理学传书》。

　　"国可灭,史不可灭"①,此乃黄宗羲素来秉持之治史宗旨。康熙初,以《明夷待访录》的结撰肇始,他"闭门著述,从事国史"②,《行朝录》、《海外恸哭记》、《思旧录》、《明文案》、《蕺山学案》以及诸多碑志传状,皆是其史家职责之展示。面临史馆修史条例如此尖锐的挑战,迫使黄宗羲不仅要起而驳诘,而且要在治史实践中作出强烈反应。于是他未待《蕺山学案》刊行,便将其扩而大之,由梳理刘宗周一家一派之学术史,充实为论究一代学术源流,为故国存信史的大著作《明儒学案》。

　　《明儒学案》的结撰,既有之前一年完稿的《蕺山学案》为基础,又有康熙十四年(1675)成书的《明文案》为文献依据,还有刘宗周生前梳理一代学术所成之诸多著述为蓝本,所以该书能在其后的三四年间得以脱稿,也就是顺理成章的事情。据黄宗羲撰《子刘子行状》记,其师生前董理一代学术,先后留下三部书稿,一是记方孝孺学术的《逊志正学录》,一是记王阳明学术的《阳明传信录》,一是记有明一代学术的《皇明道统录》③。三书之中,于《明儒学案》影响最大者,当推《皇明道统录》。

　　关于《皇明道统录》的情况,由于该书在刘宗周生前未及刊行,后来亦未辑入《刘子全书》之中,因此其具体内容今天已经无从得其详。所幸刘宗周门人董玚修订《蕺山年谱》,于其梗概有所叙述。据云:"天启七年丁卯,五十岁,《皇明道统录》成。先生辑《道统录》七卷,仿朱子《名臣言行录》,首纪平生行履,次语录,末附断论。大儒特书,余各以类见。去取一准孔孟,有假途异端以逞邪说,托宿乡愿以取世资者,摈弗录。即所录者,褒贬俱出独见。如薛敬轩、陈白沙、罗整

---

①黄宗羲:《南雷文定》卷四《次公董公墓志铭》。
②李逊之:《致黄梨洲书》,黄宗羲著,陈乃乾编:《黄梨洲文集》附录十一,第517页。
③黄宗羲:《子刘子行状》,黄宗羲著,陈乃乾编:《黄梨洲文集》传状类,第42页。

庵、王龙溪,世推为大儒,而先生皆有贬辞。方逊志以节义著,吴康斋人竞非毁之,而先生推许不置(原注略——引者)。通录中无间辞者,自逊志、康斋外,又有曹月川、胡敬斋、陈克庵、蔡虚斋、王阳明、吕泾野六先生。"①

这就是说,《皇明道统录》定稿于明天启七年(1627),稿凡七卷。其编纂体例仿照朱熹《名臣言行录》,作三段式结构,即第一段平生行履,第二段语录,第三段断论。录中所载一代儒学中人,凡大儒皆自成一家,其余诸儒则以类相从。而编纂原则亦甚明确,取舍标准为孔孟学说,凡异端邪说,乡愿媚世者,皆摈而不录。诸如薛瑄、陈献章、罗钦顺、王畿等,录中皆有贬责。而于世人竞相非毁的方孝孺、吴与弼,录中则极意推尊。其他如曹端、胡居仁、陈选、蔡清、王守仁、吕柟等,录中亦加以肯定。

倘若取《明儒学案》与董玚所述之《皇明道统录》相比照,即可发现其间的若干重要相通之处。首先,《道统录》的三段式编纂结构,亦为《明儒学案》所沿袭,无非将断论移置各案卷首,成为该案之总论罢了。其次,学有承传之诸大家,《明儒学案》亦独自成案,如崇仁、白沙、河东、三原、姚江、甘泉、蕺山等。而其他儒林中人,一如《道统录》之以类相从,编为《诸儒学案》、《浙中王门》、《江右王门》等等。至于以倡"异端邪说"获咎的李贽,以及著《学蔀通辨》,诋王阳明《朱子晚年定论》为杜撰的陈建等人,《明儒学案》亦摈弃不录。再次,《明儒学案》评一代儒林中人,多以其师刘宗周之说为据,各案皆然,不胜枚举。譬如卷首之冠以《师说》,推方孝孺为一代儒宗;卷一《崇仁学案》以吴与弼领袖群儒;卷十《姚江学案》之全文引录《阳明传信录》;卷五十八《东林学案》辑顾宪成《小心斋札记》,所加按语云:"秦、仪一段,系记者之误,故刘先生将此删去。"同卷辑高攀龙《论学书》,亦

_____

① 刘汋辑,董玚修订:《蕺山先生年谱》卷上,五十岁条,康熙二十六年刻本。

加按语云："蕺山先师曰,辛复元,儒而伪者也;马君谟,禅而伪者也。"
凡此等等,无不透露出《明儒学案》承袭《皇明道统录》的重要消息。

　　唯其如此,黄宗羲晚年为《明儒学案》撰序,才会假他人之口,称
《学案》为"明室数百岁之书",也才会特别强调:"间有发明,一本之
先师,非敢有所增损其间。"①也唯其如此,无论是《明儒学案序》,还
是《改本明儒学案序》,开宗明义都要昭示"一致百虑、殊途同归"的
为学之道,断不苟同于"好同恶异","必欲出于一途"的学术时弊②。

四、为天地保元气

　　一部《明儒学案》,上起《师说》,下迄《蕺山学案》。何谓师说?
顾名思义,乃黄宗羲业师刘宗周对一代儒林中人的评论。《师说》所
论一代学人,冠以明初方孝孺,而《蕺山学案》案主则是刘宗周。方孝
孺于明初死节,刘宗周则于明亡殉国,同是儒林中人,一在明初,一在
晚明,后先辉映,光照千秋。黄宗羲著《明儒学案》,选择这样一个布
局,恐非寻常之属辞比事,如果联系到《明儒学案》所云"同门之友,
多归忠节",那么,宗羲在其间的寄托,抑或有其深意在。

　　黄宗羲之于方孝孺,评价极高,不唯取与南宋朱子并称,目为"有
明之学祖",而且径称"千载一人"。据云:"先生直以圣贤自任……
持守之严,刚大之气,与紫阳相伯仲,固为有明之学祖也。"在黄宗羲
看来,方孝孺的历史地位远非朱明一代兴亡所能范围,因此,他引述
明儒蔡清的话说:"如逊志者,盖千载一人也。"③黄宗羲之所以要用
"千载一人"来作方孝孺的历史定论,实为其师说之发扬光大,源头乃

①黄宗羲:《南雷文定四集》卷一《明儒学案序》。
②黄宗羲:《南雷文定五集》卷一《改本明儒学案序》。
③黄宗羲:《明儒学案》卷四三《诸儒学案上一·文正方正学先生孝孺》。

在刘宗周。一如蔡清，刘宗周评价方孝孺，亦用了四个字，那就是"千秋正学"。宗周说："先生禀绝世之资，慨焉以斯文自任……既而时命不偶，遂以九死成就一个是，完天下万世之责。其扶持世教，信乎不愧千秋正学者也。考先生在当时已称程、朱复出，后之人反以一死抹过先生一生苦心，谓节义与理学是两事，出此者入彼，至不得与扬雄、吴草庐论次并称。于是成仁取义之训为世大禁，而乱臣贼子将接踵于天下矣，悲夫！"①这就是说，评价方孝孺必须将节义与理学合为一体，切不可忘掉"成仁取义"的古训。

　　其实，岂止是对方孝孺，探讨黄宗羲的《明儒学案》，如果我们从节义与理学相结合的角度，用"成仁取义"四个字去观察著录诸儒，那么贯穿全书的红线，便会跃然纸上。

　　先看卷六二之《蕺山学案》，书中记案主刘宗周死节事甚详，从"南渡，起原官"，一直记到清兵入浙，"绝食二十日而卒"，从容坦荡，视死如归。据该案记："浙省降，先生恸哭曰：'此余正命之时也。'门人以文山、叠山、袁阆故事言，先生曰：'北都之变，可以死，可以无死，以身在削籍也。南都之变，主上自弃其社稷，仆在悬车，尚曰可以死，可以无死。今吾越又降，区区老臣，尚何之乎？若曰身不在位，不当与城为存亡，独不当与土为存亡乎？故相江万里所以死也。世无逃死之宰相，亦岂有逃死之御史大夫乎？君臣之义，本以情决，舍情而言义，非义也。父子之亲，固不可解于心，君臣之义，亦不可解于心。今谓可以不死而死，可以有待而死，死为近名，则随地出脱，终成一贪生畏死之徒而已矣。'绝食二十日而卒，闰六月八日戊子也，年六十八。"②刘宗周绝食殉国，正气耿然，确乎将节义与理学合为一体，成就了实践"成仁取义"古训的千秋楷模。

---

①黄宗羲：《明儒学案》卷首《师说·方正学孝孺》。
②黄宗羲：《明儒学案》卷六二《蕺山学案》。

再以《东林学案》为例,该案卷首总论,黄宗羲写下了一段痛彻肺腑的感言,他说:"熹宗之时,龟鼎将移,其以血肉撑拒,没虞渊而取坠日者,东林也。毅宗之变,攀龙髯而蔫蝼蚁者,属之东林乎?属之攻东林者乎?数十年来,勇者燔妻子,弱者埋土室,忠义之盛,度越前代,犹是东林之流风余韵也。一堂师友,冷风热血,洗涤乾坤,无智之徒,窃窃然从而议之,可悲也夫!"①天启间,案主之一高攀龙为抗议权奸魏忠贤倒行逆施,舍生取义,"夜半书遗疏,自沉止水",且留下正命之语云:"心如太虚,本无生死。"②有其师必有其弟子,攀龙弟子华允诚,案中记其死节云:"改革后,杜门读《易》。越四年,有告其不剃发者,执至金陵,不屈而死。先生师事高忠宪,忠宪殉节,示先生以末后语云:'心如太虚,本无生死。'故其师弟子之死,止见一义,不见有生死。"③

无独有偶,《东林学案》另一案主顾宪成,有弟子吴钟峦,黄宗羲亦将其死节事记入案中。据宗羲记,钟峦为明崇祯七年(1634)进士,官至桂林推官。明亡,遁迹海滨,投笔从戎,抗击南下清军。舟山兵败,顺治八年(1651)"八月末,于圣庙右庑设高座,积薪其下。城破,捧夫子神位,登座危坐,举火而卒,年七十五。"钟峦就义前,曾与黄宗羲"同处围城,执手恸哭"。后宗羲返四明山,幸免于难。正如黄宗羲在吴氏小传末所记:"某别先生,行三十里,先生复棹三板追送,其语痛绝。薛谐孟传先生所谓'呜咽而赴四明山中之招者',此也。呜呼!先生之知某如此。今抄先生学案,去之三十年,严毅之气,尚浮动目中也。"④

---

① 黄宗羲:《明儒学案》卷五八《东林学案》卷首总论。
② 黄宗羲:《明儒学案》卷五八《东林学案一·忠宪高景逸先生攀龙》。
③ 黄宗羲:《明儒学案》卷六一《东林学案四·郎中华凤超先生允诚》。
④ 黄宗羲:《明儒学案》卷六一《东林学案四·宗伯吴霞舟先生钟峦》。

　　他如金铉、黄道周、金声，或明亡投水自尽，或抗清兵败不屈赴死，其学行皆一一载入《明儒学案》。尤可注意者，则是《明儒学案》著录晚明儒林中人，其下限已至入清三十余年后方才辞世的孙奇逢。明清更迭，由明而入清的儒林中人，遍及南北，比比皆是，《明儒学案》何以独取孙奇逢入案，与前引以身殉国的刘宗周、华允诚、吴钟峦诸家共入一编？确乎发人深省。梳理孙奇逢学行，尤其是入清以后的经历，抑或可以找到问题的答案。

　　孙奇逢，字启泰，号钟元，河北省容城人。生于明万历十二年（1584），二十八年（1600）举乡试，迄于明亡，迭经会试而不第。天启间，宦官祸国，朝政大坏。魏忠贤兴起大狱，逮廷臣杨涟、左光斗、魏大中等，酷刑摧残。左光斗、魏大中皆奇逢友，光斗弟光明、大中子学洢先后来容城求救。奇逢挺身而出，与鹿正、张果中竭力保护二家子弟，一面倡议醵金营救，一面促大学士孙承宗兵谏施压。义声震动朝野，时有"范阳三烈士"之目①。崇祯间，奇逢为国分忧，多次在乡组织义勇，抗御清军袭扰。入清，顺治元年（1644）九月，经巡按御史柳寅东举荐，奉旨送内院，吏部启请擢用，令有司敦促就道。奇逢矢志不仕清廷，推病坚辞。二年三月，再经举荐，奉旨送内院考试，依然称病不出。国子祭酒薛所蕴谦然让贤，荐举奇逢代主讲席，亦为奇逢婉拒。三年（1646），家园被占，含恨南徙。九年（1652），定居河南辉县苏门山之夏峰。

　　定居夏峰，孙奇逢已届古稀之年。此后二十余年间，奇逢在夏峰聚族而居，迄于康熙十四年，课徒授业，著述终老，享年九十二岁。同刘宗周、华允诚、吴钟峦诸家相比，入清以后，孙奇逢虽未"成仁取义"，一死报国，然而他却能将节义与理学合为一体，终身固守遗民矩矱，矢志不仕清廷。这与黄宗羲入清以后的立身大节，南北呼应，若

————————

① 汤斌、耿极：《孙夏峰先生年谱》卷上，天启六年、四十三岁条，乾隆元年刻本。

合符契。黄宗羲认为:"亡国之戚,何代无之? 使过宗周而不悯《黍离》,陟北山而不忧父母,感阴雨而不念故夫,闻山阳笛而不怀旧友,是无人心矣。故遗民者,天地之元气也。然士各有分,朝不坐,宴不与,士之分亦止于不仕而已。"①宗羲肯定"遗民"是天地的元气,在他看来,当明清易代之后,儒林中人只要不到清廷做官,就可以无愧于"遗民"之称了。显然,黄宗羲晚年著《明儒学案》,之所以倡导将节义与理学合为一体,恪守"成仁取义"古训,以孙奇逢为著录下限,其深义乃在于要为天地保存这样一分可以传之久远的元气。

五、结语

《明儒学案》是黄宗羲晚年精心结撰之作,匠心独运,泂称不朽。康熙初叶以后,黄宗羲何以要发愿结撰《明儒学案》? 通过重读《明儒学案序》,将该书置于著者所生活的具体历史环境中去考察,我们似可得到如下几点认识:

首先,《明儒学案》初题《蕺山学案》,大约始撰于康熙十五年以后,起因当在恽日初著《刘子节要》之曲解刘宗周学术宗旨。因而为正本清源以传承师门学术,遂有《蕺山学案》的结撰。

其次,至迟到康熙二十年秋,《蕺山学案》已经脱稿,然而由于清廷重开《明史》馆,沿《宋史》旧辙立《道学传》,尊朱子学为正统,斥阳明学为异说,俨然主流意见,能否为故国存信史,成为史家必须正视的尖锐问题。于是秉持"国可灭,史不可灭"的责任意识,未待《蕺山学案》付梓,黄宗羲便将该书扩而大之,充实为梳理一代儒学源流,关乎"明室数百岁之书"。

再次,《明儒学案》自始至终,有一个首尾相联的宗旨贯穿其间,

---

①黄宗羲:《南雷文定后集》卷二《谢时符先生墓志铭》。

那就是恪守"成仁取义"古训,倡导将节义与理学合为一体。唯其如此,从明初死节的方孝孺,到晚明沉水殉国的高攀龙,迄于明亡从容赴死的刘宗周、黄道周、金铉、金声、吴钟峦、华允诚等等,皆在《明儒学案》中永垂史册。也唯其如此,该书著录下限独取入清三十余年后辞世的孙奇逢,意在表彰奇逢之固守遗民矩矱,矢志不仕清廷,以为天地保存这一分可以传之久远的元气。

　　总之,黄宗羲之结撰《明儒学案》,超然门户,寓意深远,乃在为师门传学术,为故国存信史,为天地保元气。这或许是该书传世三百余年后的今天,我们可以得出的历史结论。

（原载《中国史研究》2009 年第 4 期）

徐世昌与《清儒学案》

在中国学术史上,由徐世昌主持纂修的《清儒学案》,卷帙浩繁、网罗宏富,有清一代,举凡经学、理学、史学、天文历算、文字音韵、舆地金石以及诗文诸家,学有专主,无不囊括其中。它既是对清代260余年间学术的一个总结,也是中国古代学案体史籍的一个集大成。唯因其卷帙浩繁,通读非易,所以除20世纪40年代初,容肇祖、钱穆诸先生有过评论之外,对之做专题研究者并不多见。笔者自70年代末始读此书,精力不专,时辍时续,直至年前方得通读一过。囫囵吞枣,无暇温习,新知未悟,旧识已忘,谨略述印象如后,以请各位批评。

一、主编与纂修诸人

《清儒学案》纂修,工始于民国十七年(1928)。迄于民国廿七年(1938)中由北京文楷斋刊刻蒇事,并于翌年七月在京中修绠堂书店发售,历时达十余年之久。这部书虽因系徐世昌主持而以徐氏署名,实则是一集体协力劳作的成果。

徐世昌,字菊人,一字卜五,号东海,又号弢斋、水竹邨人、退耕老人等,天津人。生于清咸丰五年(1855),卒于民国二十八年(1939),终年85岁。他为光绪十二年(1886)进士,以翰林院编修兼任国史馆协修、武英殿协修,清末,一度协助袁世凯督练新建陆军于天津。后历任东三省总督、军机大臣、民政部、邮传部尚书、内阁协理大臣等。

民国初建,三年,出任国务卿。七年十月,由安福国会选为总统。十一年六月下野。之后,即戢影津门,究心文史,著述终老。

徐世昌为清末词臣出身,素工诗文,留心经史,注意乡邦文献的整理、表彰,博涉古今,讲求经世之学。任民国大总统期间,曾在总统府内举晚晴簃诗社。社中成员多显宦,亡清遗老亦吟咏其间。世昌即聘诗社中人选编清诗,辑为《晚晴簃诗汇》200卷刊行。

民国十七年,徐世昌复网罗旧日词臣友好,倡议纂修《清儒学案》。九月,初拟《清儒学案目录》,时年74岁。从此,他的晚年精力,则多在《清儒学案》纂修之中。据贺培新辑《水竹邨人年谱稿》记,十八年一月,《清儒学案概略》稿成,徐氏即亲为审定。入春以后,《学案》已有初稿一批送至请阅。翌年三月,夫人席氏病逝。经晚年失偶之痛,十月,世昌即又按日续阅《清儒学案》稿本,多所订正。当时,因预修诸公皆在京城,徐氏日阅《学案》稿本,凡有商榷,则随手批答,故函札往还一直不断。徐世昌当年书札,虽经数十年过去,多有散佚,但所幸中国历史博物馆史树青老先生处尚有珍藏。10年前,承史老先生不弃,尽以所藏予笔者一阅,至今亦感念不忘。倘史老先生能于百忙之中,将徐东海先生手札整理刊布,实是学林一大幸事。

迄于民国二十三年,徐世昌已届八十高龄。他不顾年高,始终潜心于《清儒学案》稿本审定。逐日批阅,书札往复,备殚心力。同年六月,京中主要纂修人夏孙桐来书,商定《学案》事宜。徐世昌当即作复,并以撰写《清儒学案序》拜托代劳。徐氏此札,幸为夏孙桐先生后人刊布,弥足珍贵,谨过录如后。

徐世昌复夏孙桐书云:"闰枝我兄同年阁下:久不晤,甚念。得惠书,知体气冲和,为慰。《学案》得公主持,已成十之九,观成有日,欣慰无似。序文非公不办,实无他人可以代劳。三百年之全史皆公手订,三百年之儒学又由公综核成书。此种序文,非身历其事者,不能道其精蕴,希我兄勿再谦让也。至'长编'二字,恐非《学案》所宜引用。唐确慎当国家鼎盛之时,欲编学案,不能不加'小识'二字。梨洲《明儒学案》成书,已入清代。此时编辑《学案》,深惧三百年学术人文,日久渐湮,深得诸君子精心果力,克日成书。案之云者,不过引其端绪,综合诸儒,使后之学者因此而考其专书,则一代之学术自可永存天壤间也。斯时与梨洲著书之时大略相同,则'长编'二字似不必加入也,仍请卓裁。《凡例》拟出,先请示阅,诸劳清神,心感无似。此颂健安,冬寒尤希珍卫不宣。弟昌顿首。"①

之后,徐世昌以年入耄耋,亟待《清儒学案》早日成书,于是按日批阅稿本益勤,阅定即送京中付梓。民国二十六年新春,因之而悉谢贺客,闭门批阅。同年四月,全书已近告成。二十七年正月,傅增湘由京中来,议定刻书事宜。三月,徐世昌将《清儒学案序》重加改订。就这样,卷帙浩繁的《清儒学案》,终于在他生前得以问世。

《清儒学案》的纂修,徐世昌不唯提供全部经费,而且批阅审订书稿,历有年所,并非徒具虚名者可比。而纂修诸人,辛勤董理,无间寒暑,同样功不可没。据当年主持撰稿事宜的夏孙桐氏后人介绍,《清儒学案》的具体纂修者,前后共10人。最初为夏孙桐(闰枝)、金兆蕃(篯孙)、王式通(书衡)、朱彭寿(小汀)、闵尔昌(葆之)、沈兆奎(羹梅)、傅增湘(沅叔)、曹秉章(理斋)、陶洙(心如)九人。后因金兆蕃南归,王式通病逝,复聘张尔田(孟劬)。临近成书,夏孙桐以年力渐衰辞职。张尔田应聘三月,即因与沈、闵、曹不和,拂袖而去。诸人分工大致为,夏、金、王、朱、闵、沈分任撰稿,傅为提调,曹任总务,陶任采书、刻书。此外,另有抄写者若干。撰稿诸人中,以夏孙桐、金兆蕃、王式通皆长期供职清史馆,分任总纂、纂修诸官,学术素养最高。唯金、王二氏于《清儒学案》未久于事,故京中撰稿主持人实为夏孙桐。

①过溪:《清儒学案纂辑记略》,见《艺林丛录》第七编。

　　夏孙桐,字闰枝,号悔生,晚号闰庵老人,江苏江阴人。生于清咸丰七年(1857),《清儒学案》刊行京城,他尚健在,时已 83 岁高龄,其卒年未详。孙桐于光绪八年(1882)举乡试。徐世昌亦于同年中举,故前引徐氏致夏孙桐书,即以"同年"相称。不过,夏氏成进士则晚于徐氏六年,直到光绪十八年,他始得通籍。之后,即长期供职于翰林院。光绪三十三年,外任浙江湖州知府。尔后的 5 年间,转徙于湖州、杭州、宁波三郡,无所建树,遂以病谢归。清亡,避地上海。民国初,应聘入清史馆,预修《清史稿》。嘉、道、咸、同四朝诸列传及《循吏》、《艺术》二汇传,多出其手。后又佐徐世昌编选《晚晴簃诗汇》。民国十七年以后,再应徐氏请,主持《清儒学案》撰稿事宜。前引徐札以《清儒学案序》的撰写相请,并云"《学案》得公主持,已成十之九",足见对其倚重之深。

　　民国廿三年秋,夏孙桐年事已高,见徐世昌成书心切,深恐《清儒学案》难以克期蒇事,遂致函徐氏,"乞赐长假"。翌年春,辞职。夏孙桐于《清儒学案》的后期工作虽未参预,但统筹规划,发凡起例,其功甚巨。他在这方面的基本主张,皆保存于《拟清儒学案凡例》和《致徐东海书》中。谨详为征引,略加评述如后。

　　夏孙桐所撰《拟清儒学案凡例》共十条。第一条云:"清代学术昌明,鸿硕蔚起。国史合理学、经学统列《儒林传》,实兼汉儒传经、宋儒阐道之义。而史学、算学皆超前代,以及礼制、乐律、舆地、金石、九流百家之学,各有专家。大之有裨经世,小之亦资博物,史传虽或列其人于《文苑》,揆以通天地人之谓儒,是各具其一体。谨取广义,并采兼收,以备一代学史。"[1]此条概述全书宗旨,入案标准,意在宽泛,勿拘门户。逾越以往诸家学案专取理学旧规,以之述一代学术史,无疑更接近于历史实际。

---

[1]夏孙桐:《观所尚斋文存》卷六《拟清儒学案凡例》。

第二条云:"学重师法,故梨洲、谢山于宋、元、明诸家,各分统系,外此者列为《诸儒》。清初,夏峰、二曲、梨洲,门下皆盛,犹有明代遗风。亭林、船山,学贯古今,为一代师表,而亲承授受者,曾无几人。其后,吴中惠氏,皖南江氏、戴氏,高邮王氏,传派最盛。而畿辅之颜氏,李氏,桐城之方氏、姚氏,奉其学说者,亦历久弥彰。盖以讲习为授受,与以著述为渊源,原无二致。至于宏通硕彦,容纳众流,英特玮材,研精绝学,不尽有统系之可言,第能类聚区分,以著应求之雅。大体本于黄、全前例,而立案较繁,不得不因事实为变通也。"此条论立案原则,既大体沿黄宗羲、全祖望《明儒学案》、《宋元学案》旧例,又从清代学术实际出发而加以变通,不失为务实之见。

第三条云:"唐确慎《学案小识》,虽兼列经学,而以理学为重,理学之中,以服膺程、朱为主,宗旨所在,辨别綦严。今既取广义,于理学之朱、王,经学之汉、宋,概除门户,无存轩轾。推之考订专门,各征心得,异同并列可观其通。但期于先正之表彰,未敢云百家之摒黜。折衷论定,别待高贤。故叙列不分名目,统以时代为次。"此条推阐首条立意,论定编次先后,一以时代为序,亦是允当之论。扫除门户,不存轩轾,理学、经学、朱王、汉宋,乃至考订专门,一代学者汇聚一堂,此与清学实际最相符合。清代学术,与宋明有异。宋明诸朝是理学为主流的时代,而清代学术则是以经学为中坚,对传统学术进行全面整理和总结。因而《清儒学案》的纂修,其著录对象自应反映这一历史个性,不必雷同于宋明诸学案。道光间,唐鉴辑《清学案小识》,专主程朱,深闭固拒,当然就难免后世学者以"陋狭"[1]之讥。

第四条云:"清代三百年,学派数变,递有盛衰。初矫王学末流之弊,专宗朱子,说经则兼取汉儒。继而汉学日盛,宋学日衰,承其后者,调停异派,稍挽偏重之势。又自明季以来,西学东渐,达识者递有

---

[1]钱穆:《清儒学案序》,载《四川省立图书馆图书集刊》1942 年 11 月第 3 期。

发明。海禁既开，其风益畅。于是汉学、宋学之外，又有旧学、新学之分。有清一代，遂为千年来学术之大关键，综其先后，观之变动之机，蜕化之迹，可以觇世变矣。"此条鸟瞰一代学术递嬗，既言汉、宋，又述新、旧，最终则归结于以之反映社会变迁。立意甚高，难能可贵。

第五条云："学派渊源，每因疆域。淳朴之地，士尚潜修，繁盛之区，才多淹雅。巨儒钟毓，群贤景从，疏附后先，固征坛坫之盛。亦有官师倡导，风气顿为振兴。如李文贞之治畿辅，张清恪之抚闽疆，阮文达之于浙、粤，张文襄之于蜀、粤、鄂。其尤著者，文翁治化而兼安定师法，所关于学术兴替甚巨。此类谨详识之。至于僻远之区，英贤代有，而道显名晦，著述或少流传。虽加意搜求，宽为著录，终虑难免遗珠也。"地理环境之于学术文化，虽非决定因素，但其影响毕竟不可忽视。此条所言，虽尚可商榷，但"淳朴之地，士尚潜修；繁盛之区，才多淹雅"，夏氏此见，不无道理。有清一代，李光地、张伯行、阮元、张之洞等，皆以学有素养而出任封疆大吏，崇奖学术，振兴文化，在清代学术史上自应有其地位。夏孙桐主张《清儒学案》加以表彰，不失为有识之见。

第六条云："所采诸人，以《国史儒林传》为本，以《文苑传》中学有本原者增益之。唐氏《学案小识》中，有史传所未载，而遗书可见、仕履可详者，并收焉。江氏《汉学师承记》、《宋学渊源记》，李氏《先正事略》，及各省方志，诸家文集，并资采证。加以搜访遗籍所得，为前诸书所未及者，共得正案若干人，附案若干人，列入《诸儒》案中若干人，共若干人。"此条意在说明入案诸家传记资料来源。正案、附案、诸儒之分，实变通黄、全诸家学案而成。荟萃众长，择善而从，《清儒学案》的编纂格局，早为夏氏拟定。

第七条云："编次仿《宋元学案》而稍有变通。首本传，仕履行谊，以史传为根据，兼采碑志传状，不足再益以他书。学说有正案所难详者，括叙入传。凡著述俱详其目次。正案凡著述可摘录者，存其精要,难以节录者,载其序例。次附录,载遗闻佚事,有关系而未入传者,他人序跋有所发明者,后人评骘可资论定者。"此条论定各学案之正案编纂体例,仿照《宋元学案》而稍有变通。本传、学说、附录,三位一体,前后划一,确能收眉清目朗之效。

第八条云:"附案亦仿《宋元学案》诸名目,略从简括。首家学,以弟从兄,子孙从父祖,疏属受学者并载之。次弟子,以传学为重,其科举列籍,非有讲学关系者不载。次交游,凡同学、讲友等,皆在其中。次从游,凡交游年辈较后,或从学而无列弟子籍确据者,入此项。次私淑,或同时未识面而相景慕,或不同时而承学派者,并入此项。附案中又有所附,别标其目,列于诸项之后。凡所引据,悉注书名,以资征信。"此条专论附案编纂体例,家学、弟子、交游、从游、私淑,递相著录,共为一编。既取法《宋元学案》,又去其繁冗,除"从游"一类尚属累赘之外,其余皆切实可行,实为一个进步。"凡所引据,悉注书名",尤为可取。

第九条云:"史传附见之人,或以时地相近,或以学派相同,牵连所及,而其例较宽。学案附见者,必其渊源有自,始能载入。凡潜修不矜声气,遗书晦而罕传者,既未能立专案,苦于附丽无从,皆列《诸儒案》中。其例虽出黄、全二编,取义略有差别。"此条论定《诸儒学案》立案原则,既出黄、全二编而例有所本,又略异黄、全《学案》及史传,斟酌取舍,类聚群分,实是当行之论,非身历甘苦者不能道。徐世昌所云"非身历其事者,不能道其精蕴",即此之谓也。

第十条云:"梨洲一代大儒,荟萃诸家学说,提要勾玄,以成《明儒学案》,故为体大思精之作。《宋元学案》梨洲创其始,谢山集其成,网罗考订,先后历数十年。几经董理,而后成书,如是之难也。清代学派更繁,著述之富过于前代,通行传本之外,购求匪易。展转通假,取助他山,限于见闻,弥惭谫陋。徒以一代文献所关,不揣末学,勉为及时搜辑。窃等长编之待订,仅供来哲之取材。海内明达加之补正,是私衷所企望者也。"此条言《清儒学案》实为一资料长编,无非供来哲取材而已。言而由衷,无意掩饰,著述者能坦白如此,令人钦敬。徐世昌以"长编"二字为不妥,不同意夏孙桐说。夏意求实,徐则务名,夏孙桐最终的辞职,于此不正透露出深层的原因了吗?

夏孙桐为《清儒学案》所拟十条《凡例》,言之有据,实事求是,断非学乏素养者所能道。晚近贤哲评论及此,曾有讥其"自多门外之谈"①者。恕笔者不恭,"门外"云云,实难苟同。我想,倘若揆诸清代学术发展的实际,取夏氏《凡例》与《明儒学案发凡》、《校刊宋元学案条例》诸篇比照,恐怕就不会得出"门外"的判断了。

《致徐东海书》与《拟清儒学案凡例》为姊妹篇。信中,先述辞职意坚,不可商量。接着便集中对沈兆奎所拟《凡例》进行商榷。夏孙桐之所商榷,大要有三。以时代先后为编纂次第,这是一个大的前提,不过,其间仍可变通,学案并非齿录,不必拘泥。此其一。其二,《诸儒学案》之立,系以《明儒学案》和《宋元学案》为本,并非别出心裁,标新立异。凡难入附案诸人,《诸儒学案》实一最恰当的归宿。其三,《文苑传》中人物,《学案》著录应当慎重,只宜选取学有本末者,以免喧宾夺主。夏孙桐特别强调:"《诸儒》一类不可少。初拟草例之时,与书衡详商黄、全两家皆有此类,以收难入附案之人。原出于不得以,何必不从!编到无可位置之时,自能了然此义。"②由此,我们似可依稀看到当年的编纂故实。正如夏氏后人所云:"开始拟具编纂方案,商榷体例案名,然后各人分担功课,由夏氏持其总。"③

夏孙桐所拟《清儒学案凡例》,最终虽未能尽为徐世昌所采用,但其主要原则皆已反映于今本《学案凡例》之中。至于《学案序》,不知

①张舜徽:《清人文集别录》卷二十三《观所尚斋文存》。
②夏孙桐:《观所尚斋文存》卷六《致徐东海书》。
③过溪:《清儒学案纂辑记略》,见《艺林丛录》第七编。

是何种原因,夏氏始终未有见允,而是由张尔田代笔。徐世昌并非
"以显宦不解读书"者,张氏代拟本非经意,未能副一代学史之重,自
然徐氏不会用它。

二、主要内容及编纂体例

《清儒学案》共 208 卷,上起明清之际孙奇逢、黄宗羲、顾炎武,下
迄清末民初宋书升、王先谦、柯劭忞,一代学林中人,大多网罗其间。
不唯其内容之宏富超过先前诸家学案,而且其体例之严整亦深得黄
宗羲、全祖望之遗法。尽管其主持者徐世昌未可与黄宗羲、全祖望这
样的一代大师比肩,然而书出众贤,合诸家智慧于一堂,亦差可追踪
前哲,相去未远。

《清儒学案》卷首,有《凡例》十七条,全书主要内容及编纂体例,
皆在其中。兹逐条分析,以观全书概貌。

第一条云:"是编以从祀两庑十一人居前,崇圣道也。自高汇旃
以下,则以生年为次。不得其年者,则以其生平行谊及与交游同辈约
略推之。不以科第先后者,例不能括也。《全唐诗》以登第之年为主,
于是文房远在李、杜之前,浩然远在李、杜之后,岂其所哉!"①在旧时
代,从祀孔庙,乃儒林中人身后殊荣。有清一代,得此殊荣者凡 9 人,
以雍正间陆陇其肇始,依次为汤斌、孙奇逢、张履祥、陆世仪、张伯行、
王夫之、黄宗羲、顾炎武。民国初,在徐世昌任总统期间,复以颜元、
李塨从祀。此条所云 11 人,即由此而来。而《学案》中此 11 人之具
体编次,则未尽依从祀先后,而是以生年为序。卷一孙奇逢《夏峰学
案》,卷二黄宗羲《南雷学案》,卷三、卷四陆世仪《桴亭学案》上下,卷
五张履祥《杨园学案》,卷六、卷七顾炎武《亭林学案》上下,卷八王夫

---

① 徐世昌:《清儒学案》卷首,《凡例》。以下凡引《凡例》,皆不再作注。

之《船山学案》,卷九汤斌《潜庵学案》,卷十陆陇其《三鱼学案》,卷十一颜元《习斋学案》,卷十二张伯行《敬庵学案》,卷十三李塨《恕谷学案》。孙、黄等11人,皆清初大儒,如此编次,既避免了康熙间修《全唐诗》以科第为次所造成的年辈混乱,又与全书以生年为次的编纂原则相符,应当说大体上是允当的。

第二条云:"夏峰已见《明儒学案》,而是编取以弁冕群伦。以苏门讲学,时入清初,谨取靖节晋、宋两传之例。《学案小识》不加甄录,盖有门户之见存,非以其重出也。次青论之韪矣。"《清儒学案》以孙奇逢《夏峰学案》置于诸学案首席,既与明清之际历史实际相吻合,又得《晋书》、《宋书》同为陶渊明立传遗意。唐鉴著《清学案小识》以门户之私而摒孙氏于不录,李元度修《国朝先正事略》力斥其非。此条首肯李说而不取唐书,有理有据,已得是非之平。

第三条云:"诸儒传略,取材于《汉学师承记》、《宋学渊源记》、《洛学编》、《濂学编》、《学案小识》、《先正事略》之名儒、经学,《碑传集》之理学、经学,《续碑传集》之儒学,《耆献类征》之儒行、经学。去其复重,表其粹美,大抵著者八九,不著者一二。《经解》两编,作者毕举,《畴人》三传,家数多同。至《儒林传稿》,虽未梓行,而足备一代纲要。《清史列传》虽出坊印,而实为馆档留遗。引证所资,无妨慎取,斯二书者,亦参用之。"此条言全书著录诸儒的依据,即主要是理学家、经学家及算学家。所列取材诸书,虽优劣各异,但扫除门户,去短集长,一代学术界中人,凡学有规模者,自然可以大致网罗其间。

第四条云:"清儒众矣,无论义理、考据,高下自足成家。第欲远绍旁搜,譬之举网而渔,不可以一目尽。所谓不著之一二,非故摈弃也。或声闻不彰,或求其书不得,如都四德《黄钟通韵》之类,遂付阙如。"此条言入案诸儒,虽力求其多,但仍以客观条件制约,或因声名不显,或缘著述未见,以致不能将一代学人悉数网罗。

第五条云:"家学濡染,气类熏陶,凡有片善偏长,必广为勾索。

或遇之文集,或附载序跋,而名不见于上述诸书者,十之三四。非曰发潜阐幽,亦宁详毋略之义。"此条道出《清儒学案》著录诸儒的一条重要原则,即宁详毋略。由于广事搜寻,多方勾索,所以入案者的数目已经逾出第三条所列诸书儒林中人。因而本书不仅编选了清代学术史的资料,而且也为清代人物,尤其是学林中人的董理提供了依据。

第六条云:"上述诸书,体例各异。其中有分门类者,如卿相中之汤文正、魏敏果、纪文达、阮文达、曾文正,下至监司守令,若唐确慎、罗忠节、徐星伯、武授堂之伦,并依官爵。犹汉之鲁国,唐之昌黎,不入儒林,固史法也。是编以学为主,凡于学术无所表见者,名位虽极显崇,概不滥及。"此条继前三条之未竟,还是讲入案标准问题。学案乃史书,要以之记一代学史。既是修史,须遵史法,因而凡与学术无关者,纵然名位贵显,亦不得编入学案。《清儒学案》这条规矩立得好,否则就失去其作为学案的意义了。

第七条云:"古人为学,不以词章自专,长卿、子云,包蕴甚广。自范书别立《文苑》一传,遂若断港绝潢,莫之能会,而秋孙、叔师,岂遽逊于子严、敬仲?清代文章,号为桐城、阳湖二派,证以钱鲁斯之言,则二派固自一源。望溪之于"三礼",姬传之于"九经",即不与婺源同科,亦何异新安正轨!前乎此者,尧峰经术,与望溪叠矩重规。并乎此者,子居究心三代,识解独超。后乎此者,桦湖、子序,风诗传记,根柢亦深。惟冰叔纵横之气,为《四库提要》所嗤,然极其意量,雪苑未可抗衡。是编于《文苑》中人,亦加甄综,必其文质相宣,无愧作述之美。其余附见,未必尽纯,要之空疏而徒骋词锋者寡矣。"自第三条起,《凡例》以五条之多,专究甄录标准。既将一代儒林中人网罗尽净,又破除儒林、文苑的传统界限,于学有专门者皆多加甄录。"宁详毋略"之意,于此再伸。

第八条云:"《明儒学案》通以地望标题,其渊源有绪者,则加之曰相传，同时者则否。其不相统系者，则曰诸儒。其以字标题者，惟止修、蕺山二案。《宋元学案》或以地，或以谥，或以字，为例不纯；诸儒则累其姓于上，步趋班、范而意过其通。是编标题以字称，曾为宰辅者以县称，二人合案者亦以县称，诸儒以省称。参酌梨洲、谢山二书而折衷之，固无取因袭也。"此条专论各学案标题。唯论《明儒学案》，因系用河北贾氏刻本，故于阳明学传衍称为"相传"。而道光间莫氏刻本，则谓原本实作"王门"，"相传"系经贾氏所改。今中华书局排印本即据莫氏说，题为《浙中王门学案》、《江右王门学案》等等。所论《宋元学案》标题之为例不纯，言之有据，确能得其病痛之所在。学如积薪，后来居上，《清儒学案》参酌黄、全二书，择善而从，实现了标题的划一。全书除任过宰辅及数人合案者以县名标题外，其余各案，皆以案主之字标题。而《诸儒学案》一类，《凡例》所云则与实际编次略异。本书卷195至卷208皆称《诸儒学案》，依次为《诸儒学案一》至《诸儒学案十四》。编次虽以省为类，先直隶，再山东，以下依次为江苏、安徽、江西、浙江、湖北、陕西、四川、云南，但却不以省为称。江苏、浙江为人文渊薮，故不仅全书著录学者最多，《诸儒》一案中，亦以二省学者为多。关于《诸儒学案》之立，著者于卷195《诸儒学案一》卷首总论，说得很明白，据云："汉宋之学，例重师承，全书于诸家授受源流，已详加纪述矣。其有潜修自得，或师传莫考，或绍述无人，各省中似此者尚复不少。今特别为一类，分省汇编。凡著作宏富者，撷取菁华，否则撮叙大略，兼搜博采，冀不没其劬学之深心焉。"

第九条云："《宋元学案》附案之类有六，曰学侣，曰同调，曰家学，曰门人，曰私淑，曰续传。而于居首之人，大书其前曰某某讲友，某某所出，某某所传，某某别传。其再传、三传者，又细书于其下。详则详矣，其如紊何！以视梨洲《明儒学案》，繁简顿殊。今于附案之人，别为五类，曰家学，曰弟子，曰交游，曰从游，曰私淑，亦足以该之矣。删繁就简，由亲及疏，合而观之，后生或越前辈，别类观之，仍以生年为次，义例相符。"此条专论《附案》编次，以家学、弟子、交游、从游、私淑五类赅括，较之《宋元学案》的叠床架屋，确能收删繁就简之效。唯从游一类，似尚可归并。譬如卷六、卷七顾炎武《亭林学案》，入从游一类者凡三人，即徐乾学、徐元文兄弟和陈芳绩。乾学、元文皆案主外甥，学承舅氏，同以显宦而治经史，实可归入"家学"一类。陈芳绩，字亮工，为顾炎武早年避地常熟乡间故人子，谊在弟子、私淑之间。倘依案主慎收弟子例，入"私淑"一类即可，不必再列"从游"一类。

　　第十条云："《宋元学案》每案之前，必为一表，以著其渊源出入。支分派别，瓜蔓系联，力至勤，意至善也。清代学术宏多，非同道统之有传衍。是编于授受攸关而别在他案者，则分类列举，不复表于卷前。然或居附传之前，或居附传之后，或错综各传之间，或以所见先后为次，或以生年先后为次，当属稿时，随笔记载，不拘一式。迨书经墨板，改刻良难，阅者谅之。"宋儒论学，最重渊源，入主出奴，门户顿分。《宋元学案》不取批判态度，复列传衍表于卷首，徒增烦琐，实是多余。清代学术盘根错节，包罗至广，自有其不同于宋明理学的历史特征。"清代学术宏多，非同道统之有传衍"，此为《清儒学案》编者见识之远迈唐鉴《清学案小识》处。有鉴于此，全书于学术传承，不复表列于案前，而是在附案中随处加以说明。如卷二黄宗羲《南雷学案》，于弟子一类，万斯大、万斯同，则分别注云："别为《二万学案》。"于交游一类亦然，李颙、李因笃、汤斌、毛奇龄、阎若璩、胡渭诸人，皆仅列其名，而各注所在学案名。眉目清晰，秩然有序，同样可见案主学术影响。

　　第十一条云："学案大旨，以尊统卑，其祖若父、若兄，学术声名不足以统一案者，则载之子弟传首。其子孙不别为传者，则附之祖父传末，目中不著其名，名遗而实不遗也。亦有兄弟齐名，未可轩轾，则比肩居首，分系诸徒。是编所举，二高、三魏之属，六家而已。交游相附,但视所长,年辈后先,无事拘执。"此条言学术世家的入案编次。所述二类,前者如卷39阎若璩《潜丘学案》之于案主传中,首述其父修龄,"以诗名家";卷207《诸儒学案十三》费密传中,先叙其父经虞,"字仲若,明末,官云南昆明知县,累迁广西府知府,有治行。兼邃经学,著有《毛诗广义》《雅论》诸书,以汉儒注说为宗"等。后者如卷14高世泰、高愈《无锡二高学案》,卷22魏际瑞、魏禧、魏礼《宁都三魏学案》,卷34、卷35万斯大、万斯同《鄞县二万学案》,卷85朱筠、朱珪《大兴二朱学案》,卷103梁玉绳、梁履绳《钱塘二梁学案》,卷143钱仪吉、钱泰吉《嘉兴二钱学案》六家。如此立案,变通体例,同中有异,确实颇费斟酌。

第十二条云:"诸儒著述,详叙传中。已刊行者,举其卷数,异同多寡,间为更定。设其书仅有传稿,若存若亡,或仅见书名,未知成否,则别为未见,以待续考。然书籍浩繁,虽八道以求,而一时难得。以梨洲之通博,犹失朱布衣《语录》、韩苑洛、范栗斋诸集,刌在寡陋,颇囿见闻。海内鸿儒,幸赐匡正。"学案体史籍,以选编各家学术资料为主,故品评其高下,一是据其立案人选,第二则是诸家学术资料的别择。《清儒学案》编者于此,亦多所究心,所以此条以下,直至十六条,皆论资料选编问题。此条专论案主传略所载著述目录。徐世昌得担任民国大总统之便,在纂辑《晚晴簃诗汇》时,即向各地征集到大批图书。下野之后,此批图书多置于徐氏京邸。之后,便成为纂修《清儒学案》的主要资料来源。然而徐邸庋藏及撰稿诸人未见之书尚多,所以先作声明,不失为求实之见。

第十三条云:"甄录著述,盖有三义。一、其书贯串,未容剪裁,如《礼书纲目》《廿二史考异》之属,则取其序例,以见大凡。一、其书美富,不胜标举,如《日知录》《东塾读书记》之属,则择其尤至,以概其余。凡近于帖括者,虽经不录也。近于评骘者,虽史不录也。清儒序跋,最为经意。自序必详为书之纲要,为人书序必为之说以相资。

此固征实之学，大启后学之途径，故足取焉。"《清儒学案》于案主重要著述，多载序例，此条就此专文解释。至于顾炎武《日知录》、陈澧《东塾读书记》一类著名学术札记，诚可谓美不胜收，其精要实非序例一类文字所能赅括。于是编者亦提出甄录标准，即"择其尤至，以概其余"。譬如卷6于顾炎武《日知录》，主要选取书中论经术、治道的部分，于博闻一类，则概行从略。全书大要，依稀可见。又如卷174陈澧之《东塾读书记》，亦以读诸经、诸子为主，陈书概貌亦得反映。

第十四条云："采纂诸书，必求原本。正续《经解》多割弃序跋，所收札记、文集，虽经抉择，往往未睹其全。后出单行，每堪补订。其未见之书，或有序跋载于文集，刻之丛书，如《说文统释》之属，则记注其下，庶免疑误将来。其文集不传，而得篇章于总集选本者，题曰文钞，亦同此例。"《皇清经解》及其续编，为清代说经著述汇刻，一代经学著作虽多在其中，但诚如《清儒学案》编者所批评，该书或割弃原作序跋，或选本未为尽善，故每每不及单行别本。有鉴于此，《学案》甄录学术资料，并不以《经解》为据，必求原本，广事搜寻。其用力之勤，实可接踵黄宗羲《明儒学案》。

第十五条云："采纂诸书，略依四部排比，先专著而后文集，书名与正文平写，序例视正文。文集亦平写，其篇目则抑写，以为区别。然清儒文集，编次多规仿经子，如《述学》、《述林》之属，力避文集之名。若概称曰集，似违作者本意。《宋元学案》尽依原目，不取通称，深合名从其实之义。是编于各传后所采著作，悉已于传中标明，其名实固可考见焉。"此条专言甄录资料的抄写格式及著述称谓。尊重原作，名从其实，如此确立标准，无疑是妥当的。

第十六条云："采纂诸书，其原刻大书、细书、平写、抑写，体式互有不同。是编义取整齐，辄复变通，期臻划一。"此条专言书写体式的整齐画一，立意甚为明了。

第十七条云："是编列入正案者一百七十九人，附之者九百二十二人,《诸儒案》六十八人,凡 208 卷,共一千一百六十九人。"《清儒学案》卷 1 至卷 194,大体人自为案,此条之"正案"云者,即指以上各案案主,计 179 人。922 人者,则为各案附载诸儒,与"正案"相对,称作"附案"。加上《诸儒学案》14 卷之 68 人,全书凡 208 卷,共著录一代学者 1169 人。卷帙如此之浩繁,编纂体例如此之严整,既反映了清代学术整理和总结古代学术的基本特征,亦不失为对以往诸家学案体史籍的总结。

以上十七条,全书大要,勾勒而出。然过细而论,似尚有二条可补。其一,各案案首,取法《明儒学案》,皆有总论一篇,述案主学术渊源,评为学得失,论学术地位。虽见识或不及黄宗羲,所论亦间有可商榷处,但提纲挈领,言简意赅,实非当行者不能道。倘合各案总论为一编,取与全祖望《宋元学案序录》并观,恐并不逊色。其二,各案案主学术资料选编之后,仿《宋元学案》编次,立"附录"一目,专记案主学行遗闻轶事。所辑录者,或为案主友朋所论,或为弟子、门生及后人追述,长短详略不一,皆可补其传记之所未尽。

中国学案体史籍,自《明儒学案》肇始,总论、传略、学术资料选编,一个三段式的编纂结构业已定型。后经全祖望续修《宋元学案》加以发展,案主学术资料选编后,既增"附录"一目,又于其后以学侣、同调、家学、门人、私淑、续传为类,著录案主交游、学术传衍。至徐世昌《清儒学案》出,合黄、全二案而再加取舍,各学案遂成正案、附案两大部分。正案依黄氏三段式结构不变,再添"附录"一目。附案则别为家学、弟子、交游、从游、私淑五类。至此,就编纂体例而言,学案体史籍业已极度成熟。

三、读《清儒学案》商榷

一如前述,《清儒学案》是一部集体协力的劳作,书出众贤,集思广益,从而保证了纂修的质量,使之成为继《明儒学案》和《宋元学案》之后,又一部成功的学案体史籍。然而,由于历史和认识的局限,加以晚期亟待成书,未尽琢磨,所以《清儒学案》又还存在若干值得商榷的地方。兹掇其大要,讨论如后。

(一)徐世昌《清儒学案序》的未尽允当处

《清儒学案序》撰于 1938 年,虽执笔者未确知其人,但既以徐世昌署名,则功过皆在徐氏。徐氏此序,可商榷者有二,其一是对康熙帝学术地位的评价问题,其二是应当怎样看待社会的进步问题。

康熙帝不唯是清代开国时期功业卓著的帝王,而且也是整个中国古代并不多见的杰出政治家。他于繁忙的国务活动之暇,数十年如一日,究心经史,研讨天文历法和数学,则尤为难能可贵。然而,康熙毕竟只是一个国务活动家,而非以治学为业的学者。因此,评价其历史功业,就当从大处着眼,不可把他等同于一般学者来论究。《清儒学案序》于此本末倒置,对康熙帝的所谓学术成就随意溢美。序中,不唯认为他生前"于当时著作之林,实已兼容并包,深造其极",称之为"天纵之圣",而且假述他人语断言:"清代之达人杰士,悉推本于圣祖教育而成。"并云:"圣祖之教,涵育于二百年。"①极意推尊,言过其实,显然是不妥当的。

辛亥革命,终结帝制,这是中国历史上一次翻天覆地的巨变,其意义远非以往任何一次改朝换代所能比拟。民国建立之后,中国社会日益卷入国际潮流,社会生活的各个方面都在冲击腐朽的桎梏而大步前进。这本来是一桩十分令人欣喜的事情,而徐世昌的序文则与之唱为别调,声称:"盱衡斯世,新知竞渝,物奥偏明,争竞之器愈工,即生民之受祸益烈。狂澜既倒,孰障而东!"用这样的眼光去看待

①徐世昌:《清儒学案》卷首《自序》。

社会和总结历史,当然就难免曲解历史,作出错误的判断。我们赞赏徐世昌以《清儒学案》述一代学史的业绩,但于其间包含的不健康情调,则没有任何理由去肯定。"狂澜既倒,孰障而东"云云,岂非螳臂当车!挽歌一曲,哀鸣而已!

(二)应否"以从祀两庑十一人居首"的问题

"以从祀两庑十一人居首",语出前引《清儒学案凡例》第一条。关于这个问题,我们先前就依生年为次这个意义立论,认为幸而从祀诸人皆清初大儒,所以才说它并无大谬,是大体允当的。然而此 11 人中,除颜元、李塨为民国初从祀孔庙者外,其余九人皆清代钦定。徐世昌主持纂修《清儒学案》,时已入民国,且身为下野的民国大总统,如此编次,一以清廷好尚为转移,则是一种不健康的遗老情调的反映。这同第一个问题中的侈谈挽狂澜于既倒一样,落伍颓丧,实不可取。

(三)关于吕留良的评价问题

吕留良,一名光轮,字用晦,又字庄生,号晚村。暮年削发为僧,名耐可,字不昧,号何求。浙江崇德(今桐乡)人。生于明崇祯二年(1629),卒于清康熙二十二年(1683),终年 55 岁。他是清初浙江的著名学者,在清代学术史、政治史上,都曾经产生过较大影响。但是由于他故世后,于雍正间为文字冤狱祸及,被清世宗斥为"千古罪人"而戮尸枭首,乾隆间,其遗著又遭清廷尽行禁毁,因之雍乾及尔后学者,对吕留良的学行罕有论及。嘉庆、道光间,江藩著《汉学师承记》、《宋学渊源记》,唐鉴著《清学案小识》,皆不敢置一词。《清儒学案》能不为成见所拘,著录吕留良于卷 5《杨园学案》交游一类中,无疑是一个进步。不过,案中于吕留良的评价,则尚可商榷。

《清儒学案》评吕留良学行云:"晚村生平承明季讲学结习,骛于声誉,弟子著籍甚多。又以工于时文,《竿木集》之刻,当日已为凌渝安所讥。杨园初应其招,秀水徐善敬可遗书相规,谓兹非僻静之地,恐非所宜。其语亦载在《见闻录》中。全谢山记其初师南雷,因争购祁氏澹生堂书,遂削弟子籍。屏陆、王而专尊程、朱,亦由是起。可见名心未净,终贾奇祸。"①这是一段似是而非的评论。关于吕留良的评价问题,笔者于八十年代中撰有《吕留良散论》一文,载于《清史论丛》第七辑。《清儒学案》所云"工于时文"及与黄宗羲交恶的原因,拙文皆已作过考察,而结论恰与《清儒学案》相反。在此,恕不赘述。不过,既然徐世昌等人引全祖望之说为立论依据,为澄清历史真相,不妨再作一些讨论。

据全祖望称:"吾闻澹生堂书之初出也,其启争端多矣。初,南雷黄公讲学于石门,其时用晦父子俱北面执经。已而以三千金求购澹生堂书,南雷亦以束脩之入参焉。交易既毕,用晦之使者中途窃南雷所取卫湜《礼记集说》、王偁《东都事略》以去,则用晦所授意也。南雷大怒,绝其通门之籍。用晦亦遂反而操戈,而妄自托于建安之徒,力攻新建,并削去《蕺山学案》私淑,为南雷也。"②全氏此说,本出传闻,因其私淑黄宗羲而偏见先存,故揆诸事实,多有不合。

首先,吕留良固然有削私淑名事,但并非为黄氏辑《蕺山学案》,所削亦非己名,而是其子葆中。至于吕留良本人,所声言必削其名者,乃《刘念台先生遗书》中的校对名,与"私淑"实毫不相干。关于此事原委,吕留良有复黄宗羲同门友姜希辙子汝高书,言之甚明。据云:"尊公先生与老兄主张斯道,嘉惠来者。去岁委刻《念台先生遗书》,其裁订则太冲任之,而磨对则太冲之门人,此事之功臣也。若弟者,因家中有宋诗之刻,与刻工稍习,太冲令计工之良窳,值之多寡已

①徐世昌:《清儒学案》卷五《杨园学案》附案《吕先生留良》。
②全祖望:《鲒埼亭集外编》卷十七《小山堂祁氏遗书记》。

耳。初未尝读其书,今每卷之末必列贱名,于心窃有所未安。……岂此本为太冲之私书乎?果其为太冲之书,则某后学之称,于心又有所未安也。望老兄一一为某刊去。"信中还说:"至小儿公忠,则并无计功之劳,岂以其受业太冲门下,故亦滥及耶?"①全祖望不辨父子,混校对与私淑于一谈,未免差之毫厘,谬以千里。

其次,吕留良之与黄宗羲,本属友朋,并无师生之谊。起初二人情谊笃挚之时,黄宗羲跋吕留良撰《友砚堂记》,即自称"契弟",并云:"用晦之友即吾友,用晦之砚即吾砚。"②兄弟之交,情同手足,其间又何尝有过师生之说呢!而吕氏诗文杂著,虽涉及黄氏者甚多,却从未见有只字述及二人间为师生事。至于与黄宗羲为师生,一如方才所引《复姜汝高书》,那并非吕留良,而是其子吕葆中。

再次,购买祁氏藏书事,与黄宗羲、吕留良同时的陈祖法所述,则另是一番模样。据云:"黄梨洲居乡甚不满于众口,尝为东庄(即吕留良——引者)买旧书于绍兴,多以善本自与。"③陈祖法年辈早于全祖望,其说乃在康熙二十八年正月初六。虽因他为吕氏姻亲,不能排除其间可能存在的感情成分,但较之半个多世纪之后得自传闻的全祖望,显然其可靠程度要高得多。

足见,全祖望《小山堂祁氏遗书记》的记载是很靠不住的。古人云,皮之不存,毛将焉附?《清儒学案》仅据一面之词,何况还是很靠不住的传闻,便贸然立说,自然就难免以讹传讹,经受不住历史实际的检验。

众所周知,吕留良之蒙冤,乃在其身后40余年,系由清世宗惩治

---

①吕留良:《吕晚村先生文集》卷二《复姜汝高书》。
②黄宗羲:《跋友砚堂记》。此文不见于《南雷文案》、《南雷文定》等,附录于《吕晚村先生文集》卷六《友砚堂记》。
③陆陇其:《三鱼堂日记》卷十,"康熙二十八年正月初六"条。

曾静、张熙秘密反清案,滥施淫威,殃及枯骨所致。而《清儒学案》的"名心未净,终贾奇祸"云云,不唯于雍正帝的专制暴虐蓄意讳饰,反而拾清廷牙慧,对吕留良信口诋斥。是非不分,黑白淆乱,显然与历史实际相去就太远了。

(四)几位不当遗漏的学者

《清儒学案》既以网罗儒林中人为宗旨,以下诸人皆非默然无闻者,似不当遗漏。

潘平格,字用微,浙江慈溪人。生约在明万历三十八年(1610),卒约在清康熙十六年(1677)。① 他为清初浙东著名学者,与黄宗羲、张履祥、吕留良皆有往还,唯论学多不合。所著《求仁录》,于朱、陆学术皆有批评,故世后,于康熙末年以《求仁录辑要》刊行。道光间,唐鉴著《清学案小识》,视之为对立面,置于卷末《心宗学案》中。虽误其字为"用徵",但《求仁录辑要》的基本主张已有引述。徐世昌主持纂修《清儒学案》时,《求仁录辑要》当能看到,遗漏不录,实是不该。

戊戌维新,既是晚清政治史上的一个重大事件,也是19世纪末中国思想界的一次狂飙。维新运动中的领袖康有为、梁启超、谭嗣同等,无一不是当时儒林佼佼者。《清儒学案》著录之人,其下限既已及民国二十二年(1933)故世的柯劭忞,何以不著录先于柯氏辞世的康、梁、谭? 退一步说,即使以康、梁入民国以后,尚有若干重要政治、学术活动,因而不便著录,那么谭嗣同早在百日维新失败即已捐躯,何以摒而不录?《清儒学案》的纂修者带着不健康的遗老情调,可以仇视戊戌变法中人,但是康、梁诸人的学术成就则是抹杀不了的。

————————

① 容肇祖:《潘平格的思想》,《容肇祖集》,济南:齐鲁书社,1989 年,第 459 页。

从纯学术的角度言,康有为、梁启超都是晚清今文经学巨子。《清儒学案》所著录一代今文经师,既有清中叶的庄存与及其后人庄述祖、刘逢禄、宋翔凤,下至凌曙、陈立、皮锡瑞,而不及康有为、梁启超,以及对康氏学说有重要影响的廖平。以一己之好恶而人为地割断历史,实在是令人不能接受的。

(五)编纂体裁的局限

《清儒学案》承黄、全二案开启的路径,仍用学者传记和学术资料汇编的形式,以述一代学术盛衰。这样一种编纂体裁,或人自为案,或诸家共编,某一学者或学术流派自身的传承,抑或可以大致反映。然而,对于诸如这一学者或流派出现的背景,其学说的历史地位,不同时期学术发展的基本特征及趋势,众多学术门类的消长及交互影响,一代学术的横向、纵向联系,尤其是蕴涵于其间的规律等等,所有这些问题,又都是《清儒学案》一类学案体史籍所无从解答的。唯其如此,所以尽管《清儒学案》的纂修历时十余年,著录一代学者上千人,所辑学术资料博及经史子集,斟酌取舍,殚心竭虑,然而终不免"几成集锦之类书"①的訾议。一方面是学案体史籍在编纂体例上的极度成熟,另一方面却又是这一编纂体裁的局限,使之不能全面地反映历史发展的真实面貌。这样一种矛盾状况,适足以说明至《清儒学案》出,学案体史籍已经走到了它的尽头。

进入 20 世纪以后,随着西方史学方法论的传入,摆脱由纪传体史籍演化而来的学案束缚,编纂崭新的章节体学术史,成为历史编纂学中一个紧迫的课题。于是与《清儒学案》纂修同时,梁启超挺然而起,以"史界革命"的倡导,成为完成这一课题的杰出先驱。自梁启超的《清代学术概论》和《中国近三百年学术史》出,以之为标志,中国

---

① 钱穆:《清儒学案序》,载《四川省立图书馆图书集刊》1942 年 11 月第 3 期。

史学史已翻过学案体史籍的一页,第一次有了近代意义的学术史。晚近以来,虽间有以学案命名的论著问世,但多假旧名以写新书,时过境迁,余波而已。

(原载《清史论丛》1992 年,辽宁人民

出版社 1993 年 9 月版)

关于中国学案史研究

研究中国学案史,在迄今中国学术史研究中,还是一个比较新的领域。由于研究对象处于思想史、哲学史和史学史、文献学的交汇点上,随着学术史研究的深入开拓,它愈益吸引研究者的注意。以下,拟就研究学案史的有关问题,谈一些不成熟的想法,请大家批评。

一、学案体史籍的文献学渊源

作为一种独立的史籍编纂体裁,学案体史籍以专记学派的承传流衍为特色。始而述一家一派源流,继之汇合诸多学术流派为一编,遂由一家一派之学术史,而演为一代乃至数百年众多学派的学术史。近代著名学者梁启超先生论学案体史籍变迁,推朱熹《伊洛渊源录》为开启先路之作,实为卓见。然若究其发轫,则渊源甚远,先秦诸子之述学,汉唐纪传体史籍的诞生,佛家宗史、灯录的风行,凡此皆从不同角度为之提供了文献学的依据。

在中国古代学术史上,迄于西周,学在官府,政教合一,并无私门著述文字,亦无所谓学术流派之可言。春秋战国间,历史大步跃进,社会急剧动荡,终于打破旧有格局。私学诞生,云蒸霞蔚,呈现出诸子百家竞相争鸣的繁荣气象。先秦诸子,各倡其说,自成流派。诸家学说皆保存在各自或相关的著述之中,如《论语》、《孟子》、《墨子》、《老子》、《庄子》、《管子》、《荀子》、《韩非子》等等。唯当时中国史学尚处于其发展的早期,就史籍编纂体裁而言,则是编年体史书的一统天下,因而并无专门的史籍来记录学术流派的传承。然而诸子百家之述学,却也在这方面初露端倪。

战国间,庄周率先而起,对一时"道术将为天下裂"的"百家之学",即有过批评。其主要思想保存在今本《庄子》卷末的《天下篇》中。继庄子之后,对一时学术流派加以评述者,则是荀况。在《荀子》卷三《非十二子篇》中,同样有对先秦学术的批判性总结。战国末,顺应结束纷乱时局,谋求国家一统的历史大势,荀子的弟子韩非崛起。韩非于所著《显学篇》,接武其师思路,集中对儒、墨二家之学作了批评。韩非所做的总结,虽意在批评儒、墨而非述学史,因之有嫌疏略,但他无疑为尔后史家之梳理先秦儒、墨源流开了先路。

战国末,荀、韩诸子述学,已显示总结先秦学术的历史趋势。秦灭六国,天下一统,按理应是深化这一总结的极好机会。然而秦始皇无视历史潮流,以焚书坑儒、钳制思想,代替了理性的客观总结。受到历史的无情惩罚。汉兴,除秦暴政,与民休息。至武帝即位,乘文景之治所奠定的雄厚国基,广延百家,推尊儒术,建藏书之策,置写书之官,下及诸子传说,皆充秘府。通过总结先秦学术以促进文化事业的发展,宛若水到渠成,于是时代的进步将杰出史家司马迁召唤到历史舞台上。

司马迁著《史记》,突破《春秋》以来编年体史籍的旧有格局,"纪传以统君臣,书表以谱年爵"[1],上起黄帝,下穷汉武,开创了崭新的纪传体史籍编纂体裁。特别是司马迁创编《儒林传》,为尔后学术史的编纂提供了成功的雏形。《史记》中的《儒林传》,不啻一部汉初儒学史大纲。如若参以之前《孔子世家》、《仲尼弟子列传》、《老子韩非列传》、《孟子荀卿列传》及其他相关纪传,则一部先秦迄于汉初的学

①刘知幾:《史通》内篇卷一《六家》。

术史,已然间架粗具。后海先河,沿流溯源,其首倡之功实是不朽。

继《史记》之后,《汉书》是又一部成就卓著的纪传体史籍。同为纪传体,《史记》以穷究古今,开通古为史之先河,而《汉书》则专记西汉一代史事,成为断代为史的典范。从学术史的角度言,班固著《汉书》之最大功绩,当在创立《艺文志》,以辨章学术,考镜源流。

中国古代有着丰富的历史文献,这是我们民族的一份宝贵文化遗产。《易经》的《系辞下》说:"古者包牺氏之王天下也,仰则观象于天,俯则观法于地。观鸟兽之文,与地之宜,近取诸身,远取诸物。于是始作八卦,以通神明之德,以类万物之情。"《系辞上》又说:"河出图,洛出书,圣人则之。"说明我国远古传说时代的先民,早就在根据对自身和人类的认识,去创造我们民族的早期文明。随着历史的进步,由《周易》《尚书》到《春秋》,文献日臻繁富。所谓"惠施多方,其书五车",绝非庄子的过甚其词,当是战国间著述蜂起的如实写照。然而一则由于远古生产和生活方式的粗放,再则迭经战火,灾害频仍,许多历史文献皆未得保存下来。所以孔子当年考论夏、殷礼仪,即已喟叹"文献不足"。经历秦始皇焚书之厄,历史文献付之一炬。汉兴,虽广开献书之路,但迄于武帝间,依然不得不为"书缺简脱,礼坏乐崩"而深为痛惜。因之司马迁著《史记》,自然无从去对先秦文献进行整理。这并非个人的责任,而是历史局限使然。凭借宣帝中兴创造的良好条件,成帝继元帝而起,再度访求天下遗书。由于皇家藏书的空前丰富,因而对历代文献进行系统整理的工作提上了日程,于是遂有刘向、歆父子的《别录》《七略》问世。班固著《汉书》,即以《七略》为依据,删繁就简,掇取大要,创立了《艺文志》。从此,《艺文志》与《儒林传》相辅而行,遂成为历代官修史书述各时代学术源流的编纂形式。

两汉间,佛教传入中国,至东晋初,其势始盛。陈、隋之际,西来佛说与我国传统思想融为一体,形成中国化的佛学。有唐一代,佛学大兴,宗派林立,在玄宗开元、天宝间演为极盛之势。北宋一统,理学崛起,中国学术史翻过佛学鼎盛的一页。宋儒的义理之学,虽以辟佛相号召,实则作为理学理论渊源之一的佛学,其影子是无论如何亦无法从理学中抹去的。而在宋明理学形成和发展过程中所产生的学案体史籍,也同样存在佛学的明显影响。这就是它从诸多佛教史籍中获致的借鉴,尤其是禅宗及其灯录体史籍的潜移默化。

中国佛学的形成过程,是与中国传统学术交互影响、相得益彰的过程。汉魏以来,在大量佛经翻译的同时,受中国史学发展的影响,佛家经录、宗史、僧传等史籍层见叠出,亦呈方兴未艾之势。佛门的宗派林立,尤其是禅宗在晚唐的极盛,与天台宗相颉颃,成为此后中国佛学的主流,佛法嫡传正统之争,对儒学发展影响也很深。

在佛门的宗派角逐中,禅宗既率先著宗史,以确立其大宗渊源,又独创传灯录,专记其师弟相传之心印机缘。所谓传灯,言禅家心印传承,若灯火照暗,师弟相接,世代不灭。就体制而言,宗史为传记体,而灯录则专在记言。唯同样记言,灯录又与不分时序先后的语录异趣,系依世次记载,故隐含合世次、语录于一堂之意。现存禅宗灯录,以五代末《祖堂集》为最早。而在朱熹《伊洛渊源录》问世之前,流传最广,影响最大者,则当推北宋三灯,即《景德传灯录》、《天圣广灯录》和《建中靖国续灯录》。南宋淳熙、嘉祐间,又先后有两部灯录问世。一为临济宗悟明撰《联灯会要》,一为云门宗正受撰《嘉泰普灯录》。理宗朝,临济宗大川法师普济聚南北宋五灯为一体,辑为《五灯会元》二十卷,于宝祐元年(1253)刊行。至此,有宋一代灯录可谓集其大成。历元、明诸朝,迄于清初净土宗兴起,各种灯录比肩接踵,代有续作。佛家灯录的盛行,既为禅宗师资传承保存了丰富史料,也对儒学发展产生无形影响。诚如已故著名史家陈援庵先生所论:"自灯录盛行,影响及于儒家,朱子之《伊洛渊源录》、黄梨洲之《明儒学案》、万季野之《儒林宗派》等，皆仿此体而作也。"①

二、学案的形成与思想史变迁

谈中国学案史而推祖于朱熹《伊洛渊源录》，今日已成史学界共识。作为朱熹学说形成初期的一部著述，该书在南宋初叶的问世，并非一个偶然的学术现象，它深深地植根于两宋间社会和学术思想的发展之中。

中国古代社会发展至北宋，犹如人之年逾半百，老已冉冉而至。经历五代十国半个多世纪的王朝频繁更迭，为防止这一衰老势头的加速，适应国家一统的需要，赵宋统治者提出了"一道德而同风俗"的课题。然而用什么样的学术思想来统一道德和风俗，在朝野人士中却产生了长期的争议。太祖、太宗至真宗间，儒释道三教势力迭经消长，渐趋合流。仁宗即位，推崇儒学，形成以儒学为主干，融佛、道为一体的基本格局。胡瑗、孙复、石介、范仲淹诸人首倡于前，至周敦颐崛起，援佛、道学说以入儒，提出"主静"、"无欲"、"无极"、"太极"、"理气"、"心性"诸范畴，以"性与天道"的讲求，开始了儒学自我更新的过程。神宗熙宁、元丰间，程颢、程颐兄弟沿着周敦颐开辟的路径而行，与张载、邵雍诸人作同调之鸣，以"道学"为天下倡，从而把中国古代儒学推进到"道学"（亦称"理学"）的新阶段。

道学自北宋中叶形成，迄于北宋亡，它并未取得学术界的主宰地位。二程生前，既有蜀中苏氏兄弟的诗文之学相颉颃，又有讲求事功的王安石新学的压制，尤其是荆公新学凭借其政治势力而风行于世，更对程氏道学的能否立足构成一大威胁。程颢去世，时值元祐更化，程颐之学虽一度抬头，但哲宗亲政之后，伴随党派政治的风云变幻，

---

①陈垣：《中国佛教史籍概论》卷四，《景德传灯录》。

它屡遭黜斥。徽宗崇宁间，程颐竟因学术主张不合时宜，而被置身于奸党名籍之中。宋室南渡，政局反复，元祐奸党名籍废毁，王安石被逐出孔庙，程颐学术亦渐得褒扬。然而迄于孝宗乾道初，对于王、程学术之争，南宋最高当局则始终不置可否，道术之所系并未得一定局。

南宋初叶的学术环境表明，形成伊始的道学要谋求自身的发展，为程氏兄弟之学争得正统地位已成一个至关重要的问题。正是以此为背景，作为程学干城的朱熹，遂于乾道初发愿结撰《伊洛渊源录》，以梳理道学统绪。《伊洛渊源录》凡十四卷，全书以首倡道学的程颢、程颐为中心，上起北宋中叶周敦颐、邵雍、张载，下迄南宋绍兴初胡安国、尹焞，通过辑录二程及两宋间与程氏学术有师友渊源的诸多学者传记资料，据以勾勒出程氏道学的承传源流。从学术史的角度而言，朱熹此一著述的可贵，就在于它既立足纪传体史籍的传统，同时又博采佛家诸僧传之所长，尤其是禅宗灯录体史籍假记禅师言论以明禅法师承的编纂形式，使记言之与记行，相辅相成，浑然一体，最终开启了史籍编纂的新路。

自朱熹《伊洛渊源录》问世，迄清初黄宗羲《明儒学案》成书，学案体经历了长达数百年的形成和完善过程。其间，无论是元人官修《宋史·道学传》、明初官修《元史·儒学传》，还是明代天顺、成化以后，私修学术史的后先而出，皆上承朱熹以史昌学遗意，假述学史而表彰濂、洛、关、闽之学。明弘治、正德间，王守仁学说崛起。迄于嘉靖初，王守仁既以学建功，阳明学亦随功显，弟子遍布朝野，学者翕然相从，于是在当时的学术坛坫上高高地扬起了阳明学的大旗。王守仁病逝之后，虽因明廷政治斗争的起伏，阳明学一度被诋为"邪说"，但风气既成，亦绝非个人意志所能转移。嘉靖九年（1530），陆九渊得王守仁弟子薛侃表彰，从祀孔庙。以此肇始，自宋末以来晦而不显的陆学，终得起而与朱子学相抗衡。至万历十二年（1584），王守仁获从祀孔庙,宣告阳明学崛起的现实已为明廷所接受。陆王学说崛起,掩朱子学而上风行于世,从而使宋明理学进入一个新的发展阶段。

明代后期,对陆王学术的演变源流进行梳理,成为客观的历史需要。耿定向、刘元卿师弟相继著《陆王学案》、《诸儒学案》以表彰陆王学说。至万历中叶周汝登《圣学宗传》出,阳明学遂以明学大宗而跻身儒学正统。入清,面对"阳儒阴释"指斥的铺天盖地,为确立和巩固阳明学的正统地位,孙奇逢、黄宗羲南北呼应,撰为《理学宗传》、《明儒学案》。至此,学案体史籍终由涓涓细流而汇为大川。

在中国学术史上,黄宗羲的《明儒学案》,是一部影响久远的名著。它在历史学、哲学和文献学等方面,都具有重要的研究价值。而谈学案史,《明儒学案》更有着无可比拟的举足轻重地位。我们完全可以这么说,倘若没有《明儒学案》,在中国的传统历史编纂学中,也就无从诞生学案体史籍的新军了。

《明儒学案》凡六十二卷,上起明初方孝孺、曹端,下迄明亡刘宗周、孙奇逢,有明一代理学中人,大体网罗其中,实为一部明代理学史。阳明学为明学中坚,故全书述阳明学派最详,从卷十《姚江学案》至卷三十六《泰州学案》,篇幅达二十六卷,入案者计九十八人。黄宗羲认为,明代学术,在阳明学兴起之前,大体上是"此亦一述朱,彼亦一述朱"的格局,自王守仁指点出"良知"以立教,始开出一条崭新路径。故言:"无姚江则古来之学脉绝矣。"①该书既汇集《伊洛渊源录》、《圣学宗传》、《理学宗传》诸书之所长,又匠心独运,别辟蹊径,使中国学案体史籍臻于完善和定型。

黄宗羲的《明儒学案》,虽各卷编次未尽全然一致,但大体说来,除个别学案之外,各学案皆是一个三段式的结构。即卷首冠以总论,继之则是案主传略,随后再接以案主学术资料选编。三段分行,浑然

①黄宗羲:《明儒学案》卷十《姚江学案》。

一体,各家学术风貌洞若观火。此一三段结构,固承前述诸多学案体史籍而来,然于著者影响最大者,恐怕应是其师刘宗周的《皇明道统录》。

关于《皇明道统录》,因刘宗周生前未及将此书刊行,后亦未辑入《刘子全书》,故其具体内容难得其详。所幸刘宗周门人董玚辑《蕺山先生年谱》中,记其梗概:"天启七年丁卯,五十岁。《皇明道统录》成。先生辑《道统录》七卷,仿朱子《名臣言行录》,首纪平生行履,次语录,末附断论。大儒特书,余各以类见。去取一准孔孟,有假途异端以逞邪说,托宿乡愿以取世资者,摈弗录。即所录者,褒贬俱出独见。如薛敬轩、陈白沙、罗整庵、王龙溪,世推为大儒,而先生皆有贬辞。方逊志以节义著,吴康斋人竞非毁之,而先生推许不置。(原注略——引者)通录中无间辞者,自逊志、康斋外,又有曹月川、胡敬斋、陈克庵、蔡虚斋、王阳明、吕泾野六先生。"①这就是说,《皇明道统录》完稿于明天启七年(1627),稿凡七卷。其编纂体例仿朱熹《名臣言行录》,即第一段平生行履,第二段语录,第三段断论。录中所载一代儒学中人,凡大儒皆自成一家,其余诸儒则以类相从。取舍标准为孔孟学说,凡异端邪说、曲学媚世者皆不著录。对于入录诸儒,褒贬皆独抒己见,断不随声附和。因此,于世人所称之大儒,诸如薛瑄、陈献章、罗钦顺、王畿等,皆有贬责。而世人竞相非毁的方孝孺、吴与弼,录中则极意推许。他如曹端、胡居仁、陈选、蔡清、王守仁、吕楠,录中亦加肯定。

倘取《明儒学案》与董玚所述之《皇明道统录》相比照,即可发现其中若干重要相通之处。首先,《道统录》的三段式编纂结构,亦为《明儒学案》所沿袭,无非将断论移置各案卷首,成为该案总论罢了。其次,学有承传的诸大家,《明儒学案》亦独自成案,如崇仁、白沙、河

①董玚:《蕺山先生年谱》五十岁条。

东、三原、姚江、甘泉、蕺山等。而其他儒林中人，一如《道统录》之以类相从，编为《诸儒学案》、《浙中王门》、《江右王门》等等。至于以倡"异端邪说"获咎的李贽，以及著《学蔀通辩》诋王守仁《朱子晚年定论》为杜撰的陈建等人，《明儒学案》亦摈弃不录。再次，《明儒学案》评一代儒林中人，多以刘宗周之说为据，各案皆然，不胜枚举。凡此，皆透露了《明儒学案》承袭《皇明道统录》的重要消息。所以，如果我们说《明儒学案》系脱胎于《皇明道统录》，进而加以充实、完善，恐怕不会是无稽之谈。

三、从学案到学术史

继《明儒学案》之后，《宋元学案》是又一部具有重要影响的学案体史籍。它自清代康熙间黄宗羲发凡起例，其子百家承其未竟而续事纂修，至乾隆初全祖望重加编订，厘为百卷，迄于道光中再经王梓材、冯云濠整理刊行，其成书历时近一百五十年。与《宋元学案》刊行同时，另一部以"学案"题名的史籍亦在北京刊行，这就是唐鉴所著《清学案小识》。

嘉庆、道光间，对自明清更迭以来近二百年间学术进行批判总结，有关史籍应运而生。江藩的《汉学师承记》、《宋学渊源记》，阮元的《皇清经解》、《国史儒林传稿》，方东树的《汉学商兑》等，各抒己见。至唐鉴《清学案小识》出，既总结一代学术盛衰，亦成为研究此一时期学案体史籍演变的重要著述。

《清学案小识》由五大学案组成，即传道学案、翼道学案、守道学案、经学学案和心宗学案。全书凡十五卷，共著录二百年间学者二百五十六人。著者学宗朱子，笃信谨守，门户之见甚深。故而学案分合，一以朱子学为圭臬，传道、翼道、守道三学案，即占全书三分之二以上。而经学、心宗二学案，或轩轾早定，或意存贬抑，实则无足轻重,陪衬而已。清代学术,以经学为中坚。经过清初诸儒的倡导,迄于乾嘉之世,遂呈鼎盛之势。其间,理学虽不绝如缕,但强弩之末,作为一种学术体系,实已失去发展生机。总结既往学术,表彰理学可,而无视历史实际,贬抑经学则不可。著者视心学为异己,故于心宗一案,上起王阳明,下迄孙奇逢,皆以唱心学而有异朱子,同遭诋斥。对于《明儒学案》和《宋元学案》,亦因学术宗尚不同而蓄意贬抑,诋为"千古学术之统纪由是而乱,后世人心之害陷由是而益深"[1]。

综观《清学案小识》全书,著者虽欲抹杀黄、全诸家学案的业绩,但自《明儒学案》以来业已定型的编纂格局,却是欲超脱其外而不能。该书卷首之《提要》,实脱胎于《明儒学案》各案之总论,无非取以为全书之冠冕而已。与《宋元学案》卷首之《序录》相比,则如出一辙。各案案主学行的编纂,则又合《明儒学案》及《宋元学案》之案主传略及学术资料选编为一体,而以学术资料介绍为主干,一分一合,形异而实同。这种变异带着由学案向纪传体儒林传回归的色彩,就历史编纂学而论,应当说并不是一种前进。所以清亡以后,徐世昌主持《清儒学案》的纂修,便否定了《清学案小识》的尝试,以对《明儒学案》和《宋元学案》的继承,为中国学案史做了一个总结。

在中国学术史上,由徐世昌主持纂修的《清儒学案》,卷帙浩繁,网罗宏富,有清一代,举凡经学、理学、史学、天文历算、文字音韵、舆地、诗文诸家,学有专主,无不囊括其中。它既是对清代二百六十余年间学术的一个总结,也是对中国古代学案体史籍的一个总结。该书纂修,工始于1928年,迄于1938年中由北京文楷斋刊刻蒇事,并于翌年七月在京中修绠堂发售,历时达十余年之久。全书凡二百零八卷,上起明清之际孙奇逢、顾炎武、黄宗羲,下迄清末民初宋书升、王先谦、柯劭忞,一代学林中人,大多网罗其间。不唯其内容之宏富

①唐鉴:《清学案小识》卷十二《经学学案·余姚黄先生》。

超过先前诸家学案,而且其体例之严整亦深得黄宗羲、全祖望之遗法。

中国学案体史籍,自《明儒学案》肇始,总论、传略、学术资料选编,一个三段式的编纂结构业已定型。后经全祖望续修《宋元学案》加以发展,案主学术资料选编后既增《附录》一目,又于其后以学侣、同调、家学、门人、私淑、续传为类,著录案主交游、学术传衍。至徐世昌《清儒学案》出,合黄、全二案而再加取舍,各学案遂成正案、附案两大部分。正案依黄氏三段式结构不变,再添附录一目。附案则别为家学、弟子、交游、从游、私淑五类。至此,学案体史籍的编纂体例极度成熟。

《清儒学案》承黄、全二案开启的路径,仍用学者传记和学术资料汇编的形式,以述一代学术盛衰。这样一种编纂体裁,或人自为案,或诸家共编,某一学者或学术流派自身的传承,抑或可以大致反映。然而,对于诸如这一学者或流派出现的背景,其学说的历史地位,不同时期学术发展的基本特征及趋势,众多学术门类的消长及交互影响,一代学术的横向、纵向联系,尤其是蕴涵其间的规律应当如何把握等等,所有这些问题,又都是《清儒学案》一类学案体史籍所无从解答的。一方面是学案体史籍在编纂体例上的极度成熟,另一方面又是这一编纂体裁的局限,使之不能全面反映历史发展的真实面貌。这样一种矛盾状况,足以说明学案体史籍已经走到了它的尽头。进入二十世纪后,随着西方史学方法论的传入,摆脱由纪传体史籍演化而来的学案束缚,编纂崭新的章节体学术史,成为历史编纂学中一个紧迫的课题。于是与《清儒学案》纂修同时,梁启超挺然而起,以"史界革命"的倡导,成为完成这一课题的杰出先驱。

在晚近的中国学坛,梁启超、钱穆二位先生,皆是博赡通贯的卓然大家。他们也都曾试图以《清儒学案》去总结一代学术史,然而徒发其愿,终未有成。相反,为二位先生所分别结撰的同名著述《中国近三百年学术史》,则以其崭新的章节式体裁,不胫而走,风行四方,终于掩学案体史籍而上,为之后学术史的编纂开了先河。

二十世纪初以来,梁启超先生以其对清代学术史的开创性研究,成为这一领域的杰出奠基人之一。1924年前后,是梁先生的清代学术史研究取得丰硕成果的时期。在这一时期中,他曾经发愿结撰《清儒学案》。1923年4月,梁先生就此致书商务印书馆负责人张元济,表示:"顷欲辑《清儒学案》,先成数家以问世,其第一家即戴东原。"①翌年初,他又在高校讲坛喟叹:"吾发心著《清儒学案》有年,常自以时地所处,窃比梨洲之故明,深觉责无旁贷。所业既多,荏苒岁月,未知何时始践夙愿也。"②然而迄于逝世,此愿皆未得践,梁先生所留下的,仅为戴震、黄宗羲、顾炎武三学案及《清儒学案年表》凡百余页手稿。与之相反,在学案与学术史的抉择中,梁先生却发表了一系列有影响的清代学术史论文,并将其在天津南开大学和北京清华研究院的讲稿加以整理,以《中国近三百年学术史》为书名刊行,从而最终取得了结撰学术史的成功。

同梁启超先生一样,钱穆先生于四十年代初也曾经发愿结撰《清儒学案》。所不同者,梁先生之发愿,先于徐世昌《清儒学案》,他以黄宗羲自况,意欲借此抒发故国之思。而钱先生之发愿,则在徐书问世之后,因不满于《清儒学案》的"庞杂无类",而意欲取而代之。不过,一如梁先生之未践夙愿,钱先生同样是终未有成。他所留下的,只是一篇《清儒学案序》和拟议中的六十四个学案的总论。取钱先生之学案大纲与徐世昌《清儒学案》相比照,除第三十一《萝谷学案》之外,其他各案皆为旧案所有。或改易原案名,或由附案独立,无一不

①梁启超:《致菊公书》,见丁文江、赵丰田:《梁启超年谱长编》,上海:上海人民出版社,1983年,第992页。
②梁启超:《中国近三百年学术史》十五,《清代学者整理旧学之总成绩(三)》。

在徐书范围之中。钱先生的意图很清楚,无非因为先生雅好理学,不同意"清代乃理学衰世"之说,故而拟于重纂学案中将其凸显出来罢了。如此重纂《清儒学案》,百花齐放,未尝不可。然而兹事体大,仅以钱先生一人之精力,要在短期有成,殊非易事。何况既有徐氏书在,资料长编已得,继起者大可不必再步其后尘。梁先生的《中国近三百年学术史》撰著于前,钱先生后来居上,以同名论著复成于后,中国历史学分明已在大步前进,何必又要去走回头路呢?这或许正是钱先生欲重修《清儒学案》而未成的根本原因所在吧!

晚近以来,虽仍有以学案题作书名的著述,如《孟子学案》、《荀子学案》、《老子学案》、《庄子学案》、《墨子学案》、《南雷学案》、《船山学案》、《朱子新学案》、《曾文正公学案》等,然皆已非昔日旧观。以旧名而写新书,实已同学术史合流。据悉,近期又有学者在编纂冯友兰、贺麟、熊十力、牟宗三、唐君毅、张君劢、徐复观诸家学案。老树新枝,奇葩绽放,以之而装点史苑,满园姹紫嫣红,是所期望。

中国历代史籍,不唯以浩如烟海而令人叹为观止,而且还以其编纂体裁的完备而自豪于世。编年、纪传、纪事本末若三足鼎峙,源远流长,为史籍编纂确立了基本格局。其间所派生的各种专史,或通古为体,或断代成书,或记一族一姓,或述一地一时,博及政治、经济、军事、学术文化诸领域,琳琅满目,美不胜收。作为古代学术史的特有编纂形式,学案体史籍的兴起是宋、元以后的事情。南宋朱子著《伊洛渊源录》开其端,明、清间周汝登、孙奇逢以《圣学宗传》、《理学宗传》畅其流,至黄宗羲《明儒学案》出而徽帜高悬。乾隆初,全祖望承宗羲父子未竟之志成《宋元学案》,学案体史籍臻于大备。清亡,徐世昌网罗旧日词臣辑《清儒学案》,学案体史籍终告盛极而衰。梁启超并时而起,融会中西史学,以《中国近三百年学术史》而别开新境,学术史编纂最终翻过学案体之一页,迈入现代史学的门槛。从朱熹到梁启超,中国学案体史籍经历了漫长的形成和发展过程。见盛观衰,述往思来,回顾这一过程,总结其间的成败得失,对于推动学术史研究的深入,无疑是会有益处的。

（原载《传统文化与现代化》1996 年第 1 期）

学案再释

在迄今的中国学术史研究中,学案史董理依然称得上是一个新领域,可以深入开拓的空间还很大。就拿"学案"一语的解释来说,至今也还没有一个形成共识的定论。20世纪90年代初,笔者不揣固陋,追随中华书局陈金生先生之创辟,撰成短文《学案试释》,送请《书品》杂志于1992年第2期刊出。今年春,承上海东方出版中心不弃,嘱笔者修订旧著《中国学案史》。冬初修订葳事,恰逢北京师范大学学报主编蒋重跃教授来电,约撰文稿。遵重跃教示,谨将《试释》成文十余年间的一些想法连缀成篇,题以《学案再释》,奉请斧正。

一、先从《明儒学案》谈起

就目前笔者所见文献而论,以学案为论著名,当不早于明代后期。这就是万历间耿定向、刘元卿师弟所著《陆杨学案》和《诸儒学案》。其后,周汝登著《圣学宗传》、孙奇逢著《理学宗传》后先相继,虽不以学案题名,但在学案体史籍演进过程中,皆是承先启后的重要著作。迄于清初,黄宗羲著《明儒学案》出,学案这一独特的史籍编纂体裁,遂告臻于定型。

在中国学术史上,《明儒学案》是一部影响久远的名著。全书凡六十二卷,上起明初方孝孺、曹端,下迄明亡刘宗周、孙奇逢,有明一代理学中人,大体网罗其中,实为一部明代理学史。阳明学为明代儒学中坚,故《明儒学案》述阳明学及其传衍最详。从卷十《姚江学案》起,至卷三十六《泰州学案》止,篇幅达二十六卷,入案学者计九十八人之多。黄宗羲认为,明代二百数十年之学术,在阳明学兴起之前,大体上是"此亦一述朱,彼亦一述朱"的格局。也就是说,是一个朱子学独尊的天下。自王阳明指点出"良知"以立教,始开出一条崭新的路径。所以黄宗羲断言:"无姚江则古来之学脉绝矣。"①

黄宗羲为清初阳明学后劲,其为学近承刘宗周,远宗王阳明,乃顺治及康熙初叶主持学术坛坫风会的大师之一。他之所以要著《明儒学案》来表彰阳明学,一方面固然有中国古代学术张大师门的传统影响,另一方面则同明中叶以后学术史的变迁密不可分。

明弘治、正德间,王守仁学说崛起。迄于嘉靖初,王守仁以学建功,阳明学亦随功显,弟子遍布朝野,学人翕然相从,于是在当时的学术舞台上,高高地扬起了阳明学的大旗。王守仁病逝之后,虽因明廷政治斗争的起伏,阳明学一度被诋为"邪说",但风气既成,也不是任何个人意志所能转移得了的。因此,嘉靖九年(1530),陆九渊得王守仁弟子薛侃表彰,从祀孔庙。以此肇始,自宋末以来晦而不显的陆学,终得起而与朱子学相颉颃。至万历十二年(1584),王守仁亦获从祀孔庙之哀荣,宣告阳明学崛起的现实终为明廷所接受。陆王学说崛起,掩朱子学而上风行于世,从而将宋明理学推进到一个新的发展阶段。

明代后期,对陆王学术的演变源流进行梳理,确立其儒学正统地位,成为客观的历史需要。耿定向、刘元卿师弟应运而起,相继著《陆杨学案》、《诸儒学案》,据以表彰陆九渊、杨简师弟和王阳明的学说。至万历中叶以后,周汝登《圣学宗传》出,阳明学遂以明学大宗而雄踞儒学正统。迄于明末,社会动荡,学随世变,延续数百年的理学,尤其

---

① 黄宗羲:《明儒学案》卷十《姚江学案》,北京:中华书局,1985年,第179页。

是明中叶崛起的阳明学,犹如强弩之末,盛极而衰,渐成有识之士进行历史反思的审视对象。为一时经济、政治、社会和文化的发展程度所制约,晚明学术无从摆脱羁绊,超越阳明学而新生。入清,由王返朱的声浪日趋强劲,"以经学济理学之穷"的潮流滚滚而起,对阳明后学"空谈误国"、"阳儒阴释"的指斥,铺天盖地,席卷朝野。阳明学营垒中人,面临自身学派的深刻危机,作出各式各样的反应,或合会朱王,或推尊王学,顺理成章,势所必然。于是为维护和巩固阳明学的正统地位,孙奇逢、黄宗羲北呼南应,撰为《理学宗传》和《明儒学案》。至此,学案体史籍终由涓涓细流而汇为大川。

黄宗羲的《明儒学案》,各卷编次虽未尽全然一致,但大体说来,除个别学案之外,各案皆是一个三段式的结构。即卷首冠以总论,继之则是案主传略,随后再接以案主学术资料选编。三段分行,浑然一体,各家学术风貌洞若观火。此一三段式结构,既汇集宋明以来《伊洛渊源录》、《诸儒学案》、《圣学宗传》、《理学宗传》诸书之所长,又匠心独运,别辟蹊径,使中国古代学案体史籍臻于完善和定型。乾隆初,全祖望承黄宗羲、百家父子未竟之志,续成《宋元学案》一百卷。中经道光间唐鉴著《国朝学案小识》,迄于民国初徐世昌网罗旧日词臣纂《清儒学案》二百零八卷,学案体史籍遂由极度成熟而向章节体学术史转化。全氏学案以下的诸多学案体史籍,虽卷帙多寡不一,但就编纂格局而言,则皆在《明儒学案》范围之中。所以我们完全可以这样说,倘若没有《明儒学案》的里程碑式的创获,在中国的传统历史编纂学之中,也就无从诞生学案体史籍这一支新军了。

二、追溯文献渊源的启示

由《明儒学案》往上追溯,探寻产生这样一部史书的学术因缘,我们可以发现两部对其影响甚深的书。一部是黄宗羲的老师刘宗周所辑《皇明道统录》,另一部是江西籍阳明学传人刘元卿著《诸儒学案》。

刘宗周为晚明大儒,明清之际,主盟浙水东西的蕺山学派,即为其所首创。关于《皇明道统录》的情况,由于该书在刘宗周生前未及刊行,后来亦未辑入《刘子全书》之中,因此其具体内容今天已无从得其详。所幸宗周子刘汋辑、高足董玚修订之《蕺山先生年谱》中,于其梗概有所叙述。据云:"天启七年丁卯,五十岁,《皇明道统录》成。先生辑《道统录》七卷,仿朱子《名臣言行录》,首纪平生行履,次语录,末附断论。大儒特书,余各以类见。去取一准孔孟,有假途异端以逞邪说,托宿乡愿以取世资者,摒弗录。即所录者,褒贬俱出独见。如薛敬轩、陈白沙、罗整庵、王龙溪,世推为大儒,而先生皆有贬词。方逊志以节义著,吴康斋人竟非毁之,而先生推许不置。(原注略——引者)通录中无间辞者,自逊志、康斋外,又有曹月川、胡敬斋、陈克庵、蔡虚斋、王阳明、吕泾野六先生。"①

这就是说,《皇明道统录》完稿于明天启七年(1627),稿凡七卷。其编纂体例仿照朱熹《名臣言行录》,作三段式结构,即第一段平生行履,第二段论学语录,第三段学术断论。录中所载一代儒学中人,凡大儒皆自成一家,其余诸儒则以类相从。而编纂原则亦甚明确,取舍标准为孔孟学说,凡异端邪说,乡愿媚世者,皆摒而不录。诸如薛宣、陈献章、罗钦顺、王畿等,录中皆有贬责。而于世人竞相非毁的方孝孺、吴与弼,录中则极意推尊。其他如曹端、胡居仁、陈选、蔡清、王守仁、吕柟等,录中亦加以肯定。

倘若取《明儒学案》与宗周年谱所述之《皇明道统录》相比照,即可发现其间的若干重要相通之处。首先,《道统录》的三段式编纂结

---

① 刘汋编:《蕺山先生年谱》卷上"天启七年,五十岁条",山阴刘毓德乾隆四十二年(1777)刻本。

构,亦为《明儒学案》所沿袭,无非将学术断论移置各案卷首,成为该案之总论罢了。其次,学有承传之诸大家,《明儒学案》亦独自成案,如崇仁、白沙、河东、三原、姚江、甘泉、蕺山等。而其他儒林中人,一如《道统录》之以类相从,宗羲书亦编为《诸儒学案》、《浙中王门》、《江右王门》等等。至于以倡"异端邪说"获咎的李贽,以及著《学蔀通辨》,诋王守仁《朱子晚年定论》为杜撰的陈建等人,《明儒学案》同样摒弃不录。再次,《明儒学案》评一代儒林中人,多以著者宗师之说为据,各案皆然,不胜枚举。譬如卷首之冠以《师说》,推方孝孺为一代儒宗;卷一《崇仁学案》,以吴与弼领袖群儒,卷十《姚江学案》,全文引录《阳明传信录》;卷五十八《东林学案》,辑顾宪成《小心斋札记》,所加按语云"秦、仪一段,系记者之误,故刘先生将此删去";同卷辑高攀龙《论学书》,亦加按语云:"蕺山先师曰,辛复元,儒而伪者也;马君谟,禅而伪者也。"凡此等等,无不透露出《明儒学案》承袭《皇明道统录》的重要消息。所以,如果我们说《明儒学案》系脱胎于《皇明道统录》,进而加以充实、完善,恐怕不会是无稽之谈。

　　《诸儒学案》是《明儒学案》的又一个重要文献学来源,尤其是以"学案"题名著述的取法对象。该书著者刘元卿,江西吉安府安福人,年辈略早于刘宗周,为明隆庆、万历间活跃在学术舞台上的阳明学传人。所著《诸儒学案》,一作八卷,一作二十六卷,其说不一。各卷以小传、佚事、语录为序,依次辑录周敦颐、程颢、程颐、张载、邵雍、谢良佐、杨时、罗从彦、李侗、朱熹、陆九渊、杨简、金履祥、许谦、薛瑄、胡居仁、陈献章、罗钦顺、王守仁、王艮、邹守益、王畿、欧阳德、罗洪先、胡直、罗汝芳等二十六家论学资料,卷末附以著者宗师耿定向之说。笔者所读到的是一部明刻残本,作十二卷,所录为周敦颐、程颢、程颐、罗从彦、李侗、朱熹、陆九渊、杨简、陈献章、王守仁、邹守益、王艮十二家。

　　为什么说《明儒学案》的题名是以《诸儒学案》为取法对象? 主

要根据有二。黄宗羲籍属浙江，与刘元卿故里江西相邻，皆是明中叶以后阳明学盛行的地区。康熙初，黄宗羲编选《明文案》、《明文海》，谙熟一代文献，刘元卿著述当所寓目。所以，《明儒学案》中才会著录刘元卿及其论学语，且取刘氏与吴与弼、邓元锡、章潢并称，尊为"四君子"①。此其一。其二，明中叶以后，以"学案"题名著述，乃一时风气。先于刘元卿者，有刘氏宗师耿定向的《陆杨学案》。后于刘元卿者，则是黄宗羲师刘宗周的《论语学案》。不过，耿定向、刘宗周二家《学案》，编纂体裁则有别于刘元卿书以及其后的《明儒学案》。耿氏所撰，为陆九渊、杨简师徒的一篇传记合编，宗周书则是《论语》章句疏解。黄宗羲先前选辑有明一代文章，既以"文案"题名，之后董理一代儒学，同样以"学案"名书，也就顺理成章，可谓时势使然。

三、关于学案释名的困惑

在中国学术史上，学案体史籍的定型，时当明清鼎革，是由阳明学的杰出传人黄宗羲来完成的。而在黄宗羲著《明儒学案》之前，今天我们尚能见到的几部早期学案史著述，譬如《诸儒学案》、《圣学宗传》、《理学宗传》等，也都出自阳明学传人之手。可见阳明学的贡献不仅在于思想史，而且在史学史、文献学方面也是卓有成就的。当然，我们这样说并不意味着学案体史籍是由王阳明及其后学所创立，事实上其雏形的问世，渊源要深远得多。20世纪初，梁任公、陈援庵两位先生谈学案渊源，一致推祖于朱熹的《伊洛渊源录》，且进而追溯到禅宗的宗史和灯录。梁先生说："唐宋以还，佛教大昌，于是有《佛祖通载》、《传灯录》等书，谓为宗史也可，谓为学术史也可。其后儒

———————
① 黄宗羲：《明儒学案》卷二十一《江右王门学案》，第498页。

家渐渐仿效,于是有朱晦翁《伊洛渊源录》一类书。"①援庵先生唱为同调,也说:"自《灯录》盛行,影响及于儒家。朱子之《伊洛渊源录》、黄梨洲之《明儒学案》、万季野之《儒林宗派》等,皆仿此体而作也。"②如此谈学案源流,这无疑是两位大师的卓识。但两位先生并未将所论展开,而后继者又罕做进一步的梳理。因此,究竟什么叫学案,应当给它下一个怎样的定义,久久少有学人董理,迄今尚未形成定说。

20世纪80年代中,中华书局陈金生、梁运华二位先生整理《宋元学案》蒇事,陈先生撰文指出:"什么叫学案?未见有人论定。我想大概是介绍各家学术而分别为之立案,且加以按断之意(原注:案、按字通——引者)。按断就是考察论定。因此,学案含有现在所谓学术史的意思。"③陈金生先生的此一解释无疑是一个富有启示意义的创获,唯似嫌尚欠周密。看来要解决这个问题,还得追溯到《伊洛渊源录》上去。

《伊洛渊源录》凡十四卷,全书以首倡道学的程颢、程颐为中心,上起北宋中叶周敦颐、邵雍、张载,下迄南宋绍兴初胡安国、尹焞,通过辑录二程及两宋间与之有师友渊源的诸多学者传记资料,据以勾勒出程氏道学的承传源流。在朱熹繁富的学术著作中,《伊洛渊源录》尽管只是他思想发展早期的著述,不仅尚未取得定本形态,而且朱子在其晚年还对该书发表过否定性的意见,然而这并不意味着可以因之而忽视这部著述的学术价值。恰恰相反,南宋理宗时期以后,

---

① 梁启超:《中国近三百年学术史》十五《清代学者整理旧学之总成绩(三)》,《梁启超论清学史二种》,上海:复旦大学出版社,1985年,第436—437页。
② 陈垣:《中国佛教史籍概论》卷四《景德传灯录》,石家庄:河北教育出版社,2000年,第773页。
③ 陈金生:《宋元学案编纂的原则与体例》,《书品》1987年第3期。

随着赵宋王朝对道学的褒扬,尤其是元初统治者的推尊,朱熹学说高踞庙堂而成为官方的意识形态。于是《伊洛渊源录》大行于世,迄于明清,影响历久而不衰,从而显示出它重要的学术价值。元明以后,在传统的史籍编纂形式中,学案体史书之所以能够别张一军,《伊洛渊源录》确有首倡之功。

在中国古代,董理学术史的风气形成甚早,先秦诸子之述学已然开其端倪。自司马迁著《史记》,班固著《汉书》,以《儒林传》、《艺文志》梳理学术源流,遂奠定藩篱,规模粗具。然而结撰专门的学术史,则无疑应自朱熹《伊洛渊源录》始。朱子此书的可贵,就历史编纂学的角度言,乃在于它既立足纪传体史籍的传统,又博采佛家僧传之所长,尤其是禅宗灯录体史籍假记禅师言论,以明禅法师承的编纂形式,从而使记行之与记言,相辅相成,融为一体,最终开启了史籍编纂的新路。

宋明数百年,是理学时代。理学的兴起,从学术发展的内在逻辑讲,固然有佛学夺席,颉颃争先的刺激,所以理学中人无不以辟佛相号召。然而在中国传统学术中,儒佛相互渗透,本属互补。作为理学的学术渊源之一,佛学之于理学,在其兴衰的全过程中,影响潜移默化,或明或暗,不唯欲去而不能,而且波澜起伏,绝非人们的主观意志所能转移。因而理学中人之为学,每多参禅经历,程、朱、陆、王,莫不皆然。于是宋明数百年间,语录体著述的充斥书林,也就不足为奇了。明中叶以后,阳明学崛起,以讲求简易直截的"致良知"为特征。由于阳明学与禅宗精神之相通,因之晚明王学风行,禅学亦大盛。耿定向、刘元卿师弟之以"学案"题名论著,即产生于这一儒禅并盛、形影相随的学术氛围之中。

据已故著名佛学大师吕澂先生之所教,唐代禅宗初起,不立文字,单传心印。在禅师语录中,多以简略的语句,记述宗门师生、宾主问对,含蓄地暗示自身义法之所在,既以此说理,亦以此传法。

此类蕴含"机锋"的语句,禅门中称之为"公案",意欲据此以判断是非。吕先生著《中国佛学源流略讲》,将"公案"解释为今人所云之"档案"、"资料"①,一语破的,最是明晰。然而由于"公案"语意隐微,每多费解,于是赵宋一代,遂出现以文字解释禅意的所谓"文字禅"。"文字禅"兴,则解释公案的著述不胫而走,累世不绝。

唐宋以还,江西吉安青原山,为禅门南宗重要传法地。刘元卿得乡邦地利之便,早年曾游青原求学,受禅风濡染,自是不言而喻。其师耿定向之为学,用黄宗羲的话来讲,叫作"拖泥带水,于佛学半信半不信"②,有割舍不断的因缘。刘元卿著《诸儒学案》,以耿定向之说为依据,选编诸儒语录,一方面从局部言,是要传承理学诸家学术大要,另一方面从整体看,则旨在弘扬耿氏所宗法的阳明学。因此,《诸儒学案》之与禅宗"公案",其间确有暗合之处。

秉持此一认识,笔者早先撰文,曾经试图从学案与禅宗灯录之间的关系来思考,径直将"学案"释为"学术公案"的省语。显然这只是一种揣测,并没有直接的文献依据,自然就缺乏说服力。1995年冬,应邀访问台湾"中研院"史语所,笔者以《关于研究中国学案史的几个问题》为题,在该所做过一个学术报告。对于"学案"一语的解释,也是报告内容之一。报告结束之后,承"中研院"院士黄彰健老先生赐教,示以还是从"案"字的本义上去思考为好。

访台归来,黄彰老之所教时时萦回脑际,笔者一度将思路转到王阳明的《朱子晚年定论》上去。王阳明生前做过一部很有名的书,叫作《朱子晚年定论》。这部书初刻于正德十三年(1518),书成之后,影响甚大,迄于明亡,百余年不绝。晚明的学术界,不唯阳

①吕澂:《中国佛学源流略讲》第九讲《南北宗禅学的流行》,北京:中华书局,1979年,第257页。
②黄宗羲:《明儒学案》卷三十五《泰州学案》,第815—816页。

明学中人奉此书为圭臬,据以论定朱熹、陆九渊学术,而且朱子学中人亦以驳诘辩难而表示了对王书的重视。譬如罗钦顺的《困知记》、陈建的《学蔀通辨》皆是。在这样一个学术背景之下,作为阳明学的传人,耿定向、刘元卿接过其宗师的"定论"用语,改头换面而衍为"学案"一词,或者就不是不可能的事情。因此,如果这样一个思路能够成立,那么"学案"二字似乎又可解为学术定论。也就是说,如同《朱子晚年定论》一样,耿定向的《陆杨学案》就可读作陆九渊、杨简学术定论,刘元卿的《诸儒学案》也可读作宋明诸大儒的学术定论。同样的道理,黄宗羲所著《明儒学案》,也就当读作明代诸儒的学术定论了。

然而,无论是"学术公案"也好,还是"学术定论"也好,凭以解释"学案"一语,依然都是一种揣测,并没有语源学上的文献佐证。自己尚且说服不了,遑论请他人认同呢? 年初以来,修订旧作,重理"案"字之往日思路。诚如陈金生先生之所见,案、按字通,确有考查一义。但是其本义恐不涉"按断"、"论定",今日书面用语云"按而不断"即是其证。可见,"案"字似不当释为"按断"、"论定"。如此一来,思路再行调整,可否径释为"学术考查",或别伸为"学术资料选编"呢? 当然,这样去解释"学案"一语究竟能否成立,确实也没有把握,唯有敬请方家大雅赐教。

尽管如此,笔者以为,给学案体史籍做一个大致的界说,似乎是可行的。谨陈愚见如后。学案体史籍,是我国古代史家记述学术发展历史的一种独特编纂形式。其雏形肇始于南宋初叶朱熹著《伊洛渊源录》,而完善和定型则是数百年后。清朝康熙初叶黄宗羲著《明儒学案》,它源于传统的纪传体史籍,系变通《儒林传》(《儒学传》)、《艺文志》(《经籍志》),兼取佛家灯录体史籍之所长,经过长期酝酿演化而成。这一特殊体裁的史书,以学者论学资料的辑录为主体,合案主生平传略及学术总论为一堂,据以反映一个学者、一个学派,乃至一个时代的学术风貌,从而具备了晚近所谓学术史的意义。

（原载《北京师范大学学报》
（社会科学版)2009 年第 2 期)

梁启超对清代学术史研究的贡献

二十世纪初以来,在治清史的众多前辈之中,梁启超先生以其对清代学术史的开创性研究,使他成为这一领域的卓然大家和杰出的奠基人之一。回顾梁先生在这一领域辛勤耕耘的历程,总结他在开拓道路上的成败得失,对他的研究成果做出实事求是的、科学的评价,是很有必要的。因为这不仅是对中国文化史上一位继往开来大师的纪念,而且对于我们把清代学术史的研究引向深入,也是一桩有意义的事情。

一

评价梁启超清代学术史研究得失者,多集中于他的《清代学术概论》和《中国近三百年学术史》。这样做无疑是正确的,因为这两部论著,正是他研究清代学术史心得的精粹所在。但是,作为对梁启超研究历程的回顾,则当追溯到《清代学术概论》问世的十余年前,也就是他治清代学术史的处女作《近世之学术》发表的 1904 年。

1902 年,梁启超发愿结撰《论中国学术思想变迁之大势》。这一长篇论著,原拟作十六章,惜仅写至第六章隋唐佛学,便因故搁笔。两年后,他又才于 1904 年夏,续作讨论清代学术史的专章。稿成,即以《近世之学术》为题,刊布于《新民丛报》。文凡三节,"第一节永历康熙间","第二节乾嘉间","第三节最近世"。他把清代学术作为中国古代学术发展的一个阶段来考察,文中指出:"吾论次中国学术史,见夫明末之可以变为清初,清初之可以变为乾嘉,乾嘉之可以变为今日,而叹时势之影响于人心者正巨且剧也,而又信乎人事与时势迭相左右也。"①他的作品虽然对章炳麟所著《訄书》有所借鉴,但是却以较之太炎先生略胜一筹的高屋建瓴之势,对二百余年间学术演进的历史作了鸟瞰式的勾勒。轨迹彰明,脉络清晰,在清代学术史研究中,实在是一个创举。

在《近世之学术》中,梁启超关于清代学术史的若干根本观点,诸如清代学术的基本特征,清代学术史的分期,清初实学思潮、乾嘉学派及今文经学派的评价,清代学术在中国学术史上的地位等等,都已经大致形成。在论及清代学术的基本特征时,他写道:"本朝二百年之学术,实取前此二千年之学术,倒影而缫演之。如剥春笋,愈剥而愈近里,如啖甘蔗,愈啖而愈有味,不可谓非一奇异之现象也。"②梁启超很注意清初实学思潮的研究,他对清初诸大师,如顾炎武、黄宗羲、王夫之、颜元等,评价甚高,而且把刘献廷与之并提,称之为"五先生"。他认为:"五先生者,皆时势所造之英雄,卓然成一家言。求诸前古,则以比周秦诸子,其殆庶几。后此,唯南宋永嘉一派(原注:陈止斋、叶水心、陈龙川一派)亦略肖焉。然以永嘉比五先生,则有其用而无其体者也。即所谓用者,亦有其部分而无其全者也。故吾欲推当时学派为秦汉以来二千年空前之组织,殆不为过。"③同样是清初学者,梁启超对徐乾学、汤斌、李光地、毛奇龄等,则深恶痛绝,斥之为"学界蟊贼"。他说:"上既有汤、李辈以伪君子相率,下复有奇龄等以真小人自豪,而皆负一世重名,以左右学界,清学之每下愈况也,复

①梁启超:《饮冰室合集》,《文集》第三册,《近世之学术》第一节。
②梁启超:《饮冰室合集》,《文集》第三册,《近世之学术》第三节。
③梁启超:《饮冰室合集》,《文集》第三册,《近世之学术》第一节。

何怪焉。"①在梁启超看来,从清初诸大师到乾嘉学派,清代学术是在走下坡路。因此,他对乾嘉学派评价并不高。他指出:"吾论近世学派,谓由演绎的进于归纳的,饶有科学之精神,且行分业之组织,而惜其仅用诸琐琐之考据。"②在对乾隆大师惠栋、戴震的评价上,他既认为:"惠、戴之学,固无益于人国,然为群经忠仆,使后此治国学者省无量精力,其功固不可诬也。"③但同时又对戴震颇多微词。他说戴震"极言无欲为异氏之学,谓遏欲之害甚于防川焉。此其言颇有近于泰西近世所谓乐利主义者,不可谓非哲学派中一支派。虽然,人生而有欲,其无怪也,节之犹惧不蒇,而岂复劳戴氏之教猱开木为也。"乃至诋罪戴氏,宣称:"二百年来学者,记诵日博,而廉耻日丧,戴氏其与有罪矣。"④这同他二十世纪二十年代以后之所为,简直判若两人。这一点我们随后还要谈到。

梁启超是晚清今文经学营垒中的健将。早年他曾在广州万木草堂从学于康有为,戊戌变法失败后,流亡日本。当时的日本,经历明治维新,锐意求治,无论在经济、政治、军事,还是学术文化诸方面,都一跃而成为亚洲一流强国。梁启超置身于这样一个相对开放的国度,使他得以广泛接触西方资产阶级的哲学、史学和社会政治学说,深入探讨日本强盛的经验。这不仅给了他以政治主张的理论依据,而且也极大地开阔了他的学术视野。当梁启超撰写《近世之学术》和《论中国学术思想变迁之大势》之时,正是他摆脱今文经学的羁绊,逾越康有为的改制、保教说藩篱,成为西方资产阶级进化论笃信者的时候。他把进化论引进史学领域,在中国近代史学史上,率先举起了

①梁启超:《饮冰室合集》,《文集》第三册,《近世之学术》第二节。
②梁启超:《饮冰室合集》,《文集》第三册,《近世之学术》第二节。
③梁启超:《饮冰室合集》,《文集》第三册,《近世之学术》第二节。
④梁启超:《饮冰室合集》,《文集》第三册,《近世之学术》第二节。

"史界革命"①的旗帜。《近世之学术》及其先后发表的一系列史学论著,正是他所倡导的"史界革命"的产物。由于从旧营垒中拔足,而且又找到了为今文经学所不可望其项背的思想武器,因而当他回过头去俯视旧营垒的时候,其中的利病得失便很清楚了。在《近世之学术》中,他就清代今文经学的演变源流写道:"首倡之者,为武进庄方耕(存与),著《春秋正辞》。方耕与东原同时相友善,然其学不相师也。戴学治经训,而博通群经,庄学治经义,而约取《春秋公羊传》。东原弟子孔巽轩(广森),虽尝为《公羊通义》,然不达今文家法,肤浅无条理,不足道也。方耕弟子刘申受(逢禄),始专主董仲舒、李育,为《公羊释例》,实为治今文学者不祧之祖。逮道光间,其学寖盛,最著者曰仁和龚定盦(自珍),曰邵阳魏默深(源)。"梁启超认为,龚、魏之后,集今文经学之大成者当推廖平,而将其用之于变法改制,则自康有为始。他说:"康先生之治《公羊》,治今文也,其渊源颇出自井研②,不可诬也。然所治同,而所以治之者不同。畴昔治《公羊》者皆言例,南海则言义。惟牵于例,故还珠而买椟;惟究于义,故藏往而知来。以改制言《春秋》,以三世言《春秋》者,自南海始也。"③在中国近代学术史上,能把清代今文经学的源流利弊梳理得如此有条不紊,梁启超堪称第一人。

从《近世之学术》中,我们可以看到,在梁启超最初步入清代学术史门槛的时候,他从总体上对清学的评价是不高的。他认为:"综举有清一代之学术,大抵述而无作,学而不思,故可谓之为思想最衰时代。"④然而,作为一个正在奋发向上的年轻学者和思想家,他对中国

①梁启超:《饮冰室合集》,《文集》第三册,《新史学》。
②井研即廖平,四川井研人,此以地望相称。
③梁启超:《饮冰室合集》,《文集》第三册,《近世之学术》第三节。
④梁启超:《饮冰室合集》,《文集》第三册,《近世之学术》第三节。

思想界的前景则甚为乐观。在这篇文章末了,梁启超满怀信心地写道:"要而论之,此二百余年间,总可命为古学复兴时代。特其兴也,渐而非顿耳。然固俨然若一有机体之发达,至今日而葱葱郁郁,有方春之气焉。吾于我思想界之前途,抱无穷希望也。"①

《近世之学术》作为梁启超研究清代学术史的早期作品,同他晚年的同类论著相比较,可谓虎虎有生气。但平心而论,却又显得朝气有余,而踏实不足。当时,正是他以"思想界之陈涉"自任,"读东西诸硕学之书,务衍其学说,以输入于中国"②的时候,因此他这一时期的论著,用以救时救弊的实用色彩很浓。唯其如此,加以在学业上的所涉未深,因而在《近世之学术》中,过当和疏漏之处在所多有。譬如我们刚才所引述的对戴震的苛求,对徐乾学等的指斥,就是一例。而且由于当时梁启超又曾一度倾向"革命排满"和"破坏主义",因而对清初学者刘献廷、吕留良,他都作了不适当的拔高。他对刘、吕二人倾心推许,称赞刘献廷为"绝世之秘密运动家",甚至说:"吾论清初大儒,当首推吕子。"③对刘献廷,尤其是吕留良以肯定的评价,这在清廷统治尚存的情况下,实在是需要足够的政治和理论勇气的,梁启超在这一点上,无愧于"思想界之陈涉"的自况。但是,以政治需要去代替学术研究,就难免要言过其实。这一类的瑕疵和不成熟之处,本来依恃其学业根底,加以出类拔萃的才气,只要潜心有日,是不难使之臻于完善的。可是,晚清的纷乱时局,却把他长期地拖在政治斗争的漩涡之中。民国初建,他更被洪流推至浪端,以致这一工作竟推延了十六年才得以进行。这便是以 1920 年发表的《清代学术概论》为

---

①梁启超:《饮冰室合集》,《文集》第三册,《近世之学术》第三节。
②梁启超:《饮冰室合集》,《文集》第十册,《清议报一百册祝辞并论报馆之责任及本馆之经历》。
③梁启超:《饮冰室合集》,《文集》第三册,《近世之学术》第一节。

标志,梁启超的二度进入清代学术史研究领域。

二

　　人类的认识活动,总是沿着一条不断向前的螺线,由低级向高级,从片面向更多的方面发展。梁启超的清代学术史研究,也正是遵循这一运动法则前进的。他的《清代学术概论》就形式而言,虽然同十六年前的《近世之学术》一样,依然只是清代学术的一个鸟瞰式的提纲,而且若干基本观点也没有大的异同。然而,过细地加以比较,我们即可发现,二者之间有继承,有因袭,但却不是简单的复述。正如他自己所说:"余今日之根本观念,与十八年前无大异同,惟局部的观察,今视昔似较为精密;且当时多有为而发之言,其结论往往流于偏至。——故今全行改作,采旧文者什一二而已。"①综观全文,梁启超在其中不仅对昔日的某些结论作了必要的修正,而且在更深的程度和更广的切面上,展示了他对清代学术史的思考,从而使这部论著成为他晚年治清代学术史的纲领性著作。

　　下面,我们想着重讨论一下《清代学术概论》与《近世之学术》的不同处,换句话说,也就是看一看梁启超在哪些方面把自己的研究向前作了推进。

　　首先,是关于清代学术史的分期。在《近世之学术》中,梁启超以时间先后为序,将清学分为四期,即"第一期,顺康间;第二期,雍乾嘉间;第三期,道咸同间;第四期,光绪间"。他还就各时期的主要学术趋向作了归纳,认为第一期是程朱陆王问题,第二期是汉宋学问题,第三期是今古文问题,第四期是孟荀问题,孔老墨问题。② 这样的分

---

① 梁启超:《清代学术概论》卷首《自序》,北京:中华书局,1954 年,第 4 页。
② 梁启超:《饮冰室合集》,《文集》第三册,《近世之学术》第一节。

期和归纳,事实上就连他本人也认为不成熟,因此他在所列分期表后特意加了一个注脚:"上表不过勉分时代,其实各期衔接掺杂,有相互之关系,非能判若鸿沟,读者勿刻舟求之。"①到写《清代学术概论》时,梁启超就没有再继续沿用呆板的时序分期法。当时,他正从事佛学的研究,遂借用"佛说一切流转相,例分四期,曰生、住、异、灭"的观点,并使之同时序分期相结合,将清代学术作了新的四期划分。这就是"一、启蒙期(生),二、全盛期(住),三、蜕分期(异),四、衰落期(灭)"②。为了叙述的方便,我们把前者称作时序分期法,后者称作盛衰分期法。同样是四期划分,按时序分期,虽无大谬,但它实际上只是一种简单的自然写实。而盛衰分期法,则通过对学术思潮演变轨迹的探寻,试图揭示一代学术发展的规律。在这个问题上,尽管我们对梁启超的结论尚有很大保留,但是我们依然认为,盛衰分期法较之先前的时序分期法已经前进了一大步,因为它是从本质上向历史实际的接近,而不是背离。

其次,是对清代学术基本特征的归纳。如果说《近世之学术》还只是以考证作为清学正统派的学风,那么《清代学术概论》则是囊括无遗地把整个清代学术目之为考证学。该书开宗明义即指出:"我国自秦以来,确能成为时代思潮者,则汉之经学,隋唐之佛学,宋及明之理学,清之考证学四者而已。"③所以在论及考证学派的演变源流时,他说:"此派远发源于顺康之交,直至光宣,而流风余韵,虽替未沫,直可谓与前清朝运相终始。"④在梁启超看来,清代学术以复古为职志,采取绵密的考证形式而出现,是中国古代学术史上的一个独立思潮。

---

①梁启超:《饮冰室合集》,《文集》第三册,《近世之学术》第一节。
②梁启超:《清代学术概论》一,第2页。
③梁启超:《清代学术概论》一,第1页。
④梁启超:《清代学术概论》十九,第48页。

而且他认为,清学的"复古"特征,就其具体内容而言,有一个层层递进的上溯趋势。他说:综观二百余年之学史,其影响及于全思想界者,一言以蔽之,曰以复古为解放。第一步,复宋之古,对于王学而得解放;第二步,复汉唐之古,对于程朱而得解放;第三步,复西汉之古,对于许郑而得解放;第四步,复先秦之古,对于一切传注而得解放。"①这样的归纳,把"以复古为解放"说成是清学发展的必然趋势,坦率地说,我们并不赞成。但是,它显然已经把在《近世之学术》中所作的"古学复兴"的简单表述引向了深入。因为它不仅充实了"古学复兴"的层次,而且还探讨了"复古"的目的。正是从这样一个基本估计出发,梁启超以"以复古为解放"作纽带,把清代学术同现代学术沟通起来。他说:"夫既已复先秦之古,则非至对于孔孟而得解放焉不止矣。"②这一沟通固然带着明显的主观随意印记,但是作为一种理论尝试,它却自有其应当予以肯定的价值。这样的尝试,无疑也是对作者先前研究课题的深化。

再次,是对清代学术在中国学术史上地位的评价。一如前述,在《近世之学术》中,梁启超从总体上对清学的评价是不高的。然而事隔十六年之后,他却对先前的看法作了重大的修正。当时,正值他结束一年多的欧游返国。访欧期间,梁启超对欧洲的文化,尤其是自"文艺复兴"以来欧洲文化之所以居于领先地位的原因,有了进一步的认识。他将这一认识同中国传统的政治、经济、社会和文化相对照,旧日的悲观消极为之一扫,对国家的前途充满了信心。在返国初的一次演说中,他指出:"鄙人自作此游,对于中国甚为乐观,兴会亦浓,且觉由消极变积极之动机现已发端。诸君当知中国前途绝对无悲观,中国固有之基础亦最合世界新潮,但求各人高尚其人格,励进

①梁启超:《清代学术概论》二,第6页。
②梁启超:《清代学术概论》二,第6页。

前往可也。"①从此,他决意委身教育,以之为终身事业,按其所设计的社会蓝图,去"培养新人才,宣传新文化,开拓新政治"②。梁启超对清代学术评价的改变,以及他的《清代学术概论》的撰写,就是在这一背景之下酝酿成熟的。在《清代学术概论》中,他自始至终把清代学术同欧洲"文艺复兴"相比较,对清学的历史价值进行了充分的肯定。他说:"清代思潮果何物耶?简单言之,则对于宋明理学之一大反动,而以复古为其职志者也。其动机及其内容,皆与欧洲之'文艺复兴'绝相类。而欧洲当'文艺复兴'期经过以后所发生之新影响,则我国今日正见端焉。"③这也就是说,清学即是我国历史上的"文艺复兴",有清一代乃是我国的"文艺复兴"时代。关于这一点,梁启超先在写《清代学术概论自序》时,对旧著的一处改动,是很能说明问题的。本来,在《近世之学术》中,他是把清代的二百余年称为"古学复兴时代",而到此时他引述旧著,则不动声色地将"古学"二字改作"文艺"。他写道:"此二百余年间,总可命为中国之文艺复兴时代。"④这样的改动和评价,同早先的"思想最衰时代"的论断,当然就不可同日而语了。

复次,《清代学术概论》在理论探讨上的深化还在于,它试图通过对清代学术的总结,以预测今后的学术发展趋势。在《近世之学术》中,梁启超的这一努力已然发端,他曾经表示:"吾于我思想界之前途,抱无穷希望也。"⑤不过,这样一个展望与其说是预测,倒不如说

①《申报》民国九年三月十五日,《梁任公在中国公学演说》。转引自丁文江、赵丰田:《梁启超年谱长编》,上海:上海人民出版社,1983年,第902页。

②梁启超:民国九年五月十二日《致伯祥亮侪等诸兄书》,丁文江、赵丰田:《梁启超年谱长编》,第909页。

③梁启超:《清代学术概论》二,第3页。

④梁启超:《清代学术概论》卷首《自序》,第3页。

⑤梁启超:《饮冰室合集》,《文集》第三册,《近世之学术》第三节。

是良好愿望和对读者的鼓动。因此,它的理论价值是极有限度的。而《清代学术概论》则辟为专节,对之加以论述。他说:"吾稽诸历史,征诸时势,按诸我国民性,而信其于最近之将来,必能演出数种潮流,各为充量之发展。"①对于梁启超所预测的五大学术潮流,我们在这里姑且不去论其是非,然而仅就这一展望本身而言,它的理论价值则是显而易见的。历史学作为一门科学,它不仅是要本质地还历史以原貌,揭示其间的发展规律,而且还应当依据这种规律性的认识,去预测历史发展的趋势。梁启超在《清代学术概论》中所进行的理论探索,使他在这一点上,远远超过了中国传统史学"引古筹今"、"鉴往训今"的治史目的论。他把既往同现实以及未来一以贯之,这样的路子无疑是正确的。这正是他作为一个资产阶级史学家较之封建时代旧史家的卓越之处。

三

以《清代学术概论》为起点,梁启超在其晚年,比较集中地对清代学术史进行了广泛而深入的研究。这一研究在广度和深度上的发展,其主要表现,首先就在于他对戴震及其哲学的高度评价。

雍正元年(1723)十二月二十四日,是戴震诞辰日。1923年10月,梁启超向学术界发出倡议,筹备召开戴震二百周年诞辰专门纪念会。他为此撰写了一篇《戴东原生日二百年纪念会缘起》。文中对戴震及其哲学倍加推崇。他指出:"前清一朝学术的特色是考证学,戴东原是考证学一位大师。""戴东原的工作,在今后学术界留下最大价值者,实在左列两项",即一"他的研究法",二"他的情感哲学"。梁启超认为,由于这两方面的价值,所以戴震"可以说是我们科学界的

①梁启超:《清代学术概论》三十三,第78页。

先驱者"，是足以与朱熹、王守仁"平分位置"的"哲学界的革命建设家"。① 为了准备参加这次纪念会，他赶写了《戴东原先生传》和《戴东原哲学》，会后又撰成《戴东原著述纂校书目考》等。在这几篇文章中，梁启超对戴震的生平行事、思想渊源及其哲学思想的主要方面，进行了深入的探讨。他的结论是："戴东原先生为前清学者第一人，其考证学集一代大成，其哲学发二千年所未发。虽仅享中寿，未见其止，抑所就者固已震铄往祀，开拓来许矣。"② 这些倾心推许，较之他二十年前的微词，固有矫枉过正之失，但确是研究有得之言。在戴震思想研究中，梁启超的开创之功实不可没。

同对戴震及其哲学的评价一样，随着研究的深入，梁启超早年就清初学者所作的一些过当之论，到此时也都一一进行了切合实际的修正。1924 年 2 月，他撰成《近代学风之地理的分布》一文。文中在论及先前他所诋为"学界蟊贼"的汤斌等人时，便已经一改旧观。他说："睢州汤潜庵（斌），清代以名臣兼名儒者共推以为巨擘。潜庵宦达后假归，乃折节学于苏门。而夏峰弟子中，最能传其学者，在燕则魏莲陆，在豫则潜庵。时盈廷以程朱学相夸附，诋陆王为诐邪，潜庵岳然守其师调和朱陆之旨，而宗陆王为多。居官以忤权相明珠去位，几陷于戮，是真能不以所学媚世者。"③ 对徐乾学，他亦指出："昆山徐健庵（乾学）、徐立斋（元文），虽颇以巧宦丛讥议，然宏奖之功至伟。康熙初叶，举国以学相淬励，二徐与有力焉。健庵治《礼》亦颇勤，其《读礼通考》虽出万季野，然主倡之功不可诬也。《通志堂九经解》嫁

①梁启超：《饮冰室合集》，《文集》第十四册，《戴东原生日二百年纪念会缘起》。
②梁启超：《饮冰室合集》，《文集》第十四册，《戴东原图书馆缘起》。
③梁启超：《饮冰室合集》，《文集》第十四册，《近代学风之地理的分布》五《河南》。

名成容若德,实出健庵,治唐宋经说者有考焉。"①就连早年被他斥作
"伪君子"、"真小人"的李光地、毛奇龄,而今在他的笔下,也得到了
持平的评价。他说:"安溪李晋卿(光地),善伺人主意,以程朱道统
自任,亦治《礼》学、历算等。以此跻高位,而世亦以大儒称之。"②他
还说:"清初浙东以考证学鸣者,则萧山毛西河(奇龄)。""西河之学,
杂博而缺忠实,但其创见时亦不可没。"③梁启超对其既往学术观点
的这一类修正,当然不是他在研究中的倒退,而正是他追求真理的
反映。

　　梁启超在这一时期把他的清代学术史研究推向深入的另一表
现,则是他对整个 17 世纪思潮的研究。重视清初实学思潮的探讨,
这在梁启超数十年的清代学术史研究中,可以说是一个好传统,是足
以构成他的研究特色的一个重要方面。在这方面,他所走过的路也
是一个不断深化的历程。早先,他只是将清初思想作为清学发展的
初期阶段去进行考察,对之予以肯定的评价。而到其晚年,随着学识
的积累和研究的深入,他已逾越王朝兴替的界限,扩展为对整个十七
世纪思潮的研究。为此,他在 1924 年专门撰文一篇,题为《明清之交
中国思想界及其代表人物》。在这篇文章中,梁启超对自 1624 至
1724 年,凡百年间中国思想界的大概形势及其重要人物加以论列。
他指出:"若依政治的区划,是应该从 1644 年起的,但文化史的年代,
照例要比政治史先走一步。所以本讲所讲的黎明时代,提前二三十
年,大约和欧洲的十七世纪相当。"而且他还认为:"这一百年,是我们

---

①梁启超:《饮冰室合集》,《文集》第十四册,《近代学风之地理的分布》七《江
　苏》。
②梁启超:《饮冰室合集》,《文集》第十四册,《近代学风之地理的分布》十三《福
　建》
③梁启超:《饮冰室合集》,《文集》第十四册,《近代学风之地理的分布》九《浙
　江》。

学术史最有价值的时代,除却第一期——孔孟生时,像是没有别个时代比得上它。"①

在梁启超晚年所进行的实学思潮研究中,对颜李学派的表彰,成为他致力的一个重要课题。颜元曾经说过:"立言但论是非,不论异同,是则一二人之见不可易也,非则虽千万人所同不随声也。"②梁启超由衷地服膺这段话,他认为:"颜李不独是清儒中很特别的人,实在是二千年思想界之大革命者。"③当时,正值美国著名哲学家杜威访华之后,杜威以及詹姆斯的实用主义哲学风行一时。梁启超则指出,颜元、李塨的学说,同样可以与之媲美。他说:"他们所说的话,我们读去实觉得餍心切理,其中确有一部分说在三百年前而和现在最时髦的学说相暗合。"④他把颜李学说同现代教育思潮相比较,对颜元、李塨的实学思想和教育主张进行了详尽的引证。他指出:"我盼望我所引述的,能够格外引起教育家兴味,而且盼望这派的教育理论和方法,能够因我这篇格外普及,而且多数人努力实行。"⑤在这个问题上,后世教育学界对颜元教育思想的深入研究,是可以告慰梁先生于九泉的。

1924 年前后,是梁启超研究清代学术史取得丰硕成果的一个时期。在这一时期中,他除连续发表上述论文外,还着手进行《清儒学案》的纂辑。1923 年 4 月,他在给当时商务印书馆负责人张元济的一封信中,曾经写道:"顷欲辑《清儒学案》,先成数家以问世,其第一

---

①梁启超:《饮冰室合集》,《文集》第十四册,《明清之交中国思想界及其代表人物》。
②颜元:《颜习斋先生言行录》卷下《学问》第二十。
③梁启超:《饮冰室合集》,《文集》第十四册,《明清之交中国思想界及其代表人物》。
④梁启超:《饮冰室合集》,《文集》第十四册,《颜李学派与现代教育思潮》。
⑤梁启超:《饮冰室合集》,《文集》第十四册,《颜李学派与现代教育思潮》。

家即戴东原。"①翌年初,他在高校授课时又讲道:"吾发心著《清儒学
案》有年,常自以时地所处,窃比梨洲之故明,深觉责无旁贷。所业既
多,荏苒岁月,未知何时始践夙愿也。"②很可惋惜的是,这一工作未
及完成,病魔便夺去了他的生命。他所留下的,仅为戴震、黄宗羲、顾
炎武三学案及《清儒学案年表》凡百余页手稿。与之同时,梁启超所
做的第三桩事,便是在天津南开大学和北京清华研究院讲授中国近
三百年学术史。后来他所撰写的授课讲义,即以《中国近三百年学术
史》为书名印行。

　　《中国近三百年学术史》是继《清代学术概论》之后,梁启超研究
清代学术史的又一部重要论著,也是他晚年在这一学术领域中研究
成果的荟萃。在写《清代学术概论》时,梁启超刚由政治斗争漩涡拔
足,所以他的作品难免还颇带些昨日政论家的气息。而此时著《中国
近三百年学术史》,他已经是执教有年的著名教授,对学术问题的探
讨,较之数年前更为冷静、缜密。因而,作为一部学术专史的雏形,这
部著作显然就比《清代学术概论》趋于成熟。它既保持了作者先前对
清代学术史进行宏观研究的独具特色,同时又以专人、专题的研究,
使宏观研究同局部的、具体的考察结合起来。这部论著凡作十六节,
而归纳起来不外乎就讲了三个专题,一是清代学术变迁与政治的影
响,二是清初实学思潮及主要学者的成就,三是清代学者整理旧学的
总成绩。全书无论是对清代学术主流的把握,还是对各时期学术趋
势的分析;无论是对清初诸大师,如顾炎武、黄宗羲、王夫之、颜元等
的研究,还是对为论者所忽视的方以智、费密、唐甄、陈确、潘平格等
的表彰,都无不显示了基于深厚研究之上的卓越识断。其中,尤以对
第三个专题的研究,更是搜讨极勤,很见功力,从而成为他晚年的得

①梁启超:《致菊公书》,见丁文江、赵丰田:《梁启超年谱长编》,第1016页。
②梁启超:《中国近三百年学术史》十五,上海:民志书店,1929年,第475页。

意之作。1924年4月,当他将这一部分书稿送请《东方杂志》率先发表时,就曾经指出,全篇所列二十个学术门类,"每类首述清以前状况,中间举其成绩,末自述此后加工整理意见,搜集资料所费工夫真不少。我个人对于各门学术的意见,大概都发表在里头,或可以引起青年治学兴味。颇思在杂志上先发表,征求海内识者之批驳及补正,再泐为成书"①。

　　梁启超因不慊于《清代学术概论》的简略,而久有改写的志愿。《中国近三百年学术史》可以说是在这方面迈出了坚实的一步。但是很可惜,他没有再继续往前走下去,便把学术兴趣转向先秦子学研究。严格地说来,《中国近三百年学术史》应当说是一部未完成的作品。因为梁启超在该书一开始便说得很清楚,"本讲义目的,要将清学各部分稍为详细解剖一番"②,"要将各时期重要人物和他的学术成绩分别说明"③,可是全书终了,这个任务却只做了一半,清中叶以后的学术史仅有综论而无说明,更无解剖。尔后,随着中国第一次大革命的高涨,他戴着有色眼镜去观察时局,以致苦闷彷徨,日益落伍。同时,他又为病魔深缠,直至1929年1月赍志辞世,他始终未能再行涉足于清代学术史研究,这不能不说是一桩深以为憾的事情。倘使天假以年,使他得以矢志以往,将《清代学术概论》与《中国近三百年学术史》合而一之,实现改写《清代学术史》的夙愿,那么梁启超在这一学术领域中的所获,当是不可限量的。

---

① 梁启超:《致菊公书》,见丁文江、赵丰田:《梁启超年谱长编》,第992页。
② 梁启超:《中国近三百年学术史》二,《清代学术变迁与政治的影响(上)》,第17页。
③ 梁启超:《中国近三百年学术史》四,《清代学术变迁与政治的影响(下)》,第50页。

四

在中国近现代学术史上,梁启超以富于开创精神而著称。正是无所依傍的大胆开拓,构成了他的清代学术史研究独具一格的特色,使他取得了超迈前人的卓越成就。作为一个杰出的先行者,他的研究虽然还只是开了一个头,不可能走得更远,而且还存在若干偏颇和疏失。但是,发凡起例,辟启蹊径,在清代学术史的开创和建设中,他的功绩是不朽的。归纳起来,梁启超在这一学术领域的贡献,主要有如下几个方面。

第一,开创性的宏观研究。

有清一代,对当代学术发展源流进行局部梳理,从其中叶便已开始。嘉庆、道光间,江苏扬州学者江藩继起,撰就《国朝汉学师承记》、《国朝宋学渊源记》和《国朝经师经义目录》,实为此一学术趋向之滥觞。随后,湖南学者唐鉴不满江藩扬汉抑宋的做法,一反其道,独以程朱学派为大宗,置经学、心学为异己,编成《国朝学案小识》,也堪称梳理有得者。不过,江、唐二人的著作,虽然对我们了解清代前期学术界的状况不无参考价值,但是他们皆为门户之见所蔽,其中尤以唐鉴为甚。因而,就学术史研究而言,他们的所得同梁启超相比,就实在不成片段。梁启超的研究之所以远胜于前人,其根本之点就在于,他将进化论引进学术史研究领域,把清代学术发展视为一个历史的演进过程,在中国学术史上,第一次对它进行了宏观的历史研究。在愈趋深化的研究过程中,梁启超首先从纵向着眼,将清代学术史置于中国数千年学术发展长河中去论列。他不仅指出清学同先前宋明理学间的必然联系,而且还把它同以后对孔孟之道的清理沟通起来。他所昭示给人们的,既不再是数千年来旧史家对封建王朝文治的歌颂,也不再是从朱熹到唐鉴历代学者对一己学派的表彰,而是一个历史时期学术盛衰的全貌。这样,梁启超就以其"史界革命"的实践,把清代学术史研究引向一个崭新的天地。同时,作为一个特定历史阶段的学术思想史,梁启超又把三百年间的学术发展看作一个独立的整体,对之进行了多层次、多切面的系统研究。无论是就其所涉及研究课题之广泛,还是所论列学者之众多,都是空前的。他关于清代学术发展的基本特征,清代学术史的分期和对各个时期主要学术趋向的把握,以及十七世纪实学思潮和整个清学历史地位等方面的探讨,不仅前无古人,睥睨一代,而且也给后来的学者指出了深入研究的广阔而坚实的路径。

十分可贵的是,身为晚清学术界的代表人物之一,梁启超却能以一个杰出史家的理智,摆脱门户之见的羁绊,对自己亲历的学术史事进行冷静、缜密的研究。他"不惜以今日之我,难昔日之我","即以现在执笔之另一梁启超,批评三十年史料上之梁启超"。[1] 他曾经说过:"启超之在思想界,其破坏力确不小,而建设则未有闻,晚清思想界之粗率浅薄,启超与有罪焉。"[2]在中国学术史上,能如同梁启超一样,把自己作为一个历史人物去进行解剖者,实在是不可多见的。正是这种虚怀若谷、从善如流的学风,使他在清代学术史研究中的开创精神历久而不衰。梁启超对清代学术史所进行的开创性宏观研究,使他理所当然地成为这一学术领域的杰出奠基人之一。

第二,对清代学术发展规律的探索。

清代学术,作为中国古代学术发展的一个重要阶段,它有其自身的运动规律,探讨和准确地把握这一规律,是清代学术史研究的一个根本课题。在中国学术史上,进行这一探索的第一位成功者便是梁启超。当他青年时代跨入清代学术史研究门槛的时候,便以封建史

①梁启超:《清代学术概论》卷首《自序》,第4页。
②梁启超:《清代学术概论》二十六,第65页。

家所不可企及的魄力和卓识,大胆地提出了历史的三大"界说"。即第一,"历史者,叙述进化之现象也";第二,"历史者,叙述人群进化之现象也";第三,"历史者,叙述人群进化之现象而求得其公理公例者也"。在中国史学史上,梁启超第一次从西方引进"历史哲学"的概念,他指出:"善为史者,必研究人群进化之现象,而求其公理公例之所在,于是有所谓历史哲学者出焉。历史与历史哲学虽殊科,要之,苟无哲学之理想者,必不能为良史,有断然也。"①梁启超研究清代学术史的过程,也就是他以其资产阶级的历史哲学为指导,去探索这一学术领域的"公理公例"的过程。

从《近世之学术》到《中国近三百年学术史》,梁启超的全部研究表明,他并没有满足于对清代学术演变源流的勾勒,也没有局限于对清代学者业绩的表彰。他的卓越之处在于,他试图去探索在清代历史上,递相出现的学术现象产生的原因,以及它们之间的联系,并把它们合而视为一个独立的思潮,进而找到这一思潮与其前后历史时期所出现思潮的联系。尽管由于历史和阶级的局限,在这个问题的探讨中,梁启超最终未能如愿以偿。但是,无论是他对清代学术发展内在逻辑的认识,还是他就地理环境、社会环境、人们的心理状态等因素对学术发展影响的探讨,尤其是他晚年所着力去论证的封建专制政治对学术趋向的制约,都在这方面做出了有价值的尝试。他的探讨所得,为继起者向真理的追求,提供了宝贵的思想资料。

第三,一系列重要研究课题的提出。

学术研究,归根结底,是为了追求真理,解决问题。然而,问题的解决,真理的把握,却并非一蹴而就,它需要研究者付出长期的一代接一代的艰辛劳动。因而,作为开拓者,评判他们功绩的依据,往往并不在于能否解决问题,历史给他们以肯定评价的,则是他们提出问

①梁启超:《饮冰室合集》,《文集》第三册,《新史学》。

题的识断。从这个意义上说,提出问题同解决问题是具有同等重要价值的。梁启超的清代学术史研究,其历史价值就不仅仅是因为他触及并着手解决前人所未曾涉及的若干问题,而且更在于他提出了这一学术领域中应当解决的一系列重要课题。在梁启超所提出的研究课题中,既有对规律性认识的探讨,也有对局部问题的深入剖析。前者譬如清代学术史的分期,清代学术发展的基本特征和趋势,十七世纪实学思潮研究,清代学术的历史地位,等等。后者譬如对戴震及其哲学和颜李学派的评价,清代学者整理旧学的总成绩,乾嘉学派、常州学派的形成,晚清的西学传播,等等。如果要开成一张单子,那么至少可以列出四五十个大题目录。半个多世纪来,继起的研究者正是沿着梁启超开辟的路径走去,从不同的角度,运用不同的研究方法,去解决他所提出的一个个课题。同时又在这一过程中,不断发掘出新的研究课题来,从而把清代学术史研究推向了一个新的更高的层次,

第四,进行东西方文化对比研究的尝试。

每一个国家,每一个民族,都有自己的理论思维史和文化史。尽管由于历史和现实的原因,它们之间的发展水平参差不一,但是将各个国家、各个民族在同一历史时期,或相似发展阶段的理论思维史、文化史进行比较研究,对于提高各自的发展水平,共同缔造人类的文明,无疑是十分必要的。从今天看来,这样的认识已经广为人们所乐于接受。然而,一个多世纪前,在闭关锁国的清政府统治下,这则是不可思议的事情。直到二十世纪初,封建统治尚在苟延残喘的时候,要去这么做,也是需要足够的理论勇气和远见卓识的。在这方面,梁启超破天荒地进行了勇敢的尝试。他的清代学术史研究,不仅把著名思想家,诸如黄宗羲、颜元、戴震等的某些思想,同西方相似的思想家进行局部的对比,肯定其思想的历史价值;而且还从整体上把全部清代学术同欧洲的"文艺复兴"相比照,高度评价了清学的历史地位。

虽然梁先生所做的对比研究,还只是甚为简单的、粗疏的类比,而且往往还带着明显的主观随意性。但是通过这样的对比研究,他既没有成为拘守"国粹"的夜郎自大者,也没有成为拜倒在他人脚下的民族虚无主义者。梁启超的成功尝试表明,这样做的结果,带给他的则是对我国思想文化遗产的深入认识,以及对其发展前景的满怀乐观。正如他在《清代学术概论》篇末所说:"吾著此篇竟,吾感谢吾先民之饷遗我者至厚,吾觉有极灿烂庄严之将来横于吾前。"

欧洲"文艺复兴",作为西方走向资本主义的先导,它具有无可估量的历史价值。恩格斯称之为"从来没有经历过的最伟大的、进步的变革"①。梁启超试图以对清代学术史的总结,找到清学与"文艺复兴"间的相似之点,从而呼唤出中国的资本主义来。尽管历史的进程雄辩地证明,只有社会主义才能救中国,然而在二十世纪初,梁启超对新社会的憧憬,以及他所进行的理论探索,我们却不能因此便不加分析地一概加以否定。事实上,他的东西方文化对比研究,他的"无拣择的输入外国学说"②,用他的话来说,其目的就在于"欲使外学之真精神普及于祖国"③。在这一点上,梁启超先生无愧于向西方寻求救国救民真理的杰出先行者之一。而且他所进行的理论探索还告诉我们,在清代的近三百年间,就理论思维水平而言,我们同西方世界相比,已经落后了整整一个历史阶段。探讨导致这一差距形成的根源,正是我们研究清代社会史和思想史的一个重要课题。

第五,学术史编纂体裁的创新。

在中国史学史上,学术史的分枝,可谓源远流长。从《庄子》的

---

① 《马克思恩格斯选集》第三卷,恩格斯:《〈自然辩证法〉导言》,北京:人民出版社,1966年,第493页。

② 梁启超:《中国近三百年学术史》四《清代学术变迁与政治的影响(下)》,第48页。

③ 梁启超:《饮冰室合集》,《文集》第三册,《近世之学术》第三节。

《天下篇》、《荀子》的《非十二子篇》,到历代史书中的儒林传、经籍志、艺文志,代有董理,一脉相承。不过,严格地说来,作为一种专门的史书体裁,它的雏形则形成于较晚的南宋,这便是朱熹的《伊洛渊源录》。随后,又经历数百年的发展,直到清初学者黄宗羲纂辑《明儒学案》,才使之最终得以完成。有清一代,学术史的编纂即步黄宗羲后尘,以学案体为圭臬,大体无异,小有变通而已。梁启超的清代学术史著述,则打破了这一格局。从《近世之学术》到《中国近三百年学术史》,他对学案体史书,取其所长,弃其所短,试图把对学者专人的研究,融入各历史时期主要学术现象的专题研究中去。章节分明,纲举目张。在梁启超的笔下,人们所看到的,就不再是旧学案里那些孤立的一个个学者或学派,而是彼此联系,不可分割的历史演进过程。梁启超仿佛绘制的是一幅写生画,清代三百年间的学术演变史宛若一株参天大树,而各个历史时期的主要学术现象,则是使其得以成荫的繁密枝干,各领风骚的学者,便是那满缀枝头的累累硕果。这样,就历史编纂学而言,梁启超的清代学术史著述,便在旧有学案体史书的基础之上,酝酿了一个飞跃,提供了编纂学术史的一种崭新的体裁。

　　写到这里,我以为还有必要指出的是,同清代学术史编纂相一致,梁启超对整个清史的编纂,也是有过贡献的。早在 1914 年,他就曾对编写清史的纪、表、志、传,分门别类提出过一系列建设性的意见。梁启超很重视表、志在史书中的地位,他认为司马迁的《史记》创立十表,"宜为史家不祧之大法",但是"后之作者,惟踵人表,舍弃事表,史公精意隳其半矣"。他同时又指出:"全史精华,惟志为最。"因而,他把清代重大史事列为数十表、志,以取"文简事增"之效。① 可惜他的很有见地的看法,却未能引起史馆诸公的应有重视。所以,后

---

① 梁启超:《饮冰室合集》,《专集》第八册,《清史商例初稿》。

来他为萧一山先生的《清代通史》作序时,不胜感慨地写道:"清社之屋,忽十二年,官修《清史》,汗青无日,即成,亦决不足以餍天下之望。吾侪生今日,公私记录未尽散佚,十口相传,可征者滋复不少。不以此时网罗放失,整齐其世传,日月逾迈,以守缺钩沉盘错之业贻后人,谁之咎也?"①梁启超作为一个杰出史家的高度责任感,于此可见一斑。而梁启超七十余年前的某些意见,诸如对清代重大史事的把握,重视清代有作为帝王的历史作用;在人物编写上以专传、附传等多种形式,"部画年代"、"比类相从"等等,依然是值得分析、借鉴的。

五

梁启超博学多识,才华横溢。他一生广泛涉足于史学、文学、哲学、法学、佛学、社会学、政治学、财政金融学、语言文字学、金石书法学、地理学、教育学等众多的学科,其为学领域之广博,在他那个时代,实是罕有匹敌。广,这是他的为学之长。因有其广,故能在浩瀚学海任情驰骋,"裂山泽以辟新局",发人之所未发,往往犹如信手拈来。然而正是这个广字,却又成了他的为学之短。因务其广,欲面面俱到而不得专一,故流于"务广而疏"。诚如他所自责:"启超务广而疏,每一学稍涉其樊便加论列,故其所著述,多模糊、影响、笼统之谈,甚者纯然错误。及其自发现而自谋矫正,则已前后矛盾矣。"②这并非谦辞,而是肺腑之言。在他的清代学术史研究中,这样的弊病也同样存在。梁启超的清代学术史著述,大刀阔斧,视野开阔,加以文笔平易畅达,因此读来实是令人痛快,不忍释手。然而,掩卷而思,则疏失之处在所多有,尤其是一些总结性的论断,更是每每经不住推敲。

①梁启超:《饮冰室合集》,《文集》第十四册,《清代通史序》。
②梁启超:《清代学术概论》二十六,第65页。

这样又不禁让人为之惋惜。以下,拟试举一二例略作说明。

梁启超认为,清代学术发展的主要潮流,"是厌倦主观的冥想,而倾向于客观的考察"①。据此出发,他把清代的考证学视为如同先前的两汉经学、隋唐佛学、宋明理学并称的"时代思潮"。② 这样的归纳,大体上是允当的。但是,基于上述估计,梁启超遂把清代学术的发展划分为启蒙、全盛、蜕分、衰落四期。他认为:"吾观中外古今之所谓思潮者,皆循此历程以递相流转,而有清三百年,则其最切著之例证也。"③这样,他便把整个清代学术发展的历史归结为唯一的考证思潮史。这个做法就很可商量了。我们以为,清代学术虽以经史考证为主流,但却不能以之去囊括整个清学。清代近三百年间,固然有源远流长的考证学,但在它之前,尚有作为清初学术主流的实学思潮;当它鼎盛发皇之时,今文经学则已酝酿复兴,乃至清中叶以后风行于世;到了晚清,又兴起了向西方寻求救国救民真理的历史潮流。而且,始终与考证学相颉颃的,还有那不绝如缕的宋学。凡此种种,不一而足。所有这些纷繁复杂的学术现象,既彼此联系,互相渗透,却又独立地存在于不同的历史时期。它们既非考证学的附庸,更不能以考证学去取代。而借用梁启超先生的话来说,它们同考证学一样,也都有各自的启蒙、全盛、蜕分、衰落的历史。因此,我们不赞成梁启超把清代学术演进的历史简单化的做法。

又如应当怎样去看待清代学术发展中的"复古"现象? 在梁启超看来,清代学术走的是一条"复古"的路,所以他曾经把清代称作"古学复兴时代"。他不仅认为清学是"以复古为解放",而且还归纳了一个层层上溯的"复古"过程。这就是"第一步,复宋之古";"第二

---

① 梁启超:《中国近三百年学术史》一《反动与先驱》,第 2 页。
② 梁启超:《清代学术概论》一,第 1 页。
③ 梁启超:《清代学术概论》一,第 3 页。

步,复汉唐之古";"第三步,复西汉之古";"第四步,复先秦之古"。①
对梁启超的这些看法,我们只能大致赞成其前半部分,而对所谓"以
复古为解放"的命题,尤其是那个四步"复古"过程的归纳,我们以为
不唯"模糊、影响、笼统",而且"纯然错误"。清代是对中国古代学术
进行整理和总结的时期,因而从形式上看,它确实带着"复古"的特
色。但是,"复古"毕竟只是一种现象而已,并不能据以说明清代学术
发展的本质。对清学的"复古",我们切不可脱离具体的历史条件去
孤立地进行考察。同样是"复古",清初、乾嘉以及清中叶和晚清就很
不相同。清初学者的"复古",是要解答社会大动荡所提出的现实课
题。然而顽固、陈旧的生产方式,桎梏着他们的思维方式和思维能
力,他们无法超越历史的制约,只好回过头去,从上古的三代之治中
去勾画他们的社会蓝图。乾嘉时期的"复古",是在与清初不同的社
会经济、政治条件下进行的。正是在社会所提供的舞台上,乾嘉学者
沿着清初"以经学济理学之穷"的趋势走下去,纯然走向古学的整理。
这同清初的"经世致用",显然就有质的差别。而道咸以后,尤其是同
光之世的"复古",既有承乾嘉遗风对旧学的整理,更有借《春秋》、
《公羊》说的"非常异义可怪之论",来谋求挽救社会危机途径的努
力。这与乾嘉时期相比,就又是一次新的质变。到了晚清,则是把西
学同中学相沟通,"复古"是为了传播西学,向西方寻求救国救民的真
理成为不可抗拒的历史潮流。清代学术史就是在这样一个否定之否
定的矛盾运动中前进的,其间既有渐进性的量的积累,也有革命性的
质的变化。梁启超为庸俗进化论所束缚,看不到质变在清学发展中
的能动作用,他无法准确地透过现象去把握历史的本质,结果只好牵
强立说。这大概就是他致误的根本原因之所在。事实上,无论在清
代任何一个历史时期,都并不存在"以复古为解放"的客观要求,更不

① 梁启超:《清代学术概论》二,第 6 页。

存在层层上溯的复古趋势。梁启超为一时倡导国学的需要,而去作这样的归纳,实在是不足取的。

　　总之,梁启超的清代学术史研究,既有大胆探索所取得的创获,也有粗疏失误而留下的教训。然而就大体而论,他在这一学术领域中,贡献是其主要的、根本的方面,疏失则是次要的、非本质的方面。批判地继承梁启超所留下的学术文化遗产,完成他所未竟的《清代学术史》编纂事业,这恐怕就是我们今天对这位学术大师最好的纪念。

附录　梁启超清史论著系年

1898 年(光绪二十四年)　　二十六岁

始撰《戊戌政变记》。先以单篇在当年及翌年连载于《清议报》,后即合成一书。

1901 年(光绪二十七年)　　二十九岁

《南海康先生传》、《李鸿章》(又题《中国四十年来大事记》)。

1902 年(光绪二十八年)　　三十岁

始撰《论中国学术思想变迁之大势》,写至前六章辍笔。后于1904 年夏,续作讨论清代学术史专章,以《近世之学术》为题,发表于《新民丛报》。

1904 年(光绪三十年)　　三十二岁

《袁崇焕传》。

1914 年　　四十二岁

《清史商例初稿》。

1920 年　　四十八岁

《清代学术概论》(又题《前清一代思想界之蜕变》)。

1923 年　　五十一岁

始辑《清儒学案》。后仅成黄宗羲、顾炎武、戴震三学案及《清儒学案年表》。《朱舜水先生年谱》、《黄梨洲、朱舜水乞师日本辨》、《戴东原生日二百年纪念会缘起》。

　　1924 年　　　五十二岁

　　《戴东原先生传》、《戴东原哲学》、《戴东原著述纂校书目考》、《清代通史序》、《颜李学派与现代教育思潮》、《清代学者整理旧学之总成绩》(即《中国近三百年学术史》之十三至十六节)、《明清之交中国思想界及其代表人物》、《近代学风之地理的分布》、《中国近三百年学术史》。

　　1925 年　　　五十三岁

　　《复余姚评论社论邵二云学术》。

(《清史论丛》第八辑,中华书局 1991 年 6 月版)

钱宾四先生对清代学术史研究的贡献

钱宾四先生有一不刊之论,谓"考订立于共是,义理卓在独见"①。先生之学,自考订而入义理,原原本本,确然不拔,故根深叶茂,睿识卓然,海内共推巨擘。笔者治清代学术史,由章太炎、梁任公二先生之著述入门,而朝夕寝馈,出入与偕者,则是钱宾四先生之大著《中国近三百年学术史》。值此宾四先生百龄冥寿,谨录平日读先生大著札记数则,稍事排比,连缀为文,以略抒数十年景仰之悃忱,并敬祈诸位师长、贤哲赐教。

一、不识宋学即无以识近代

经历明清更迭的社会动荡之后,清初学术突破宋明旧辙,走向"以经学济理学之穷"的路径。对中国古代学术的这一演进,应当作何解释? 清末,章太炎先生著《訄书》,于此率先论及。太炎先生说:"清世,理学之言竭而无余华,多忌故歌诗文史梏,愚民故经世先王之志衰。家有智慧,大凑于说经,亦以纾死,而其术工眇踔善矣。"②章先生的这段话,虽有"理学之言竭而无余华"之论,但又说"多忌",说"愚民",说"纾死",着眼点显然更多地在于对清廷政治专制的憎恶。

---

① 钱穆:《中国近三百年学术史》第八章《戴东原·戴学之流衍》。
② 章炳麟:《訄书》第十二《清儒》。

时值太炎先生反清思想正炽,论学而不能忘情于政治,亦在情理之中。因此,章先生触及问题而并没有能够加以解决。

清亡,梁任公先生循太炎先生足迹而进,则力倡"宋明理学之反动"说。梁先生先是撰《清代学术概论》,提出"清学之出发点,在对于宋明理学一大反动"①的主张。稍后著《中国近三百年学术史》,则更辟《反动与先驱》为首章。他重申前说,指出:"本讲义所讲的时代,是从它前头的时代反动出来。"②何谓"宋明理学之反动"? 梁先生于此有过如是解释:

> 夫宋明理学何为而招反动耶? 学派上之主智与主意,唯物与唯心,实验与冥证,每迭为循环。大抵甲派至全盛时必有流弊,有流弊斯有反动。而乙派之代兴,乙派之由盛而弊,而反动,亦然。然每经一度之反动再兴,则其派之内容必革新焉,而有以异乎其前。人类德慧智术之所以进化,胥恃此也。此在欧洲三千年学术史中,其大势最著明,我国亦不能违此公例。而明清之交,则其嬗代之迹之尤易见者也。③

将学术发展的外在原因同内在逻辑区分开来,着力地去揭示其内在逻辑,这无疑是梁先生较之章先生更有见地之处。然而梁先生为陈旧的因果循环论障蔽视野,误把繁复的历史问题简单化,以致欲揭示学术演进内在逻辑而不能。其结果,一如章太炎先生,梁任公先生依然没有能够解决问题。

章、梁二位先生所留下的困惑,是由钱宾四先生来解决的。1931

---

①梁启超:《清代学术概论》三。
②梁启超:《中国近三百年学术史》一《反动与先驱》。
③梁启超:《清代学术概论》三。

年秋,钱先生始任教于北京大学,讲授近三百年学术史。历时五年,而成专著《中国近三百年学术史》。全书开宗明义,在《自序》中即对章、梁二家所探讨的上述问题发表意见。钱先生说:"窃谓近代学者每分汉宋疆域,不知宋学,则亦不能知汉学,更无以评汉宋之是非。"又说:"明清之际,诸家治学,尚多东林遗绪。梨洲嗣轨阳明,船山接迹横渠,亭林于心性不喜深谈,习斋则兼斥宋明,然皆有闻于宋明之绪论者也。"①据此,宾四先生以《引论》为首章,对清代学术之渊源进行了明晰的梳理。

根据钱先生的研究,清代学术之与宋明学术,乃为一体,不可分割,其间存在一个必然的内在逻辑。这个逻辑,在宋明时代,钱先生称之为"宋学精神"。关于这一精神,钱先生主张从两个方面来把握,他说:

> 故言宋学精神,厥有两端,一曰革新政令,二曰创通经义。而精神之所寄,则在书院。革新政治,其事至荆公而止;创通经义,其业至晦庵而遂。而书院讲学,则其风至明末之东林而始竭。东林者,亦本经义推之政事,则仍北宋学术真源之所灌注也。②

这就是说,钱先生认为,宋学有两大精神,一是革新政令,二是创通经义。前者至王安石变法而彰显无遗,后者则以朱子学的崛起而集其大成。此种精神以书院为依托,在两宋数百年间迭经消长,影响迄于明末而不绝。晚明东林学派之本经义而议政事,实与两宋学术精神一脉相承。

---

① 钱穆:《中国近三百年学术史》卷首《自序》。
② 钱穆:《中国近三百年学术史》第一章《引论上·两宋学术》。

　　由宋明学术向清代学术的演进，其间的内在逻辑，钱先生则归结为"东林学风"。何谓东林学风？一如对宋学精神之把握，宾四先生亦从两个方面去阐释，他指出："东林学讲大体，约而述之，厥有两端，一在矫挽王学之末流，一在抨弹政治之现状。"①钱先生认为，东林之论学，集中于三个论题，一是辨王门四句教之"无善无恶心之体"；二是辨本体与功夫之虚实；三是辨气质之性与义理之性。而东林之清议，钱先生亦以如下三条为大要。第一为明是非，立纲纪；第二为斥乡愿，进狂狷；第三为提倡节义。合东林诸儒之论学与议政为一体，则成为明清之际主盟学坛的东林学风。

　　东林学风上承两宋遗脉，下启清学新路，实为明清间学术递嬗之一大关键。钱先生于此，有甚多精辟论述。他说：

　　　　东林学派，本自阳明来……而东林讲学，颇欲挽救王学末流之弊，乃不期然而有自王反朱之倾向。稍后，刘蕺山讲学山阴，独标慎独宗旨，论其大体，亦欲兼采朱王，与东林无甚别也。清初学者，如太仓陆桴亭、容城孙夏峰，虽各有偏倚，而斟酌调停，去短集长，仍是东林以来旧辙。

在钱先生看来，清初诸大儒中，不唯桴亭、夏峰二家若此，而且"如顾亭林之耿介，李二曲之坚卓，其人格之峻，操持之高，皆东林之嗣响也"。因此，钱先生断言："即谓清初学风尽出东林，亦无不可。"

　　至此，清初学术同宋明学术之间，宛若红线贯串，在在相联。于是钱宾四先生既摒除章太炎先生过多强调政治影响的偏颇于不取，又修正了梁任公先生以"反动"说将繁复历史问题简单化的倾向，从而提出了"不识宋学，即无以识近代"的卓越见解。钱先生于此论之

---

①钱穆：《中国近三百年学术史》第一章《引论下·晚明东林学派》。

最详,他说:

> 治近代学术者当自何始?曰必始于宋。何以当始于宋?曰
> 近世揭橥汉学之名,以与宋学敌,不知宋学则无以评汉宋之是
> 非。且言汉学渊源者,必溯诸晚明诸遗老。然其时如夏峰、梨
> 洲、二曲、船山、桴亭、亭林、蒿庵、习斋,一世魁儒耆硕,靡不寝馈
> 于宋学。继此而降,如恕谷、望溪、穆堂、谢山,乃至慎修诸人,皆
> 于宋学有甚深契诣。而于时已及乾隆,汉学之名始稍稍起。而
> 汉学诸家之高下浅深,亦往往视其所得于宋学之高下浅深以为
> 判。道咸以下,则汉宋兼采之说渐盛,抑且多尊宋贬汉,对乾嘉
> 为平反者。故不识宋学,即无以识近代也。①

钱先生高屋建瓴,在这一大段论述中,不唯揭示了清初学术与宋明学
术间的内在联系,而且将宋学对有清一代学术的影响,亦要言不繁,
准确道出。

应当指出,钱宾四先生讨论学术变迁而揭示的内在逻辑,并非脱
离社会历史的孤立论究,相反,正是立足于具体历史环境来把握学术
消息的。在这方面,钱先生同样提出了十分卓越的见解。他说:"自
乾嘉上溯康雍,以及于明末诸遗老。自诸遗老上溯东林,以及于阳
明。更自阳明上溯朱陆,以及北宋之诸儒。求其学术之迁变,而考合
之于世事,则承先启后,如绳秩然,自有条贯。"将学术变迁与社会历
史的演进作为一个整体来进行考察,从而发现其间秩然有序的条贯,
或者说是规律,这便是钱宾四先生所揭示的一个基本为学方法论。

与之相一致,钱先生还从阐明东林学派同阳明学的关系入手,就
研究学术史的宏观着眼点,发表过很重要的意见。他说:

---

①钱穆:《中国近三百年学术史》第一章《引论上·两宋学术》。

余谓东林言是非好恶,其实即阳明良知、立诚、知行合一之教耳。惟环境既变,意趣自别,激于世缘,遂成异采。若推究根柢,则东林气节,与王门良知,实本一途。东林所以挽王学末流之散,而亦颇得王学初义之精,东林之渊源于王学,正犹阳明之启途于考亭也。……东林在宗国未倾之前,故得以忠义自励。清初则处大命灭绝之余,转期以经济待后。学术流变,与时消息,亦不得不尔也。①

钱宾四先生之所论,诸如"环境既变,意趣自别,激于世缘,遂成异彩";"学术流变,与时消息";"求其学术之迁变,而考合之于世事",等等,其意义显然已远远溢出明清间学术递嬗的论究。凡此,与"不识宋学,即无以识近代"相辅相成,两位一体,为研究清初学术,乃至整个清代学术史,昭示了一条正确的途径。

二、清儒考证学之来历

清代学术以对中国古代学术的整理和总结为历史特征,有清二百数十年间,传统的历史考证学,一度发皇,绵延不绝。治学术史的前哲,因之于此一时期学术有径称为考证学者。其中,以梁任公先生之所论影响最大。

梁先生著《清代学术概论》,把有清一代学术的主流称为考证学。他说:"有清一代学术,可记者不少。其卓然成一潮流,带有时代的色彩者,在前半期为考证学,在后半期为今文学,而今文学又实从考证学衍生而来。"②清儒之考证学从何而来? 梁先生以朝代为断限,推

---

① 钱穆:《中国近三百年学术史》第一章《引论下·晚明东林学派》。
② 梁启超:《清代学术概论》卷首《自序》。

祖于清初顾亭林,且列举贵创、博证、致用为类,逐一论证,以确立顾
亭林的开派宗师地位。后来,梁先生著《中国近三百年学术史》,依然
阐发前说,认为:"论清学开山之祖,舍亭林没有第二个人。"他还将顾
炎武与同时诸大师,如孙奇逢、黄宗羲、李颙、王夫之、朱之瑜等相比
较,以突出亭林不可取代的特殊地位。梁先生就此有云:

> 要之,清初诸大师,如夏峰、梨洲、二曲辈,纯为明学余波;如
> 船山、舜水辈,虽有反明学的倾向,而未有所新建设,或所建设未
> 能影响社会。亭林一面指斥纯主观的王学不足为学问,一面指
> 点出客观方面许多学问途径来。于是学界空气一变,二三百年
> 间跟着他所带的路走去。亭林在清代学术史所以有特殊地位者
> 在此。①

清初学术的本来面貌,是否果如梁任公先生之所论? 在治清代学术
史的诸多前哲中,钱宾四先生是最先著书提出商榷的大师。钱先生
著《中国近三百年学术史》,在《顾亭林》一章中,对此进行了集中讨
论。宾四先生的研究所得,为后学至少澄清了如下两个至关重要的
问题。

第一,清儒之考证学并非肇始顾亭林,实发端于明代中叶。

梁任公先生之论顾亭林为清儒考证学开派宗师,有一重要依据,
即:"其自述治音韵之学也,曰'……列本证、旁证二条。本证者,
《诗》自相证也。旁证者,采之他书也。二者俱无,则宛转以审其音,
参伍以谐其韵……'(《音论》)此所用者,皆近世科学的研究法。乾
嘉以还,学者固所共习,在当时则固炎武所自创也。"②梁先生提出此

---

① 梁启超:《中国近三百年学术史》六《清代经学之建设》。
② 梁启超:《清代学术概论》四。

一论据时,想是一时疏忽,未曾过细检核顾亭林之《音学五书》,尤其未能将其中之《音论》,同明人陈第著《毛诗古音考》相比勘,因而误把顾亭林所引述陈季立《毛诗古音考序》中语,视作引述者自云。这样,遂得出列本证、旁证之法为"炎武所自创"的错误结论。

钱宾四先生看到了这一点,因而他的商榷即由此而切入。钱先生指出:

> 亭林之治古音,乃承明陈第(季立)之遗绪。陈氏有《毛诗古音考》、《屈宋古音义》,其书取径与亭林《诗本音》、《易本音》相似。陈氏《毛诗古音考序》,自谓为考据列本证、旁证二条,本证者,《诗》自相证也;旁证者,采之他书也。二者俱无,则宛转以审其音,参伍以谐其韵。其据古求证之方法,岂不已先亭林而为之乎?

铁证如山,不可撼动,于是宾四先生对任公先生的结论断然予以否定,宣布:"梁氏《学术概论》,误以陈氏本证、旁证语为亭林自述,因谓亭林为汉学开山。证据既误,断案自败。"①

陈第为明万历间学者,钱宾四先生既从学源上找出顾炎武音韵学之系承陈第遗绪,则清儒考证学之肇始,就应当到明中叶去寻其渊源。为了证成己说,钱先生先是取顾炎武著《唐韵正》,同明人杨慎著《转注古音略》相比照,从而揭示两家的后先继承关系。钱先生于此有云:"杨慎(用修)治古音,犹在陈第前,而不如陈之精密。然亭林《唐韵正》,犹有取于杨氏《转注古音略》之说。"继之,钱先生又引清儒所论为据,以说明清儒考证学之源头确在明中叶。

钱先生之所引凡两条,一为乾隆间官修《四库全书》清廷词臣语,

---

① 钱穆:《中国近三百年学术史》第四章《顾亭林》。

一为乾嘉时代通儒焦循论学语。前者出《四库全书总目》之方以智著《通雅》提要,语云:

> 明之中叶,以博洽著者称杨慎,而陈耀文起而与争。然慎好伪说以售欺,耀文好蔓引以求胜。次则焦竑,亦喜考证,而与李贽游,动辄牵缀佛书,伤于芜杂。惟以智崛起崇祯中,考据精核,迥出其上。风气既开,国初顾炎武、阎若璩、朱彝尊等沿波而起,始一扫悬揣之空谈。

后者出《雕菰楼集》之《与某论汉儒品行书》,焦理堂谓:"南宋空衍理学,而汉儒训诂之学几即于废。明末以来,稍复古学,在前若杨升庵,在后若毛大可。"于引述《四库提要》语时,钱先生有一重要夹注,注云:"按:《焦氏笔乘》有《古诗无叶音》一条,考证精确,不下陈第。焦、陈同时,未知孰为先唱。此阎百诗《尚书古文疏证》卷五及陈兰甫《东塾集》卷四《跋音论》均及。又焦为陈书作序,已自言之。"

有此诸多论据为证,钱宾四先生遂得出此一问题的结论。他说:"清廷馆阁词臣序清儒考证之学,亦谓沿明中叶杨慎诸人而来,不自谓由清世开辟也。"又说:"理堂在野,亲值汉学极盛,推溯来历,亦谓起明季,与四库馆臣之言相应。此自清儒正论。谓考证由顾、阎开山,其说起晚近,按实固无据也。"①

第二,不可以汉学开山论顾亭林。

顾亭林为清初学术大师,顺康间学术的演进,乃至整个清代学术的盛衰,其为学风尚的影响,或显或晦,皆有辙迹可寻。因此,钱宾四先生论顾亭林,才会说:"要其意气魄力,自足以领袖一代之风尚矣。"然而能否因之而评顾亭林为汉学开山呢? 同梁任公先生的看法相

①钱穆:《中国近三百年学术史》第四章《顾亭林》。

反,钱宾四先生的回答是否定的。

　　对同样一位受人尊重的学者,同样一位影响一代学术甚巨的大师,梁、钱两位先生的结论却很不相同。究其所自,笔者以为,根本原因乃在两位先生观察清代学术的着眼点有异。梁先生以考证概括清代学术,他就朝代断限,分清代考证学为四个阶段,即"一、启蒙期(生),二、全盛期(住),三、蜕分期(异),四、衰落期(灭)"①。依梁先生所论,既然顾亭林为"启蒙期"的代表人物,那么以他为汉学开山便顺理成章。而钱宾四先生则不然。钱先生之考论清代学术,并不截然以朝代断限,而是从历史实际出发,梳理学术演进的内在逻辑。具体到顾亭林,钱先生既探讨顾氏为学予后世的深刻影响,同时又十分强调亭林学风的独特个性,以致在乾嘉时代继响乏人的道理,从而显示其卓然睿识。

　　关于顾亭林与清儒考证学的关系,读钱先生的《中国近三百年学术史》,我们可以看到与梁先生用语的明显不同。在"考证学"三字之前,钱先生每每冠以一个时代限语,即"乾嘉"。也就是说,钱宾四先生并不认为整个清代学术都是考证学,严格地说来,所谓考证学,只是指乾嘉时代的特定学风。我们是否可以这样说,这就是钱先生考论顾亭林,考论乾嘉考证学,乃至考论整个清代学术的根本着眼点。正是由此出发,钱先生在为学的途径和方法上,揭示了乾嘉考证学与顾亭林学风的后先继承关系。他说:"治音韵为通经之钥,而通经为明道之资,明道即所以救世。亭林之意见如是。乾嘉考证学即本此推衍,以考文知音之工夫治经,即以治经工夫为明道,诚可谓得亭林宗传。"同时也是由此出发,钱先生尤为着力地去论证乾嘉考证学与顾亭林学风的根本差异,从而否定了以顾亭林为汉学开山的结论。

①梁启超:《清代学术概论》一。

在这个问题上，钱先生的如下论述，具有十分重要的意义。他说：

> 亭林论学本悬二的，一曰明道，一曰救世。其为《日知录》，又分三部，曰经术、治道、博闻。后儒乃打归一路，专守其经学即理学之议，以经术为明道，余力所汇，则及博闻。至于研治道，讲救世，则时异世易，继响无人，而终于消沉焉。若论亭林本意，则显然以讲治道救世为主。故后之学亭林者，忘其行己之教，而师其博文之训，已为得半而失半。又于其所以为博文者，弃其研治道、论救世，而专趋于讲经术，务博闻，则半之中又失其半焉。且所失者胥其所重，所取胥其所轻。取舍之间，亦有运会，非尽人力。而近人率推亭林为汉学开山，其语要非亭林所乐闻也。①

综观钱宾四先生之所论，我们可以得出两个具有规律性的认识。一代学术风气，非任何个人所能转移，其间，既有先前学术所留下的深刻影响，又有一时众多学者基于时代要求而做出的创造性劳动。因而仅以某一个学者为一代学术的开派宗师，有违历史实际，显然是不妥当的。此其一。其二，有清一代二百数十年间，历史环境迭经变迁，学术风尚亦因时而异。云蒸霞蔚的清初学术，显然不是乾嘉考证学所可同日而语。而晚清学术的多姿多彩，旧中求新，同样也远远逾越乾嘉考证学羁绊。因此，对于清代不同时期的学术，应当进行具体分析，不能以考证学来简单概括。

---

① 钱穆：《中国近三百年学术史》第四章《顾亭林》。

三、乾嘉诸儒吴皖非分帜

　　晚近谈乾嘉学术,每以吴皖分派立论。究其所自,则章太炎先生当属首倡。在《訄书》中,太炎先生论清儒学术有云:"其成学著系统者,自乾隆朝始。一自吴,一自皖。吴始惠栋,其学好博而尊闻;皖南始戴震,综形名,任裁断。此其所异也。"①其后,梁任公先生著《清代学术概论》《中国近三百年学术史》,遂成"惠、戴两家中分乾嘉学派"②之说。同样谈乾嘉学派,同样谈惠栋、戴震,钱宾四先生的看法则与章、梁二先生多所不同。太炎先生谈惠栋、戴震,侧重于论究两家学风之差异,以突出各自学派的为学特征,至于两家学术的关系则未置一词。梁任公先生亦然,虽于惠、戴关系略有涉及,然不过"师友之间"寥寥四字而已。钱宾四先生的过人处在于,他正是从章、梁二先生之忽略处入手,深入考察惠栋学术予戴震的影响,举一反三,提出吴皖非分帜的卓见,从而掩章、梁二先生而上,对乾嘉学派的研究做出了贡献。

　　惠栋生于康熙三十六年,戴震生于雍正元年,就年辈而论,两人相去已二十七岁,惠栋自属前辈。就为学言,乾隆九年,惠栋著《易汉学》,以复原汉《易》而雄视一时学坛。此时的戴震,尚在字义、音声、算数的求索之中,迄于乾隆十六年,始得补为休宁县学生。因而较之惠栋,戴震无疑应为后学。乾隆二十二年,戴震北游南旋,途经扬州,适逢惠栋作幕于两淮盐运使卢见曾,二人遂得结为忘年之交。此后四年,戴震皆客居扬州。钱宾四先生认为,戴震之游学扬州,是他一生为学的一个重要转变时期。此后,戴震接受惠栋学风影响,于惠学

――――――――

① 章炳麟:《訄书》第十二《清儒》。
② 梁启超:《中国近三百年学术史》十三《清代学者整理旧学之总成绩》。

加以创造发展,俨然继惠栋之后的学坛主盟。用钱宾四先生的话来说,就叫作"一转而近于吴学惠派"。

关于戴震学风的转变,钱宾四先生提出的依据主要是三条。第一条是乾隆三十年,戴震为纪念惠栋而撰写的《题惠定宇先生授经图》。第二条是在此四年之后,他为惠栋弟子余萧客著《古经解勾沉》所撰序。第三条是戴震著《原善》,系接受惠栋《易微言》影响而成。根据这三条证佐,钱宾四先生认为,惠栋、戴震之为学,虽一主求古,一主求是,但并非异趣。他就此指出:

> 东原卒后,凌廷堪为作《事略状》,谓东原于扬州见元和惠栋,论学有合,决非虚语。(原注:王昶为《东原墓志铭》,亦谓惠、戴见于扬州,交相推重。)王鸣盛亦言,方今学者,断推惠戴两先生。惠君之治经求其古,戴君求其是,究之舍古无以为是。(原注:见洪榜《东原行状》。)谓舍古无以为是,上之即亭林舍经学无理学之说,后之即东原求义理不得凿空于古经外之论也。然则惠戴论学,求其归极,均之于"六经",要非异趋矣。

由惠栋、戴震为学之非异趋,进而复以惠门后学之尊戴为据,钱先生遂得出"吴皖非分帜"的结论。他说:"江藩《汉学师承记·洪榜传》,称榜为卫道儒,又全录其与朱筜河发明东原论学一书,可证其时不徒东原极推惠,而为惠学者亦尊戴,吴皖非分帜也。"①

考明惠栋为学予戴震学风转变的深刻影响,进而提出"吴皖非分帜"的卓见,实为钱宾四先生于乾嘉学术史研究的一个重要发明。这一发明留给后学的教益是多方面的,归纳起来,主要是如下三点。

首先,惠栋之与戴震,皆为乾隆间学术大师,惠栋复原汉《易》,以

---

① 钱穆:《中国近三百年学术史》第八章《戴东原》。

之而开复兴古学风气之先声,成为乾嘉学派登上学术舞台的标志。从惠学到戴学,有继承,也有发展。戴学之继承惠学者,为训诂治经传统。这一传统导源于清初顾炎武的"读九经自考文始,考文自知音始",至惠栋而门墙确立。戴震一脉相承,遂成乾嘉学派为学的不二法门。惠栋故世,戴震崛起,乾隆三十八年,戴震应召入京,预修《四库全书》。至此,戴学发皇,大行于世。足见,惠、戴两家并非对立的学派,由惠学到戴学,实为乾嘉学派从形成到鼎盛的一个缩影。

其次,惠栋、戴震之学,卓然自立,流风所被,遍于南北,确乎一代学术宗师。以他们为代表,在当时的苏州和徽州地区,也的确存在由不同学者组成的学术群体,从而发展着各自的地域学术。治乾嘉学术史,对于地域学术的研究自然应当加强,而按地域来划分学派,则还可商量。尤其不宜以吴、皖两派,或者说惠、戴二家来概括整个乾嘉学派。关于这一点,就是当年主张"惠、戴两家中分乾嘉学派"的梁任公先生,在述及吴、皖两派的同时,也指出:"此外,尚有扬州一派,领袖人物是焦(里堂)循、汪(容甫)中,他们研究的范围比较的广博。有浙东一派、领袖人物是全(谢山)祖望、章(实斋)学诚,他们最大的贡献在史学。以上所举派别,不过从个人的学风上,以地域略事区分。其实各派共同之点甚多。许多著名学者,也不能说他们专属哪一派。"①虽然笔者并不赞成梁先生所举扬州学派、浙东学派之目,但是任公先生认为,当时人才辈出,不可将众多学者简单地归之于某一派别,无疑是很中肯的意见。

再次,乾嘉学术由博而精,自成体系,乾嘉学者人才辈出,各领风骚。前哲于此,以吴皖分派论学,筚路蓝缕,功不可没。然而,吴皖分派有一最为明显,亦最为重要之可酌处,即它忽略了对乾嘉学派做动态的、历史的研究。因而过分强调吴皖学风差异的结果,无形中便掩

---

① 梁启超:《中国近三百年学术史》三《清代学术变迁与政治的影响》。

盖了乾嘉学术演进的轨迹。学术研究,贵在创新。陈陈相因,人云亦云,徘徊于低水准的重复,实在是一种莫大的浪费。因此,笔者主张,把乾嘉学术和乾嘉学派都作为一个历史过程,去进行认真的、过细的、实事求是的考察。其间,既包括分阶段的学术史研究,也包括不同学术的分门类研究,还包括对地域学术和学术世家以及学者个人的专题研究。笔者认为,大家深入开拓,集思广益,乾嘉学派和乾嘉学术史的研究,终将在我们这一代人的努力下,创造出一个可以告慰前哲的局面来。

近人治清代学术史,章太炎、梁任公、钱宾四三位大师,后先相继,鼎足而立。太炎先生辟除榛莽,开风气之先声,首倡之功,最可纪念。任公先生大刀阔斧,建树尤多,所获已掩前哲而上。宾四先生深入底蕴,精进不已,独以深邃见识而得真髓。学如积薪,后来居上,以此而论章、梁、钱三位大师之清代学术史研究,承先启后,继往开来,总其成者无疑当属钱宾四先生。笔者妄论,今日吾侪之治清代学术史,无章、梁二先生之论著引路不可,不跟随钱宾四先生之《中国近三百年学术史》深入开拓尤不可。这便是在今日及尔后的清代学术史研究中,钱宾四先生不可取代的卓越历史地位。

(原载《钱宾四先生百龄纪念会学术论文集》,
香港中文大学 2003 年 12 月版)

杨向奎先生与《清儒学案新编》

杨向奎先生字拱辰,河北丰润人,生于 1910 年 1 月 10 日。1935年毕业于北京大学历史系,后相继执教于甘肃学院、西北大学、东北大学和山东大学。1957 年,调中国科学院历史研究第一所任研究员。翌年,历史研究第一、二所合并为历史研究所,1977 年后改属中国社会科学院,先生皆在本所任职。向奎先生毕生从事历史教学和研究,先后究心中国古代政治史、经济史、思想史、学术史、民族史和历史地理,博睹通贯,著述宏富,为我国历史学的发展做出了重要贡献。先生的主要学术论著为:《西汉经学与政治》、《中国古代社会与古代思想研究》、《中国古代史论》、《清儒学案新编》、《大一统与儒家思想》、《宗周社会与礼乐文明》、《墨经数理研究》、《自然哲学与道德哲学》、《哲学与科学——自然哲学续编》、《绎史斋学术文集》、《繙经室学术文集》和《中国屯垦史》(合著)等。60 年代中叶以后,先生以一业已取得卓越成就的人文社会科学工作者,而毅然攀登自然哲学和理论物理学的高峰,相继发表《熵和引力》、《论时间空间》等多篇重要论文。环顾四海,古往今来,皆属罕见。2000 年 7 月 23 日,先生因病医治无效,在北京协和医院逝世,享年 91 岁。杨向奎先生的不幸病逝,实为我国历史学界的一个重大损失。

《清儒学案新编》是向奎先生晚年的一部代表著述,也是先生一生留给学术界卷帙最大、内容最多的重要著述。拱辰先生之治清儒学术,用力甚早。30 年代中,先生在北京大学历史系的毕业论文,即是就清修《明史》和《明史稿》进行对校。50 年代中叶至 60 年代初，先生倾全力于《中国古代社会与古代思想研究》的撰写，研究清代前期的学术演进，亦即清儒的汉学，成为该书下册乙编的一个重要部分。正是以长期究心的坚实积累为基础，1964 年先生在《新建设》杂志撰文讨论乾嘉学派，提出了将乾嘉学派和乾嘉学术作为一个历史过程来进行研究的主张。先生说："历来谈乾嘉学派的，总是说这一个学派有所谓吴派、皖派之分。其实与其这样按地域来划分，还不如从发展上来看它前后的不同，倒可以看出它的实质。"①

经历"文化大革命"的空前浩劫，在历史学的拨乱反正之中，先生于 70 年代末重理清儒学术，发愿纂修《清儒学案新编》。为此，1982年 10 月，先生在《清史研究通讯》发表《〈清儒学案新编〉缘起》一文。文中，主要谈了如下一些想法。

"学案"是中国过去的学术思想史，这类学术思想史著作始于清初。前此，中国学术思想史在史籍中归纳于《传》、《志》内。先秦时代的《庄子·天下》、《荀子·非十二子》等篇，是我国学术思想史或学术思想概论的滥觞。秦汉以后，此道渐衰，列传中鲜有学术思想内容，而《经籍志》中仅列出目录。

清代学术思想史的工作超越前朝，孙奇逢的《理学宗传》后，有黄宗羲的《明儒学案》。该书自序说："羲为《明儒学案》，上下诸先生，深浅各得，醇疵互见，要皆功力所至，竭其心之万殊者，而后成家。……于是为之分源别派，使其宗旨历然，由是而之焉，固圣人之耳目也。"黄宗羲要发扬圣学，于是对明儒"为之分源别派，使其宗旨历然"。这是一种学术思想史的工作，可以上绍庄、荀，而对明代诸儒加以分析而断其流派，并于案主传略后附有著作摘要。此类著作，其上者遂起学术思想史和学术思想史料选编的双重作用。《明儒学案》

---

① 杨向奎：《谈乾嘉学派》，载《新建设》1964 年 7 月号。

庶几近之。及徐世昌主编之《清儒学案》出,名为"学案",而案主传略实鲜学术思想内容,原著选编又多失当,于是所谓学术思想史及学术思想史料的双重作用,都有不足。

有清二百数十年,其初,明清之际大师辈出,实呈百家争鸣局面。孙奇逢、黄宗羲、顾炎武、方以智、王夫之、傅山、李颙以及颜元,皆各有千秋。康熙即位后用熊赐履,赐履非醇儒,然尊重儒术,遂为清廷尊重理学所自始。而为康熙帝讲学最亲且久之人是李光地。熊、李本有师生之谊,然彼此皆伪,遂以争宠相倾轧,二人均以理学为得君之阶梯。上有好者,下必甚焉,天下不敢以世俗之见非薄理学,而儒生得到朝廷信用。他们既不以迂拙或虚伪见摈,则熊、李犹金台之郭隗,当居招致之功,要为人君好尚之标志。

自此理学虽为朝廷正统,但反理学思潮并未少息,傅山、顾炎武、方以智、王夫之、颜元等开其端,到乾隆朝则朴学大盛。朴学对玄学言,顾炎武、阎若璩为奠基者,戴震、惠栋等人都反宋学而提倡汉学,故称之为汉、宋之争。朴学兴起后,而理学不被世人重视,于是乾嘉学派成为正统。不过朴学之脱离实际,与理学、心学无异,但因方法不同,因而所得结果亦异。

与乾嘉学派并起的有常州学派。常州学派始于庄存与,而刘逢禄张其帜,遂使该派一时大盛。今文经学自何休总结《公羊》义例后,少有继承者,所谓"非常异议可怪之论",渐趋湮灭。庄存与尚未发现《公羊》义例所在,而刘逢禄才是何休总结的发现者。孔广森另有别解,这样就使歧义丛生。此后龚自珍、魏源出,更与经世之说相结合,于是使《公羊》义更富改良主义色彩,并开清末公羊学大盛之先河。

乾嘉学派与常州学派如双峰峙立,泾渭分流,至清末不衰。孙诒让实为乾嘉学派集大成者,而康有为遂以《公羊》讲大同世界。章太炎、梁启超以后,学术日益发展,传统的汉学及《公羊》学,都不能把他们的博大学问包含于其中。①

《清儒学案新编》编撰之初,先生为拟议中的这部书确定了如下九条《叙例》。

第一,徐世昌主持纂辑的《清儒学案》(以下简称《旧案》),作为一代学术思想史料长编,功不可没。但书成众手,别择未严,且名"学案"而案主评传殊鲜学术内容,难免"庞杂无类"之讥。《清儒学案新编》(以下简称《新编》)期有:一、清代学术思想史,二、清代学术思想史料选辑的双重作用,并因以窥见清代学术思想发展渊源及流派。于案主评传部分,重在学术思想内容的分析,学术思想史料选辑,则旨在反映案主之学术、思想风貌。

第二,《旧案》体例,衡以黄宗羲宋、元、明诸学案,未免庞杂,是以有"无类"之讥。且强作《正案》、《附案》、《诸儒》之分,尤多可议。《新编》拟汰其繁冗,整齐条例,本《缘起》阐述的原则,于清初诸大家后,继以理学、朴学、经学各流派,选取足以反映当时学术思想风貌的学者。大体人自一案,师承、家学、交游等,均随案记述,不另立门户。文学、艺术以及自然科学,都非本编所及,因此略而不录。

第三,社会在发展,学术思想亦因之而演变。清代自 1840 年后,逐渐转入半封建、半殖民地社会,外来思想发生影响,非《旧案》所能范围者,亦择要选入,以补《旧案》之阙略。

第四,本书既名为"清儒",其上下断限自然明确。但时间绵延,间有跨越两代者,则或因其成就所在,影响所及;或因约定俗成。具体而言,《新编》始于孙奇逢,而终于康有为及王国维。

第五,《旧案》编次,以案主生年为序,固属可取。但不顾学术渊源流派,意为分合,犹将老子与韩非同列,未免偏颇。《新编》于此,则

①杨向奎述,李尚英整理:《杨向奎学述》九《关于〈清儒学案新编〉的写作》,杭州:浙江人民出版社,2000 年,第 157—158 页。

两者兼顾,不完全以年代为纲。全书共分十卷,拟作:1. 清初诸儒;2.乾嘉诸儒;3. 道咸诸儒;4. 晚清诸儒。

第六,《旧案》标题,有用案主字号及所属地望之分。《新编》概以案主习用字号标题,少数合案或以地望标出。

第七,《新编》评传所引史料及选辑之学术思想史料,均据原著通行版本,力求校对无误。间有采自《旧案》及时人选辑者,亦随文注出。

第八,《新编》将附有《清代学术思想史年表》、《清代学者著述表》及人名、书名索引。

第九,《新编》评传,由著者执笔,间有采自他人著作者,皆注明作者、出处。①

此后全书的编纂,大致就按照这一思路去进行。略有变动者,一是规模稍有缩小,由十卷减为八卷,原拟附录之诸表及索引,亦付阙如,留俟后补;二是下限稍有突破,一直写到 1940 年才故世的蔡元培、罗振玉二位先生;三是为《红楼梦》的著者曹雪芹写了专案。向奎先生认为:“曹雪芹既是文学家,又是思想家,本书理当著录。何况晚近数十年学术界关于曹氏家世的讨论,我也是身历其事者,把这段历史记录下来,未尝无益。”②

《清儒学案新编》第一卷于 1985 年 2 月问世,全书八卷出齐,已经是 1994 年 3 月。先生对此书的自我评价是:“我的书虽无统一计划,体例也不完整,但典型训诂、考据那部分和今文经学那部分,源流

①杨向奎:《清儒学案新编》第一卷《〈清儒学案新编〉叙例》,济南:齐鲁书社,1985 年,第 1—2 页。
②杨向奎述、李尚英整理:《杨向奎学述》九《关于〈清儒学案新编〉的写作》,第161 页。

分明,解释清楚,可无愧于前人。"①90年代末,先生回顾一生为学经历,又就《新编》的这两个部分,谈了以下十分重要的话。

《新编》第五卷,著录自江永至孙诒让等11位考据学家的学案。向奎先生说:

> 他们都是清代有名的"汉学家",长于训诂考据,而戴东原更是有名的哲学家。这一卷中的人物,都是我国近三百年中训诂考据学派的精英,他们也可以说是用近代的科学方法,整理我国传统的古典著作,做出了辉煌成果,对于保存、解释、发扬我国传统文明,起了积极的推动作用。民国以来,以胡适先生为代表的整理国故派,他们的方法与成绩,并没有超过乾嘉学派。可以说,戴、段、二王为代表的训诂学派及清末大师孙诒让的成就,都是空前的。

先生以《新编》第五卷,同著录自庄存与至康有为等11位今文经学家学案的第四卷并列,指出:

> 这个汉学派及第四卷的今文学派,可以说是清代学术界两大流派,都是主流。公羊学派的改革精神,由他们所发挥的公羊学所提倡的民族团结大一统的思想,在我国文化之现代化方面,以及国家民族在极度衰危的情况下能够坚挺下来,在马克思主义未传入中国以前,他们的功劳是不可埋没的。所以我们认为,

---

① 杨向奎述,李尚英整理:《杨向奎学述》九《关于〈清儒学案新编〉的写作》,第161页。

《学案》四、五两卷,是全书中的核心,希望读者注意。①

　　的确,在迄今的乾嘉学派和常州学派研究中,杨向奎先生所著《清儒学案新编》,业已超迈前哲时贤,取得无可争议的领先地位。北京师范大学陈其泰教授,是《新编》第八卷的重要合作者。正是在向奎先生的影响之下,其泰先生深入开拓,始有《清代公羊学》新著问世。遵循向奎先生之所教,自去年秋天起,我与我们研究所的几位年轻同仁结为课题组,拟从梳理学术文献入手,以五年为期,完成《乾嘉学术编年》的编纂。我们希望以此对推动乾嘉学派和常州学派的研究做一些有益的事情。矢志以往,积以时日,或可实现向奎先生未竟之志,以告慰先生于九泉之下。

(原载《清史论丛》2000 年号,中国
广播电视出版社 2001 年 1 月版)

---

①杨向奎述,李尚英整理:《杨向奎学述》九《关于〈清儒学案新编〉的写作》,第162 页。

乾嘉学派研究与乾嘉学术文献整理

最近十余年间，乾嘉学派和乾嘉学术研究，一直为治清代学术的学者所关注。由于四方学者的共同努力，这一研究业已取得甚多成果，喜呈方兴未艾之势。往后，各位同仁的研究如何向纵深推进，一致百虑，殊途同归，大家尽可按照各自的计划去进行。以下，仅提出一点建议，奉请各位斟酌。刍荛之见，就是主张进一步做好文献的整理和研究工作。

一、《清人别集总目》的编纂

有清一代学术，乾隆、嘉庆两朝，迄于道光初叶的近百年间，是一个发皇的时期。其间杰出的学者最多，学术成就最大，传世的学术文献亦最为丰富。古往今来，学术前辈们的实践一再告诉我们，学术文献乃治学术史之依据，唯有把学术文献的整理和研究工作做好，学术史的研究才能够建立在可靠的基础之上。

将乾嘉时期的重要学术文献精心校勘，施以新式标点出版，这是整理乾嘉学术文献的一项重要工作，嘉惠学林，功在千秋。在这方面，最近一二十年间，学术界的各方面专家已经作了大量贡献。譬如自20世纪80年代以后，相继问世的《潜研堂文集》《方苞集》《章学诚遗书》《抱经堂文集》《戴震全集》《校礼堂文集》《钱大昕全集》《全祖望集汇校集注》《仪礼正义》《礼记集解》《礼记训纂》、

《尚书今古文注疏》等，无一不提供了可贵的研究资料，从而推动相关研究的前进。循此以往，辨章学术，考镜源流，与乾嘉学术文献的整理和研究相关的目录学著述，亦接踵而出。林庆彰教授主编的《乾嘉经学论著目录》、《日本研究经学论著目录》，王绍曾教授主编的《清史稿艺文志拾遗》，李灵年、杨忠二位教授主编的《清人别集总目》，柯愈春先生著《清人诗文集总目提要》等，皆为学术界做了功德无量的事情。借此机会，请允许本人就《清人别集总目》稍事介绍。

清代文献，浩若烟海，实为此前历代之所不及。究其原因，大要当或有二：一则中国古代社会经历数千年发展，至清代已然极度成熟，经济、政治、军事、文化皆臻于一集大成之格局；再则博大精深之中华学术，在此二百数十年间，亦进入一全面整理和总结之历史时期。唯其如此，有清一代才人辈出，著述如林，其诗文别集之繁富，几与历代传世之总和埒。这是中华民族一份极为宝贵的历史文化遗产，也是发展中华民族新文化的必然依据。故而董理清人别集，自20世纪中王重民先生之《清代文集篇目分类索引》肇始，尔后数十年间，前辈贤哲接武而进。邓之诚先生之《清诗纪事初编》，钱仲联先生之《清诗纪事》，张舜徽先生之《清人文集别录》，袁行云先生之《清人诗集叙录》等，呕心沥血，成就斐然。

学如积薪，后来居上。正是凭借前哲时贤之深厚积累，李灵年、杨忠二位教授集合同志，付以十年艰苦劳作，遂成《清人别集总目》三巨册。该书汇海内外现存清人别集书目、版本、馆藏及作者碑传资料于一堂，以崭新体例而超迈前贤，洵称迄今最为完整系统之清人别集综录。在《清人别集总目》的《前言》中，主编先生绍介全书编纂宗旨云："《清人别集总目》立足于为进一步的研究服务，本着挖掘清代文献资料的指导思想，一切从有利于研究出发，以使用方便为准则，不

受传统书目体例的限制,因而在编纂体例上有所突破。"①至于本书
之编纂特点,李、杨二位教授则归纳为五个方面:一是著录广泛,二是
多列版本,三是详注馆藏,四是书传结合,五是便于使用。本人完全
赞成主编先生的绍介和归纳,谨举书中一例,试作管中之窥。

凌廷堪为乾嘉间著名学者,该书著录其诗文集及碑传资料云:

校礼堂初稿文不分卷梅边吹笛谱 2 卷

稿本(上图)

按:有清□巢南跋

校礼堂诗集 14 卷

道光六年张其锦刻本(北图、日本人文、大阪)

按:北图藏本有清李慈铭批并跋

校礼堂文集 36 卷

嘉庆十八年张其锦刻本(北图、粤图、人大、山大)

按:北图藏本有清李慈铭批并跋

校礼堂文集 36 卷诗集 14 卷

校礼堂全集本,嘉庆十八年刻文集、道光六年刻诗集(丛书
综录、旅大、台湾史语、日本人文、京文、东文、广岛)

民国二十四年安徽丛书第四期·凌次仲先生遗书影印校礼
堂全集本(丛书综录、安徽师大、安庆、日本人文)

[附]凌廷堪(1757—1809),字仲子,号次仲,歙县人,乾隆
五十八年进士,官宁国府教授

事略状　戴大昌撰　校礼堂文集附

传　阮元撰　揅经室二集 4

①李灵年、杨忠:《清人别集总目》卷首《前言》,合肥:安徽教育出版社,2000 年,
第 8 页。

清史稿 481

清史列传 68

碑传集 135

国朝耆献类征初编 258

国朝先正事略 36

汉学师承记 7

清儒学案小传 12

文献征存录 8

清代朴学大师列传 6

国史文苑传稿 2

清代畴人传 13

清代七百名人传

新世说 4

凌次仲先生年谱　张其锦撰　校礼堂全集本

凌廷堪年谱　陈万鼐撰　台北刊行　中山学术文化集刊 12 辑

全身画像 清代学者像传 1 集

半身木刻像 凌次仲先生年谱卷首①

如上所引,该书确实做到了多列版本、详注馆藏、书传结合。集此数长,自然也就实现了"便于使用"的初衷。至于"著录广泛",更非虚语。全书所录一代诗文,作者近 2 万家,别集约 4 万种,碑传资料凡16000 余通,"广泛"二字,名副其实。尤可称道者,则是服务于深入研究的编纂宗旨。李灵年、杨忠二位先生于此说得很好:"此书的问世,尤可为清代文学、文献学、历史学等多种学科的研究提供一部必

① 李灵年、杨忠:《清人别集总目》第 2 卷,第 1967—1968 页。

备的工具书,为《全清诗》、《全清文》的编纂打下一定的基础。使用者一书在手,既可以从量上大致把握清代诗文别集的概貌,同时也掌握了一把深入研究的钥匙。"①

《校礼堂初稿》为凌氏早年文稿之初次结集,时当乾隆六十年,一时前辈硕学卢文弨曾为之撰序。《梅边吹笛谱》为廷堪早年词作,结集于嘉庆五年。二书结集最早,且为稿本,弥足珍贵,自当列于最前。而上图庋藏本之题跋者,或为陈去病先生,研究者有兴趣,当可依文风、书法等作一番考证。想是本书定稿时间的限制,编纂凌廷堪一目的先生,尚未见到王文锦先生整理刊行之《校礼堂文集》,他日再版,补为完璧可矣。该目所附之凌廷堪小传,虽不过寥寥数十言,然皆确有据依,殊非易事。唯其间所涉两处记年,似可作进一步研究。一是凌廷堪生年,究竟当依张其锦辑年谱及廷堪自述定为乾隆二十二年(1757 年),还是据阮元撰传定为乾隆二十年(1755 年);二是凌氏成进士之年,《明清进士题名碑录》记为乾隆五十八年,而廷堪自述及诸多官私载籍皆作乾隆五十五年,当以何者为准?凡此,有本书所提供的钥匙,深入研究,门径豁然。

二、别集佚文的辑存

辑录乾嘉时期著名学者集外题跋、序记、书札等佚文,区分类聚,整理刊布,是一桩既见功力,又有裨学术研究的事情。晚清以降,诸多文献学家后先而起,辑录顾广圻、黄丕烈二先生群书题跋,已开风气之先。20 世纪 50 年代初,陈垣先生据尹炎武先生所获钱大昕集外家书 15 函,逐函加以精审考订,更为一时儒林推尊,赞为"励耘书屋

---

① 李灵年、杨忠:《清人别集总目》卷首《前言》。

外无二手"。①　尔后,虽间有学者承先辈遗风,辛勤爬梳,唯因兹事难度甚大,成功非易,久而久之遂成绝响。90 年代中,陈文和教授主持整理编订《钱大昕全集》,专意搜求潜研堂集外散佚诗文,纂为《潜研堂文集补编》一部,辑得诗文凡 80 首。古朴之风再现,不啻凤鸣朝阳。

2001 年春,承陈鸿森教授不弃,远颁大著《钱大昕潜研堂遗文辑存》。拜读之后,祖武方知早在 20 世纪 80 年代中,鸿森教授已然致力钱竹汀先生集外佚文之访求,且于 1990 年 5 月 18 日辑录成编。陈先生于此记云:

> 余不自揆,向尝纂《竹汀学记》一编,稿草粗就,自惭所见未深,卒未敢写定。而披览所及,见有竹汀遗文,辄手录之,积久渐富。诸文虽非尽精诣之所在,然可援据以资考证者不少。昔钱庆曾于《竹汀年谱》每年条下,注记其文撰年之可考者,中有集外遗文若干题。惜年湮世远,旧籍日稀,当日检索易易者,今率多难以踪迹。因念异时有搜讨竹汀佚文者,其难或将远过今日。养疴长日,爰就向所录存者略加排比,移写成篇。然载籍极博,眼目难周,其搜采未备者,甚望世之博雅君子补其阙焉。一九九〇年五月十八日。②

《钱大昕潜研堂遗文辑存》凡 3 卷,所辑竹汀先生集外佚文计 156 篇。卷上为序跋、题记,65 篇;卷中为《长兴县志》辨证,32 篇;卷

---

① 刘乃和、周少川:《陈垣年谱配图长编》"一九五二年五月二十四日"条,沈阳:辽海出版社,2000 年,第 612 页。

② 陈鸿森:《钱大昕潜研堂遗文辑存》卷首《自序》,见《经学研究论丛》第 6 辑,台北:学生书局,1999 年,第 189 页。

下为书札、传志，59篇。其用力之勤，四海无匹。

陈鸿森教授著《钱大昕潜研堂遗文辑存》成，原拟送请《大陆杂志》发表，惜因故延宕有年，直到1999年3月，始在《经学研究论丛》第6辑载出。鸿森教授之力作喜获发表，正值陈文和教授主编之《钱大昕全集》刊行。鸿森教授取二书比对，欣然补撰《后记》云：

> 此文付印校稿时，杨晋龙君见告，渠新购得江苏古籍出版社所印《嘉定钱大昕全集》，册十有主编陈文和氏所辑《潜研堂文集补编》，与余所辑互有同异。余假其书，略检一过，《补编》所收《端砚铭》、《演易》、《小知录序》、《溪南唱和集序》、《跋黄文献公集》、《跋宋拓颜鲁公书多宝塔感应碑》、《跋张尔岐书》等七首，为余所未见者。……昔者陈乃乾搜辑顾千里群书题跋，为《思适斋书跋》二卷，同时有蒋谷孙亦有《思适斋集外书跋辑存》，而王欣夫氏复辑《思适斋书跋》、《思适斋集补遗》。盖各据所得而存之，不相妨也。常叹诸家辑顾、黄遗文，至于再三。而竹汀之精博渊深，迥非顾、黄所可比及，其遗文题识散见群书，乃二百年来无有收拾之者，讵非艺林之阙事与！今得陈君《补编》，同此用心，不啻空谷跫音。览者合二文而观之，庶乎竹汀遗文稍得其全云。①

尤为令人敬重者，陈鸿森教授近一二十年间，不唯勤于辑录钱竹汀先生集外佚文，而且其朝夕精力，几乎皆奉献于乾嘉学术文献的整理与研究。据鸿森教授所馈近年大著知，经陈先生精心辑录成编者，尚有《潜研堂遗诗拾补》、《简庄遗文辑存》、《陈鳣简庄遗文续辑》、

---

①陈鸿森：《钱大昕潜研堂遗文辑存》卷末《后记》，见《经学研究论丛》第6辑，第266页。

《段玉裁经韵楼遗文辑存》、《王鸣盛西庄遗文辑存》和《阮元揅经室遗文辑存》等 6 种。其中，除《潜研堂遗诗拾补》、《简庄遗文辑存》、《王鸣盛西庄遗文辑存》3 种业已刊行，他种力作皆以稿本在同好间流传。

1999 年 8 月 23 日，《王鸣盛西庄遗文辑存》著就，陈鸿森教授于卷首撰为《自序》一篇。文中，陈先生述辑录西庄先生集外佚文缘起有云：

> 《西庄始存稿》刻于乾隆三十年，凡诗十四卷，文十六卷。顾传本绝少，郑振铎氏，当代藏书名家，犹悬金以待，其罕遇可知。余求之十数年，未得一见。去年十一月，林庆彰教授始为余影印一帙，良友之赐，奚啻百朋。其书目录后自识云"自服阕后所作，别为《晚拙稿》"，然其稿迄未付梓。阮元《揅经室二集》卷七有《王西庄先生集序》，称"西庄先生编定诗文全集四十卷，既成，属元为之序"云云，今亦不见刻本。五世孙元增搜其遗佚，为《耕养斋遗文》，仅得六篇（原注：此书余未之见，今据杨向奎氏《清儒学案新编》册八王树民氏撰《西庄学案》，页一一〇）。钱竹汀撰西庄墓志，称其文"纤徐醇厚，用欧、曾之法，阐许、郑之学，一时推为巨手"。乃身后遗稿蔑尔无闻，后之人亦无为之收拾者，一代硕学，文字零落如此，可胜浩叹。

至于辑存西庄先生遗文与治乾嘉学术不可分割之关系，鸿森教授于《自序》中尤加阐发云：

> 曩辑潜研堂遗文，流览群籍，西庄诗文不少概见。顾以未见《始存稿》，不识其已入集否，是以均未钞存。去冬得其书，乃就记忆所及，与易于寻检者稍加集录，共得五十三篇，其待访者尚

若干篇。度西庄服阕后,迄嘉庆二年卒,三十年间所作,当倍蓰于此。虽然,即此遗存者,其平生论学、论文大旨可见。盖西庄中岁治经,专主郑康成,《尚书后案》既成,复理十七史,汲古之功既深,故所为文,遂雄视一切,独抒自见,不为苟同。然则此虽掇拾残遗,固治乾嘉学术者所不可废与。①

陈鸿森教授抄存乾嘉著名学者集外佚文,所辑诸种已刊及未刊稿本,皆系多年潜心爬梳文献之所得。读者不唯可据以感受鸿森教授严谨笃实之为学风尚,而且陈先生精研乾嘉学术文献之深厚功力,亦不啻为治乾嘉学术者树立了一个楷模。业已刊行之钱竹汀、王西庄、陈简庄诸家若此,未刊行多种亦然。其中,尚未刊布之《阮元揅经室遗文辑存》3卷,钞存芸台先生集外佚文多达133篇。其业绩不唯可与《钱大昕潜研堂遗文辑存》并肩比美,而且所费劳作之艰辛,成果学术价值之厚重,丝毫不让当年《揅经室集》之结撰。关于这一点,《阮元揅经室遗文辑存》卷首之《自序》。或可窥知一二。鸿森教授于此有云:

> 阮氏所撰文集,每数年辄结集付刊。凡《揅经室》一集四十卷、二集八卷、三集五卷、四集十三卷(其中诗十一卷);另续集十二卷(含诗七卷)、再续集六卷(含诗二卷)。顾其遗文、序跋未入集者尚多,余披览群籍,时或遇之。史谓芸台"身历乾嘉文物鼎盛之时,主持风会数十年,海内学者奉为山斗焉"(《清史稿》本传)。所撰诸家序文甚夥,多随本书以行。余于此尤有深嗜焉。盖阮氏淹贯群籍,复长于考证,故其序跋,或博涉多通,或穷

---

① 陈鸿森:《王鸣盛西庄遗文辑存》卷首《自序》,《大陆杂志》2000年1月第100卷第1期。

源竟委，精鉴卓识，最可玩绎。其与诸家信函，则多关艺文故实，足资考证者不少。①

1993 年 5 月，中华书局整理刊行阮元《揅经室集》，不知是何缘故，未将再续集诗文录入。他日若能再版，补其所阙，辅以陈鸿森教授撰《阮元揅经室遗文辑存》，则珠联璧合，尽善尽美矣。

三、诸家年谱的董理

年谱为编年体史籍之别支，乃知人论世的重要文献。在现存的 800 余种清人年谱中，乾嘉时期学者的年谱，约占四分之一。② 董理乾嘉时期学者的年谱，于研究乾嘉学派与乾嘉学术，同样具有不可忽视的意义。近一二十年间，于此用力最勤，业绩最富者，亦当推陈鸿森教授。

陈鸿森教授之董理乾嘉学者年谱，所用力主要在于两个方面，一是对现存年谱的订补，二是编纂、重纂名家年谱。前者之代表作为《段玉裁年谱订补》，后者之代表作为《钱大昕年谱别记》、《清儒陈鱣年谱》。由于乾嘉学派乾嘉学术之全局在胸，因而陈教授的年谱结撰，尤着意于学风递嬗、学术变迁，从而昭示年谱知人论世之学术价值。以下，谨自鸿森先生所订补、重纂之三家年谱中各举一例，试做管窥蠡测。

陈鱣为乾嘉间名儒，博学好古，精于校勘辑佚，尤以表彰郑玄学说，筚路蓝缕，功不可没。鸿森教授撰《清儒陈鱣年谱》，于此殚思竭

①陈鸿森：《阮元揅经室遗文辑存》（未刊稿）卷首《自序》。
②来新夏：《近三百年人物年谱知见录》卷首《清人年谱的初步研究》，上海：上海人民出版社，1983 年，第 1—11 页。

虑,可谓三致意焉。

辑《孝经》郑玄注,是陈简庄先生表彰郑玄学说的一次成功实践。继卢见曾辑刊《郑司农集》之后,实为承先启后的创辟之举。治乾嘉学术,乃至有清一代学术,皆是不可忽略之节目。《清儒陈鳣年谱》"乾隆四十七年、三十岁条",于此记云:

> 冬……辑《孝经郑注》成。十二月一日,自为之叙,略云:"郑康成注《孝经》,见于范书本传,《郑志》目录无之,《中经簿》但称'郑氏解,而不书其名,或曰是其孙小同所作。……自玄宗取诸说以为己注,而后之学郑氏者日少。五季之衰,中原久佚。宋雍熙初,日本僧奝然以是书来献,议藏秘府,寻复失传。近吾友鲍君以文属汪君翼沧从估舶至彼国购访其书,亦不可得矣。幸陆氏《释文》尚存其略,群籍中间有引之,因仿王伯厚《郑氏周易》例,集成一编,庶以存一家之学"云。

为表彰陈简庄先生的首倡之功,鸿森教授于上述引文后,详加按语,以伸后海先河之义。陈教授写道:

> 按:清代辑佚之学最盛,其辑《孝经郑注》者,除先生此书外,另有王谟、臧庸、洪颐煊、袁钧、严可均、孔广林、黄奭、孙季咸、潘仕、曾元弼、王仁俊等诸家辑本。皮锡瑞《孝经郑注疏序》云:"自明皇注出,郑注遂散佚不完。近儒臧拜经、陈仲鱼始衰辑之,严铁桥四录堂本最为完善。"实则先生是书辑成时,臧庸年方十六,而诸家辑本皆刊于嘉庆以后,故辑《孝经郑注》实以先生书为嚆矢。特其时日本冈田挺之辑本及《群书治要》尚未传入中国,

故其书不能如严君所辑之富备耳。若先河后海之义,则不可诬也。①

辑郑玄《六艺论》,纂《郑康成年纪》,皆为陈简庄先生之创举。鸿森教授于陈氏年谱中,各有如实纪录,且详加按语以明首创之功。于仲鱼辑《六艺论》,鸿森教授考证云:

> 按:郑玄《六艺论》,王谟、臧庸、洪颐煊、袁钧、严可均、孔广林、马国翰、黄奭诸家亦各有辑本。臧本虽托云其高祖臧琳辑、臧庸补,然其书嘉庆六年冬始付刻,固远在先生书出之后矣。袁氏辑本其《序》虽以先生所辑未能尽善,"一书两引者未能归一,又多拦入引者语,总论与六经之论往往杂出,失于比次,盖创始者难为功也"。袁本即据先生书重为校定,后出转精,理固宜然也。②

于陈仲鱼纂《郑康成纪年》,鸿森教授则更有大段考证文字:

> 按:此书或称"郑君年谱"。清代之纂郑玄年谱者,别有王鸣盛(见《蛾术编》卷五十八)、孙星衍(《高密遗书》本)、沈可培(《昭代丛书》本)、丁晏(《颐志斋丛书》本)、郑珍(见《郑学录》卷二)诸家。另洪颐煊有《郑玄别传注》、胡培翚撰《郑君传考证》、胡元仪有《郑君事绩考》。而先生此编导其先路者。钱大昕《序》云:"经术莫盛于汉,北海郑君,兼通六艺,集诸家之大成,删裁繁芜,刊改漏失,俾百世穷经之士有所折中,厥功伟矣。

①陈鸿森:《清儒陈鳣年谱》"乾隆四十七年、三十岁"条。
②陈鸿森:《清儒陈鳣年谱》"乾隆四十九年、三十二岁"条。

而后人未有谱其年者,庸非缺事乎。海宁陈君仲鱼始据本传,参以群书,排次事实,系以年月,粲然有条,咸可征信,洵有功于先哲者矣。"(《潜研堂文集》卷二十六《郑康成年谱序》)袁钧纂《郑氏遗书》,即取先生是编以附诸后(羊复礼《简庄文钞跋》谓此书已佚亡,误阮元亦采先生所考者,以补孙谱刊行之。盖其创始之功终不可没也。①

钱大昕为乾嘉间学术大家,博赡通贯,举世无双,尤以精研史学而共推一代大师。乾隆末、嘉庆初,竹汀先生以古稀之年而为毕秋帆审订《续资治通鉴》。此举既系钱先生晚年之一重要学术活动,亦因兹事牵涉一时学术公案,故而纂辑竹汀先生年谱,于此尤当着意。

关于审订《续资治通鉴》事,竹汀先生曾孙庆曾续编《竹汀居士年谱》,系于"嘉庆二年、七十岁"条。据云:

> 是年,为两湖制军毕公沅校刊《续资治通鉴》。自温公编辑《通鉴》后,宋元两朝,虽有薛氏、王氏之续,而记载疏漏,月日颠倒,又略于辽金之事。近世徐氏重修,虽优于两家,所引书籍,犹病漏略。自四库馆开,海内进献之书,与天府储藏奇秘图籍,《永乐大典》所载事涉宋元者,前人都未寓目,毕公悉钞得之,以为此书参考之助。先经邵学士晋涵、严侍读长明、孙观察星衍、洪编修亮吉及族祖十兰先生佐毕公分纂成书。阅数年,又属公覆勘,增补考异。未蒇事而毕公卒,以其本归公子。②

竹汀先生为毕秋帆审订《续资治通鉴》,事情脉络并不复杂。然

---

① 陈鸿森:《清儒陈鳣年谱》"乾隆五十年、三十三岁"条。
② 钱庆曾:《竹汀居士年谱续编》"嘉庆二年、七十岁"条。

而身为重要当事人的章学诚,既于最初代沉致书钱大昕,嘱为审订,称"邵与桐校订颇勤"①;邵晋涵去世,章氏撰《邵与桐别传》,又指毕书初刻非晋涵校,"乃宾客初订之本"②。枝节横生,真相紊乱,遂演为一学术公案。陈鸿森教授撰《钱大昕年谱别记》,别具只眼,于此作了精心考证。

于该谱"乾隆五十六年、六十七岁"条,鸿森教授记云:

> 是年,毕秋帆《宋元编年》二百卷纂成初稿,章实斋代笔与先生书,讨论书名及商榷义例,并录全书副本属为审订。(原注:《章氏遗书》卷九《为毕制军与钱辛楣宫詹论续鉴书》。)

之后,陈先生加有两条按语。其一云:

> 森按:《宋元编年》即《续资治通鉴》原名。章氏致先生书,力主标名《宋元事鉴》。今题《续通鉴》者,盖先生不以章氏之标新立异为然,仍定今名,以继涑水之书。

其二云:

> 又按:章氏此信不记撰年,胡适之先生《章实斋年谱》系于五十七年壬子,并无明据。余考此信既言全书"计字二百三十五万五千有奇,为书凡二百卷"、"邵与桐校订颇勤"。是全书大体已经写定。又言"大约明岁秋冬拟授刻矣",今据《瞿木夫自订年谱》乾隆六十年条,载先生为毕氏阅定考正,即于吴门开雕(原

---

①章学诚:《章氏遗书》卷9《为毕制军与钱辛楣宫詹论续鉴书》。
②章学诚:《章氏遗书》卷18《邵与桐别传》。

注：详本文明年条下），则章氏此书宜系于本年，庶几近之。①

正是以《瞿木夫自订年谱》为确证，于是陈鸿森教授记钱大昕乾隆六十年、六十八岁学行云：

> 是年，为毕秋帆校订《续资治通鉴》，即于吴门开雕。②

随后，鸿森教授又于该谱"嘉庆六年、七十四岁"条，全文引竹汀先生致冯鹭庭书，记录钱大昕婉言谢绝为刻竣之《续资治通鉴》撰序事。陈先生指出："余意此殆先生借词耳。先生似不以其书为尽善，先前因毕氏之托属为审定，故勉应之耳。秋帆既卒，先生即将此稿还诸其家，而未刻之百七十卷，则不复为之校订矣。"③至此，有关钱大昕校订《续资治通鉴》事，得陈鸿森教授梳理，遂告始末朗然。

段玉裁亦为乾嘉大儒，尤以注《说文解字》而推巨擘。段先生晚年，学随世变，乾嘉学派与乾嘉学术业已进入总结阶段。汉宋会通之风初起，虽其势尚微，然唱先声者亦有懋堂先生。讨论乾嘉学派与乾嘉学术，此实一甚可注意之现象。陈鸿森教授卓然睿识，在所撰《段玉裁年谱订补》中，于此特为强调。该谱"嘉庆十九年、八十岁"条，鸿森教授自陈寿祺《左海文集》卷4辑出谱主书札一通，予以全文征引：

> 恭甫大兄先生执事：伏惟侍奉万安，兴居多吉。今岁三奉手书，见赐《五经异议疏证》、《尚书》、《仪礼》诸经说，一一盥手洛

---

① 陈鸿森：《钱大昕年谱别记》"乾隆五十九年、六十七岁"条。
② 陈鸿森：《钱大昕年谱别记》"乾隆六十年、六十八岁"条。
③ 陈鸿森：《钱大昕年谱别记》"嘉庆六年、七十四岁"条。

诵,既博且精,无语不确。如执事者,弟当铸金事之。以近日言学者,浅尝剿说,骋骛猎名而已,不求自得于中也。善乎执事之言曰:"文藻日兴而经术日浅,才华益茂而气节益衰,固倡率者稀,亦由所处日蹙,无以安其身,此人心世道之忧也。"愚谓今日大病,在弃洛、闽、关中之学不讲,谓之庸腐。而立身苟简,气节败,政事芜,天下皆君子,而无真君子,未必非表率之过也。故专言汉学,不治宋学,乃真人心世道之忧,而况所谓汉学者,如同画饼乎? 贵乡如雷翠庭先生,今尚有嗣音否? 万舍人乞为致候。江子兰札云,邵武有高澍然亦良,执事主讲,宜与诸生讲求正学气节,以培真才,以翼气运。大著尚当细读,以求请益。弟今年八秩,终日饱食而已,记一忘十,甚可笑也,安足以当执事之推许。玉裁再拜。

鸿森教授于引述此札后,以一语揭出其间所透露之重要学术消息云:"据此书,略可见段氏晚年之思想及其对当时学风之批评。乃近世论乾嘉学术者,颇多忽之不视,今亟宜表出之。"[1]

　　综上所述,整理和研究乾嘉学术文献,在推进乾嘉学派和乾嘉学术的研究中,其重要意义略可窥见。鉴于近一二十年间的乾嘉学派研究,起步甚速,文献准备似嫌不够充分。因此,未来一段时间,在这方面切实下一番功夫,或许是有必要的。谨以此就教诸位,如蒙赐教,不胜感激。

(原载《第七届清代学术研讨会》,
台湾中山大学 2002 年 6 月)

---

[1]陈鸿森:《段玉裁年谱订补》"嘉庆十九年、八十岁"条。

《乾嘉学术编年》之编纂缘起及凡例

清代学术，以整理和总结中国数千年学术为其特征，而最能体现此一历史特征者，则为乾嘉学派与乾嘉学术。董理乾嘉学派与乾嘉学术，自20世纪初叶以来，前辈大师章太炎、刘师培、梁启超、钱穆、侯外庐、杨向奎诸先生，早已开启先路，奠立藩篱。近一二十年间，复有众多学术俊彦再度进入此一领域，论著宏富，成就卓然。唯晚近之研究起步甚速，文献准备尚嫌不足。因而讨论中所见之学术主张，尤其是若干关系全局的认识，尽管新意迭出，然而往往缺乏充分的文献佐证。唯其如此，进一步加强乾嘉学术文献的整理和研究，便愈益成为引起学者关注的问题。

如同中国学术史上的众多学术流派和不同历史时段的学术形态一样，乾嘉学派与乾嘉学术，也经历了一个形成、发展、总结、嬗变的演进过程。在卷帙浩繁的乾嘉学术文献中，通过爬梳整理，区分类聚，用学术史资料长编的形式，按其时间先后顺序，把这样一个历史过程如实地记录下来，对于推动乾嘉学术文献的整理和研究，把乾嘉学派与乾嘉学术的董理引向深入，或许会是不无益处的尝试。

中国历代史籍，浩若烟海，体裁完备，编年、纪传、纪事本末，若三足鼎立，源远流长。其间，编年体史籍虽成书最早，然以之述学，则又较之其他体裁史书为晚。20世纪20年代初，钱穆先生著《先秦诸子系年》，或可视为其发轫。唯钱先生大著旨在考证先秦诸子史事年代，准确地说，与其称之为编年体学术史，倒不如将其视为历史年代学的开风气杰作,更加名副其实。因此,较钱先生略后,刘汝霖先生之大著《中国学术编年》,则无疑可称开山之作。依刘先生的著述计划,原拟承接 20 年代末先成之《周秦诸子考》,上起两汉西晋,下迄清末民初,凡作六集,合为《中国学术编年》大著。惜天不遂人愿,第一、二集《汉晋学术编年》、《东晋南北朝学术编年》刊行之后,其余诸集竟成遗志。

　　学术传承,后先相继,犹若大江东去之源源不绝。在中国数千年学术的历史长河中,前辈之遗志,实乃后学为学的起点,一代一代,薪火相传。此《乾嘉学术编年》之结撰,即系遵循前辈师长开辟之门径而摸索向前。后海先河,饮水思源,离开 20 世纪初叶以来众多前辈的学术积累,断不可能有本书的发愿。而近一二十年间,四海硕儒之大作,亦使本书的结撰深获教益。当此排比初成,即将送请出版社审读之际,祖武偕诸位同窗,谨向前哲时贤致以崇高的敬意和深切的谢忱。

　　一、《乾嘉学术编年》(以下简称《编年》)为编年体乾嘉学术史资料长编。

　　二、《编年》所录文献,上起乾隆元年(1736),下迄道光十九年(1839)。

　　三、凡上述百余年间之重要学术史事,诸如中央及地方之学术举措、学者之主要著述及见解、学术师承及往还等等,皆为《编年》之著录范围。

　　四、《编年》之取材,主要依据高宗、仁宗、宣宗三朝《实录》,以之为纲,博采官私史籍、方志、档案、文集、专著、谱牒、笔记等,年经月纬,纲举目张。

　　五、《编年》所录文献,一事一条,先述梗概,继摘原文,逐条随文标注所出,以示徵信。

　　六、凡《编年》所涉之学者,皆于其卒年摘述碑铭传状。

七、对实难判定确切年月，或其时间尚存异说之文献，择善而从，务求其是，并酌加考释，多闻阙疑。

八、《编年》所系年月，皆系农历。

九、《编年》为集体劳作之结晶，自2000年肇始，迄于2004年蒇事，先后辛勤其间之同仁凡十二位。为汪君学群、林君存阳、杨君艳秋、吴君伯娅、杨君海英、李君华川、高君翔、陈君连营、曹君江红、袁君立泽、梁君勇、杨君朝亮。

十、全书先由祖武草拟选目，凡涉学者百余人。诸君各择其人，人自编年，然后陆续汇齐，增删辑订。诸君所提供之学者编年稿，凡七十四份，依次为：

汪君学群：惠栋、程廷祚、孙星衍、焦循、王念孙、王引之、张惠言、江藩、方东树、庄存与、庄述祖、刘逢禄、宋翔凤、孔广森。

林君存阳：江永、汪绂、沈彤、凌廷堪、卢文弨、王昶、毕沅、盛百二、雷鋐、汪中、汪喜孙、顾广圻、顾栋高、秦蕙田、徐松、祁韵士。

杨君艳秋：钱大昕、王鸣盛、赵翼、章学诚、邵晋涵、杨椿、洪亮吉、刘台拱、沈垚、姚莹、章宗源、朱珔。

吴君伯娅：沈德潜、杭世骏、厉鹗、袁枚、齐召南、李调元。

杨君海英：严元照、杨凤苞、全祖望、严可均。

李君华川：钱泳、黄景仁、陈寿祺、管同、钱仪吉、俞正燮。

高君翔：钱大昕（重出）、张廷玉、崔述、纪昀。

陈君连营：姚鼐、翁方纲、蒋士铨、洪亮吉（重出）、汪辉祖、魏源、龚自珍。

曹君江红：卢见曾、朱筠、朱珪、彭绍升。

杨君朝亮：李绂。

十一、《编年》定稿，皆请林君存阳、汪君学群输入电脑，二君反复校核，受累最多。杨君艳秋不辞辛劳，搜求文献，亦多费心力。

十二、乾嘉时期，传世文献极富，经史子集，包罗万有。本书所辑，不过掇拾其间之一隅，旨在记录此一时期之学术演进源流。能否得其大要，尚无把握，敬请诸位先进批评。至于辑录之未备，乃至错讹，当在所多有，尤盼方家大雅多赐教诲。

（原载《书品》2004 年第 3 期）

《清代学者象传校补》举要

《清代学者象传校补》六易寒暑,蒇事在即。谨掇举大要,恭请方家大雅赐教。

一、校补缘起

叶衍兰先生与叶恭绰先生祖孙二位合著之《清代学者象传》(以下简称《象传》),凡作二集。第一集为叶衍兰先生著,上起清初顾炎武、黄宗羲,下迄道咸间姚燮、魏源,共著录清代前期学者一百六十九人。所著录学者,大抵人自画像一帧,各撰小传一篇,像传辉映,相得益彰。衍兰先生乃晚清文献学家,诗书画俱工,《象传》之画像、传文及书写,皆出先生一人之手,历时三十余年而成。大家手笔,弥足珍贵,一时学林共推"三绝"。唯先生生前未及刊行,清亡,民国十七年(1928),始由其孙恭绰先生在上海交商务印书馆影印出版。第二集为叶恭绰先生著,上起清初钱谦益、孙奇逢,下迄清末民初江标、李希圣,共著录有清一代,尤其是第一集所缺之晚清同、光、宣三朝学者二百人。除去与第一集重出之侯方域外,实为一百九十九人。经顾廷龙先生编辑安排,于1953年,在安定珂罗版社影印出版。唯国家多故,世变日亟,虽经恭绰先生二十年之苦心搜辑,而是时所影印问世者,仅为江西画师杨鹏秋摹绘之各家画像。至于二百家之传文,则尽付阙如。

　　20 世纪 20 年代中，清史馆所修《史稿》争议正炽，董理一代学术史风气方兴。《象传》第一集的问世，顺乎潮流，引领风气，颇为四方瞩目。一时学坛及社会名流，若康有为、王秉恩、樊增祥、沈尹默、冒广生、蔡元培、于右任、罗振玉、谭延闿等，皆有序跋或题签。二十余年之后，《象传》第二集出。时当新中国建国伊始，百废待举，困难重重，虽由叶先生自费仅印二百部，但亦得郭沫若、陈叔通二位先生题签。据知，叶先生曾以此集一部送毛泽东主席，毛泽东主席有答书致谢，且索观第一集。恭绰先生原拟续事纂辑，将第二集所缺各家传文补齐，然而迄于 1968 年 8 月病逝，此愿终未得一践。

　　1986 年 1 月，顾廷龙先生将《象传》之一、二集合为一编，亲笔题写《清代学者象传合集》书名，敦请潘景郑先生撰序，交由上海古籍出版社出版。顾廷龙、潘景郑二位先生此举，一则是对两位叶先生卓著业绩的纪念和表彰，再则亦把传承文明，完成前辈文献大家未竟事业的任务，交给了后起学人。祖武早先读《象传合集》，既于两位叶先生之筚路蓝缕而深致景仰，亦以《象传》之未成完帙而惋惜。此后二十年间，将《象传》续成完书之想，每每萦回脑际。2008 年秋，在中国社会科学院历史研究所卸去兼任行政职务，得以专意读书问学。恰逢商务印书馆丁波博士来询《象传》整理事宜，于是多年夙愿得此机缘遂告付诸实践。天乎？人乎？实乃时代使然也。

　　五历寒暑，朝夕以之，至 2014 年秋，《象传校补》粗见眉目。由于祖武生性迂腐，保守落伍，既不识互联网，亦不知如何使用电脑，经与丁波博士商议，拟即以专用稿纸影印手稿出版。此议既定，承历史研究所所长卜宪群研究员俯允，是冬，专用竖格稿纸送至案头，书稿誊正旋即开始。

　　近六七年间，《象传校补》工作之得以顺利进行，始终要感激四方友人的指教、帮助和支持。扬州大学已故前辈祁龙威教授，虽素未谋面，然先生生前不唯多次来信来电赐教，而且转赠当地学者之最新论著。南京师范大学江庆柏教授,以往亦无一面之缘,竟枉驾寒舍,颁赐大著《清代人物生卒年表》《清代进士题名录》。中国友谊出版社王逸明先生,则馈赠稀见抄本影印件,使难觅依据的《孔广林》一传得以动笔。安徽大学诸伟奇教授、彭君华教授,四川大学舒大刚教授,福建师范大学林金水教授,福建省文史馆卢美松、魏定椰二位先生,贵州省文史馆顾久、靖晓莉二位馆长,皆不时颁来各地古籍整理之新成果。历史研究所诸位友人,若袁立泽、林存阳、杨艳秋、李立民、梁仁志等,或购置图书,或搜寻资料,助我最多,亦受累最多。尤为感念不忘者,是台湾友人"中研院"史语所陈鸿森教授、文哲所林庆彰教授,二位先生专攻清代经学,多次颁赐研究论著,受教至深,终身得益。

《清代学者象传校补》六易春秋,藏事在即,承中央文史研究馆馆长袁行霈先生厚谊,挥翰题签,鼓励鞭策。20世纪50年代初,中央文史研究馆肇建,首任副馆长、代理馆长叶恭绰先生之未竟遗著,六十余年之后,承现任袁行霈馆长题签,由忝侧馆员之列的后学续成完书,薪火相传,后先一脉,或可目为今日文化建设之佳话一则。

二、校补凡例

(一)本书题为《清代学者象传校补》,顾名思义,乃系就叶衍兰先生与叶恭绰先生祖孙二位合著之《清代学者象传》一、二集(以下简作《象传》),进行校点、补缺。

(二)本书之所谓校,系指依照古籍整理之通行规范,对《象传》第一集之各家小传,以繁体字重行誊写,施加新式标点,并作必要校勘。"补"之云者,则是对《象传》第二集所缺之一百九十九家小传,遵循第一集体例,悉数补齐,以使原书克成完帙。

(三)《象传》第一集所撰各家小传,篇幅长短不一,长者近千言,短者不过三五百字。此番补写各传,统以千字为限,间有参差,上下亦不出一二百言。

(四)《象传》第一集各传文字,为晚清习见之史传文。此番补写各传,亦使用浅近之文言文,以求行文风格大体相接。唯事类续貂,自惭形秽,是否得体,惴惴不安。

(五)《象传》第一集各家小传,引据史料例不注出处,然事信言文,可据可依。此次补写各传,恪遵前例,严格缀裁史籍,贯串成文,以保持全书体例之画一。

(六)《校补》之幸能蒇事,仰赖前辈学者数百年之积累。有清一代之官私史籍、碑志传状、年谱日记、学案等等,皆为《校补》之依据,教益至深,感恩不尽。恭置案头,朝夕受教之晚近学者大著,则主要有钱仲联先生《广清碑传集》、卞孝萱先生《民国人物碑传集》、张舜徽先生《清人文集别录》、袁行云先生《清人诗集叙录》等等。《校补》工竣,饮水思源,谨向前哲时贤之辛勤劳作致以深切谢忱。

(七)清代学术宏深,以总结整理我国数千年学术为特质,二百数十年间,才人辈出,著述如林。祖武不学,虽以读清代学术文献为毕生功课,然未明要领者尚多,所知不过其间之一二而已。因之此次《象传》之《校补》,错误遗漏当所在多有。敬请方家大雅多赐教言,俾便他日幸能再版,一一遵教订正。

三、第一集校勘举例

《冒襄传》

传凡二稿,第一稿云:

冒襄,字辟疆,号巢民,又号朴巢,江南如皋人。副宪起宗子,为"四公子"之一。中明崇祯壬午副榜。年仅十有三,用台州府推官,不就。家有水绘园,四方名士毕集,风流文采,照映一时。尝辑同人投赠诗文,为《同人集》十二卷。年六十有三卒,私谥潜孝。先生所著有《水绘园诗文集》。

第二稿云:

冒襄,字辟疆,号巢民,又号朴巢,江南如皋人。父副宪公名起宗。先生生而颖异,举崇祯十五年副贡生。年才十二^(一),即与云间董太傅、陈征君相唱和。又与张公亮、陈则梁等四五人,刑牲称雁,序于旧都。时尚未弱冠^(二),姿仪天出,神清彻肤,见者目为"东海秀影"。应试来金陵,寓秦淮水阁,与方密之、陈定生、侯朝宗称"四公子",琴歌酒宴,觞咏流连。秦淮故佳丽地,凡女子见之,有不乐为贵人妇,愿为夫子妾者。先生顾高自标置,每遇狭邪掷心卖眼,皆土苴视之。有董姬小宛者,容貌艳绝,针神曲圣,食谱茶经,莫不精晓。先生一见悦之,姬喜甚,欲委身焉。时副宪公官衡永兵备使,先生前往省视。会献贼突破襄、樊,特调公监左镇军。先生痛父身陷兵火,上书万言于政府言路,历陈公刚介不阿,逢怒同乡同年状,倾动朝堂。其后公复得调,不赴,请告旋里。先生归吴门,于月夜泛舟,游至桐桥,邂逅遇姬,惊喜欲狂。遂与之渡浒墅,游惠山,历毗陵、阳羡、澄江,抵北固,登金、焦。姬著西洋布退红轻衫,观竞渡于江上最胜处,千万人争步拥之,谓江妃携偶,踏波而上征也。先生旋赴白门秋试,姬买舟直抵秦淮。先生试毕,诸名贵置酒,宴先生与姬于河亭,演《燕子笺》。女郎满座,皆激扬叹羡,以姬得所归,为之喜极泪下。榜发,先生复中副车,而副宪公请假适归,姬父又积逋数千金,索者甚众,悉欲于姬身取偿,事久不集。虞山宗伯亲为规画,以手书并盈尺之券,送姬至如皋。闻者称快,而并颂宗伯之高谊也。

甲申变起,先生举家避难渡江,遁浙之盐官。国朝定鼎,始还故里。姬以劳瘁卒,先生痛之,为撰《影梅庵忆语》。先生诗文、书画俱工,性豪迈,喜宾客。尝辟台州府推官,不就^(三)。家有水绘园,四方名士毕集,风流文采,映照一时。尝集同人投赠诗文,为《同人集》十二卷。康熙三十二年卒，年六十有三^{（四）}，私谥潜孝。先生著有《水绘园诗文集》若干卷。

校记：

（一）据冒广生辑《冒巢民先生年谱》，谱主以诗见赏于董其昌、陈继儒，事在天启四年，先生时年十四。

（二）据冒广生辑《冒巢民先生年谱》，谱主与张公亮、陈则梁等五人盟，事在崇祯九年，时已二十有六岁。

（三）据冒广生辑《冒巢民先生年谱》，谱主崇祯十五年中式乡试副榜，时已三十有二岁。明年始有授台州司李不就事。非如第一稿所云："年仅十有三，用台州府推官，不就。"

（四）据冒广生辑《冒巢民先生年谱》，谱主生于明万历三十九年三月，卒于清康熙三十二年十二月，享年八十有三。叶先生疑为吴荣光《历代名人年谱》所误，吴氏记冒襄生年为明崇祯三年。

《吴历传》

吴历，字渔山，江南常熟人。诸生。居近言子墨井，因号墨井道人。以画名重海内，世称"三王吴恽"。尤善山水，宗法大痴，心思独运，丘壑灵奇而气韵沉郁，魄力雄杰。又深得王奉常之传，故能俯视诸家，独树一帜。所画《天池石壁》，曾邀仁庙睿赏。麓台论画，左石谷而右渔山，然非确论也。工诗，善鼓琴，书法坡翁，神韵极肖。初与石谷为画友，相得甚深，后假去石谷所模大痴《陡壑密林图》，日久不还，因之隙末。康熙五十四年，年八十四，强健如壮时。张汉瞻先生为作传，后浮海不知所终。或云卒年八十有六^{（一）}。著有《墨井诗草》若干卷。

校记：

（一）据《重修常昭合志》之《吴历传》，先生卒于康熙五十七年，年八十有六。《清史稿》之先生本传，则记卒年为康熙五十七年，年八十七。据陈垣先生著《吴渔山先生年谱》，谱主生于明崇祯五年，卒于清康熙五十七年，享年八十有七。言之最确，足以信据。又据是谱，《传》称谱主"邀仁庙睿赏"，假石谷画，"日久不还，因之隙末"及"浮海不知所终"云云，皆不确，实系张冠李戴，以讹传讹。谨将援庵先生相关之考证文字，恭录如后。

据谱末《补白》记：

程祖庆云，先生常熟文学生，以画名重海内。所画《天池石壁》，曾蒙睿赏云云。按：先生布衣，非文学生。天池石壁为吴山十六景之一，石壁上镌赵宧光书"华山鸟道"四大字。山半有池，横亘数十丈，景奇胜。乾隆二十二年，南巡至其地，有《题吴历天池石壁图》诗，云："我登鸟道华山巅，一泓天池乃俯视。设从山下望石壁，虚无应在云端拟。乃知居高见自广，游于物内迷美恶。渔山写照即境披，评图莫若评其理。"见《乾隆御制诗二集》卷六十九。所谓"睿赏"，当即指此。《清代学术象传》于"睿赏"上加"仁庙"二字，似误。

据康熙五十三年甲午、八十三岁条记：

冬，石谷跋先生《仿黄鹤山樵立轴》云："此渔山得意笔也。深入黄鹤山樵之室，兼追巨然遗法，要非浅近所能想见一一，佩服佩服。甲午冬日，识于来青阁，耕烟散人王翚。"见《吴越所见录》六。此跋可破张庚"石谷晚年与先生绝交"之说。翁同龢《题石谷留耕图用渔山韵》有云："意在欧罗西海边，渔山踪迹等重烟。题诗岂解留耕趣，荒却桃溪数亩田。"注："渔山晚奉景教，浪游不归，其志与先生殊途。其借画事乃后人傅会耳。"按：翁同龢不信借画说，而犹信浪游不归说，则此谱之作不容缓也。

据康熙二十年辛酉、五十岁条记：

随柏应理司铎往大西，至澳不果行。

《画跋》云："墨井道人年垂五十，学道三巴，眠食第二层楼上，观海潮度日，已五阅月于兹矣。"

据康熙二十一年壬戌、五十一岁条记：

在澳入耶稣会。

据康熙二十二年癸亥、五十二岁条记：

《耶稣会士档》始载先生名。先生洗名西满沙勿略，入会后又取西姓雅古纳。

据康熙二十八年己巳、五十八岁条记：

在江宁。

据是谱其后二十余年所记，先生在上海、嘉定、苏州、虞山间往返，服务嘉定教区最久。

据康熙五十四年乙未、八十四岁条记：

张云章《墨井道人传》作于本年。后之为先生传记者，概以此为蓝本，故每不知先生卒年。张子曰："余与道人无一日之旧，而交石谷甚欢。然道人之高致，非独余高之，即石谷子亦高之也。"

据康熙五十七年戊戌、八十七岁条记：

圣玛弟亚瞻礼日，先生卒。见墓碑。是为阳历二月廿四日，即本年正月廿五日，计后卒于石谷者百一日。葬上海南门外，由同会修士孟由义立碑。碑存今圣墓堂，题曰："天学修士渔山吴公之墓。"

四、第二集补传举例

《赵执信传》

赵执信，字伸符，一字澹修，号秋谷，晚号饴山，亦号无想道人、抱膝居士、知如老人，山东益都人。先生少工吟咏，颖悟绝伦，有"圣童"之目。康熙十七年，以第二名举乡试。翌年，成进士，年方十八，才名大振。旋入翰林院为庶吉士。散馆，授编修。是时方征鸿博之士，绩学雄文，麕集辇下。先生少年科第，睥睨其间，纵横挥洒，倾倒座人。老宿若朱彝尊、陈维崧、毛奇龄诸先生，尤所引重，订忘年交。二十三年，典山西乡试，得人称盛。二十五年，迁右春坊右赞善，充《明史》纂修官,预修《会典》。先生好纵酒,喜谐谑,士以诗文贽者,合则投分订交,不合则略视数行,挥手谢去。以致不知者谓狂,知者则赞为旷世逸才。先生俯视侪辈,不轻许可,才益高,望益著,忌者亦益多,乃至竟有衔恨而落井下石者。二十八年,国子生洪昇新撰《长生殿传奇》成,送稿请质。先生雅好元曲,喜见佳构,同调共鸣,于是邀聚朝中友好,宴饮观剧。时值皇后卒,大丧未除,依清廷定规,京朝官百日内不得作乐。先生此举授忌者以柄,遂为给事中黄仪劾奏削籍,时年未及三十。一时文苑有诗云:"秋谷才华迥绝俦,少年科第尽风流。可怜一曲《长生殿》,断送功名到白头。"

先生既罢官归,益放情于诗酒。所居因园,依山构亭榭,怡情养志,不复为仕进计。独笃于气谊,济人缓急。莱阳同年友张重启削职归,为有司所窘,避迹依先生。先生馆之数年,经纪其丧,妥为善后。常熟诸生仲是保,走二千里追随,先生留馆十九年。及卒,亲笔论定诗文,择地安葬。先生工书法,真、草、八分,世所珍赏。性好游,尝远逾岭表,再涉嵩少,五过吴阊、维扬、金陵。所至以文会友,流连酬接,乞诗文、法书者踵至。徜徉林壑逾五十载,登山临水,兴会所触,直抒胸臆,每寄于诗。先生之诗自写性真,力去浮靡,得法于虞山冯班,称私淑弟子。时王士禛以显宦主盟诗坛,鸿生俊才多出门下。先生娶士禛甥女,初两家犹相重,后论诗不合,日渐疏远。先生终掉臂其间,自树一帜,著《声调谱》、《谈龙录》而唱为别调。乾隆九年卒,享年八十有三。所著有《因园集》、《饴山文集》、《谈龙录》、《声调谱》、《礼俗权衡》,凡五种三十九卷,合称《饴山堂全集》。乾隆中修《四库全书》,著录先生所撰《因园集》、《声调谱》、《谈龙录》三书。于王士禛、赵执信二位先生之论诗公案有云:"王以神韵缥缈为宗,赵以思路劗刻为主。王之规模阔于赵,而流弊伤于肤廓;赵之才力锐于王,而末派病于纤小。使两家互救其短,乃可以各见所长,正不必论甘而忌辛,好丹而非素也。"

《孔广林传》

孔广林,原名广枋,后更广林,字丛伯,号幼髯,晚号赘翁,山东曲阜人。先生乃孔子七十代孙。父继汾,以乾隆十二年举人官户部主事。先生自幼随父官京师,后奉母返里,读经史及诗古文,学为举子业。乾隆二十九年,补博士弟子员,时年十九。明年,补廪膳生员。迭经乡试不中,进取功名之心渐衰。三十四年,究心"三礼",搜汉义,兼学篆,撰《说文形篇》,集石鼓文。翌年,乡试复荐而不售,乃应宗子命,署太常寺博士。三十六年春,高宗南巡,先生随宗子恭迎,旋充复圣位捧帛官。秋,乡试再黜,仕进之念已灰。从此尽弃帖括,专意"礼"学。三十九年,其父为先生捐资得贡生,然先生进取意绝,不为所动,依然致力搜求郑玄经学遗著。迄于四十二年,所辑郑玄《六艺论》、《易注》、《书注》、《毛诗谱》、《三礼目录》、《郑志》诸书粗成,凡十八种、七十二卷。

乾隆四十九年,家难起。七月,因安葬祖母事忤宗子意,先生父遭劾奏。奉旨自议罚银,交豫工充用。后自认罚银五万。十一月,横祸再至,怨家挟嫌诬控,指先生父所撰《孔氏家仪》语涉悖逆。五十年三月,奉旨交刑部严讯。后以"撰述沽名",交部议发伊犁。改请交银万五千代赎,得旨报可。八月,为筹措罚银,先生父南下江浙,乞援诸亲友。五十一年八月,病卒杭州。三弟广森为豫工解银,南北奔波,是年十一月,亦殉其父于九泉。老父及爱弟含恨而殁,先生痛叹:"我生一日,即抱憾一日也!"

嘉庆元年春,先生挈眷南游杭州。时曾侄孙婿阮元督学在浙,常于公余过访。先生亦得与一方饱学之士,如丁杰、陈鳣、臧庸诸贤论学谈艺,往复辨证郑玄经说,颇闻所未闻。二年五月,返乡。先生念在杭得见诸君子所辑汉义,自愧不能竞胜,表彰郑学之志搁置,转而游心词曲,排解烦闷。五年,撰《女专诸杂剧》成。七年,《斗鸡忏传奇》九易其稿,录成清本。八年,将先前所成之杂剧传奇、散套小令共录一集,凡八卷,题曰《游戏翰墨集》。十一年秋,始自叙年谱。明年,自号赘翁,撰《赘翁说》书之座右。先生最爱《元人百种曲》,而惜其择焉不精,十四年,择其尤者四十种,录存箧中。十五年,貤封奉直大夫。十七年,通录历年词曲诸作,汇为《游戏翰墨》二十卷。重录经学旧稿,题曰《幼髯孔氏说经五稿》。十八年,重行审校所辑郑玄经说,录成《通德遗书所见录》清本七十二卷。十九年四月二十三日卒,年六十有九。所著除前述诸书外,尚有《延恩集》、《幼髯韵语录存》、《温经楼年谱》等。

《丁以此传》

丁以此,字竹筠,山东日照人。丁氏为一方望族,书香传世。先生幼遭乱离,贫而好学。年十八,往谒同邑先辈许瀚。瀚博通经史,尤精金石文字,以治朴学而闻名遐迩。先生朝夕追随,得悉朴学门径。尝以诸生再赴乡试,不得中式,乃弃去举业,专意古学,潜心于文字音韵。有清一代之古音学,昆山顾炎武著《音学五书》而导夫先路。及乾隆间,江永、戴震、钱大昕、孔广森、段玉裁、王念孙诸家继起,遂由经学之附庸而蔚为大国。诸家之离析古韵,皆自《诗经》始。间三为韵发于顾炎武,连章为韵、句中为韵则出自钱大昕,及孔广森为《诗声类》,乃得通例十、别例十三、杂例四,其法大具。王念孙最享高寿,集诸家大成,分古音为二十一部,洵称后来居上。先生出诸家后,以为孔氏《声类》韵例不完,乃潜心其间,又分单句、连句、间句、连章、隔章、变韵六例,都为七十三例,历时十数年,结撰《毛诗正韵》四卷、《韵例》一卷。书成,以知音者少,故存之箧中。先生仲子惟汾,友余杭章炳麟、仪征刘师培、蕲春黄侃,三人皆悉于音韵之理。惟汾请先生以所著质炳麟,炳麟亟宣扬之。师培、侃亦各为之序赞。

先生一生虽专攻朴学,然未尝忘经世。既究心声音文字,亦博识史籍并百家杂说,且及论兵之议。同治十年前后游济南,遇朝鲜士人谒孔林者,询知彼国乱局,因悟日本之野心,亦潜为吾国忧矣。光绪初,清廷选派学生赴英法习海军术,先生欲以惟汾往而不得。三十年以后,各省书院奉诏改学堂,济南既立高等学堂,遂命惟汾学焉。其后,惟汾奔走国事,至触当国者怒,累濒于危,先生益勉之。清亡,先生目睹军阀割据,国无宁日,忧国之思既深,居常宛抑。晚年,以既成《毛诗正韵》,复欲推其法以治古韵语,唯年事已高,未克如愿。疾革,谓惟汾曰:"不徒《三百篇》字字皆韵,即古谚谣亦若是。'恤恤乎,湫乎,潍乎。深思而浅谋,迱身而远志,家臣而君图,有人矣哉。'恤恤迱韵,湫潍韵,三乎字与家图韵,身臣人韵,浅远韵,三而字与思谋志有矣哉韵。类此者本欲自订成书,今已矣。汝可语季刚,季刚能集以成书,当于古韵发明不少。"季刚者,黄侃字也。

民国十年四月,先生病逝,年七十有六。所著有《毛诗正韵》、《诗草》等。先生故世十年之后,章炳麟太炎先生闻先生临终语,以先生能于二十六言之古谣谚中,觅得入韵者二十五,深表叹服。恨不能起先生于九原,一以类似之心得相质。

(原载《文史哲》2016 年第 5 期)

《〈清史稿·儒林传〉校读记》举要

读《清史稿·儒林传》数十年，近日，幸成《〈清史稿·儒林传〉校读记》一帙。谨掇举大要，先期刊出，敬请诸位读者指教。

一、校读前言

《清史稿·儒林传》凡四卷，卷一至卷三，大致以学术宗尚区分类聚，略依年辈先后为序，著录一代儒林中人近三百家生平学行。卷一专记理学诸儒，二、三两卷分记经学、小学、史学及诸子学中人。所录各家，人自为传，或独领一篇，或诸家共席，首尾一贯，自成体系。凭以知人论世，可得一代学术演进大要。卷四则沿《明史》旧规，专记入清以后，历世衍圣公之承袭，唯无以附丽，乃置诸《儒林传》末。由于《清史稿·儒林传》前三卷所具学术价值，因之自 1928 年刊行以来，一直以治清代学术史之基本史籍，而为学人所重视。

然而清史馆开，正值民国肇建，军阀纷争，社会动荡，并非史家潜心修史之时。故而蹒跚十四载所成之《清史稿》，错讹甚夥，争议不绝。诚如二十世纪中，点校《清史稿》诸位专家所言："《清史稿》成于众手，编写时很少照应，完稿以后，又未经复核改定，匆忙刊行，校对也很不认真。因此体例不一，繁简失当，往往发生年月、事实、人名、地名的差误，遗漏颠倒，以及文理不通的现象。此外，还有史事论断的错误。"同《清史稿》全书相比，《儒林传》本来基础很好，既有《清国史》旧文可据,又有晚清国史馆耆硕缪荃孙先生提供之初稿,理当脱颖而出,独步全书。缪先生过世,在其后的八九年间,如果后继者能够勤于比勘,精心校核,则不难订讹正误,去非存是,编就上乘信史。恰恰相反,由于史馆管理无章,统稿乏人,加之后期急于成书,斧钺随意,以致酿成《儒林传》的过多失误。

《清史稿》成书之后,迄今曾经有过两次较大规模的集中整理。第一次是新中国成立初期,自五十年代末起,国家集合四方专家,对"二十四史"及《清史稿》的系统点校。第二次则是七八十年代,台湾地区众多清史专家合作完成的《清史稿校注》。《清史稿》的两次整理,于《儒林传》用力重点各异。前者系具有开拓意义的创举,做了可贵的传文分段,并施加新式标点。后者乃采"以稿校稿,以卷校卷"原则,利用存档史稿及相关资料,进行全面校勘,出有校记476条。之后,以传主著述、碑传、年谱及《实录》、《会典》、《起居注》等官私史籍为据,从历史学与文献学相结合的角度,逐传精心校读,遂成前辈师长交给后起学人的为学功课。

1978年10月,笔者有幸负笈京城,考入中国社会科学院历史研究所,追随先师杨向奎先生问清儒学术。从此,恭置《清史稿·儒林传》于案头,作为入门史籍而随时检读。光阴荏苒,转瞬四十年过去,当初所购《史稿》,而今装帧已多破损,然从中所获教益,则受用终身。犹记拜读之初,每有疑问,往往录之专用卡片,置诸纸质硬盒。久而久之,苦于卡片盒无处放置,便径记于各传天头、地脚,乃至字里行间。岁月流逝,字迹漫漶,早年之所记竟有难以辨识者。因之晚近以来,遂生将历年所记整理成帙之想。2016年4月,《清代学者像传校补》竣稿,未作停歇,旋即开始《〈清史稿·儒林传〉校读记》之整理。历时两年,粗见眉目,所成校记居然已逾千条。抚卷冥思,百感交集。

清代乾嘉史家钱竹汀先生有云:"史非一家之书,实千载之书,去其疑乃能坚其信,指其瑕疵以见其美。拾遗规过,匪为龌龊前人,实以开导后学。"恪守"实事求是,护惜古人"宗旨,先生究心历代史籍,撰成不朽名著《廿二史考异》。笔者之从事《清史稿·儒林传》校读,实乃遵循竹汀先生教诲,沿着前辈史家之艰苦跋涉而学步向前。古往今来,关于中华学术之世代传承,前哲屡有教言:"先创者难为功,绍述之易为力。"《〈清史稿·儒林传〉校读记》之幸成完帙,皆仰赖二百余年来,先辈史家一代接一代的辛勤耕耘。其间,既有嘉庆中叶以降,清代国史馆《儒林传》之创编及迄于清亡的数度重修,亦有民国初年,《清史稿·儒林传》之据以成书,还有二十世纪中,前辈史家的两次系统整理,以及晚近数十年,众多专家的勠力精进。饮水思源,不忘根本,唯有无尽的缅怀和感恩。只是学殖寡浅,识见孤陋,桑榆景迫,病痛缠身,凡所校读,多有错讹,敬祈方家大雅不吝赐教。

二、校读凡例

(一)本书秉持乾嘉史家钱竹汀先生倡导之"实事求是,护惜古人"宗旨,以中华书局1977年12月版《清史稿》点校本为依据,对该书《儒林传》著录之近三百家传记进行整理。逐家校读,订讹正误,以期得一可据可依之读本。

(二)订正范围,拟包括人名、地名、时间、史事、职官、制度、著述及学术主张等。

(三)凡有订正,一般不改动原文,概见之于各传篇末之校记。唯避讳改字一类,则径予改回,并酌出校读。

(四)诸家传记,原文过录,依通行规范,施加新式标点。原点校本偶见之疏忽,则随文酌改,并出校记说明。

(五)中华书局1993年6月影印之复旦大学图书馆所藏嘉业堂抄本《清国史》乃本书梳理《清史稿·儒林传》史源之主要依据。该部《清国史》之《儒林传》,凡存三稿,一为吴格教授所称之《儒林前传》八卷本;二为作上下区分之七十三卷本;三为不分卷之《儒林传后编》。

（六）逐传附录中华书局1987年11月版《清史列传》之相关传记。一则可存《清史稿·儒林传》之史源,见清史馆当年删削《清国史》旧文之痕迹。再则凭以补《清史稿儒林》各传所记传主籍贯,不录行省名之缺失。三则意欲竭尽绵薄,为已故王钟翰先生早年之辛勤劳作,做些许文字句读的校对工作。既以报先生的知遇之恩,亦以备他日先生后学修订《清史列传》点校本之参考。

（七）《清史稿·儒林四》,专记一代衍圣公承袭,不涉二百数十年间学术递嬗,故校读从略。

三、校读举例五题

（一）黄宗羲是否著有《明史案》

《清史稿》之《黄宗羲传》,源自《清国史》宗羲本传,合全祖望《梨洲先生神道碑文》而成。关于宗羲一生著述,其子百家撰《梨洲府君行略》有云:"《明儒学案》六十二卷,此有明一代学术所关也。《明文案》二百一十七卷,《明文海》四百八十二卷,此有明一代之文章也。"其中并无《明史案》一书。数十年之后,全祖望补撰宗羲《神道碑文》,擅改百家旧文,臆增《明史案》,遂成"辑《明史案》二百四十四卷"之说,而《明文案》之卷数则悄然抹去。嘉庆中叶以后,江藩、徐鼒纳全说入所著《汉学师承记》、《小腆纪传》,《文案》不存,俨若定论。《清国史》及《清史稿》沿讹袭误,更以《明史案》取代《明文案》,乃成谬种流传。

（二）《顾栋高传》编次释误

《清史稿》之《顾栋高传》,源出《清国史》,一载《儒林前传》卷八,一载《儒林传》下卷卷七。所见二稿,文字大体相同,唯记传主著述,前稿以《大儒粹语》为先,后稿则先记《春秋大事表》。据考,《大儒粹语》二十八卷,并非顾栋高著,乃出江苏吴江顾栋南手。乾隆间修《四库全书》,馆臣所撰《总目》,误将作者名之"南"字写作"高",遂以讹传讹。《清史稿》不察,竟据《总目》语而论栋高为学,失之毫厘,谬以千里。且栋高及附见之陈祖范、吴鼎、梁锡玙,皆为乾隆十四至十六年间,经学特科所拔擢,四人同以经学名,并非理学中人。《清史稿》不尊重传主为学实际,仅据误植栋高名下的《大儒粹语》而移花接木,强四家入理学诸儒之列,紊乱编次,不伦不类。

(三)《丁晏传》误读文献致张冠李戴

《丁晏传》有云:"晏以顾炎武云,梅赜《伪古文》雅密,非赜所能为。考之《家语后序》及《释文》、《正义》,而断为王肃伪作。"粗读一过,似无不妥。殊不知,校以传主原文,则实系混阎若璩与顾炎武为一人,大谬不然。据晏撰《尚书余论自叙》称:"乡先生阎潜丘征君著《尚书古文疏证》,抑黜《伪书》,灼然如晦之见明。……顾征君每云,梅赜作《伪古文》雅密,非梅氏所能为也。愚考之《家语后序》及《释文》、《正义》诸书,而断其为王肃伪作。"文中之"顾征君",本与顾炎武毫不相干。"征君"乃专指《叙》首阎若璩,而"顾"字不可作姓氏读,系句首发语词,当训作"惟",亦可训作"但"。

(四)"有清讲学之风倡自顾亭林"不能成立

《清史稿》之《黄式三传》,并所附传主子以周、从子以恭二传,皆源出《清国史》,载《儒林传》下卷卷四十。《黄以周传》有云:"有清讲学之风,倡自顾亭林。"此语不见《清国史》,乃《清史稿》撰文者之一家言,出之无本,似是而非。据考,顾炎武一生,于晚明讲学之风最是痛恨,始终以"能文不为文人,能讲不为讲师"自誓,至年七十辞世,从未登坛讲学。《清史稿》当年若将"讲"字改作"经",抑或能得要领。

(五)《孙诒让传》擅改传主原文最不可取

孙诒让乃晚清大儒,朴学殿军,望重学林。所著《周礼正义》、

《墨子间诂》诸书,学养精湛,冠绝一代,章太炎先生因之赞为"三百年绝等双"。《清史稿》之《孙诒让传》,有引述传主关于《周礼正义》的大段文字,语出该书卷首《自叙》。文中,谈及与贾公彦旧疏的比较,传主用的是"为略详矣"四字,《史稿》则擅改作"实乃淹贯"。文末,诒让谦称:"或以不佞此书为之拥篲先导,则私心所企望而且莫遇之者与。"《史稿》复改为:"无论新旧学均可折中于是书。"传主原文,足见诒让为人为学之谦逊自律、严谨笃实。而《史稿》之所改,不尊重传主著述,已乖违中华数千年良史笔法,与孙诒让之为人为学,相去实在太远。

(原载《光明日报》2018 年 4 月 9 日第 14 版)

三、史学传统与中华文化

史源学不可不讲

已故著名史学家陈垣先生,早年曾以史源学实习为题,先后在北京几所高校讲授过史源学。聆听先生教诲者,获益至深。何谓史源学? 当年,援庵先生在讲授该课时的《导言》中,曾经这么写道:"择近代史学名著一二种,一一追寻其史源,考正其讹误,以练习读史之能力,警惕著论之轻心。"这就是说,史源学是一门考寻史料来源的学问。近些年来,这门学问似乎不大见有人讲了。看来,不讲还不行。下面,试举二例说明。

《日知录》,这是当年陈垣先生讲授史源学的一部重要教材。它的作者顾炎武,在清初以博赡而能通贯著称,全书征引历代典籍及当代学人著述多至数百种。其中,就大有史源学可讲。由于古人为文并不像今天如此使用标点符号,所以,尽管顾亭林也以严谨的著述态度一一注明史源,但是,哪些属征引,哪些又是作者自己的见解,往往不易分清。譬如卷十八的《心学》条,顾炎武大段地引用了宋人黄震《黄氏日钞》中的话,一些同志没有过细地去做考寻史源的工作,就误认为其中的"理具于吾心而验于事物"是顾亭林的立论,并据此去分析顾炎式的思想。虽然按照《日知录》的体例,凡征引他人论述而不置评语者,亦即作者所赞同,因此,这些同志的做法应当说并无大谬。但是,严格地说来,这当然就算失实了。

还举一个目前的例子。最近,由于王夫之《双鹤瑞舞赋》墨迹的刊布,引起了不少研究者的关注。好些同志撰文,认定这篇赋是写给清朝平定三藩之乱的将领尚善这个人的。晚清王之春的《船山公年谱》，都无例外地被引为立论的依据。事实上，我们只要讲点史源学，考寻一下史源，王之春的某些记载着实靠不住。《年谱》记康熙十三年（1674）王船山的经历时，写道："（秋）公有疾，寓僧寺，安远靖寇大将军多罗贝勒尚善遣都统刘公省问。"根据何在？王之春注明，来自他的先祖王夫之的诗《安远公所遣都护刘君过寓存问诗以赠之》（应为"过寓问病歌以赠之"，见《姜斋离诗集·编年稿》甲寅稿——引者）。通过考寻史源，我们可以发现几个疑窦。王夫之写的是"都护"，虽然明王朝并无其官，但毕竟是汉官名，而王之春却改作满官"都统"。此其一。王夫之写诗是要鼓励三藩之乱者北进，正所谓"宝刀赠君行万里"、"期君驱马度朔雪"。而刘某人倘使是清廷方面所遣，那么，当时受命，是要南下平叛，这岂不是南辕北辙了吗？此其二。第三，王船山诗首句即称"天涯相逢兴不孤"，可见，他与三藩之乱者故曾相识，已分手多年，而尚善所率南来部队，全是满、蒙旗军，并无汉将。王夫之平生未越长江一步，何以会与满蒙将领相识？第四，尚善离京的时间是康熙十三年八月初三，抵达湖南岳州前线，是当年十月下旬，已届冬季。而王船山的诗却分明写于秋天，诗中有云"今宵何夕金风吹"、"秋风飚飚芦花苍"，入冬，他已南旋故里。尚善还在南下途中，怎么能知道在敌阵后方的王船山行止？何况王夫之又是一个屏迹僻外，清廷莫晓的"先朝未死人"呢？足见，王之春的记载是经不住推敲的，断不可因为他是王船山的八世孙，便轻信其说。古人云，皮之不存，毛将焉附？以一个靠不住的记载为依据而立论，就难免会站不住脚根。

　　当年陈垣先生说过："考寻史源，有二句金言：毋信人之言，人实诳汝。"这说的是旧时代的学术界，时过境迁，在今天的新时代下，已不可同日而语。不过，上述事例却告诉我们，史源学不可不讲。因为这不仅是一个治史基本功的问题，而且也是一个学风是否严谨的问题。

（原载《光明日报》1983 年 4 月 6 日 03 版《史坛纵论》）

史学工作者的历史责任

今年四月二十五日,江泽民总书记就《中国通史》的出版,致信白寿彝先生表示祝贺。总书记的贺信,既是对白先生数十年如一日,献身历史教学和研究工作的高度赞许,也是对为《中国通史》的编纂出版付出辛勤劳作的全体同志业绩的充分肯定,同时还是对全国史学工作者的一个极大鼓舞。

近二十年来,随着改革开放的深入,中国人民以经济建设为中心,推动中国历史实现了一个伟大的进步。社会在发展,历史在前进,我们的史学工作,我们的全体史学工作者,如何与之俱进,为实现中华民族的伟大复兴作贡献,这无疑是一个应当认真解决的认识问题。在这个问题上,如果说以往我们的认识或许还存在这样那样的不一致,那么读了总书记的这封贺信,春风和煦,天地朗然,一切疑虑和困惑皆为之一扫。

总书记致白先生的贺信,有一个贯穿首尾的核心思想,那就是要重视历史,学习历史,在全党和全社会进一步形成学习历史的浓厚风气。为什么要重视历史?总书记指出,重视历史是中华民族的一个优良传统,他说:"中华民族历来重视治史。……几十年来,中华文明得以不断传承和光大,一个重要原因就是我们的先人懂得从总结历史中不断开拓前进。"总书记认为,中国历史宛若蕴藏无比丰富的宝库,其间既有治国安邦的诸多历史经验,又有先人们在追求社会进步中遭遇的种种曲折和苦痛。因此,总书记向全国人民,首先是全体史学工作者发出号召:"对这个历史宝库,我们应该运用历史唯物主义的观点不断加以发掘,在前人研究的基础上不断作出新的总结。"他指出:"这对我们推进今天祖国的建设事业,更好地迈向未来,具有重要的意义。"

运用历史唯物主义观点,不断发掘历史宝库,不断做出新的总结,这是在即将揭开新世纪纪元的时候,党和国家向全党和全社会提出的任务。要完成这个任务,一个根本之点,就是要认真学习历史。总书记就此指出:"全党全社会都应该重视对中国历史的学习,特别是要在青少年中普及中国历史的基本知识,以使他们学习掌握中华民族的优秀传统,牢固树立爱国主义精神和正确的人生观、价值观,激励他们为中华民族的伟大复兴而奉献力量。"总书记历来强调党和国家的各级领导干部,尤其是高级干部的历史学习,他说:"领导干部应该读一读中国通史。这对于大家弄清楚我国历史的基本脉络和中华民族的发展历程,增强民族自尊心、自信心和奋发图强的精神,增强唯物史观,丰富治国经验,都是很有好处的。同时,我们也要学习和借鉴外国历史。历史知识丰富了,能够'寂然凝虑,思接千载',眼界和胸襟就可以大为开阔,精神境界就可以大为提高。我提倡领导干部'讲学习、讲政治、讲正气',而讲政治、讲正气,也是要以丰富的历史知识做基础的。"

重视历史,学习历史,这是提高全民族思想文化素质,实现中华民族伟大复兴的战略任务。江总书记致白先生的贺信,向全国史学工作者提出了神圣的历史使命。在推动全党全社会进一步形成学习历史的浓厚风气中,我们史学工作者既要率先努力学习,刻苦钻研,不断发掘历史宝库,不断总结历史经验,又要深入群众,贴近现实,为全党全社会提供优秀的历史读物和学术精品,责任重大,义不容辞。借此机会,笔者谨向广大史学界同仁呼吁:认真学习和宣传贯彻江总书记致白寿彝先生的贺信,统一认识,同心同德,为推动全党全社会进一步形成学习历史的浓厚风气而努力。我们应当像白寿彝先生那样，"笔耕不辍，勤于研究"，为促进社会主义精神文明的建设，为建设有中国特色的社会主义新文化，为繁荣和发展我国的历史科学，做出新的、更大的贡献。

（原载《史学史研究》1999 年第 4 期）

弘扬中华文化与当代
中国历史学的责任

从中国学术史研究的复兴到弘扬中华文化共识的形成,这是改革开放 30 年来我国史学界取得的一项重要学术成果,多历艰辛,得之不易。努力维护和完善这样一个成果,使新时期的中国历史学在中国特色社会主义理论体系的指引之下,沿着中国特色社会主义的道路进一步繁荣和发展,是历史赋予当代中国史学工作者的神圣使命。

一、历史的必由之路

根据史学界公认的一个治史方法论,研究历史问题,必须从历史实际出发,把研究对象置于具体的历史环境中进行具体考察。按照这样一个基本方法,我们今天所讨论的弘扬中华文化,就存在一个立足点的把握问题。这个立足点是什么?答案很清楚,它既不是古代的中国,也不是近代的中国,而是在中国共产党领导之下,建设中国特色社会主义的当代中国。也就是说,我们讨论弘扬中华文化,是把它作为建设中国特色社会主义伟大事业的一个重要构成部分来看待的。这是一个基本前提。离开了这样一个基本前提,也就无的放矢,毫无意义了。

我们是马克思主义的历史主义者,我们不能割断历史,中国的今天,正是由中国的昨天和前天一步步走过来的。因此,我们讨论弘扬中华文化,必须以昨天和前天的文化传统为历史依据,取其精华,剔其糟粕,与时俱进,推陈出新。

同时,我们的中国又是一个发展中的大国,是一个负责任的大国,在国际社会主持公道,举足轻重。古往今来,中华文化的形成和发展,从来没有离开过与其他国家、民族文化的交往和借鉴。因此,我们今天讨论弘扬中华文化,还必须具有世界的眼光、开放的襟怀,充分吸取域外文明的先进成果,从实际国情出发,改造创新,化为我有。

中国是一个历史悠久的文明古国,在五千年的历史长河中,中华民族艰苦奋斗,自强不息,创造了灿烂的中华文化。同人类社会的其他文明形态一样,在中国古代,我们的社会也经历过原始社会、奴隶制社会和封建制社会。19世纪中叶以后,由于西方殖民者罪恶的鸦片贸易和侵略战争,也由于清政府的腐败无能、作茧自缚,中国社会一度被推向半封建、半殖民地的深渊。俄国十月革命一声炮响,给中国人民送来了马克思列宁主义。马列主义与中国革命具体实际的结合,促成了中国共产党的诞生。从此,在中国共产党的领导下,经过艰苦卓绝的抗日战争和解放战争,中国人民赶走了日本侵略者,埋葬了蒋家王朝,推翻了压在头上的帝国主义、封建主义、官僚资本主义三座大山,迎来了中华人民共和国的建立。

新中国的诞生,揭开了中国历史的新纪元,中国社会从此迈入社会主义初级阶段的门槛。1978年,中国共产党改革开放的伟大决策,顺应全体中国人民的共同意愿,凝聚成无比强大的历史动力,推动中国社会进入建设中国特色社会主义的历史新时期。30年来,在中国共产党的英明领导之下,中国人民以经济建设为中心,坚持四项基本原则,坚持改革开放,坚定不移地走中国特色社会主义道路,创造了中国特色社会主义的理论体系,实现了我们的国家、我们的民族、我们的社会亘古未有的巨大历史进步。正是凭借这一巨大的历史进步，2008年，中国人民战胜了历史罕见的汶川大地震，成功举办了"真正无与伦比"的奥运会和残奥会，胜利地实现了航天员的太空行走。也正是凭借这一巨大的历史进步，30年来的中国历史学，取得了前所未有的繁荣和发展，形成了弘扬中华文化的历史共识。

建设中国特色社会主义，这是中国共产党和全体中国人民的伟大历史选择，是五千年中国历史发展的必由之路。新时期的中华文化，必将在这条康庄大道上，大发展，大繁荣，为人类的文明、进步、和平、发展，作出新的更大的贡献。

二、中华文化的和谐精神

中华文化源远流长，博大精深，在五千年的演进历程中，经历历史潮流一次次的冲击、荡涤和淘汰，生生不息，世代传承，以其独具的民族特质，与时俱进，自立于世界文化之林。其间，虽然精华与糟粕杂陈，甚至若干已成历史陈迹的劣根，一旦生存条件适合，又会沉渣泛起，死灰复燃，但是诸如自强不息、坚韧不拔、勤劳勇敢、艰苦奋斗、团结互助、和谐仁爱、忧国忧民、开拓创新等等基本精神，相互交织，融为合力，孕育了一代又一代的中华儿女，已经成为我们民族生存和发展的宝贵精神财富。在新的历史条件下，认真挖掘和整理这些财富，使之发扬光大，既保持其民族性，又赋予其时代性，是弘扬中华文化的一项重要任务。

当前，在构建社会主义和谐社会的伟大实践中，对于中华文化和谐精神的挖掘和整理，尤其具有现实意义。大体说来，这一精神主要表现在如下五个方面。

第一，民惟邦本，本固邦宁。

以人民为国家的根本，视民心向背为国家兴衰的决定性力量，这是在中国上古时期就已经形成的可贵思想。就现存历史文献来看，这一思想最早见于《尚书》的《五子之歌》篇，篇中陈述夏禹治国的嘉言，第一次明确地提出了"民惟邦本，本固邦宁"的主张。也就是说，远在大禹当国的夏朝，就已经认识到人民是国家的根本，只有根本牢固，国家才能得到安宁。与这样的认识相一致，《尚书》中的《泰誓》篇，记录周武王伐纣的誓师宣言，同样重申人民意志的不可违抗，表述为："民之所欲，天必从之。"此后数千年，这样的思想为历代政治家、思想家所认同，不断得到充实和发展，"民本"思想成为我国古代政治思想中的宝贵财富。

战国时期，孟子将"民本"思想加以发展，提出"民贵君轻"的著名主张，认为"民为贵，社稷次之，君为轻。"①《荀子》一书，则把人民比作水，把君王比作舟，强调民心向背的举足轻重，指出："君者，舟也，庶人者，水也。水则载舟，水则覆舟。"②水的力量是如此之巨大，既可承载舟船，亦可掀翻舟船，这是何等形象生动的比喻！唯其如此，所以《礼记》的《大学》篇径直主张："民之所好好之，民之所恶恶之。"③顺民心，遂民意，得民心者昌，失民心者亡，古往今来，已然成为治国安邦的基本道理。

第二，仓廪实则知礼节，衣食足则知荣辱。

中国有句古话，叫作"民以食为天"，讲的是人世间的头等大事就是保证人民的温饱。这句话尽人皆知，习用了数千年。其实，如果追根溯源，这句话恰恰就是从上面谈过的"民本"思想生发出来的。据《史记》的《郦生陆贾列传》记，秦汉之际，郦食其为刘邦献策时就说

---

①《孟子》卷十四《尽心下》，焦循撰：《孟子正义》，沈文倬点校，北京：中华书局，1987 年，第 973 页。

②《荀子》卷五《王制》，王先谦撰：《荀子集解》，沈啸寰、王星贤点校，北京：中华书局，1988 年，第 152—153 页。

③《礼记·大学》，王文锦译解：《礼记译解》，北京：中华书局，2001 年，第 903 页。

过："王者以民人为天,而民人以食为天。"①郦食其的这句话从何处而来?据唐司马贞《史记索隐》,此语最初出自《管子》。

《管子》一书,开宗明义即昌言:"仓廪实则知礼节,衣食足则知荣辱。"这句话是说,只有粮仓中储存充足的粮食,才能让人们去谈礼节,只有解决了人民的温饱问题,才能让人们懂得什么是荣辱。否则衣不蔽体,食不果腹,而去侈谈礼节、荣辱,空言无补,只能是本末倒置,缘木求鱼。因此,《管子》的主张是:"民恶贫贱,我富贵之。"如何让人民富贵,衣食充足?《管子》紧接着回答道:"务五谷,则食足。养桑麻育六畜,则民富。"②这就是说,发展生产才是解决温饱的富民之道。

司马迁著《史记》,将《管子》书中的富民思想原原本本地记入《管晏列传》和《货殖列传》之中,同时又使之与先秦文献中的有关经济主张融为一体,写道:"《周记》曰,农不出则乏其食,工不出则乏其事,商不出则三宝绝,虞不出则财匮少,财匮少而山泽不辟矣。此四者,民所衣食之原也。"这就是说,解决人民的温饱问题,关键要在农、工、商、虞四个方面下功夫,归根结底,就是发展生产,搞好经济建设。司马迁以管仲在齐国助桓公富国强兵的历史为依据,把《管子》一书的重要经济思想化为自己的主张,那就是:"仓廪实而知礼节,衣食足而知荣辱。"③

第三,礼禁未然之前,法施已然之后。

中国素称礼仪之邦,礼乐文明,世代绵延。在国家形成早期的

①《史记》卷九十七《郦生陆贾列传》,司马迁:《史记》,北京:中华书局,1982年,第2694页。
②《管子·牧民》,赵守正撰:《管子注译》,南宁:广西人民出版社,1982年,第1、2页。
③《史记》卷一二九《货殖列传》,第3255页。

夏、商、周三代,为了稳定社会秩序,即"缘人情而制礼,依人性而作仪"①,逐渐形成以礼为本,礼、乐、政、刑互补的独特统治格局。这就是司马迁在《史记》中所说的:"礼节民心,乐和民声,政以行之,刑以防之。礼乐刑政四达而不悖,则王道备矣。"②礼、乐、刑、政四者,大体说来,礼、乐可归一类,旨在教化,刑、政可归一类,旨在治理。两类合为一体,相辅相成,相得益彰。

西汉初,随着统治思想由崇尚黄老向独尊儒术的转化,如何寓刑于礼,谋求礼与法的合一互补,以维系长治久安,便成为政治家、思想家讨论的一个重要问题。文帝即位,召用贾谊为博士,拜梁怀王太傅。正是这位年轻有为的贾太傅,率先提出了必须妥善处理礼、法关系的问题。他上疏说:"凡人之智,能见已然,不能见将然。夫礼者禁于将然之前,而法者禁于已然之后,是故法之所用易见,而礼之所为生难知也。"因之而提出建议:"今或言礼谊之不如法令,教化之不如刑罚,人主胡不引殷、周、秦事以观之也?"③武帝年间,司马迁著《史记》,化贾谊说为我有,推《春秋》为拨乱反正的经典依据,重申:"故《春秋》者,礼义之大宗也。夫礼禁未然之前,法施已然之后;法之所为用者易见,而礼之所为禁者难知。"④

此后两千年间,以礼为本,礼法并用,德刑相辅,遂若车之两轮,鸟之双翼,承载着中国古代社会,迭经盛衰,曲折向前。

第四,博学于文,行己有耻。

中国古代学人有一个好传统,那就是慎终如始地重视个人的道

---

① 《史记》卷二十三《礼书》,第 1157 页。
② 《史记》卷二十四《乐书》,第 1186 页。
③ 《汉书》卷四十八《贾谊传》,班固:《汉书》,北京:中华书局,1962 年,第 2252、2253 页。
④ 《史记》卷一三〇《太史公自序》,第 3298 页。

德修持，并将一己操守的提高同读书求学的实践相结合，在不断增长学问的同时，不断完善自己的人格。这个传统的基础是孔子尊立的。孔子主张，作为社会的成员，每一个人都应当学会如何处理自己同他人、同社会的关系，关心他人，爱护他人，先人后己，推己及人。这样的主张宛若一根红线，贯穿于一部《论语》之中，成为全书的核心思想。关于这一核心思想，孔子用一个字来归纳，称之为"仁"。他指出，每一个社会成员都必须为"仁"的实现而毕生努力，用《论语》中的话来讲，就叫作"仁以为己任，不亦重乎？死而后已，不亦远乎？"①

具体到学人而言，如何实践"仁"，如何实现"仁"，在孔子的仁学体系中，如下八个字十分重要，即"博学于文"、"行己有耻"。"博学于文"讲的是为学，"行己有耻"讲的是为人。关于为学，孔子主张："君子博学于文，约之以礼。"②关于为人，孔子的弟子子贡问，应当怎么行事才能称之为士，孔子回答道："行己有耻，使于四方，不辱君命，可谓士矣。"③孔子在这里所说的文，不是文章、文字之文，而是文献，是人文，博学于文是与用礼来约束自己，行事不忘廉耻紧紧联系在一起的。也就是说，为人为学，浑然若一，不可分割。

在整个中国古代社会，将为人为学合为一体，成为学林中人立身治学所追求的一个思想境界。明清之际的著名思想家顾炎武称之为"圣人之道"，他说："愚所谓圣人之道如之何？曰'博学于文'，曰'行己有耻'。自一身以至于天下国家，皆学之事也；自子臣弟友以至出入、往来、辞受、取与之间，皆有耻之事也。"顾炎武的结论是："士而不先言耻，则为无本之人；非好古而多闻，则为空虚之学。以无本之人，

①《论语·泰伯》，杨伯峻译注：《论语译注》，北京：中华书局，1980年，第80页。
②《论语·雍也》，第63页。又见《论语·颜渊》，唯句首无"君子"二字。
③《论语·子路》，第140页。

而讲空虚之学,吾见其日从事于圣人而去之弥远也。"①

第五,天下兴亡,匹夫有责。

确立社会责任,关注民生疾苦,同民众忧乐与共,这是中国古代社会建设中极其宝贵的精神财富。这一可贵思想发轫于孔子的仁学,孔子以实现仁为毕生的社会责任,号召人们即使杀身成仁亦在所不辞。② 孟子光大孔子学说,不唯主张"老吾老,以及人之老;幼吾幼,以及人之幼"③,而且呼吁学人开阔心胸,志在天下,"穷则独善其身,达则兼善天下"④。

由孔子、孟子所倡导的社会责任、意识,在中国古代细雨润物,世代弘扬,造福于古老的中国社会。到了北宋,又得著名思想家张载和儒臣范仲淹创造性的总结,从而使之推向一个新的理论层次。关于学人的社会责任,张载总结为:"为天地立心,为生民立道,为去圣继绝学,为万世开太平。"⑤而范仲淹撰《岳阳楼记》,更发出了"先天下之忧而忧,后天下之乐而乐"⑥的千古绝唱。

明末清初,中国古代社会进入又一个大动荡的历史时代,国家的兴衰,社会的治乱,成为一时知识界关注的时代主题。当时的思想家以"救民水火"为己任,共同致力于"国家治乱之源,生民根本之计"的探讨。关心国家、民族前途命运的强烈社会责任意识,最终汇为

①顾炎武:《顾亭林诗文集》,华忱之点校,北京:中华书局,1983 年,第 41 页。

②《论语·卫灵公》,第 163 页。子曰:"志士仁人,无求生以害仁,有杀身以成仁。"

③《孟子·梁惠王上》,第 86 页。

④《孟子·尽心上》,第 891 页。

⑤张载:《张载集》,北京:中华书局,1978 年,第 376 页。

⑥范仲淹:《范文正公文集》卷七《岳阳楼记》,丛书集成初编本,第 2359 册,北京:中华书局,1985 年,第 19 页。

"天下兴亡,匹夫有责"①的呐喊,从而成为中华民族爱国主义传统的重要组成部分。

在中国历史漫长的演进过程中,安居乐业,和谐小康,是中华民族几千年的美好憧憬。然而由于历史和阶级的局限,治乱相寻,盛衰更迭,理想终究无从成为现实。新中国成立之后,尤其是进入改革开放新时期以来,在中国共产党的英明领导之下,有中国特色社会主义理论体系的正确指引,我们的先人世世代代的美好憧憬正在一步一步地变成现实。立足时代,科学发展,引古筹今,艰苦奋斗,中国人民必将迎来更加辉煌灿烂的明天。

三、值得认真总结的历史经验

史学工作者是我国文化工作者队伍中的一支重要力量,以弘扬中华文化为己任,历史使然,时代使然,任重道远,责无旁贷。在推动社会主义文化大发展、大繁荣的创造性劳动中,我们有许许多多的事情要做。当前,对改革开放 30 年的中国历史学进行认真总结,就是我们史学工作者必须聚精会神去做好的一项重要工作。

在人类历史发展的长河中,30 年弹指一挥,往往可以忽略不计。然而每当社会急剧变迁,不唯一年,就是一天,也都为人们不可忽视。中国改革开放的 30 年,就是这样一个在中国五千年历史中写下辉煌篇章的伟大岁月。30 年的中国历史学,一如其所据以展示风采的社会舞台,生机勃勃,气象万千,以其空前的繁荣兴旺而成为改革开放

---

①语出《日知录》卷十三《正始》,顾炎武著,黄汝成集释:《日知录集释》(全校本),上海:上海古籍出版社,2006 年,第 757 页。此八字为晚清学者所归纳。原文为:知保天下,然后知保其国。保国者,其君其臣肉食者谋之;保天下者,匹夫之贱与有责焉耳矣。

新时期的一个缩影。其间,无论是繁富的历史文献的发掘和整理,中外学术交流的频繁和深入,众多新兴学科的萌生和崛起,还是锐意创新的学术成果的涌现,中青年史学工作者队伍的成长等等,不仅使之成为新中国建国 60 年历史学发展最快、最为繁荣的重要历史时期,而且也为日后中国历史学的进一步繁荣和发展构筑了一个坚实的学术平台。

改革开放 30 年的中国历史学,留下了许多宝贵的历史经验。其中以下三个方面的基本经验,尤其值得我们去认真总结。

第一,加强理论学习,坚持以马克思主义唯物史观为指导,在学史、治史、用史的实践中,使之不断充实、完善和发展。马克思主义唯物史观讲社会存在决定社会意识,讲生产力与生产关系、经济基础与上层建筑的矛盾运动,讲人类的社会形态如何从低级向高级发展,讲阶级社会中的阶级矛盾和阶级斗争,讲人民群众是历史的创造者,如此等等,准确地揭示了人类社会发展的历史本质和规律,是科学的历史观和方法论。20 世纪 20 年代以来,在中国革命和建设的实践中,中国共产党把马克思主义的基本原理同中国历史和现实的实际相结合,不断推进马克思主义中国化的伟大历史进程,形成了毛泽东思想和中国特色社会主义理论体系。所有这些宝贵的理论财富,确保了新中国建国 60 年来历史学发展的正确方向,是新时期中国历史学发展的指导思想。

第二,努力学习和贯彻解放思想、实事求是、与时俱进的思想路线,在深化改革开放的新时期,进一步为广大史学工作者解除思想束缚,打破学术研究的人为桎梏,最大限度地调动史学工作者求真务实、锐意创新的聪明才智。30 年来,一代接一代的史学工作者,充分发挥首创精神,用自己艰苦的创造性劳动,既维护社会主义的核心价值体系,又尊重差异,包容多样,百花齐放,百家争鸣,营造出一个和谐民主的良好学术环境。

第三,始终如一地继承和发扬一切从实际出发、理论联系实际、实事求是的优良学风,以高度的社会责任感,严谨精勤,刻苦钻研,努力创造无愧于伟大时代的学术精品。历史学是一门讲究积累的学问。认识对象的纷繁复杂,揭示规律的学科属性,规定了史学工作者的治史实践是一个艰苦繁难的创造性劳动过程。其间,无论是个人认识历史问题、解决历史问题能力的培养,还是一个群体、一个时代学术研究水准的提高,都需要史学工作者为之付出长期的乃至几代人的艰苦努力。因此,研究历史必须脚踏实地,详尽占有和分析史料,认真读书,一丝不苟,决不能急功近利、躁于求名。唯其如此,我们从本质上所复原的历史真相才是可信的,我们所揭示的历史规律才是科学的。也唯其如此,中国历史学才能历久弥新,永葆青春。

当然,就如同中国的改革开放大业并非一帆风顺那样,30 年的中国历史学不仅同样是机遇与挑战并存,而且在某一个局部,或者某一个阶段,我们所面临的挑战还是颇为严峻的。譬如拜金浊流的横行肆虐,历史虚无主义的沉渣泛起,对西方某些错误思潮的盲目追随,质疑乃至否定马克思主义唯物史观的指导地位,忽视马克思主义经典作家基本论著的学习,鼓吹指导思想多元化等等,都是值得我们去认真总结的历史教训。

成功的经验固然应当总结,挫折带来的教训,恐怕更有不可替代的总结价值。总结是寻求发展,总结是为了发展。今天,一个历史悠久的文明古国,正在中国特色社会主义的广阔道路上,和平发展,迈向未来。我们深信,通过对改革开放 30 年中国历史学的认真总结,新时期的中国历史学,必将在中国特色社会主义理论体系的指引之下,永远向前。

(原载《中国社会科学》2009 年第 2 期)

史家的修养与责任

"先天下之忧而忧,后天下之乐而乐",这是中国传统知识分子所追求的修身境界。新中国成立 60 多年来,为了中国历史学的发展,我国一代又一代的史学工作者刻苦治学、不断进取,作出了突出贡献。在新的历史时期,史学工作者只有秉持强烈的社会责任意识,坚持严谨笃实、一丝不苟、开拓创新的精神,才能承担起自己的时代责任,为国家和人民作出更多更大的贡献。

坚持学习。马克思主义是指引中国人民从胜利走向胜利的强大思想武器。史学工作者所坚持的学习,首先就是对马克思主义基本原理的学习,尤其是对当代中国马克思主义——中国特色社会主义理论体系的学习。应在史学工作者队伍中大兴学习之风,倡导认真读书、刻苦钻研的精神。通过这样的学习,统一思想,形成共识,从而焕发出理论创新的强大动力。

加强实践。理论来源于实践又服务于实践。发扬理论联系实际、实事求是的优良学风,走出书斋,深入生活,深入实际,深入到广大人民群众中去,选取关乎社会发展的重大课题,是开展理论研究包括史学研究的重要前提。在实践中,了解国情、研究国情,总结人民群众的实践经验,使之升华为理性认识,从理论与实践的结合上回答广大人民群众提出的重大现实问题,是理论研究包括史学研究取得重要成果的有效途径。

拓宽眼界。当今世界,认识和解决一个国家、一个地区乃至一个局部的问题,都不能脱离经济全球化的时代背景。史学工作者既要立足国情现实,又要具有世界眼光,善于在更广阔的时空中认识和解决史学发展中的问题,勇于在国际学术舞台上展示聪明才智,掌握学科前沿问题的发言权和主导权。

开阔胸襟。对同一个学术问题,由于观察角度不同、所处的时间空间不同,会形成不同的认识,甚至可能得出截然相反的结论。当前,各种社会现象错综复杂。史学工作者受到客观条件和自身能力的限制,有时会跟不上认识对象的发展变化,会对形形色色的社会现象缺乏全面准确的认识。这就要求史学工作者胸襟开阔,尊重不同意见,听取不同声音,摆事实、讲道理,多协商、多沟通。对于一些学术分歧,一时难以达成共识,可以搁置争议、求同存异。

提升境界。我国是一个发展中国家。虽然经过新中国 60 多年的建设特别是改革开放 30 多年的发展,我国综合国力得到较大提高,人民生活水平有了较大改善,但是人均国民生产总值还很低,同发达国家相比还存在很大差距。要缩短这样大的差距,需要中华民族付出几十年甚至上百年的艰苦努力。在这一过程中,史学工作者应当脚踏实地,认真做好自己的事情。无论办什么事情、讲什么道理,都必须从实际出发,从国家的大局出发,居安思危,有所作为。

(原载《人民日报》2010 年 5 月 14 日第 7 版)

高尚之人格　不朽之学术

——纪念顾亭林先生诞辰四百周年

今年是顾炎武亭林先生诞辰四百周年,缅怀先哲,高山仰止。谨以往日读先生书之一得连缀成篇,敬抒数十年景行行止之悃忱。

一、以"博学于文"、"行己有耻"为毕生追求

"博学于文"、"行己有耻",二语八字,为孔子在不同场合,就为学、为人的提问,对弟子所作答复。前四字重出于《论语》之《雍也》、《颜渊》二篇,后四字则见于同书《子路》篇。由汉唐以迄宋明,历代经师及理学中人,每多疏解,代有其说。大体而言,前者论为学,后者则是论为人。

顾亭林先生接续前贤,在所著《日知录》中,分别以《博学于文》和《廉耻》为目,对孔子所言二语八字,引征群书,实事求是,做了具有深刻时代内涵的阐释。关于"博学于文",先生认为,此一"文"字,断不可简单地等同于《诗》、《书》六艺之文,乃是《易经》所言"观乎人文以化成天下"之"文",是《论语·子罕》中孔子所言"文王既没,文不在兹乎"之"文"。因此,孔子于此所言之文,并非诗文,而是关乎天下国家的人文。先生的结论是:"君子博学于文,自身而至于家国天下,制之为度数,发之为音容,莫非文也。"(《日知录》卷七《博学于文》)关于"行己有耻",《廉耻》条开宗明义,即谓古往今来,维系国家

的礼义廉耻四大支柱,耻最为重要。先生认为:"人之不廉而至于悖礼犯义,其原皆生于无耻。"身历明清易代,目睹士大夫之寡廉鲜耻,先生痛言:"士大夫之无耻,是谓国耻!"(《日知录》卷十三《廉耻》)

在中国学术史上,顾亭林先生之所以超迈前贤,伟然自立,不唯在于先生准确而深刻地阐释了孔子所言二语八字,而且还在于他前无古人地将二者合为一体,提升至"圣人之道"而大声疾呼。康熙六年,先生在《与友人论学书》中写道:"愚所谓圣之道者如之何? 曰'博学于文',曰'行己有耻'。自一身以至于天下国家,皆学之事也;自子臣弟友以至出入、往来、辞受、取与之间,皆有耻之事也。耻之于人大矣! 不耻恶衣恶食,而耻匹夫匹妇之不被其泽,故曰:'万物皆备于我矣,反身而诚。'呜呼! 士而不先言耻,则为无本之人;非好古而多闻,则为空虚之学。以无本之人而讲空虚之学,吾见其日从事于圣人而去之弥远也。"(《亭林文集》卷三《与友人论学书》)以言耻为先,将为人与为学合为一体,不唯成为顾亭林先生的毕生追求,而且也为当时及尔后的中国学人,树立了可以风范千秋的楷模。

二、读九经自考文始,考文自知音始

当明末季,理学盛极而衰,中国古代学术面临何去何从的抉择。历史呼唤转移风气的学术大师,历史需要承先启后的一代哲人。顾亭林先生正是这样一位学术巨人。先生一生,为回答这一艰难的历史抉择,留下了久远而深刻的思考。归纳起来,其思考主要有如下几个方面。

首先,提出"理学经学也"的主张,把理学纳入了经学的范围。先生写道:"理学之名,自宋人始有之。古之所谓理学,经学也,非数十年不能通也。故曰:'君子之于《春秋》,没身而已矣。'今之所谓理学,禅学也,不取之'五经'而但资之语录,较诸帖括之文而尤易也。"

(《亭林文集》卷三《与施愚山书》)这就是说,理学的本来面目,其实就是朴实的经学。要把经学治好,需要学人为之付出数十年的努力,终身以之,死而后已。断不可脱离儒家经典本身,舍本逐末,沉溺于理学家的语录之中。

其次,倡导开展经学史研究,从学术源头上确立兴复经学的学理依据,进而梳理演进脉络,把握异同离合。先生说:"经学自有源流,自汉而六朝,而唐而宋,必一一考究,而后及于近儒之所著,然后可以知其异同离合之指。如论字者必本于《说文》,未有据隶楷而论古文者也。"(《亭林文集》卷四《与人书四》)

再次,示范了训诂治经的方法论。先生认为,唐宋以还,经学不振,病痛乃在率臆改经,而究其病根,则是不识古音。先生说:"三代'六经'之音,失其传也久矣。其文之存于世者,多后人所不能通,以其不能通,而辄以今世之音改之,于是乎有改经之病。"又说:"至于近日,锓本盛行,而凡先秦以下之书,率臆径改……,则古人之音亡而文亦亡。此尤可叹者也。"有鉴于此,先生拨乱反正,提出了正本清源的治经主张。"读九经自考文始,考文自知音始,以至诸子百家之书,亦莫不然。"(同上《答李子德书》)这就是说,研究儒家经典必须从考订文字入手,而经文的考订又必须从弄清古音起步,训诂乃治中国传统学术的基本方法。

晚明以降,在宋明理学向乾嘉朴学演进的历史过程中,顾亭林先生"以经学济理学之穷"的努力,尤其是训诂治经方法论的提出和示范,作出了无与伦比的历史贡献。康熙中叶以后,一代又一代的学人恪守"故训明则古经明"之矩矱,因声及义,深入开拓,不唯使古音学研究由经学附庸而蔚为大观,而且还形成了主盟学坛的乾嘉学派,产生了全面总结、整理中国数千年学术的丰硕成果。

三、保天下者,匹夫之贱与有责焉

顾亭林先生一生,给我们留下了甚多宝贵的精神财富。其中最具永恒价值者,恐怕当属先生始终如一的高度社会责任意识。

先生早年,之所以弃绝帖括之学,究心历代史籍和官私文献,开始结撰《天下郡国利病书》《肇域志》,乃是目睹明末社会积弊,危机深重,因之而"感四国之多虞,耻经生之寡术"(《亭林文集》卷六《天下郡国利病书序》),试图去寻求救国救民的途径。入清之初,他先是投笔从戎,武装抗清,继之潜踪匿迹,联络四方,都是对清廷剃发易服民族高压政策的反抗。北游之后,以二马二骡装驮书卷,行万里路,读万卷书,精心结撰《音学五书》《日知录》,或是为了"一道德而同风俗"(同上书卷二《音学五书序》),维护悠久的古代文明;或是旨在探讨"国家治乱之源,生民根本之计"(同上书卷六《与黄太冲书》)。用先生的话来讲,归根结底,就叫作"明道救世"。先生曾就此致书友人曰:"君子之为学,以明道也,以救世也。徒以诗文而已,所谓雕虫篆刻,亦何益哉!自年五十以后,笃志经史,其于音学,深有所得,今为《五书》,以续三百篇以来久绝之传。而别著《日知录》,上篇经术,中篇治道,下篇博闻,共三十余卷。有王者起,将以见诸行事,以跻斯世于治古之隆,而未敢为今人道也。"(《蒋山佣残稿》卷一《与人书》)先生晚年,客居山西,病魔缠身,依然关注民生疾苦,以救民于水火为己任。在《病起与蓟门当事书》中,先生表示:"今日者拯斯人于涂炭,为万世开太平,此吾辈之任也。仁以为己任,死而后已。"(《亭林文集》卷六)

顾亭林先生这一始终如一的高度社会责任意识,在《日知录》中得到了学理上的升华。先生发人深省地提出"亡国"与"亡天下"两个观念,进而辨析道:"有亡国,有亡天下,亡国与亡天下奚辨?曰:易姓改号,谓之亡国。仁义充塞,而至于率兽食人,人将相食,谓之亡天下。"根据先生之所见,历代一家一姓王朝的更迭,叫作亡国。而世代相承的优秀文化传统遭到践踏,文明破坏,道德沦丧,以致人而不人,等同禽兽,那就叫亡天下。先生认为,这两个观念既有联系,又有深浅轻重之不同,相形之下,天下是根本。因此,先生的结论是:"知保天下,然后知保其国。保国者,其君其臣肉食者谋之。保天下者,匹夫之贱与有责焉耳矣。"(《日知录》卷十三《正始》)有清一代,迄于今日,顾亭林先生的主张不胫而走,经晚清学人归纳,就成了掷地有声的八个字:天下兴亡,匹夫有责。

顾亭林先生是明清更迭的社会大动荡造就的时代巨人,是中国学术史上承先启后、继往开来的伟大宗师。先生人格高尚,学术不朽,我们应当世世代代纪念他。

（原载《光明日报》2013 年 9 月 5 日第 11 版《理论·史学》）

谈谈"循序渐进"与"为而不争"

中华传统美德蕴含着丰富的思想道德资源，是中华文化的精髓，也是涵养社会主义核心价值观的重要源泉。当前，认真践行中华传统美德，深入挖掘和阐发其中的思想道德资源，以文化人，以德育人，是我们在培育和弘扬社会主义核心价值观过程中应当努力做好的一件大事。这里谈谈中华传统美德中"循序渐进"与"为而不争"的思想。

中华传统美德之中，有一种可贵的思想，叫作循序渐进。这一思想发端于《老子》。《老子》中说："合抱之木，生于毫末；九层之台，起于累土；千里之行，始于足下。……慎终如始，则无败事。"这段话是说，世间万事万物皆有一个发生、发展的演进过程，我们无论做任何一件事情都不可能一蹴而就，只有始终如一地保持兢兢业业的态度，而不是虎头蛇尾，才能立于不败之地。孔子主张的"学而时习之""温故而知新"，讲的也是这个道理。荀子集诸家之说而加以改造，乃化为己说："不积跬步，无以至千里；不积小流，无以成江海。……锲而不舍，金石可镂。"发展到南宋，再经朱熹的创造性总结，遂成"循序而渐进"的至理名言。

为而不争，是蕴含于中华传统美德之中的又一可贵思想。若究其渊源，这一思想同样可以追溯至《老子》。《老子》最后一章说："圣人不积，既以为人己愈有，既以与人己愈多。天之道，利而不害；人之道，为而不争。"这里说的"不争"，以"为"作前提。所谓"为"，有两层含义,第一层是"为人"、"与人",即有利他人、给予他人;第二层则是该书二十二章所言四个"不自",即"不自见"、"不自是"、"不自伐"、"不自矜"。也就是说,人生在世,既要做有利于他人的事,也要把自己应当做的事情先做好,这才叫作"为而不争"。孔子也主张"君子无所争",只是讲法略异于老子,说的是"矜而不争"。也就是说,不争的前提是"矜"。同一个"矜"字,老子作夸饰、尊大用,主张"不自矜",孔子则作庄敬持己用,虽讲法各异,但皆从严格律己出发。唯其如此,也就有了孔子的"己欲立而立人,己欲达而达人"、"己所不欲,勿施于人"。也正是弘扬先贤思想,孟子才会主张:"老吾老以及人之老,幼吾幼以及人之幼。"

古往今来,循序渐进、为而不争的思想有若春雨润物,融入中华民族的精神世界,滋养了一代又一代先人。然而近些年来,这样的思想被一些人渐渐淡忘了,急功近利、追逐金钱的坏习气蔓延滋长、无孔不入。结果,许多人对无序竞争、损人利己之事,不以为耻,反以为荣。更有甚者,为了谋求一己私利,竟然践踏道德底线,损害国家、民族利益,弄虚作假,伤天害理。长此以往,势必导致民族道德素质下降。

凝聚人心、扶正风气,这是中国学人数千年一以贯之的社会责任意识。北宋范仲淹倡导的"先天下之忧而忧,后天下之乐而乐",张载执着追求的"为天地立心,为生民立命,为往圣继绝学,为万世开太平",早成旷世箴言,不胫而走。清代学者顾炎武著《日知录》,用整整一卷篇幅集中探讨历代社会的人心风俗问题,发出了"保天下者,匹夫之贱,与有责焉耳矣"的呐喊。晚近学人据以归纳,遂以"天下兴亡,匹夫有责"的时代强音而融入中华民族的爱国主义传统之中。见贤思齐,亡羊补牢。从当前社会风气的实际出发,学人似有必要多讲讲循序渐进、为而不争的道理,多谈谈中华传统美德中的可贵思想。只要我们脚踏实地、坚持不懈,经过较长一段时期努力,定然能使中华传统美德深入人心、蔚成新风。

（原载《人民日报》2014 年 8 月 8 日第 8 版）

对待传统文化得有三种精神

　　如何正确对待中华民族传统文化？近百年来，我们曾经走过若干弯路，几经反复，教训深刻。在建设中国特色社会主义、实现中华民族伟大复兴中国梦的历史征程中，这个问题依然需要引起高度重视、认真加以解决。这里谈谈对待中华民族传统文化应该具有的三种精神。

　　继往开来的精神。我国是一个历史悠久的文明古国。古往今来，中国人民在建设自己家园的艰苦奋斗中，一代接一代地积累、继承、创新和发展，铸就了源远流长、博大精深的中华优秀传统文化。这一优秀传统文化独树一帜、自成体系，是一个与时俱进、历久弥新的历史范畴，记载和反映了中华民族的坚强意志、崇高精神，早已同中华民族的兴衰存亡融为一体，是永远割不断的精神命脉，也是中华民族永葆青春、开创未来的强大历史基因。习近平同志讲得很清楚："优秀传统文化是一个国家、一个民族传承和发展的根本，如果丢掉了，就割断了精神命脉。"他强调，要把握好正确对待传统文化和现实文化的重大课题，善于把弘扬优秀传统文化和发展现实文化有机统一起来、紧密结合起来，在继承中发展，在发展中继承。因此，在对待传统文化问题上，我们主张历史与现实的统一，尊重历史而不能割断历史，具备继往开来的精神。不能继往就不能开来。不很好继承中华优秀传统文化，是难以开创社会主义先进文化繁荣发展新局面的。

科学扬弃的精神。中华民族的历史和文化，从形成到发展，经历了数千年不间断的漫长过程，走的是一条富有个性的独特发展道路。中华民族传统文化既然是一个历史范畴，就必然受到历史条件的制约，从而打上不同历史时期的文化印记。因而，中华民族传统文化不是单一的、纯粹的、一成不变的体系，而是以积极健康、向上向善的优秀文化为中坚和主导，多元互补、彼此渗透，精华和糟粕杂陈的复合文化形态。中华民族传统文化形成和发展的历史早已证明并将继续证明，把历史问题简单化，固步自封，是古非今，同无视、曲解乃至杜撰历史一样，都不是对待自己民族传统文化的科学态度。我们主张坚持古为今用、推陈出新的方针，坚持科学扬弃的精神，从实际出发，具体问题具体分析，取其精华，去其糟粕，努力实现传统文化的创造性转化和创新性发展。这是我们应该具有的文化观。我们不赞成厚古薄今、以古非今，也不赞成简单地从形式上去模仿甚至复原传统文化的某些特定仪式。

以人为本的精神。近百年来，对文化词义的界定，见仁见智，各有依据，可谓百花齐放、百家争鸣。尽管如此，就其本质来认识和把握，仍可以看到一个相似之处，即立足点都在人。在这个问题上，我们赞成这样的见解，即文化是一个民族的精神和灵魂，它既以经济发展为前提，又通过民族文明素质的提高反作用于经济，从而推动社会和历史前进。因此，我们讲弘扬中华优秀传统文化，归根结底是要解决人的问题，通过以文化人，达到提高全民族文明素质的目的。五千年来，中华优秀传统文化涵养了中华儿女的道德情操、精神追求、文化旨趣和人生价值，成为凝聚民族意志、维护国家统一、反抗外敌欺凌、谋求国家富强和人民幸福的强大精神力量。这样一个以文化人的过程，不知不觉地贯穿于每一个人的生命历程。《周易》说的"观乎人文以化成天下"，讲的大概就是这个道理。在新的历史时期，以文化人仍然是文化建设的神圣使命，需要以人为本的精神。春雨润物，任重道远。作为文化人，唯有慎终如始、持之以恒，为弘扬中华优秀传统文化而奋斗，方能不辜负时代的重托。

（原载《人民日报》2015 年 1 月 13 日第 7 版）

前事不忘　后事之师

　　中国是一个历史悠久的文明古国，具有五千多年未曾间断的文明史。早在先秦时期，就有一句古老的谚语在民众中流传，叫作"前事不忘，后事之师"。这句谚语道出了中华民族的先人对历史的敬畏和尊重。为了把真实的历史记忆留存下来，我国一代又一代的史家先后接踵，薪火相传，给人类留下了体裁完备、内容丰富的浩繁史籍。也正是在浩如烟海的历史记录中，让人们看到了我国历代史家艰苦跋涉的足迹。

　　春秋战国间，为了实践先民的治史古训，一位接一位的佚名史官，不惜以身殉职，开创了史家秉笔直书的传统。孔子继起，祖述尧舜，宪章文武，据鲁国史书修《春秋》，上明三王之道，下辨人事之纪，善善恶恶，贤贤贱不肖，既成春秋242年间的信史，亦确立了实事求是的治史圭臬。西汉时，司马迁遭李陵之祸，恪守史家职责，忍辱负重，发愤著述，成就《史记》130篇。全书上起黄帝，下迄汉武，通古为史，自成一家。不唯承继先秦以来秉笔直书、实事求是的优良史学传统，而且还揭开了史家以"究天人之际，通古今之变"为己任的篇章。

　　北宋中，司马光上起东周威烈王，下迄五代，删冗削繁，举撮机要，专取关国家盛衰、系民生休戚，善可为法、恶可为戒者，创编《资治通鉴》，影响其后史学发展近千年。明清之际，历史的大动荡孕育了杰出史家黄宗羲。他所倡导的"国可灭，史不可灭"的史学主张和为师门传学术、为故国存信史、为天地保元气的治史实践，同顾炎武"天下兴亡,匹夫有责"的呐喊相辉映,丰富和发展了中国古代史学经世致用、以天下为己任的传统。

19世纪中叶鸦片战争爆发后,殖民主义列强把中华民族一步步推向灾难的深渊。迄今清亡,70年间的无数史家,痛定思痛,立足国情,放眼世界,努力向西方寻求救国救民的真理。俄国十月革命一声炮响,给中国人民送来了马克思列宁主义。20世纪30年代,日本军国主义侵略中国,面临亡国灭种的深重危机,中华民族用血肉之躯筑成新的长城。著名史家陈垣在辅仁大学开设史源学选讲课程,以顾炎武《日知录》、全祖望《鲒埼亭集》、钱大昕《十驾斋养新录》和胡三省《资治通鉴注》为教材,旨在用史学去振奋民族精神,抗御日寇,还我河山。

前事不忘,后事之师,从先秦的佚名史官和孔子,经司马迁继往开来的不朽贡献,再由司马光、黄宗羲到陈垣,中华民族热爱历史,不忘历史,研究历史,以史为鉴,谱写了艰苦奋斗、热爱和平、友好交流的中华文明史。尊重历史、实事求是的精神,早已融入中华民族的文化基因,成为我们民族共同的文化信仰和价值追求。在新的历史条件下,这一精神合乎逻辑地把中国人民引向建设中国特色社会主义,实现中华民族伟大复兴中国梦的康庄大道。

习近平同志提出的"历史是人类最好的老师",是对"前事不忘,后事之师"历史箴言的创造性升华,具有重大的理论价值和现实意义。我们深信,人类不同的文明形态,各国不同的历史和文化,只要切实恪守这一主张,相互尊重,平等交流,就能在历史的启迪中吸取智慧,在博采众长中实现发展,从而开创更加美好的未来。

（原载《光明日报》2015年11月11日14版）

中华文化追求人己和谐

中华文化把人作为探究的核心,是一种把个人和他人融为一体、追求人己相互依存与和谐共生的文化。

不断提升中华文化在世界上的影响力,需要把中华优秀传统文化的精神实质讲清楚,让世界知道中华文化究竟是一种什么样的文化。

回顾中华民族5000多年的文明史,先秦时期的春秋战国无疑是中华文化发展的第一个高峰时期。正是这一时期的众多杰出思想家,提出了中华文化的若干基本主张。在诸多主张之中,对个人与他人关系问题的探讨当属最重要的。老子的《道德经》讲,"既以为人己愈有,既以与人己愈多",最终形成"为而不争"的主张。这样的主张把个人和他人作为一个整体来思考,反映了在中华文明形成早期我们的先哲思考这一问题的出发点。孔子同老子相呼应,提出"己欲立而立人,己欲达而达人"、"己所不欲,勿施于人"。孔子主张把自己和他人合为一体,设身处地去思考人如何在社会上生活,如何同他人和谐共生,这就是孔子的仁学。作为孔子的后学,孟子提出"老吾老以及人之老,幼吾幼以及人之幼",主张"穷则独善其身,达则兼善天下"。《礼记》中有很经典的一句话:"君子贵人而贱己,先人而后己,则民作让。"这句话是说凡事要尊重别人,把他人摆在第一位,一个社会若能做到"先人后己",那么礼让和谐就会蔚然成风。同样的思想还见于《尚书》,该书《大禹谟》一篇记载上古君臣治国之道,主张多方听取意见,甚至可以"舍己从人"。

中华文化始终把人作为探究的核心,而这个"人"并不仅仅是生理意义上的个体,更主要的是具有社会意义的人群。正是在追求人己和谐共生的历史演进中,人们不断完善自我,逐步形成了中华民族"先人后己"的传统美德。此后,经过一代又一代的传承,"舍己为人"逐渐成为中华民族的崇高精神追求。可见,中华文化是把个人和他人融为一体、追求人己相互依存与和谐共生的文化。

一些西方学者以"为己"一词为依据,认为中华文化是利己文化,这显然是对中国古代典籍的误读。据知,"为己"一词始见于《论语》。在《宪问》中,就弟子所问古今学术差异这一问题,孔子答曰:"古之学者为己,今之学者为人。"何谓"为己"和"为人"?孔子未曾展开讲,这个问题是由随后的荀子解决的。在《劝学篇》中,荀子将"为己"之学定位为"君子之学",而将"为人"之学称为"小人之学"。荀子的结论是:"古之学者为己,今之学者为人。君子之学也以美其身,小人之学也以为禽犊。"西汉经师孔安国取荀子之说以释《论语》,将"为己"训为"履而行之","为人"则解作"徒能言之"。魏晋时期,玄学家何晏著《论语集解》,以孔安国之说为基本依据。从此,把"为己"释作"履而行之"的经典解读一直为历代经师所传承。可见,中国古代典籍中的"为己",乃是讲修为自己,是指学者个人的道德修持和践履。因此,"为己"与"利己"全然不是一回事,不可混为一谈。

(原载《人民日报》2019 年 2 月 18 日第 9 版)

顾炎武时代之问的历史启示

十七世纪中叶的明清更迭，是中国古代社会所经历的又一个大动荡时代。晚明的经济崩溃、政治黑暗、社会失序，导致明王朝为农民大起义埋葬；旋即清军入主中原，军事、政治、经济、文化高压的一度肆虐，以及西方宗教神学和天文历法传入的冲击，诸多历史因素的交会，酿成中华文化传承断裂的深刻危机。杰出的思想家顾炎武生当其间，"感四国之多虞，耻经生之寡术"，秉持"拯斯人于涂炭，为万世开太平"的强烈社会责任意识，发出"亡国与亡天下奚辨"的时代之问，大声疾呼"天下兴亡，匹夫有责"，既为清初社会的由乱而治发培元固本之先声，也为迄于今日的中华学人留下了久远而深刻的历史启示。

一、"天下"是一个历史范畴

在中华文明五千多年的历史发展进程中，"天下"这一词语由先秦一直沿用到今天。作为一个历史范畴，它既具有后先相承的一贯性，又根据不同历史时期的具体环境，显示出不尽一致的人文内涵。

先秦时期，"天下"一词以地域概念而出现在历史舞台，它每每与"国家"并称。这就是孟子所说的："人有恒言，皆曰天下国家。天下之本在国，国之本在家，家之本在身。"①从这一段话可见，在孟子生活的战国时代，"天下国家"是一种社会的流行话语。至于其具体所指，自东汉经师赵岐为《孟子》一书作注以来，早已形成历代学者的共识，那就是："天下谓天子之所主，国谓诸侯之国，家谓卿大夫也。"②这就是说，所谓天下，讲的乃是周天子之治下。秦始皇统一六国以后，由汉唐一直到明清的两千多年间，所谓天子已经不复存在，而"天下"之所指，也就不再是周天子之治下，而成为封建帝王专制的一家一姓的"家天下"。"朕即国家"的专制帝王话语，充分反映在此一漫长的历史时期，"天下"与"国家"趋于合一的历史实际。

回顾从先秦到明清中华文明的发展历程，我们会看到一个不可忽视的文化现象。那就是"天下"这样一个行之久远的词语，从它以地域概念登上历史舞台的先秦时期开始，就已经蕴含了丰富的人文内涵。同样是先前说到的《孟子》一书，其中还记录有孟子对齐宣王讲过的一句话，叫作"乐以天下，忧以天下"③。这句话的意思是说，执政当国者应当与民众同忧乐。显然，此处的"天下"一语，就已经不是单纯的地域概念，它还包含着关怀民生疾苦的人文意识和社会责任。换句话说，这里的"天下"一语，其后实际上省略了"民众"或者"民生"二字。尔后，伴随历史的演进，这样的人文关怀和社会责任意识不断充实、深化，到魏晋隋唐间，变成了"以天下为己任"的精神追求而载入官修史书之中。北宋中叶，范仲淹发展了"天下"一语的社会责任意识，在《岳阳楼记》一文中，更写下了"先天下之忧而忧，后天下之乐而乐"的千古名言。

---

① 赵岐注，孙奭疏：《孟子注疏·离娄上》，上海：上海古籍出版社，1990年，第128页。

② 赵岐注，孙奭疏：《孟子注疏·离娄上》，第128页。

③ 赵岐注，孙奭疏：《孟子注疏·梁惠王下》，第34页。

二、"亡国与亡天下奚辨"的时代之问

"保国"、"保四海"、"保天下",这是我国先秦哲人所往复讨论的古老命题。秦汉以降,历代学者和思想家继承先人的思想遗产,返本开新,精进不已。南宋初,朱熹著《四书章句集注》,继汉唐诸儒之后,取得了集大成式的创获。明清之际,顾炎武崛起,面对中华文化遭遇的传承断裂危机,他冲破"家天下"的固有格局,立足维护数千年礼乐文明的优良传统,发出了"亡国与亡天下奚辨"的时代之问。

在所著《日知录》卷十三《正始》条中,顾炎武写道:"有亡国,有亡天下。亡国与亡天下奚辨?易姓改号,谓之亡国。仁义充塞,而至于率兽食人,人将相食,谓之亡天下。"①顾炎武讲的这段话,开宗明义,揭出他所讨论的问题不仅是古老的"保国"和"保天下",而且是现实的"亡国"和"亡天下"。那么究竟应当怎么去把握"亡国"和"亡天下"的不同含义呢?对于"亡国",顾炎武的回答是:"易姓改号,谓之亡国。"②这样的答案明白晓畅,只要稍有朝代更迭常识都知道是怎么一回事情。而何谓"亡天下"?顾炎武的回答,形式上几乎是在转述《孟子·滕文公下》的话语,实则立足新的时代环境,从文化传承的宽阔视野,赋予儒家经典以崭新的历史意蕴。孟子当年,在回答他人"好辨"的质疑时有云:"杨、墨之道不息,孔子之道不著,是邪说诬民,充塞仁义也。仁义充塞,则率兽食人,人将相食。"③同孟子当年的这一回答相比,在顾炎武的笔下,我们可以看到两个显著的不同之

---

①顾炎武著,陈垣校注:《日知录校注》中册,合肥:安徽大学出版社,2007 年,第722 页。
②顾炎武著,陈垣校注:《日知录校注》中册,第722 页。
③赵岐注,孙奭疏:《孟子注疏·滕文公下》,第119 页。

处。孟子指斥杨朱、墨翟"邪说诬民"一类的话语,已经被略去。此其
一。其二,孟子当年虽然道出了对"杨、墨之道不息,孔子之道不著"
的深深忧虑,但是并没有对这样一种历史现象做出明确的定义。顾
炎武的超迈前贤之处则在于,他从明清之际的历史实际出发,不仅以
"仁义"二字来赅括数千年的中华礼乐文明,而且破天荒地指出:"仁
义充塞,而至于率兽食人,人将相食,谓之亡天下。"①

　　正是由上述讨论合乎逻辑的发展,顾炎武得出他的时代之问的
结论:"是故知保天下,然后知保其国。保国者,其君其臣肉食者谋
之。保天下者,匹夫之贱与有责焉耳矣。"②这就是说,同维护一家一
姓的封建帝王专制政权相比,"保天下"关乎一个国家、一个民族的精
神和思想,是文化根脉之所在,因此,它是根本的、深层次的、头等重
要的问题。也唯其如此,维护一家一姓的封建帝王专制政权,说到底
无非是当权的帝王和大臣们的事情。而维护一个国家、一个民族的
悠久历史文明和优良文化传统,则是全体民众责无旁贷的共同责任。

三、可贵的历史启示

　　顾炎武"亡国与亡天下奚辨"的时代之问,以文化传承的宽阔历
史视野,弘扬中华数千年学人"以天下为己任"的优良传统,使"天
下"一语的人文内涵在明清之际实现划时代的升华,最终形成"保天
下者,匹夫之贱与有责焉"的时代最强音。在清初社会由乱而治的历
史进程中,顾炎武的卓然睿识和振聋发聩的呐喊,不胫而走,浸润朝
野,与一时众多有识之士的努力不谋而合,共同促成清廷文化政策的
逐步调整,成功地完成了社会凝聚力的抉择。

①顾炎武著,陈垣校注:《日知录校注》中册,第722页。
②顾炎武著,陈垣校注:《日知录校注》中册,第722页。

顾炎武及其同时代众多思想家的努力告诉我们，任何一个社会要寻求自身的发展，都必须具有凝聚全体社会成员的力量。不同的历史时期，不同的国家和民族，这一力量的选择会因时因地而各异。然而树立共同的社会理想，明确应当遵循的公共道德规范，则是一个具有共性的基本方面。具体就清朝初叶而言，无论是世祖也好，还是圣祖也好，最初都选择了尊崇孔子的方式，谋求以孔子为代表的儒家思想去统一社会的认识，确立维系封建统治的基本准则。尔后，随着封建统治者儒学素养的提高，清廷选择了将尊孔具体化而趋向朱子学独尊的历史道路。确认朱熹学说为官方意识形态，使清初统治者为一代封建王朝找到了维系人心的有效工具。当然也应该看到，由于历史和认识的局限，清廷抹杀了理学的哲学思辨，把经朱熹阐发的博大思想仅仅视为约束人们言行的封建道德教条。正是这种文化上的短视，导致清初统治者否定了王阳明思想中的理性思维光辉。其恶劣后果，经雍正、乾隆两朝的封建文化专制引向极端，终于铸成思想界万马齐喑的历史悲剧。其间的历史教训，又是值得我们去认真记取的。

晚清七十年，西方殖民主义列强的侵略，使中华民族饱受欺凌和屈辱。为了救亡图存，从龚自珍、魏源到康有为、梁启超，一代又一代的学者和思想家接过顾炎武留下的思想遗产，使之与时代的使命相结合，将顾炎武"保天下者，匹夫之贱与有责焉"的呐喊提炼为八个字的历史箴言，就叫作"天下兴亡，匹夫有责"。这八个字的历史箴言，既准确地把握住顾炎武思想的文化精髓，又从历史和现实的结合上，昭示了中华文化维护国家、民族根本利益，讲责任、重担当，以天下为己任的基本品格。从此，"天下兴亡，匹夫有责"的价值追求便融入中华民族的爱国主义传统，成为中华优秀传统文化的一个精神标识。

1931年9月18日，日本军国主义在东北制造"九一八事变"，强占我东三省。翌年1月28日，日本侵略军又进攻上海闸北，挑起淞沪战火。面对侵略战火,国土沦丧,章太炎不顾年高,以炽热的爱国热忱愤然北上,取道青岛、济南、天津,直抵北京,一路唤起民众,抗敌御侮。所到之处,太炎先生秉持"天下兴亡,匹夫有责"的强烈社会责任意识,倡导读史,表彰顾炎武"博学于文,行己有耻"的为人为学之道。他号召广大青年:"应当明了是什么时代的人,现在的中国是处在什么时期,自己对国家应负有什么责任。"①南归之后,太炎先生移居苏州,抱病向民众宣讲中国历史、中国学术和中国文化,勉励青年学子以一方先贤范仲淹、顾炎武为楷模,沐浴膏泽,振奋民志。他指出:"不读史书,则无从爱其国家。"特别强调:"昔人读史,注意一代之兴亡。今日情势有异,目光亦须变换,当注意全国之兴亡,此读史之要义也。"②

　　从顾炎武"亡国与亡天下奚辨"的时代之问,到章太炎以"注意全国之兴亡"为"读史之要义",时间虽然已经相去二百多年,但是其间却有一任何力量所无法割断的根脉。这条无形的根脉就是对中华文化的关怀、珍爱和维护,是传承中华优秀传统文化的可贵历史自觉。因此,我们完全有理由这么说,明清之际的杰出思想家顾炎武,不仅是中华优秀传统文化的传承者、捍卫者,而且还是晚近中华学人文化自觉的卓越先驱,是一位值得永远纪念的开风气者。

(原载《贵州文史丛刊》2020 年第 2 期)

---

① 章太炎:《论今日切要之学》,上海人民出版社编,章念驰编订:《章太炎全集·演讲集》(下),上海:上海人民出版社,2015 年,第 420 页。
② 章太炎:《历史之重要》,上海人民出版社编,章念驰编订:《章太炎全集·演讲集》(下),第 490 页。